GUÍA DEL JARDINERO PROFESIONAL

TODO LO QUE NECESITAS SABER PARA INICIAR Y ADMINISTRAR TU PROPIA EMPRESA DE JARDINERIA Y PAISAJISMO

GREG MICHAELS

american river press

Copyright © 2014 American River Press®
All rights reserved; Quedan todos los derechos reservados.

No part of this publication may be reproduced, stored in a retrieval system, or transmitted in any form or by any means, electronic, mechanical, photocopying, recording, scanning, or otherwise, without the prior written permission of the publisher.

Ninguna parte de esta publicación puede ser reproducida, almacenada en dispositivos informáticos ni ni transmitida de ninguna forma ni por cualquier medio, ya sea electrónico o mecánico. Tampoco está permitido fotocopiar, grabar, escanear ninguna parte de esta publicación sin el previo consentimiento escrito de la editorial.

To request permission to reproduce excerpts, contact Copyright Clearance Center at http://www.copyright.com or 1-978-646-2600.

Para solicitar un permiso para reproducir fragmentos, contacte al Copyright Clearance Center en la dirección web: http://www.copyright.com or 1-978-646-2600.

Published by American River Press®, Berkeley, California, United States.

Guía del jardinero profesional: todo lo que necesitas saber para iniciar y administrar tu propia empresa de jardinería y paisajismo

ISBN: 978-0-9841838-1-4

Tabla de Contenidos

Agradecimientos xvii
Aviso legal xix
Prefacio xxi
Introducción 1

Parte I: Puesta en marcha de una empresa 3

Capítulo 1: Puesta en marcha de una empresa de administración de jardines 5

1. Escoge una estructura legal 5
2. Escoge un nombre para tu empresa 6
3. Declaración de un nombre comercial o de ficticio 6
   - ¿Necesitas un número de identificación de patronal? 7
4. Obtén una licencia comercial 8
5. Abre una cuenta bancaria independiente 9
   - ¿Necesitas un permiso de vendedor? 9
   - Construcción en jardines 10
6. Cumple con las ordenanzas de zonificación 11
Seguro médico 11
Seguros comerciales 11
   - Seguros sobre la propiedad 12
   - Seguros de responsabilidad civil 12
   - Seguros para vehículos 12
   - Agentes de seguros 13
   - Consideraciones adicionales 13

Capítulo 2: Equipamiento y suministros 15

Cortacéspedes para profesionales 15
Otras herramientas de jardín a motor 16
   - Sopladores de hojas 17
   - Cortabordes 17
   - Cortasetos o *hedge trimmers* 17
   - Desbrozadoras 18
   - Motosierras 19
   - Podaderas de altura a motor 19

Equipamiento de repuesto 20
Almacenamiento del equipamiento 20
Herramientas manuales 21
Equipo de protección personal 23
Suministros para empresas nuevas 25
Suministros de oficina 25
Equipos informáticos y software 26

Parte II: Administración de jardines 29

Capítulo 3: Seguridad 31

Medidas de seguridad para herramientas a motor 31
Medidas de seguridad para cortabordes 32
Medidas de seguridad para cortacéspedes 32
Pautas de uso para el soplador de hojas 33
Medidas de seguridad para motosierras 34
Protección auditiva 35
Protección para los ojos 35
Seguridad y la OSHA 36
Protección contra incendios 36
Seguridad en el lugar de trabajo 37
Propiedad privada 37
Servicios públicos subterráneos 37
Seguridad eléctrica 38
Uso seguro de pesticidas 38
Plantas peligrosas 38
Insectos 39
Recarga de bidones para combustible 41
Consideraciones para la salud 42
Chequeos médicos 42
Deshidratación e insolación 42
Protección contra el sol 43
La esporotricosis 43
Afecciones por vibraciones mano-brazo 43
Síndrome del túnel carpiano 43

Capítulo 4: Administración del césped 45

    Conceptos básicos 45
        Césped de clima frío 45
        Césped de clima cálido 46
        El césped y el ambiente 46
        Hábitos de crecimiento 46
    Cortado de bordes 47
        Protección de árboles y arbustos 48
    Soplado y barrido de hojas 49
    La siega o cortada de césped 49
        Instrucciones generales 49
        Patrones de segado 50
        Mantén afiladas las cuchillas 50
        La siega y la compactación 50
        Altura de corte 51
        Mulching vs. Embolsado 52
        Minimizando la propagación de malezas 53
    Fertilizantes para césped 53
        Fertilizantes completos 54
        Nitrógeno 54
        Fósforo 56
        Potasio 57
    Selección del fertilizante 57
    Planes de fertilización para el césped 58
        Fertilización con nitrógeno 58
        Libras de nitrógeno/Cantidad real de nitrógeno 59
        Cantidades máximas de nitrógeno 59
        Fertilización de céspedes de clima frío 59
        Fertilización de céspedes de clima cálido 61
        Requisitos anuales de nitrógeno según el tipo de césped 61
    Calculando la cantidad de fertilizante 62
    Calculando la superficie de un área de césped 63
    Aplicación de fertilizantes 64
    Uso responsable de fertilizantes 64
        Eliminación de residuos de los desagües de la calle 65
    Últimas instrucciones de fertilización 65
    Riego del césped 66
        Instrucciones para el riego del césped 66
            Retardando el riego de primavera 68

Estimación de la humedad del suelo 69
Factores de riego 69
    Rizosfera 70
    Tasa de precipitación 70
    Eficacia de la aplicación 71
Riego de zonas inclinadas 72
Aireación del césped 72
    Compactación y aireación del suelo 72
    La aireación y los problemas de paja 73
        Aireación y herbicidas preemergentes 73
    Cuándo airear 74
    Cómo airear 74
    Con cuánta frecuencia airear 74
Control integral de pestes 75
    Prácticas culturales 75
    Controles mecánicos 75
    Controles biológicos 75
        La licencia de técnico en control de plagas 76
    Controles químicos 77
Reparación del césped 77

Capítulo 5: Administración de plantas de jardín 79

Selección de plantas 79
    Selección de rosales 80
    Selección de árboles 80
Los nombres de las plantas 81
Plantado 81
    Plantación de plantas de contenedor 81
    Plantación de árboles y arbustos a raíz desnuda 83
    Plantación de árboles y arbustos en bolsa 83
    La poda al momento de la plantación 84
Sujeción de árboles jóvenes 84
    Sujeción de protección 84
    Sujeción tipo ancla 85
    Sujeción de apoyo 85
Aplicado de mulch a plantas de jardín 86
    Calculando la cantidad de mulch o enmienda necesaria 87
Fertilización de plantas de jardín 87
    El nitrógeno en la plantación 88

Fósforo y potasio en la plantación 88
El nitrógeno durante la etapa de crecimiento acelerado 88
Determinando si se deben fertilizar plantas establecidas 88
Fertilización de árboles y arbustos establecidos...89
Programación de la fertilización de árboles y arbustos 90
Tipo de fertilizante 91
Calculando el área de fertilización y la cantidad de fertilizante 91
Métodos de aplicación de fertilizantes..92
Riego de plantas de jardín 93
El riego durante la etapa de establecimiento 93
Riego de plantas establecidas 95
Microriego...96
Programación del microriego 98

Capítulo 6: El suelo 99

El suelo 99
La estructura del suelo 99
La textura del suelo 100
Tipos de suelo 100
Suelos arenosos 101
Suelos arcillosos 101
Suelos francos (con loam) 101
Suelos limosos 101
Suelos calcáreos 101
Suelos turbosos 101
Materia orgánica 102
Influenciando los niveles de materia orgánica 103
Enmiendas y mulches 103
Simbiosis micorrízica..103
Reducción de la labranza..104
Moderación de la temperatura del suelo..104
Agrega cal solo cuando sea necesario 104
Enmiendas orgánicas 104
Estiércol añejado 105
Turba de musgo (Peat Moss) 105
Humus de lombriz 105
Compost 105
Yeso 106
Lombrices 106

Cómo atraer lombrices 107
El pH del suelo 107
    Prueba de pH del suelo 108
    Elevación del pH del suelo 109
    Reducción del pH del suelo 110
Pruebas de suelo 111
    Selección de un laboratorio de suelo 111
    Recolección de muestras de suelo 111

Capítulo 7: Poda 113

La poda de árboles en jardinería 113
Épocas de poda 114
    Época de poda de árboles florales y arbustos 114
    Consideraciones adicionales 115
La poda y la biología de las plantas 115
Ubicación de los cortes 116
    Ubicación de cortes de poda para ramas de árbol 116
    Técnica de corte 117
    Método de los tres cortes 117
    Cuchilla de la sierra 118
Técnicas comunes de poda 118
    Limpieza 118
    Aclareo, reducción y acortamiento 120
    Renovación 120
    Plantas en espaldera y poda ornamental 121
    Desmochar, terciar y "lions-tailing": técnicas a evitar 121
        Ordenanzas para la poda de árboles 122
Arbustos y setos 122
    Poda formal de setos 123
    Entrenamiento formal de setos 124
Entrenamiento de árboles jóvenes 124
Tala de árboles pequeños 127
    Detener a los brotes del tocón 127

Capítulo 8: Poda de rosales 129

Rosales arbustivos modernos 129
Seis lineamientos para la poda de rosales arbustivos modernos ... 129
    Híbridos de té 132
    Grandifloras 133

      Floribundas 133

      Polyanthas 133

      Miniatura 133

  Otras variedades de rosales 133

      Rosales de pie 133

      Rosales tapizantes 134

      Rosales trepadores 134

      Rosales arbustivos 134

  Eliminación de flores marchitas 135

  Herramientas para la poda de rosales..135

  Aerosoles curativos y de invierno 136

  Preparación de rosales para el invierno 136

Capítulo 9: Poda de árboles frutales 139

      Poda de formación de árboles frutales..139

      Sistema de centro abierto..140

  Fisiología de los árboles frutales 142

      Capullos 142

      Portainjertos...143

      El factor frío 144

      Producción alterna 144

      La poda y el crecimiento 144

      Poda excesiva 145

  Época de poda de árboles frutales...145

  Método de tres pasos para la poda de árboles frutales.....................................145

  Lineamientos de poda para árboles frutales comunes 147

      Manzanos y perales..147

      Albaricoques 148

      Cerezos...148

      Durazneros y nectarinas 148

      Árboles de Caqui 149

      Higueras...149

      Cítricos...149

  Renovación de árboles frutales descuidados 150

  Renovación de árboles frutales podados en exceso 150

  Poda de árboles formados 151

  Poda de la vid 151

      Formación de la vid 152

  Poda de arbustos de bayas (berries)..153

Herramientas de poda..153
Aerosol de invierno para árboles frutales..154
Pestes comunes de los árboles frutales 155
    Áfidos o pulgones 155
        Uso comercial de aerosoles de invierno 155
    Insectos perforadores y las quemaduras solares 156
    La polilla del manzano 157
    La podredumbre marrón 157
    El fuego bacteriano...157
    Torque del duraznero...158

Capítulo 10: Reparación de sistemas de riego 159

Descripción general del sistema de riego 159
Operación manual de válvulas automáticas...160
Reparación de aspersores 161
    Reemplazo de cabezales rociadores...162
    Solución para problemas de cobertura..163
    Aspersores de impacto 164
    Aspersores impulsados por engranajes o rotores.................................164
Reparación de tubos de PVC 166
    Cementos para PVC..167
    Reparación de tuberías de PVC 167
        Roscas de tubería..167
    Acopladores de compresión 169
    Acopladores telescópicos..169
Reparación de tubos de polietileno 169
Solución de problemas del sistemas de riego..170
    Descripción general del sistema de riego automático.........................170
    Hidráulica básica de las válvulas...170
    Solución de problemas de baja presión...173
        Ajuste del control de flujo 173
    Los aspersores no se interrumpen 174
    Los aspersores no encienden 176
    Drenaje de los aspersores bajos y válvulas que gotean 177
Solución de problemas eléctricos 177
    Válvulas antiretorno 177
    El multímetro 178
    Pruebas al controlador...178
    Cableado de campo 182

Pruebas de continuidad: Introducción 183
Prueba de continuidad 183
Localización de válvulas y cables de campo enterrados 185
Cómo hacer un buen empalme 185
Gráfico o mapa del controlador 186
Mantenimiento de sistemas de micro riego 186
Acondicionamiento de sistemas de riego para el invierno 187

Parte III: Administración de la empresa 189

Capítulo 11: Cálculo correcto del valor de la hora de trabajo 191

Estimación aproximada (Guesstimation) 191
Costos de trabajo 192
Sistema de estimación 192
Descripción general del paquete de mantenimiento de jardines 192
Paquete de mantenimiento de jardines 193
Fase I: Costos de producción 194
Determinación del costo diario de mano de obra 194
Costo diario de los equipos a motor 195
Fase II: Condiciones generales 198
Tiempo de carga y descarga 198
Tiempo de traslado 199
Tiempo de descanso 199
Administración de desechos (Mano de obra) 199
Administración de desechos (Equipamiento) 199
Camión 199
Tráiler 199
Materiales 200
Fase III: Márgenes de comercialización y ganancia 200
Impuestos a la venta 200
Cargas laborales 200
Gastos generales y administrativos 201
Gastos generales por hora (OPH en inglés) 205
Punto Medio de Quiebre (BEP en inglés) 205
Margen de ganancia neto (NPM en inglés) 206
Factor de contingencia 207
Precio final 207
La tarifa Acera-Tiempo 207

Conservación de la rentabilidad 209
    Tarifa diaria 209
    Tarifa por minuto 209
Materiales 209

Capítulo 12: Contrato de mantenimiento 211

Contrato tipo 211
Consideraciones adicionales.. 216
    Políticas de información 217
Instrucciones acerca del servicio al cliente... 217
Pagos atrasados 218
    El cliente no paga... 218
    El tribunal de reclamos menores 219
        Comunicación con el cliente y comunicación por email 219

Capítulo 13: Obligaciones del empleador 221

Número de identificación patronal 221
Seguro de compensación al trabajador.. 221
Seguro de discapacidad.. 222
Leyes laborales.. 222
Requisitos de la OSHA.. 222
Requisitos de anuncios 223
Legajo del empleado 223
Condiciones de elegibilidad de empleo 224
Informe de nuevo empleo 224
Formularios de impuestos y retenciones 224
Publicación de avisos, entrevistas, contratación y mas 225
Servicios de administración de nómina 225
Trabajadores temporarios 225
Contratistas independientes 225
    ¿Contratista independiente o empleado?... 226

Capítulo 14: Contabilidad 227

Ingresos y gastos 228
Cuentas bancarias 229
Registros 229
    Registro de ingresos... 229
    Registro de gastos 230

Libros contables 230
    Año calendario vs. Año fiscal 230
    Sistema de entrada simple vs. Sistema de entrada doble 230
    Método de contado vs. Método de acumulación 231
        Modificación del sistema contable 231
    Abrir y comenzar a llevar un libro de ingresos 232
        Impuestos a la venta 233
    Abrir y utilizar un libro de gastos 234
        Software de contabilidad 235
    Otros libros contables 236

Capítulo 15: Impuestos 239

Impuestos federales 240
    ¿Quién debe archivar una declaración de impuestos? 240
El Formulario 1040 240
Declaración complementaria C (Schedule C) 240
    Schedule C, Parte I: Ventas brutas, ganancias brutas, ingresos brutos ... 241
    Schedule C, Parte II: Gastos 241
    Categorías de gastos 241
        Gastos iniciales 243
Deducciones de la oficina hogareña 245
    Deducción de suministros de oficina y equipamiento 246
El Programa SE o Schedule SE 246
El Formulario 1040-ES 246
Asesores de impuestos 247
Software para la preparación de impuestos 247
Auditorías 247
    Cuánto tiempo de deben guardar los registros 248
Beneficios impositivos de los planes de retiro 249

Parte IV: Apéndices 251

Apéndice A: Recursos 253
Apéndice B: Formularios 255
Apéndice C: Hoja de tarifas del paquete de mantenimiento 258
Apéndice D: Equivalencias y tablas de conversión 261
Apéndice E: Extensión del Copyright del IFAS 262

Agradecimientos

Quiero agradecer muy especialmente a Don Shor, Profesional certificado en viveros del Estado de California y propietario de la guardería Infantil Redwood Barn Nursery en Davis, CA, por haber corregido varios borradores de este libro. Gracias a él, muchas mejoras y correcciones fueron realizadas. Estoy agradecido a Don por haberse dedicado a este proyecto y por haber tenido la oportunidad de aprender de él. A continuación, se incluye una lista parcial de individuos y organizaciones que también han contribuido a la realización de este libro. Quiero hacer llegar mi más sincero agradecimiento a cada uno de ellos.

Larry Costello, asesor de horticultura ambiental de la Extensión Cooperativa de la Universidad de California, revisó y proporcionó sugerencias de redacción en los capítulos Administración de jardines, Suelo y Poda. El especialista en céspedes Ali Harivandi, de la Extensión Cooperativa Universidad de California, revisó y ofreció sugerencias editoriales para la edición del capítulo Administración del césped. Me siento agradecido y en deuda tanto con Larry como con Ali por ofrecerme su experiencia; sus aportes constituyeron una mejora significativa para este texto.

El arquitecto y paisajista Jess Stryker (de irrigationtutorials.com) revisó y ofreció sugerencias de edición para el capítulo Reparación de sistemas de riego. Sarah Wikander, de la compañía de irrigación Irrigation Equipment Company revisó un boceto del capítulo Reparación de sistemas de riego. Ron Fujie, CPA, revisó y proporcionó útiles sugerencias editoriales para la información acerca de impuestos, contabilidad e información adicional pertinente para pequeñas empresas. Por último, agradezco a Tamara Hilén Margulis de la Argentina por su excelente trabajo en la traducción del texto al español. Gracias también a Alejandro María Payer por su ayuda en la corrección del texto. Dena Marie también ayudó con la edición. Para ver la lista completa de colaboradores, dirígete a la versión en inglés de *Guía del jardinero profesional (The Professional Landscaper's Handbook)*.

Aviso legal

Este libro ofrece información acerca de cómo iniciar y administrar una empresa de paisajismo y jardinería. Se ofrece a la venta bajo el común entendimiento de que ni la editorial ni el autor están involucrados en el ofrecimiento de servicios legales, contables u otros. Si usted necesita asistencia legal o de cualquier otro tipo, se recomienda dirigirse a un profesional competente.

No es el propósito de este libro reeditar el total de la información existente acerca de la jardinería y el paisajismo profesional, sino tan solo complementar y suplementar otros textos disponibles. Alentamos a leer todo el material disponible acerca del tema y a aprender lo más posible tanto sobre la administración de jardines como de la pequeña empresa, para así poder adaptar mejor la información obtenida a las propias necesidades. Para obtener más información, consulte la amplia variedad de recursos ofrecida en el apéndice.

Se ha puesto un gran esfuerzo en hacer esta guía lo más completa y exacta posible. No obstante, es posible que contenga errores, tanto tipográficos como de contenido. Por lo tanto, este texto debe utilizarse únicamente como una guía general y no como la única fuente autorizada de información sobre administración de paisajes y jardines para empresas pequeñas. Por otra parte, esta guía contiene información acerca de la administración de jardines y de la pequeña empresa que puede ser relevante únicamente hasta la fecha de impresión.

Tanto el autor como la editorial están enteramente exentos de responsabilidad ante cualquier persona o entidad por pérdidas o daños ocasionados, o supuestamente ocasionados, directa o indirectamente, por la información contenida en este libro. Además, ninguno de los materiales de promoción ofrecen garantías adicionales ni extendidas.

Cualquier referencia a marcas registradas específicas, empresas u organizaciones no implica afiliación con dicha entidad, ni tampoco que éstas respalden el contenido de esta publicación. La referencia a organizaciones o sitios web dentro de esta publicación no necesariamente significa que el autor o editor de las misma respalden la información ofrecida por dichas organizaciones o sitios web. La mención a y las fotografías de productos se presentan únicamente con fines educativos e informativos sin intención de hacer una promoción de los mismos. Se sugiere a los lectores que realicen su propia investigación para determinar el/los mejor/es producto/s para sus necesidades particulares.

El hecho que algunos productos o marcas comerciales contenidos en este texto no porten el símbolo característico de la Marca Registrada no significa que dicha marca o producto no se encuentre debidamente registrado como marcas registrada o nombre comercial. Todas las marcas registradas mencionadas en esta guía son exclusiva propiedad de sus respectivos dueños.

Prefacio

Ésta es una guía acerca de la administración de jardines y prácticas de pequeñas empresas para profesionales de la paisajismo y el cuidado del césped. Este libro fue escrito para los nuevos jardineros que buscan una introducción práctica al oficio y para los profesionales que desean un panorama general de una amplia gama de temas. El manual se centra en las prácticas utilizadas en el mantenimiento residencial, aunque muchas de las técnicas se utilizan en todas las áreas de la administración de paisajes y jardines.

Comentarios acerca del texto

Alcance. La mayor parte de esta guía está dedicada a las prácticas de administración de jardines. Cada tema es tratado de manera a modo de introducción general, pero también se incluyen detalles e información técnica útil para profesionales. Los conceptos básicos se explican para ayudar a los recién iniciados a comprender los fundamentos o la base científica de las prácticas. Naturalmente, al principio, se recomienda emprender tareas que sean lo más sencillas posible. Ésta es la razón por la cual este texto hace énfasis en los aspectos fundamentales de administrar eficientemente una pequeña empresa: la cotización de servicios, la contaduría y los impuestos.

Prácticas comunes e información de referencia. Esta guía abarca los aspectos comunes de la administración de jardines y las prácticas comerciales, aunque también incluye información menos común que es útil para los profesionales. Por ejemplo, la mayoría de los fertilizantes deben ser aplicados de acuerdo a lo indicado en la etiqueta del producto, un jardinero profesional puede encontrar beneficios en saber cómo fertilizar de acuerdo a recomendaciones expresadas en términos de libras de nitrógeno por cada 1.000 pies cuadrados.

Abordajes técnicos y no técnicos. Una introducción a varios temas técnicos se proporciona para aquellos que estén interesados. Siempre que sea posible, las alternativas simples y aceptables están incluidas. Por ejemplo, antes de hablar sobre la planificación del riego, el texto detalla las reglas generales del riego, las cuales son suficientes por sí mismas para realizar un esquema planificado de riego.

Consideraciones ambientales. Esta guía incluye instrucción acerca de técnicas de conservación del agua y el uso responsable de fertilizantes. Ten en cuenta que las prácticas profesionales incorporan las estrategias de reducción de la maleza y la reducción al mínimo del uso de pesticidas. Por lo tanto, muchas de las prácticas que se presentan aquí también sirven como bases para el cuidado orgánico del césped. Con el uso de fertilizantes adecuados y estrategias de control de plagas, los lectores pueden utilizar la información de este manual para operar una empresa de servicios orgánicos de paisajismo y jardinería.

Referencias cruzadas. Este texto contiene referencias cruzadas a temas relacionados. Para mayor facilidad, el número de página de la referencia cruzada fue incluido siempre que fue posible. La guía también incluye referencias a fuentes seleccionadas. Tenga en cuenta que las referencias indican la fuente de donde la información fue obtenida, pero no necesariamente el autor o investigador original de la información.

Diferencias regionales. El libro debe de ser adecuado para todas las regiones, aunque puede haber diferencias regionales en las prácticas hortícolas o requisitos comerciales que no estén cubiertos aquí. Se supone que los lectores complementaran las instrucciones del libro con información específica para su región. Ten en cuenta que algunos profesionales de jardinería pueden utilizar métodos aceptables que difieran de los descritos aquí. Las prácticas en este libro no se presentan como las únicas correctas.

Referencias para lecturas futuras. Si bien esta guía es un recurso independiente en sí mismo, ocasionalmente la lectura hace referencia a fuentes externas de información más detallada. Los sitios web mencionados en el texto se encuentran vigentes al momento de la impresión. Si uno de los enlaces ya no se encuentra disponible, busque la publicación en la página de inicio del sitio web. Tenga en cuenta que los sitios web en inglés pueden traducirse al español utilizando el Traductor de Google. Vaya a translate.google.com, ingrese la dirección del sitio web y seleccione el idioma. Traductor de Google no provee una traducción perfecta, a fin de utilizarlo como guía general solamente.

Notas sobre la edición en español. La edición en español de *Guía del jardinero profesional* es idéntica a la edición inglesa, salvo unas pocas excepciones. La información acerca de la programación del riego por evapotranspiración ha sido eliminada de la versión en español. Las referencias y el índice también fueron eliminados.

La información empresarial incluida en esta guía se basa en las condiciones actuales vigentes en los Estados Unidos. Sin embargo, ciertos datos comerciales, como el precio de la hora de trabajo tipo, puede aplicarse a cualquier país. En su mayor parte, este libro ofrece consejos y procedimientos útiles para el mantenimiento de paisajes y jardines de todas las regiones y países.

Términos. Los términos paisajismo, jardinería, mantenimiento del jardines y administración de jardines se utilizan indistintamente en este libro. Tenga en cuenta que el término paisajismo también se utiliza en la literatura publicada para referirse a la instalación o construcción de jardines, que no es el objeto que se trata en este libro.

Sobre el autor

Greg Michaels tiene más de diez años de experiencia dirigiendo su propio negocio de administración de jardines en el Valle de Sacramento de California y en el Bay Area de San Francisco.

Introducción

Aquellos no familiarizados con la gestión del jardín podrían pensar que la jardinería profesional no requiere más conocimiento que se necesita para operar cortacéspedes, tijeras de podar y los demás instrumentos del oficio. La aparente simplicidad del trabajo de paisajismo hace que ciertas personas emprendedoras adquieran equipamiento, y sin más, ofrezcan sus servicios al público, creyendo que irán dándose cuenta de qué hacer a medida que avanzan. De hecho, así es la manera en que yo mismo empecé, hace diez años.

Para el jardinero por cuenta propia, es indispensable tener un espíritu independiente. Sin embargo, también es necesario contar con conocimientos acerca de la biología de las plantas, la ciencia del suelo, el paisajismo, la administración del césped, así como otros aspectos relacionados con este tipo de trabajo. No es posible darse cuenta ni resolver por uno mismo las implicancias de estos temas; al menos no sin un importante trabajo previo de investigación y un período de "prueba y error". Por desgracia, el paisajismo sin instrucción adecuada puede perjudicar al jardín, a los dueños de la propiedad afectada y al medio ambiente.

Ingresar a este negocio sin los conocimientos necesarios también compromete a los nuevos cuentapropistas. Por ejemplo, sin una comprensión apropiada de cómo presupuestar un trabajo determinado, los jardineros independientes nuevos en este negocio no tienen otra opción que fijarse cuánto cobran otros profesionales para ofrecer sus propios servicios con esos precios de referencia en mente. En consecuencia, muchos nuevos jardineros ofrecen precios demasiado bajos por sus servicios, socavando al mismo tiempo sus oportunidades de éxito.

El principiante responsable tiene la opción de aprender el oficio, o bien realizando una carrera terciaria o universitaria de horticultura de entre dos y cuatro años de duración, trabajando en una compañía de administración de jardines o asociándose a agrupaciones del gremio y leyendo bibliografía especializada. Esta guía ofrece una introducción práctica a una amplia gama de temas relacionados con la pequeña empresa y la administración de paisajes y jardines.

El propósito de esta guía

Los recién iniciados en el paisajismo residencial necesitan una introducción general al oficio; una caja de herramientas que incluya información acerca de la administración de un negocio pequeño, y de las prácticas habituales en la administración de jardines. *Guía del jardinero profesional* ha sido especialmente diseñado para satisfacer esta necesidad, resumiendo en una guía concisa parte de la gran cantidad de información que el jardinero independiente necesita. Esta guía reúne información esencial acerca de temas como la administración de superficies de césped, la administración y mantenimiento de plantas y jardines, la ciencia de la tierra, la poda, la reparación de sistemas de irrigación, la puesta en marcha de un nuevo negocio, la cotización de trabajos, contaduría e impuestos, entre otros.

Los beneficios de esta guía

Este libro te ayudará a saltear la escuela de la "prueba y el error" del paisajismo y a ponerte rápidamente en el camino de lograr tu propia empresa de paisajismo, de manera rentable, legal y con el debido conocimiento. Los jardineros profesionales, ya experimentados, también pueden utilizar este libro como un recurso práctico y conveniente, de un solo volumen, para una amplia gama de prácticas profesionales. También contiene explicaciones claras acerca de una serie de temáticas técnicas, entre ellas, la reparación de sistemas de riego y el cálculo correcto del precio de la hora de trabajo. El detallado sistema de estimación presentado en el capítulo 11 debería ayudar, tanto a los jardineros nuevos como a los experimentados, a aumentar su rentabilidad.

Cómo está organizada esta guía

Parte I: Puesta en marcha de una empresa de administración de jardines

La Parte I es una guía de cómo iniciar una nueva empresa de administración de jardines. El capítulo 1 presenta los requisitos legales, tales como el registro de un nombre comercial, la obtención de una licencia comercial, la adquisición de un seguro, entre otros. El capítulo 2 describe algunas de las herramientas utilizadas en el oficio, como por ejemplo, herramientas de jardinería a motor, herramientas de mano, suministros de oficina, software y recursos informáticos.

Parte II: Administración de jardines

La parte II es la sección más importante del libro. En ella se explican una amplia variedad de temas relacionados con la administración de jardines, incluyendo: seguridad, administración del césped, administración de plantas de jardín, suelo, poda, reparación de sistemas de riego y otros.

Parte III: Administración de la empresa

La parte III abarca una selección de temas relacionados con administrar una empresa propia, tal como calcular adecuadamente tu tarifa por hora, un contrato de mantenimiento tipo, las obligaciones que vienen con ser un empleador, contabilidad y un panorama general de los impuestos de una pequeña empresa.

Este libro puede leerse de punta a punta, o ser utilizado como libro de consulta. Cada tema fue diseñado para poder ser abordado de manera independiente, pero puede contener referencias cruzadas a otros temas relacionados. Los apéndices de la parte IV incluyen: recursos y fuentes. Para conocer la lista completa de temas, consulte la tabla de contenidos.

Parte I
Puesta en marcha de una empresa

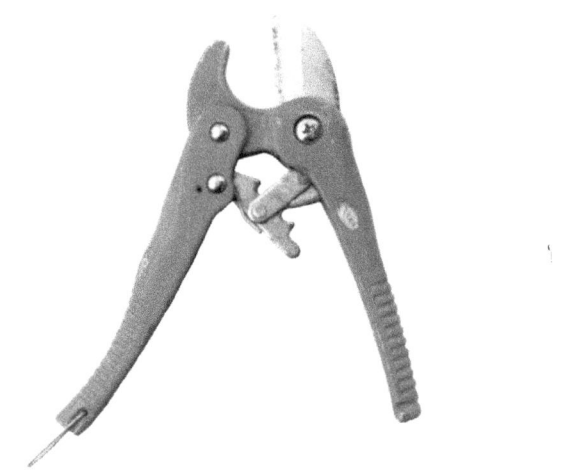

Parte I

La parte I contiene la explicación de los requisitos legales para iniciar una empresa de paisajismo y la presentación de algunas de las herramientas y materiales usados en el oficio.

CAPÍTULO 1

Puesta en marcha de una empresa de administración de jardines

En este capítulo
- Estructura legal
- Nombre comercial
- Número de identificación patronal y permiso de vendedor
- Licencia comercial
- Cuenta de cheques independiente
- Ordenanzas de zonificación
- Seguros

Para crear un pequeño negocio legítimo, es necesario cumplir una serie de requisitos legales, que implican realizar un poco de papeleo simple. Una vez que estas tareas administrativas están completas, tu negocio contará con una base jurídica sólida desde donde crecer. Este capítulo se divide en el proceso de comenzar una pequeña empresa en seis pasos y la presentación de algunas de las opciones disponibles.

1. Escoge una estructura legal

Antes de comenzar tu negocio, debes decidir cuál será su estructura legal. Algunas de las figuras jurídicas comunes son: propietario único, asociación, sociedad de responsabilidad limitada SRL (LLC en inglés), la corporación S y la corporación estándar. Cada una de estas entidades jurídicas imponen obligaciones y responsabilidades diferentes sobre el propietario de la empresa. La estructura jurídica de una empresa afecta la liquidación de sus impuestos, la administración y mantenimiento de documentos, el riesgo personal y mucho más.

La mayoría de las pequeñas empresas son empresas de propietario único. Para razones impositivas y legales, el propietario y el negocio son lo mismo, una única empresa y un único propietario. Una de las desventajas de esta estructura es que no existe división entre los bienes y propiedades de la empresa y los personales. En otras palabras, los bienes personales del propietario estarán en riesgo en caso de contraer una deuda comercial o de verse involucrado en una demanda legal. Por el contrario, otras estructuras comerciales, como la corporación o empresa SRL (LLC), protegerán los bienes personales del propietario frente a una deuda o una demanda. No obstante, en ocasiones incluso ni siquiera el tipo de corporación puede proteger los bienes personales del propietario o el operador a cargo. Si crees que te convendría optar por una sociedad anónima (LLC), consulta a un contador público o a un abogado impositivo para asesorarte y confirmar si estas son las estructuras legales más convenientes para tu negocio.

La empresa de propietario único ofrece muchas ventajas; siendo la más notable, su simplicidad. Para declararte como propietario único no es necesario que hagas nada especial; simplemente debes declararte como tal cuando completes tu solicitud de licencia comercial y tus formularios de impuestos. Ser propietario único no tiene requisitos legales, salvo mantener tus registros en orden y pagar los impuestos sobre tus ganancias (los cuales son mayores para la reventa de productos o la contratación de empleados). Además, como propietario único, no tienes que compartir con nadie el control de su negocio: tú tomas todas las decisiones.

Una sociedad es una estructura comercial y legal que consiste en que dos o más partes se asocian para entrar juntas al negocio. Hablando en términos generales, cada una de las personas involucradas contribuye a la empresa de una forma u otra y a cada una de las partes le corresponde una parte de los beneficios o pérdidas. Los socios determinan cuáles serán sus contribuciones individuales y su parte de las ganancias. Si un acuerdo entre socios es registrado por escrito, el mismo los vincula jurídicamente. Si un acuerdo no es puesto nunca por escrito, en la mayoría de los Estados, los socios se considerarán igualmente sometidos a la Ley uniforme sobre sociedades (Uniform Partnership Act - UPA) o a la Ley uniforme sobre sociedades revisada (Revised Uniform Partnership Act - RUPA), que establece que cada socio tiene derecho a una participación igualitaria en las ganancias y una capacidad de decisión igualitaria en la administración del negocio (Steingold, 2005). De todas maneras, en todas las sociedades cada uno de los propietarios debe pagar impuestos sobre las ganancias obtenidas, de una manera similar a como lo hacen los propietarios únicos.

Cada uno de los propietarios de una sociedad es responsable de una parte de cualquier deuda contraída por la sociedad. Por ejemplo, si tu socio decide comprar una cortacéspedes de $3,000 con la tarjeta de crédito de la empresa, ambos son igualmente responsables de pagar por ella. Asimismo, si uno de los socio hiere a alguien, o daña la propiedad común al realizar un trabajo, ambos propietarios son considerados responsables.

Las sociedades comerciales son conocidas por generar conflictos. A menudo, los socios no definen con claridad cuáles son sus obligaciones individuales, así como sus derechos, dentro de la empresa. Incluso teniendo un claro acuerdo por escrito, la naturaleza misma de la relación entre socios, y la cantidad de tiempo y dinero que invierte cada uno, tienden a generar problemas. Es importante que tengas en cuenta que, a veces, es más eficaz manejar una empresa pequeña de a uno, que de a dos. Para obtener más información al respecto, consulte la sección *Tema 407, Ingreso de empresas* en el sitio de Internet del IRS en http://www.irs.gov, o consulta uno de los libros de negocios listados en el apéndice A.

2. Escoge un nombre para tu empresa

El nombre de tu empresa dará una impresión inmediata a tus potenciales clientes, influenciará el tipo de clientes que se contacta contigo y la cantidad de llamadas que recibirás. Utilizarás el nombre de tu negocio para promocionarlo, en el mensaje del contestador de tu teléfono, en carteles y folletos publicitarios y para completar formularios en nombre de tu empresa. Elige un nombre que represente la imagen comercial que agrade a los clientes que deseas conseguir y que puedas mantener a medida que tu negocio crece.

No hay nada malo con usar el término *paisajismo* o *landscaping* en nombre de tu negocio; sin embargo, hacerlo puede provocar que se contacten contigo para trabajos de instalación de paisajes, el trabajo que hacen los paisajistas especializados en planificación y diseño de paisajes. Ten en cuenta que anunciarte como un licenciado en paisajismo, sin serlo en realidad, es ilegal. Además, existen una gran variedad de términos que puedes usar en lugar de paisajismo, como jardinería, mantenimiento de jardines, o mantenimiento de paisajes. Una vez que hayas decidido un nombre, tienes que investigar si ya pertenece a otra empresa. A continuación, encontrarás información sobre cómo verificar tu nombre.

3. Declaración de un nombre comercial o de ficticio

Para ejercer comercialmente bajo un nombre que no es el propio, tienes que declarar un nombre comercial (de ficticio, o FBN en inglés), también conocido como un DBA (Haciendo negocios como).

> ## ¿Necesitas un número de identificación de patronal?
>
> Si tienes pensado contratar empleados, necesitarás un Número de Identificación Patronal (EIN en inglés), también conocido como Número de identificación fiscal federal (Federal Tax Identification Number en inglés). El EIN es como un número de seguridad social, pero para tu empresa. Se utiliza para completar los formularios de licencia e impuestos de tu empresa, entre otras cosas. Solicita un Formulario SS-4 Application for Employer Identification Number (Solicitud para número de identificación del empleador) llamando al IRS al 1-800-TAX-FORM (1-800-829-3676), o descargándolo desde el sitio web del IRS en http://www.irs.gov.
>
> En caso de que seas el propietario único de tu empresa (o de a una SRL o LLC unipersonal no registrada impositivamente como corporación) y no tengas intención de contratar empleados, puedes utilizar tu número de seguridad social en lugar de solicitar un EIN. Siempre podrás solicitar un EIN más adelante, si decides contratar empleados. No obstante, es posible que igualmente desees obtener un número EIN para mantener tus cuestiones comerciales separadas de tus asuntos personales (Steingold, 2005). Además del número EIN federal, también necesitarás EIN estatal. Consulta la sección "Número de identificación patronal" on page 221.

Los nombres comerciales, o de ficticio, deben ser declarados en el condado, por lo general en la oficina del Secretario y registrador del condado, o en la oficina de registros del condado. Comunícate con la oficina correspondiente y pide que te envíen un formulario de solicitud de nombre comercial por correo.

Busca en los registros del condado si el nombre que has elegido ya está siendo utilizado por otra empresa. Algunos condados poseen una base de datos a la que puedes acceder por Internet. No asumas que el condado verificará en sus archivos si el nombre que estás registrando se encuentra disponible. Además, evita nombres o términos descriptivos que ya estén en uso. Por ejemplo, si deseas llamar a tu negocio Mantenimiento de paisajes Rock Creek, y ya existe otra empresa en el condado llamada Mantenimiento de jardines Rock Creek, directamente evita utilizar las palabras "Rock Creek" en el nombre de tu empresa. Tu nombre debe ser lo suficientemente único y original como para evitar confusiones. Si utilizas un nombre comercial, o de ficticio, que ya está en uso, es posible que en algún momento tengas que renunciar a él, o peor aún, la empresa que registró el nombre primero puede demandarte.

Además de buscar en los registros del condado, revisa en los anuncios locales los nombres de las empresas que ofrecen servicios de jardinería y paisajismo, por ejemplo, en http://www.craigslist.org. Búscalos también en periódicos locales y en la guía telefónica; encontrarás estas publicaciones en la biblioteca de la ciudad o del condado. Ten en cuenta que con frecuencia existen varias publicaciones en cada zona y que cada guía tiene anuncios diferentes.

Si en los registros del condado y en las publicaciones locales no encuentras ninguna otra empresa que utilice el nombre que deseas ponerle a la tuya, lo más probable es que puedas utilizarlo sin involucrarte en complicaciones legales. Por ejemplo, si eres el único con el nombre Jardinería Dan en todo el condado, es poco probable que tengas problemas legales con otra empresa llamada Jardinería Dan ubicada en la otra punta del país o a 100 millas de distancia. Esto se debe a que ambas empresas ofrecen sus servicios en zonas diferentes y el riesgo de que los clientes se confundan es bajo. Sin embargo, existen excepciones a esta regla y las observaremos más de cerca a continuación.

El nombre que deseas para tu empresa puede estar ya siendo utilizado por una empresa nacional, posiblemente una franquicia, o una con cobertura en todo el Estado. Para asegurarte de que esto no sea así, amplía la búsqueda a nivel estatal, por ejemplo, poniéndote en contacto con la Comisión de corporaciones (Corporations Commissioner), u otra oficina estatal, donde las empresas y corporaciones de responsabilidad limitada (LLC) registran sus nombres comerciales o de ficticio. Hacerlo también puede ayudarte a confirmar si existen en el Estado empresas o franquicias dedicadas al paisajismo que utilicen algún nombre determinado.

Si deseas realizar una búsqueda más exhaustiva, verifica el registro federal de marcas (Federal Trademark Register), que es el organismo donde las compañías nacionales registran sus nombres comerciales, o de ficticio. Algunas bibliotecas públicas cuentan con copias del registro federal de marcas, o también puedes buscar en Internet, en la Oficina de Marcas y Patentes de Estados Unidos (U.S. Patent and Trademark Office - USPTO) en el sitio http://www.uspto.gov. En el sitio web de la USPTO, localiza el buscador electrónico de marcas registradas, o Trademark Electronic Search System (TESS). Sin embargo, ni siquiera una búsqueda a nivel federal es realmente exhaustiva. Para obtener más información sobre búsquedas de nombres o marcas a nivel estatal o federal, consulta un libro especializado, como The Small Business Start-Up Kit (El kit de iniciación para la pequeña empresa) de Peri Pakroo, o *Trademark: Legal Care for Your Business & Product Name (*Marca comercial: Asistencia legal para tu empresa y nombre comercial), de Stephen Elias. Ambos se encuentran disponibles en muchas bibliotecas públicas.

Internet puede complicar la selección del nombre aún más para las pequeñas empresas proveedoras de servicios que operan en regiones diferentes. Por ejemplo, si decides publicar en la red un sitio web informativo que describa tus servicios y ofrezca consejos de jardinería estacional, puede encontrarte compitiendo con otras empresas con tu mismo nombre, ubicadas en otra parte del país o incluso en otro país. Si una empresa puede demostrar que es la propietaria legal de la marca registrada de ese nombre comercial o de ficticio, puede incluso forzarte a cambiar el nombre de ficticio de tu empresa (Pakroo, 2004). La búsqueda de disponibilidad de dominios web puede realizarse en sitios web dedicados al registro de dominios.

Una vez que envías el formulario FBN de regreso a la Oficina de Registro Civil del condado (County Registrar's Office), junto con el pago correspondiente (aproximadamente $30), un empleado le pondrá el sello del condado y lo enviará de regreso a ti. Luego, debes anunciar públicamente el nombre de ficticio de tu empresa en un periódico por una determinada cantidad de tiempo. Cada condado posee una lista de periódicos que realizan este servicio; consulta a varios periódicos, porque los precios pueden variar considerablemente.

Una vez que el periódico publica el anuncio, enviará la prueba de su publicación a la Oficina de Registro Civil del condado y te enviará una copia también a ti. Confirma que el periódico que has seleccionado se encargue de hacer esto por ti. Una vez que hayas obtenido la prueba de publicación, ya estás en condiciones de anunciar tus servicios, abrir una cuenta de cheques comercial y otras actividades comerciales utilizando tu nombre comercial. Ten en cuenta que el registro de tu nombre de ficticio, o FBN, expira después de un período de tiempo, generalmente de cinco años. Vuelve a registrar tu nombre de ficticio previo a la fecha de vencimiento para asegurarte de mantener la propiedad de tu FBN.

4. Obtén una licencia comercial

Una vez que la solicitud de registro de tu nombre comercial fue presentada, debes pedir en las oficinas del gobierno de la ciudad una solicitud de licencia comercial. Si tu ciudad no se encarga de otorgar licencias comerciales, es posible que te indiquen que te dirijas a una agencia estatal o del condado. La licencia no es costosa y la ciudad se encargará de enviarte cada año un formulario de renovación por correo con las correspondientes tasas de renovación. El período de renovación puede variar, dependiendo de la ciudad. Si planeas trabajar en varias ciudades, puede que debas obtener una licencia comercial de cada ciudad. averigua en la oficina de negocios de la ciudad en cuestión.

¿Necesitas un permiso de vendedor?

El permiso de vendedor es un permiso extendido por el Estado que permite comprar mercancías al por mayor y revenderlas. Los impuestos de ventas son transferidos al cliente en el momento de la venta. Una vez que tengas un permiso de venta, deberás presentar periódicamente declaraciones de impuestos sobre las ventas y el uso y pagar a la autoridad impositiva del Estado todos los impuestos pertinentes sobre las ventas acumuladas. Algunos Estados no requieren que obtengas un permiso de vendedor para revender productos.

Plantas, mantillo, fertilizantes, rociadores, sensores de lluvia y controladores de riego son solo algunos de los productos que un jardinero puede revender. Sin embargo, la reventa de productos y materiales genera nuevos impuestos y mayor trabajo de contabilidad. Dependiendo de tu negocio, es posible que los beneficios que puedas obtener de estas ventas no valgan el esfuerzo y trabajo extra. Los diseñadores o instaladores de jardines suelen vender suficientes productos, materiales y dispositivos como para justificar tener un permiso de vendedor. Sin embargo, los contratistas o jardineros por cuenta propia que trabajan a nivel residencial con frecuencia solo deben adquirir una cantidad de material demasiado pequeña como para obtener un beneficio con su reventa.

No es necesario tomar inmediatamente la decisión de obtener un permiso de vendedor. Una manera de evitar tener que conseguir uno es comprando productos y materiales para tus clientes, solo en la medida en que lo necesitan y cobrándoles la misma cantidad que tú pagaste. De esta manera, pagas el impuesto sobre la venta al momento de la compra y el cliente luego te reembolsa. Las compras hechas de esta manera son consideradas "suministros" y pueden deducirse como gastos de la empresa al momento de pagar impuestos. Para obtener más información, consulta "Suministros" en la página page 244.

Es posible que junto con el formulario de aplicación recibas también información sobre requisitos adicionales para jardineros, como una solicitud de certificación como técnico en control de plagas. Si piensas utilizar herbicidas, insecticidas o fungicidas, debes obtener una certificación otorgada por el organismo estatal que supervisa el uso comercial de estos productos. Para obtener más información, consulta la sección "La licencia de técnico en control de plagas" on page 76.

5. Abre una cuenta bancaria independiente

Una vez que hayas obtenido un nombre comercial o de ficticio para tu pequeña empresa, puedes abrir una cuenta de cheques comercial a su nombre; que te permitirá cobrar cheques extendidos a nombre de la misma. La mayoría de los dueños de pequeñas empresas abren una cuenta de cheques comercial. Los defectos menores de una cuenta de cheques comercial son: su costo es ligeramente mayor al de una cuenta de cheques personal y que ofrece servicios adicionales que tal vez tú no necesites. Además, el saldo mínimo requerido para evitar

Construcción en jardines

Los constructores de jardines se dedican a instalar sistemas de riego, superficies de césped, plantas, cercas, decks, paredes de ladrillo, y otros, relacionados al diseño y construcción de jardines. Estos profesionales tienen una licencia o matriculación estatal de jardinero matriculado que certifica que poseen los suficientes conocimientos, experiencia, seguros y capacidad para realizar estas instalaciones. Al contratar a un jardinero matriculado, el cliente tiene ciertos derechos que no tienen cuando trabajan con un contratista no certificado. Con seguridad, se te presentarán oportunidades para hacer trabajos de construcción. La pregunta es, ¿Debes aceptarlos?

Lo primero que tienes que considerar es la ley en tu estado. Por ejemplo, en California, la instalación de muchos elementos del jardín requieren de un permiso de la ciudad, los cuales únicamente son proporcionados a contratistas matriculados o al dueño de la propiedad. Si el trabajo no requiere un permiso, por ejemplo para abonar, los contratistas no matriculados están autorizados a hacer el trabajo, con tal de que no necesiten cobrar más de $500 para materiales y mano de obra. Ponte en contacto con el departamento de Construcción y Planificación del gobierno de tu ciudad para averiguar los requisitos de tu área.

La instalación de ciertas características del jardín requiere de conocimientos especializados y capacitación acorde. Deben tomarse numerosas medidas de seguridad para evitar causar daños a la propiedad, a ti mismo, o a otros. Los jardineros matriculados corren mayor riesgo financiero. Si el trabajo no es realizado correctamente, el contratista tiene la obligación de corregirlo o podría enfrentar consecuencias jurídicas. Para informarte acerca de cómo matricularte como contratista con licencia, comunícate con la junta de contratistas matriculados de tu Estado o visita su sitio web. Encontrarás estos números de teléfono en la sección Oficinas gubernamentales del Estado de la guía telefónica. La mayoría de los Estados requieren que cuentes con varios años de experiencia en el campo. Debe aprobar un examen y cumplir con ciertos requisitos.

el pago de tasas mensuales suele ser superior en una cuenta comercial que en una cuenta personal.

Una opción alternativa es abrir una cuenta de cheques personal y solicitar que se le agregue un nombre DBA. DBA son las siglas en inglés de "Do Business As", o "Hacer negocios como". Por ejemplo, Dan Smith podría abrir una cuenta de cheques personal para su empresa de jardinería y solicitar que el nombre DBA "Jardinería Dan" se asocie a dicha cuenta. Ten en cuenta que no todos los bancos permiten asociar DBAs a cuentas de cheques personales.

No utilices una misma cuenta bancaria para uso personal y profesional. El tener una cuenta de cheques destinada exclusivamente a tu empresa te permitirá mantener tus finanzas personales separadas de las comerciales. Si alguna vez te auditan, el IRS puede pedir las declaraciones de tu cuenta de cheques comercial. Si tienes una única cuenta de cheques para tu uso personal y profesional, el IRS podría considerar a algunos depósitos personales como ingresos comerciales no declarados que intentas mantener ocultos y podrían imponerte tasas, multas e impuestos por el importe en cuestión. Consulta "Cuentas bancarias" on page 229 para más información.

6. Cumple con las ordenanzas de zonificación

La mayoría de los jardineros y administradores de paisajes operan desde sus hogares. Antes de realizar cualquier inversión inicial en suministros para tu nueva empresa, encárgate de averiguar las ordenanzas de zonificación vigentes en tu domicilio, así como las restricciones al uso de propiedades privadas. Las ordenanzas de zonificación reglamentan la construcción y regulan el uso de las tierras de una ciudad. En términos generales, algunas zonas son designadas para uso residencial, otras para uso comercial y algunas para una mezcla de ambas. Por ejemplo, una empresa dedicada a la fabricación de productos, estaría violando una ordenanza si se encuentra ubicada en una zona exclusiva para viviendas unifamiliares.

En las zonas residenciales, las ordenanzas de zonificación sirven principalmente para mantener las características de un vecindario. Algunas ordenanzas de zonificación residenciales permiten atender empresas desde el hogar, otras no, y otras lo permiten, pero con ciertas restricciones. Estas restricciones pueden afectar al movimiento de vehículos y peatones de tu empresa, al estacionamiento frente a tu casa, el horario autorizado para la operación de herramientas de jardinería, el número de empleados que puedes contratar u otros aspectos de tu negocio.

Si una empresa viola una ordenanza, puede recibir una carta de parte de funcionarios de la ciudad informando al propietario de la empresa que debe realizar cambios. Nuevas violaciones pueden acarrear multas, la clausura del negocio o incluso enjuiciamiento penal. Ponte en contacto con el departamento de planificación y zonificación de tu ciudad para informarte acerca de las ordenanzas de zonificación que afectan a tu zona de residencia. Si crees que te han acusado injustamente de violar una ordenanza de zonificación, puedes tomar cartas en el asunto tanto con el gobierno de la ciudad como con la junta de zonificación perteneciente a tu zona de residencia.

Las casas, los condominios y las unidades compartidas también pueden estar sujetas a restricciones privadas; las encontrarás detalladas en los contratos de arrendamiento de cada propiedad. Las asociaciones de vivienda también pueden proporcionarte información sobre restricciones privadas.

La mayor parte de tu actividad comercial tendrá lugar fuera de tu hogar. Sin embargo, la carga y descarga de tu camión, la limpieza y reparación de herramientas y el almacenamiento de suministros, por no mencionar el ir y venir de tus empleados en caso de tenerlos, son solo algunas de las actividades que pueden atraer la atención de tus vecinos. Averigua cuáles son las actividades comerciales permitidas en tu ordenanza de zonificación y evita o se discreto con las actividades que puedan suscitar inquietudes.

Seguro médico

Tener un seguro médico no es legalmente obligatorio y además va más allá del propósito de esta guía discutir en detalle los seguros de salud. Sin embargo, es importante que tengas consciencia de que no contar con un seguro médico es un riesgo tanto como para tu salud como para tus finanzas. En el caso de que debas recibir atención médica y no tengas un seguro, existe la posibilidad de que en hospital te atienda de todos modos. Pero, si eres atendido y no tienes seguro, tendrás que pagar todos los gastos de tu bolsillo y los mismos pueden resultar caros. La siguiente anécdota servirá para ilustrar este punto: Un jardinero local se rompe el tobillo trabajando. Al terminar su tratamiento médico, los gastos del mismo ascienden a más de $15,000. Considera el costo de pagar un seguro médico como un gasto necesario.

Seguros comerciales

Es posible que tener un seguro comercial no sea un requisito para tu empresa si contratas un seguro de indemnización (en caso de contratar empleados) y un seguro para tu vehículo o vehículos. Sin embargo, puede que hacerlo sea lo mejor. Recuerda que como propietario único, tus bienes comerciales y tus bienes personales estarán en riesgo en caso de una demanda contra la empresa. Existen dos tipos principales de seguros comerciales: los seguros sobre la propiedad y los seguro de responsabilidad civil.

Seguros sobre la propiedad

Los seguros sobre la propiedad incluyen cobertura sobre todos los títulos de propiedad de una empresa, desde el equipamiento hasta los bienes inmuebles. En caso de que alquiles el local desde donde administras tu empresa, es posible que los términos del contrato de alquiler te exijan que contrates un seguro para el inmueble. En caso de que no estés obligado a asegurar el inmueble, se recomienda igualmente que contrates una póliza de inquilino comercial para protegerte contra cualquier daño, causados por tus empleados o por ti mismo, al inmueble alquilado.

Puedes optar por no contratar un seguro sobre la propiedad, si decides que no alquilarás un local comercial, y/o si estás dispuesto a pagar de tu propio bolsillo el reemplazo de cualquier equipamiento, en caso de robo u otro tipo de pérdida. Antes de tomar la decisión de "asegurarte a ti mismo", ten en cuenta que la mayoría de los jardineros tienen anécdotas para contar acerca de equipos robados. Si no cuentas con un seguro sobre la propiedad o fondos disponibles para casos de emergencia, un robo puede complicar los recursos que necesitas para trabajar o inclusive forzarte a cerrar el negocio. Si decides asegurar tu propiedad comercial, fíjate de obtener una cobertura que pague el monto necesario para sustituir los elementos, no solo su valor actual.

Ten en cuenta que la póliza de tu seguro de vivienda puede no cubrir daños o pérdidas de bienes comerciales (Steingold, 2005). Por ejemplo, si guardas todos tus equipos y herramientas en el garaje de tu casa, y te los roban, es posible que la póliza de tu seguro de vivienda no cubra la pérdida. Sin embargo, puedes asegurar tu propiedad comercial añadiendo las cláusulas apropiadas (de cobertura adicional) a tu seguro de vivienda actual. Si bien estas cláusulas adicionales no suelen ser costosas, es posible que obtener un seguro especialmente diseñado para cubrir tanto tu hogar como la pequeña empresa que administras desde allí, puede ser incluso más barato. Con estos seguros, tu propiedad comercial estará igualmente cubierta ya sea si te encuentras en tu casa o trabajando (Steingold, 2005).

Seguros de responsabilidad civil

El seguro general de responsabilidad civil es el único que algunos jardineros o paisajistas necesitan. Los seguros generales de responsabilidad civil cubren lesiones personales y daños materiales ocasionados por otros como resultado del trabajo. Por ejemplo, si dañas un automóvil al retirar una rama de árbol, tu seguro de responsabilidad civil impedirá que tengas que pagar la reparación de tu bolsillo.

Si piensas ofrecer la aplicación de pesticidas y herbicidas como parte de tus servicios, tu seguro debería incluir cobertura para daños asociados con el uso de estos productos químicos. El trabajo con árboles también requiere de cobertura adicional. Y si tienes la intención de contratar empleados, también necesitarás contratar un seguro de indemnización para trabajadores. Para más información, consulta el capítulo "Obligaciones del empleador" en la página "Capítulo 13" on page 221. Ten en cuenta que el seguro general de responsabilidad civil no sirve como seguros para tus vehículos

Seguros para vehículos

Un seguro estándar de vehículo individual puede no cubrir daños y perjuicios ocasionados durante el ejercicio del trabajo. Para garantizar que estarás cubierto, informa a la empresa que asegura tu vehículo que también lo utilizarás como vehículo de la empresa. Si tendrás empleados que utilizarán sus propios vehículos para trabajar, necesitarás un seguro de responsabilidad civil para automóviles que son propiedad de terceros. Este seguro te protegerá en caso de que un empleado ocasione daños o lesiones utilizando su propio vehículo mientras se encuentra trabajando. Ten en cuenta que los empleados no estarán protegidos por este seguro de responsabilidad civil para automóviles de terceros y que necesitarán contratar su propio seguro de automóvil (Kamoroff, 2005).

Agentes de seguros

La información acerca de los distintos tipos de seguros de la sección anterior fue pensada para servir de material de reflexión. Un agente capacitado puede determinar cuáles son las necesidades de tu empresa en materia de seguros. De ser posible, busca un agente que ya trabaje para otros jardineros y paisajistas, de manera que se esté familiarizado con el tipo de cobertura que necesitas. Un buen agente de seguros hará muchas preguntas antes de confeccionar tu póliza de seguros. Piénsalo dos veces antes de elegir a un agente que no muestre interés por conocer las características específicas de tu empresa. Y, hazle todas las preguntas necesarias, de modo que la cobertura y alcance de tu seguro queden claros.

Se llama deducible a la parte del reclamo que el asegurado debe pagar antes de que la agencia de seguros cubra los gastos. Esto significa que en caso de que debas hacer un reclamo, tú tendrás que pagar los gastos deducibles. Si aceptas un deducible más alto, esto puede reducir los beneficios premium que ofrece el seguro.

Consideraciones adicionales

- Antes de comenzar a utilizar tu vehículo para la empresa, confecciona un diario de millas para registrar la cantidad que recorres a diario para trabajar. Para obtener más información acerca de este tema, consulta la sección "Diario de millas recorridas" en la página 209 y "Gastos de automóviles y camiones" en la página 213.

- Las ciudades tienen ordenanzas para los ruidos que disponen cuáles es el horario en que estás autorizado a operar herramientas de jardinería. Algunas ciudades cuentan con restricciones adicionales para el uso de herramientas de jardinería. Ponte en contacto con el departamento comercial de la policía local para averiguar acerca de las ordenanzas para el uso de herramientas de jardinería por parte de jardineros de tu ciudad.

CAPÍTULO 2

Equipamiento y suministros

En este capítulo
- Cortacéspedes dirigidos para profesionales
- Otras herramientas de jardinería
- Equipamiento y almacenamiento
- Herramientas manuales y equipos de protección individual
- Suministros para nuevas empresas y materiales de oficina
- Equipos informáticos y software

Este capítulo presenta algunas de las herramientas y suministros comúnmente utilizados en las empresas de paisajismo y jardinería. Puedes realizar la investigación y búsqueda de los productos que necesites por Internet, en pequeñas tiendas de reparación de motores de cortadoras de césped y en los centros comerciales de productos para el hogar y el jardín. También es buena idea consultar en Internet los foros donde los profesionales dan su opinión acerca de las herramientas utilizadas en el oficio. Consulta la lista de "Foros de paisajismo" on page 253.

Cuando investigues para tomar la decisión de qué herramientas de jardinería comprar, ten en cuenta que las herramientas profesionales son más potentes y duraderas que las de calidad doméstica. Invariablemente, el dinero que terminas perdiendo debido a la inactividad, más el costo de las reparaciones, es mayor al que ahorras al invertir en equipos más baratos de inferior calidad. En el largo plazo, los equipos profesionales son a menudo menos costosos que los no profesionales, porque duran más tiempo.

Nota: Los gastos de iniciar una empresa son costos en los que se incurre al inaugurar un nuevo negocio. Lograr deducir los gastos de iniciar una empresa de tus impuestos requiere de conocimientos especiales y dedicarle un tiempo adicional. Familiarizarte con algunas de estas reglas podría ayudarte a evitar ciertas cargas fiscales. Para obtener más información, consulta "Gastos iniciales" on page 243.

Cortacéspedes para profesionales

Las máquinas cortacéspedes para profesionales están diseñadas para ser usadas diariamente y funcionar durante años. A diferencia de los modelos no profesionales, los motores de los equipos para profesionales son más duraderos; las palancas y cables son más fuertes, los tanques de gasolina y los filtros de aire, de mayor tamaño y los mecanismos de autopropulsión tienen velocidad regulable, de lenta a rápida. A continuación encontrarás algunas de las características más comunes de los cortacéspedes profesionales.

- *La función mulching.* Un cortacéspedes con función mulching, o de reciclaje de césped, tritura finamente la hierba cortada y los deposita nuevamente sobre el césped. Son imperceptibles y se descomponen rápidamente, devolviendo los nutrientes y la materia orgánica de regreso al suelo. El mulching es una práctica de cuidado de jardines muy beneficiosa cuando se la realiza correctamente. Consulta la sección "Mulching vs. Embolsado" on page 52 para obtener más información.

- *Mecanismo de autopropulsión.* La mayoría de los cortacéspedes dirigidos para profesionales

Los cortacéspedes profesionales o comerciales, pueden soportar años de uso diario. Las funciones de reciclaje y el mecanismo de autopropulsión son características comunes. El cortacéspedes mostrado aquí es marca Toro.

vienen con mecanismo de autopropulsión regulable. Tanto ésta, como la función mulching, son esenciales en un cortacésped.

- *El OPC (Operator presence control) o Dispositivo de seguridad.* A veces, se llama palanca de seguridad al OPC o dispositivo de seguridad de un cortacésped. El dispositivo de seguridad apaga el motor o se detiene la hoja en el instante en que el usuario se aleja del cortacésped. Esta importante característica de seguridad es estándar en todos los cortacéspedes.

Compra una cortacéspedes que posea un ancho de corte de al menos 21 pulgadas, y asegúrate de llevarte también por lo menos una cuchilla de repuesto, de modo que puedas reemplazar una cuchilla roma por una con filo, cuando sea necesario. Espera pagar entre $500 y $1,200 por un cortacésped de mano de tamaño estándar. Ocasionalmente, las tiendas de herramientas de jardín venden cortacéspedes profesionales usados. Por lo general, comprar equipos nuevos es una mejor inversión. Sin embargo, un cortacéspedes usado, sin muchas horas de uso, puede resultar una buena opción; en especial si el costo de adquirirlo es un factor limitante. Para trabajos de gran importancia, incluso considera comprar un cortacéspedes dedicado únicamente a él. Para mayores detalles, consulta "Minimizando la propagación de malezas" on page 53.

Los cortacéspedes de tamaño mediano tienen anchos de corte (32" o 36") y motores mayores que los de tamaño estándar. Los cortacéspedes de asiento y los de radio de giro cero (ZTR, por sus siglas en inglés) son menos comunes para el mantenimiento de jardines residenciales, aunque algunos jardineros los usan. A algunos jardines residenciales no se puede acceder con un cortacéspedes de asiento. Ten en cuenta que algunos fabricantes utilizan propano para propulsar sus cortacéspedes, haciendo que produzcan menos emisiones. Recientemente, cada vez más compañías de paisajismo y jardinería han comenzado a utilizar esta tecnología, aunque todavía no es muy popular.

Otras herramientas de jardín a motor

Muchas herramientas, como las desbrozadoras de césped y setos, funcionan con motores de dos tiempos, llamados también motores de dos ciclos. Los motores de dos tiempos funcionan a base de una mezcla de gasolina y aceite llamada "mezcla de combustible para motores de dos tiempos", que sirve como combustible y lubricante para el motor; no necesitan cambios de aceite. La mezcla para motores de dos tiempos viene en distintas proporciones, y cada herramienta está diseñada para funcionar con una mezcla específica, siendo la de 50:1 la más común. Los motores de dos tiempos son duraderos y requieren de poco mantenimiento. Tienen una buena relación potencia-peso, y se los puede operar en diferentes posiciones.

Los motores, o mini motores, de cuatro de tiempos funcionan con gasolina común, producen bajas emisiones y son más silenciosos. Algunos motores de cuatro tiempos funcionan con mezcla de gasolina y aceite. A diferencia de los motores de dos tiempos, la mayoría de los de cuatro tiempos necesitan que se les cambie el aceite con regularidad. Las herramientas con motores de cuatro tiempos suelen ser un poco más pesadas y más costosas que las de dos tiempos, y es posible que se requieran ajustes de válvula periódico.

Cuando investigues qué herramientas comprar, evalúa elegir modelos que tengan un sistema de reducción de vibración incorporado. Estos serán mejores para tus manos durante el uso prolongado. Y elige marcas conocidas populares entre los profesionales. Algunas marcas solo pueden adquirirse a través de distribuidores que también realizan el mantenimiento de las herramientas.

Sopladores de hojas

Los sopladores de hojas vienen en modelos de mochila o, de mano. Los sopladores de mochila son más poderosos, lo que los convierte en una buena opción para despejar la entrada de grandes propiedades y estacionamientos. Los sopladores de mano tienen potencia suficiente para trabajar en la mayoría de las residencias pequeñas y medianas. Además, son más económicos que los de mochila y ocupan menos espacio. Otra de las ventajas de los sopladores de mano es que se los puede encender y detener varias veces sin necesidad de ponérselos y quitárselos de la espalda cada vez.

Consulta con el gobierno de tu ciudad antes de comprar un soplador, algunas ciudades tienen ordenanzas que restringen o prohíben su utilización. Evalúa el comprar un soplador que produzca bajos decibeles (ruido) y utilízalo con responsabilidad. Consulta la sección "Pautas de uso para el soplador de hojas" on page 33 para obtener más información.

Cortabordes

Los cortabordes, también llamados desbrozadoras para césped, bordeadoras, o "weed whackers" (asesinos de hierbas), cortan los bordes e imperfecciones del césped a altas velocidades. Los cortabordes vienen con barras rectas o curvas. Los modelos de alta potencia y barra recta son una buena opción para emparejar una superficie con abundante hierba y/o maleza. Muchos profesionales prefieren el mayor alcance que ofrecen los modelos de barra recta. Los cortabordes de barra recta vienen con ejes de transmisión de cable de acero, o de acero sólido. Uno con eje de transmisión de acero sólido es una buena opción si vas a desear agregarle una cuchilla, y convertir el cortabordes en desbrozadora.

Las desbrozadoras de ruedas brindan un corte recto y constante. Están diseñadas para ser utilizadas en el césped con bordillo de hormigón. Esta desbrozadora es marca Power Trim.

El cabezal es el componente que sujeta el hilo y el carrete del cortabordes. Dependiendo del cabezal, el método para reemplazar el hilo desgastado, cambia. En los cabezales de línea fija, se insertan secciones de hilo previamente cortados. Para liberar el hilo de los cabezales "Bump-feed" o con sistemas de avance por golpe, debes dar suaves golpes contra el suelo, con el cortabordes encendido. Uno de los problemas potenciales del hilo enrollado es que ocasionalmente puede "soldarse" a sí mismo, impidiendo el avance del hilo. Por lo general, este problema puede evitarse cediendo hilo constantemente a medida que avanzas con el cortabordes.

Los cortabordes con motores más grandes permiten utilizar hilos de nylon de mayor grosor (0.095 y superior), que duran más tiempo. En ocasiones, los concesionarios tienen a disposición cortabordes para que los puedas probar. Consulta la sección "Desbrozadoras" para mayor información.

Cortasetos o *hedge trimmers*

Los cortasetos a gasolina vienen en modelos de altura y de corto alcance. Los modelos de corto alcance ofrecen buen control y maniobrabilidad, porque la barra de corte permanece siempre cercana al usuario. Sin embargo, estos modelos pueden ser cansadores durante el uso prolongado debido al peso del motor, que debe mantenerse frente al cuerpo. Y, dado que el motor debe permanecer

Las desbrozadoras de caño se ven igual a las bordeadoras, excepto que tienen una cuchilla montada en el extremo. Esta herramienta es fácil de maniobrar y ocupa muy poco espacio de almacenamiento. El cabezal mostrado aquí es de una desbrozadora Echo modelo PE-280.

cerca del rostro durante el funcionamiento, el usuario tiende a respirar los gases del escape.

Los cortasetos de corto alcance están disponibles en modelos de corte simple y corte doble, y barras de entre 20" y 40" de longitud. Los cortasetos con cuchilla de doble fila utilizan el movimiento natural, hacia atrás y hacia delante, del usuario. Las cuchillas de filo simple tienen dientes más grandes y cortar más vegetación de una sola pasada. A las cuchillas simples se les puede agregar un accesorio llamado recolector o escudo deflector, que va conectado a la cuchilla, y se encarga de quita los recortes y restos de los arbustos y setos.

Las cuchillas de los cortasetos de altura van montadas en el extremo del mango. Dependiendo del modelo, el mango extiende la barra de corte de 20 a 60 centímetros de distancia del brazo. Además de proporcionar un alcance más largo, el mango reduce la fatiga de sostener el cortasetos al equilibrar la herramienta y mantener el motor más lejos del rostro del usuario. Los mangos de algunos cortasetos vienen con barras de corte articuladas. Utilizando el ángulo correcto, es posible recortar con un cortasetos de altura la parte superior de setos altos, sin necesidad de usar una escalera, y desbrozar superficies sin tener que agacharse.

Desbrozadoras

Existen tres tipos principales de desbrozadoras. Las desbrozadoras de tres ruedas que se impulsan por detrás, están diseñadas para trabajar con sardineles, pero muchas propiedades residenciales, no los tienen. Estas desbrozadoras tienen motores potentes y duraderos, y cortan con una cuchilla vertical, que permite obtener bordes rectos y parejos. Los inconvenientes de este tipo de desbrozadoras son su tamaño y su limitada maniobrabilidad.

El segundo tipo de desbrozadoras en el cortabordes. Puedes utilizar un cortabordes para cortar la hierba alrededor de construcciones, rociadores, canteros y los bordes de las superficies de cultivo. Dado que estas son las instalaciones más comunes, algunos profesionales utilizan un cortabordes para realizar todos los trabajos de emparejamiento de bordes, en lugar de utilizar una herramienta distinta para trabajar con los bordes de las aceras y paseos, o caminos de material. A diferencia de las desbrozadoras de cuchilla, los cortabordes dejan bordes irregulares y espacios más anchos entre los caminos y el césped. Estos espacios son perfectos para que germinen las malas hierbas, debido a la superficie de tierra que queda expuesta a la luz solar.

No deberías utilizar un cortabordes para recortar la superficie alrededor de los árboles jóvenes que crecen en césped, porque la corteza puede cortar fácilmente el hilo de nylon. Los cortes en la corteza pueden atrofiar el crecimiento del árbol y producirle enfermedades; y atravesar completamente el tronco de un árbol con el hilo de un cortabordes puede matarlo. Las bordeadoras con cuchillas recíprocas cortan con un accionar de tijera, por lo que son menor riesgo para los árboles. Aún así, pueden dañar la corteza de los árboles jóvenes si el cabezal de metal golpea contra el tronco. Para obtener más información, consulta la sección "Protección de árboles y arbustos" on page 48.

Las desbrozadoras de mano se parecen a los cortabordes, excepto que en lugar de un cabezal de corte, tienen una rueda estabilizadora y una cuchilla vertical montada en el extremo. Este diseño resuelve algunos de los problemas de maniobrabilidad de las desbrozadoras de ruedas, a la vez que permiten mantener un corte recto y parejo. Una desventaja menor de las desbrozadoras de mano es que la cuchilla se desgasta un poco más rápido que la de la desbrozadora de ruedas.

Motosierras

Tú no necesitas poseer u operar una motosierra para realizar la gestión del jardín residencial. Una sierra de poda manual suele ser suficiente, y una sierra manual tiene la ventaja de ser más segura, más ligera y requerir menos mantenimiento. Utilizar una motosierra requiere de capacitación específica, y que utilices equipo de seguridad para reducir al mínimo el riesgo de lesiones. Habiendo establecido esto, utilizar una motosierra puede permitirte cotizar trabajos de limpieza y desmalezamiento de jardines que pueden resultar demasiado arduos de realizar con herramientas manuales. Las sierras con cuchillas de 12" a 16" son adecuadas para la mayoría de los trabajos residenciales.

El uso de una motosierra requiere que hagas un compromiso con la seguridad. Organízate para tomar un curso de manejo seguro de motosierras antes de comenzar a utilizar una. Los concesionarios y distribuidores pueden darte unos cuantos consejos, pero brindarte directivas de seguridad no es parte de su trabajo. Lee el manual de usuario de tu motosierra; y en caso de que la alquiles, pide prestado el manual. Ten en cuenta que incluso tomando todas las precauciones, los accidentes con esta herramienta pueden ocasionar lesiones graves o mortales.

Algunos de los equipos de protección recomendados para la operación de motosierras son: el calzado con punta de acero, los guantes gruesos y antideslizantes, las gafas antiempañantes, un casco rígido aprobado (casco de leñador) con pantalla de acero incorporada, protectores auditivos y vestuario de trabajo para motosierras. Los protectores para las puntas de las motosierras y las cadenas de bajo retroceso reducen el efecto del rebote. Recuerda que los fabricantes de motosierras tienen motivos para diseñar los equipos de seguridad. Nadie está exento de recibir un rebote inesperado o tener un momento de distracción. Es necesario tomar las precauciones de capacitarse adecuadamente y utilizar equipos de protección. Para obtener más información, consulta la sección "Medidas de seguridad para motosierras" on page 34.

Las motosierras requieren mantenimiento más frecuentemente que las otras herramientas. Hazte la idea de que deberás dedicar tiempo a afilar y ajustar la cadena, limpiar la espada, recargar el depósito de aceite de la cadena y el filtro del aire. Vas a necesitar herramientas para limar, como una herramienta de limpieza para el brazo de la motosierra, un calibre y limas redondas y planas. Un afilador de cadenas de motosierra que se monta sobre la espada puede ayudar a mantener un buen ángulo de afilado. Evaluar comprar una cadena de repuesto para poder reemplazar una cadena roma durante el trabajo, y una cuña no metálica para reducir la presión sobre la espada en caso de quedar atascado en una rama.

La tensión de la cadena debe controlarse regularmente. Ajustar la cadena requiere aflojar las tuercas del freno de la cadena, ajustar el tensor y volver a ajustar las tuercas del freno. Algunas motosierras vienen con un tensor manual incorporado para ajustar la cadena, que permite ajustarla o aflojarla sin necesidad de utilizar una herramienta.

Podaderas de altura a motor

Las podaderas de altura, también conocidas como motosierras de altura, cuentan con una motosierra pequeña en el extremo de una lanza, que extiende el alcance del corte entre 10 a 16 pies del suelo. Al igual que las podaderas manuales de altura, estas herramientas reducen la necesidad de tener que subir y reposicionar la escalera. Sin embargo, no siempre son la mejor herramienta para podar correctamente, porque la longitud de la lanza hace que sea difícil ubicar la espada de corte con precisión. Esta es la razón por la que, en muchos casos, aún es necesario usar una escalera y una sierra de poda manual.

Las podaderas de altura a motor pueden ahorrar de tiempo y dinero. Sin embargo, si el usuario carece de conocimientos de prácticas correctas de poda, esta herramienta puede ser muy útil para hacer cortes malos a grandes velocidades. Si no tienes experiencia podando, una sierra de poda manual y un par de tijeras de podar de buena calidad son excelentes herramientas para aprender. Muchos jardineros experimentados prefieren podar con herramientas manuales.

Equipamiento de repuesto

Ten en cuenta comprar herramientas de repuesto para los equipos a motor que utilizas con más frecuencia. Así, si una herramienta falla, tu ritmo de trabajo no se verá afectado, y no tendrás que pedir en la tienda de reparación que arreglen tu herramienta lo más rápidamente posible. Dado que los equipos de jardinería a motor son duraderas y no dan problemas en general, las herramientas de repuesto permanecen a menudo almacenadas por largos períodos Si no piensas utilizar una de tus herramienta de repuesto por más de un mes, prepárala para ser guardada siguiendo los pasos descritos a continuación.

Almacenamiento del equipamiento

Si piensas almacenar una herramienta a motor durante más de un mes, debes prepararla para su almacenamiento. A veces, este proceso es llamado invernación. A continuación, encontrarás algunas de las tareas de invernación de herramientas más comunes. Consulta el manual de usuario de la herramienta para obtener información más precisa y, en caso de que las recomendaciones dadas aquí se contradigan con las del manual, sigue las del manual. Al trabajar con el equipo, sigue todas las precauciones de seguridad recomendadas por el fabricante del producto.

Las tareas de invernación típicas son cambiar los filtros y las correas desgastadas, verificar el desgaste de tapa del depósito de combustible, el afilado o sustitución de cuchillas, ajustar tuercas y tornillos, aplicar aceite ligero para herramientas a los dientes de la cuchilla y lubricarla de acuerdo a las instrucciones del fabricante. Las herramientas deberían almacenarse en un lugar seco, seguro, ventilado y alejado de los niños y el fuego.

Es importante proteger el sistema de combustible antes de almacenar una herramienta a motor. Después de aproximadamente un mes de almacenamiento en un recipiente, la gasolina puede empezar a pudrirse (se oxida), tapando las líneas del sistema de combustible con un residuo pegajoso. La gasolina vieja puede causar otros daños, como disolver algunas de las piezas del carburador o de la bomba de combustible (Donahue, 2002).

Utilizar estabilizador de gasolina ayudará a proteger los componentes del sistema de combustible por alrededor de un año. Olvidarse de utilizar el estabilizador puede dificultar el arranque, dañar los componentes y reducir la vida útil de la herramienta. Para obtener mejores resultados, mezcla el estabilizador con una lata de gasolina fresca, llena el depósito de combustible de la herramienta y ponla a funcionar durante varios minutos, para que el estabilizador circule a través del sistema de combustible.

Los expertos tienen opiniones distintas sobre cuál es el procedimiento correcto para invernar las herramientas con motores de dos tiempos. Algunos expertos en mantenimiento de equipos recomiendan vaciar toda la gasolina del sistema de combustible. Debajo se describe el método para hacer esto. Otros dicen que vaciar el sistema de combustible no garantiza que no quede gasolina en las líneas del sistema y en el carburador. Sostienen que incluso una pequeña cantidad de gasolina en el sistema puede causar problemas, y que secar el sistema hace que se agrieten las juntas. Estos expertos recomiendan usar estabilizador de gasolina para invernar herramientas con motores de dos tiempos.

Si eliges invernar una herramienta con motor de dos tiempos vaciando el sistema de combustible, sigue estas instrucciones: Si la herramienta estuvo encendida recientemente, permite que el motor se enfríe y luego vacía el depósito de combustible dentro de un recipiente certificado o en el depósito de otra herramienta con un motor que utilice la misma mezcla de aceite y gasolina. Si la herramienta tiene una cámara de purga en el carburador, presiona repetidamente el botón de purga para vaciar las líneas de combustible. Enciende la herramienta y déjala funcionar hasta que se apague. Luego, intenta volver a encenderla para asegurarte de que no haya quedado ningún resto de la mezcla de gasolina y combustible.

Los componentes del motor debe permanecer lubricados durante su almacenamiento. El procedimiento estándar es retirar la bujía de la herramienta y verter dentro una cucharada de aceite de motor. Utiliza aceite del mismo peso que el requerido para el motor. Para los motores de dos tiempos, utiliza aceite para motores de dos tiempos. Para sus productos con motores de dos tiempos, Echo recomienda 1/4 onza de aceite para motor de dos tiempos fresco y limpio (1½ cucharada chica = 1/4 onza, aproximadamente) (Echo, 2006).

Distribuye el aceite tirando del cordón de arranque lentamente varias veces. Después de tirar del cordón varias veces, suéltalo cuando el pistón llegue al punto más alto, como se ve a través del orificio de la bujía. Cambia la bujía, pero deja el cable de la bujía desconectado. Ten en cuenta que algunos jardineros utilizan aceite en aerosol, en lugar de aceite de motor, para mantener los componentes del motor lubricados durante el almacenamiento.

Herramientas manuales

Las herramientas manuales de alta calidad son relativamente caras, pero duran más y funcionan mejor que las de mala calidad. Las herramientas manuales baratas se suelen romper o impedir trabajar adecuadamente. Por ejemplo, unas tijeras de podar, comunes o de mango largo, no sirven para nada si la cuchilla se dobla y no te permite hacer un corte limpio. El dinero que gastaste para reemplazar la herramienta barata podría haber sido invertido en una herramienta confiable. A continuación encontrarás una lista de algunas de las herramientas comúnmente utilizadas en jardinería y paisajismo.

Rastrillos angostos: Útiles para canteros y parterres.

Rastrillos para césped: Un rastrillo para césped es un rastrillo amplio que se utiliza sobre todo para quitar las hojas caídas y las suciedades de césped, previo al segado. Los rastrillos de plástico son livianos y económicos, pero pueden romperse con el uso intensivo. Los rastrillos medianos también pueden ser útiles.

Palas: Las palas de jardinería, también conocidas como palas de punta redonda, vienen con mangos de fibra de vidrio, madera o metal. Para plantar ocasionalmente, basta con una pala de madera barata.

Pala angosta: De empuñadura corta y nariz angosta, las palas angosta resultan útiles para muchas tareas, como la reparación de rociadores, la siembra y la limpieza de jardines, entre otras.

Palas pequeñas de jardinería: Las palas pequeñas de jardinería (o palitas de jardinería) sirven para sembrar bulbos y flores anuales. Las palitas baratas se doblan.

Escoba para exteriores: Limpiar escombros de las calles y paseos de jardines residenciales en una tarea común. Las escobas de cerdas rígidas son buenas para el asfalto. Compra una escoba con soportes metálicos que aseguren el mango a la cabeza.

Azada holandesa: Esta herramienta también es llamada azada de doble filo. La paleta se desliza por debajo de la tierra, cortando la parte superior de las raíces de las hierbas. La mayoría de las malas hierbas quitadas de este modo volverán a crecer. Esta herramienta sirve para desmalezar canteros plantados muy cerca unos de otros, o para zonas donde podría ser riesgoso utilizar una bordeadora, como por ejemplo espacios plantados ubicados en el medio de una calle transitada. Una de las desventajas de usar una azada holandesa es que atraviesa la superficie del suelo. Alterar el suelo de esta manera puede favorecer al brote de semillas de malas hierbas que estaban en estado latente.

Tijeras de podar de mango largo (loppers): Compra una tijera de podar que tenga un cabeza de corte de acero forjado. El acero forjado es resistente gracias a la técnica de forjado por golpes, que logra que esto sea así. Las tijeras de menor calidad están hechas de metal estampado, que se dobla y provoca problemas al cortar.

Sierra de poda: Esta sierra corta al tirar de ella, y sirve para cortar ramas grandes rápidamente. Trece pulgadas, aproximadamente, es una buena medida para la hoja de una sierra. Una funda es útil para los modelos no plegables.

Tijeras de podar: Las tijeras manuales de poda, podaderas, tijeras de jardinería, secateurs, o tijeras de una mano sirven para podar árboles, arbustos y plantas perennes. Para la mayoría de los trabajos de poda, las tijeras de podar tipo bypass son mejores que las de yunque. Las tijeras de yunque sirven para cerrar su hoja de corte recta sobre superficies planas; lo que las hace útiles para cortar tallos grandes, tallos leñosos y madera muerta, pero pueden lastimar innecesariamente a los tallos más tiernos. La tijera de podar tipo bypass una de las herramientas más utilizadas por los jardineros especializados, de manera que es importante adquirir unas de alta calidad. Calcula pagar más de $60 por un par de tijeras de podar tipo bypass de calidad superior.

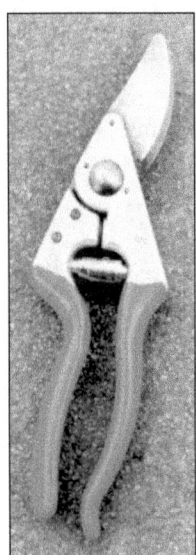

Tijeras de podar bypass Felco #8.

Sierra de pértiga: La sierra de pértiga sirve para podar árboles frutales y a realizar tareas varias sobre árboles. Encontrarás equipo de calidad profesional en las tiendas mantenimiento de árboles Elige una sierra de metal forjado que tenga una longitud de corte de 1 3/4 pulgadas. Los brazos de fibra de vidrio equipados con adaptadores de aluminio permiten cambiar el cabezal de poda a uno de sierra (ver foto en la página siguiente).

Podadera de pértiga: La podadera de pértiga es un brazo extensible con una podadera de mano en el extremo. Sirve para cortar los brotes de hasta ½ pulgada de diámetro que crecen en lo alto. Esta herramienta se rompe si se la utiliza para cortar ramas demasiado anchas o demasiado duras para ella.

Escalera para huerta: Las escaleras para huerta, también llamadas escaleras trípodes, tienen una base amplia y ofrecen una mayor estabilidad sobre suelos de tierra que otras escaleras. La pata de apoyo único sirve para sostener la escalera en áreas con mucha maleza o de mucho crecimiento, dando al usuario un mejor acceso a arbustos y setos altos (ver foto en la página page 153). Algunos modelos cuentan con soportes regulables, lo que permite usar la escalera en pendientes. Las escalas más altas que los 10 pies de altura ofrecen un mayor alcance, pero también son más engorrosas y son difíciles de almacenar.

Cuchillo Hori-Hori: Esta es una herramienta japonesa muy útil para desyerbar y para plantar plantas anuales. Existen muchos otros tipos de desyerbadoras de mano. Las desyerbadoras con punta de horquilla son buenas para eliminar las malas hierbas que tienen raíces, como el dandelion, o diente de león.

Guantes de cuero, revestidos con nitrilo o cubiertos de goma: Los guantes baratos son, por lo general, suficientemente buenos para trabajar, pero se gastan rápidamente. Ten en cuenta que las heridas provocadas por espinas puede causar la esporotricosis; consulta la página page 43 para obtener más información al respecto.

Pelacables y alicates eléctricos: Estas herramientas se utilizan para empalmar alambre de riego. Las alicates eléctricos también son conocidos como alicates de combinación.

Abonadora mecánica: Una abonadora manual será suficiente grande para fertilizar la mayoría de las residencias pequeñas y medianas. Algunos modelos están diseñados para ser sostenidos con el antebrazo. Para fertilizar superficies grandes, necesitarás una abonadora mecánica tipo carretilla que tenga una tolva con una capacidad mínima de 30 libras. Las abonadoras con sistema dosificador aplican el fertilizante más lentamente que las de sistema por distribución, y requieren de un mayor cuidado en su utilización para aplicar lograr una aplicación uniforme del fertilizante.

Multímetro o voltímetro ohmiómetro (VOM): Este dispositivo mide la tensión eléctrica, la corriente y la resistencia. En jardinería, el multímetro sirve para solucionar problemas con los componentes de un sistema de riego eléctrico. Consulta la sección

EQUIPAMIENTOS Y SUMINISTROS **23**

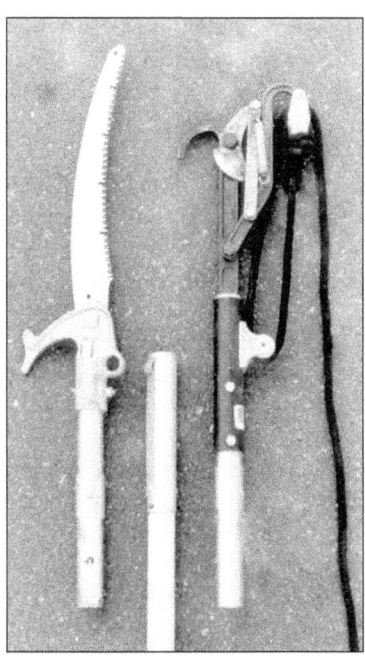

Un palo de fibra de vidrio con cabezales desmontables tipo sierra y tijeras de poda. El cabezal de las tijeras de poda debería ser de metal forjado. Corona es el fabricante del este cabezal (modelo 1600).

"El multímetro" on page 178. Los multímetros vienen en modelos analógicos o digitales. La abreviatura en inglés para los multímetros digitales es DMM.

Removedor de rosca (stub): Sirve para desenroscar las tuberías de los aspersores (en Inglés, *sprays*) colocadas en la tierra.

Bidón para gasolina: Para almacenar gasolina, utiliza sólo bidones de combustible aprobados. Compra un modelo antiderrame. Cinco galones es de buen tamaño.

Tijera cortatubos de PVC: Esta herramienta sirve para hacer cortes limpios en tubos de PVC y los aspersores emergentes de polietileno. Puede ser utilizado en espacios reducidos (ver foto en la página siguiente).

Herramienta equilibradora de cuchillas: Este dispositivo de bajo costo sirve para verificar el balance de la cuchilla de la máquina cortacéspedes.

Amoladora de grano medio: Se puede utilizar para afilar las cuchillas. No utilices una amoladora para afilar tijeras de podar de mano y podaderas, usa sólo una piedra de afilar de grano fino para estas herramientas.

Cámara fotográfica digital: Puedes utilizar una cámara digital fotografiar ciertas características del jardín mientras realizas una inspección in situ, pata tomar fotos que ilustren "el antes y el después" de un trabajo de limpieza o para documentar accidentes de tránsito u otro tipo de accidentes.

Equipo de protección personal

Conos de seguridad y chaleco de seguridad: Los conos de seguridad sirven para advertir a los conductores que estás realizando algún tipo de trabajo, como la carga o descarga de herramientas, u otras tareas de duración media, en las inmediaciones. Los conos de veintiocho pulgadas con cintas reflectoras brindan la mejor visibilidad. Los conos pequeños tienen la ventaja de ser más compactos. Consulta en la oficina de transporte de tu ciudad cuál es la colocación correcta de conos de seguridad para trabajos de mantenimiento de corta duración de tu área.

Usar prendas reflectantes de alta visibilidad (p. ej., un chaleco de seguridad color naranja brillante con tiras de material reflectante incorporadas), hace que los conductores te vean más fácilmente mientras haces tu trabajo cerca de la calle o de un estacionamiento. El chalecos de seguridad que compres debería cumplir con las normas actuales del Instituto Americano de Estándares Nacionales (ANSI en inglés).

Extintor de incendios: Existen diferentes tipos de incendio, y cada tipo utiliza un extintor de incendios específico. Los fuegos clase A son los de madera, papel, basura o plástico. Los fuegos clase B son los de líquidos inflamables, como la gasolina, el petróleo, el propano y el butano. Los fuegos clase C comprometen al equipamiento eléctrico Compra un extintor de polvo químico seco tipo ABC (universal), y guárdalo en tu vehículo; analiza comprar otro para guardarlo donde almacenarás tus herramientas. Los extintores de incendios requieren que todos los meses se verifique que su ubicación y presión son correctas. Además, deben ser llevados

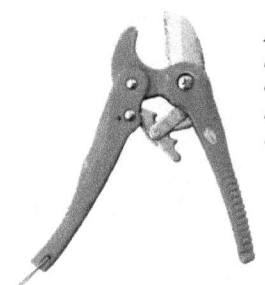

Los cortadores para tubos de PVC cortan estas tuberías de manera rápida y limpia.

una vez al año a un profesional especialista para inspección y mantenimiento

Botiquín de primeros auxilios Tipo III: Los botiquines de primeros auxilios para lugares de trabajo están sujetos a los estándares ANSI. El botiquín de primeros auxilios tipo III (portátiles, para exteriores) son los adecuados para trabajos de construcción y paisajismo. Estos kits son portátiles y están diseñados para resistir la humedad, la corrosión y golpes. Tienen una manija, y pueden montarse en posición fija. Ten siempre a mano un botiquín de primeros auxilios tipo III en tu vehículo. Si vas a comprar tu botiquín por Internet, buscar "botiquines para leñadores o paisajistas" (en inglés, logger's/landscaper's first aid kits). Incluye en tu botiquín un manual de primeros auxilios y una lista de números de teléfono de emergencia.

Protección para los ojos: Usa una protección para los ojos siempre que trabajes con herramientas a motor. Busca el equipo de protección recomendado por el manual de usuario de la herramienta que vayas a utilizar. La protección para los ojos que elijas debe cumplir con los estándares ANSI vigentes, actualmente el Z87.1-2003.

Protectores auditivos: Es esencial que uses protectores auditivos siempre que manejes herramientas a motor. Los tapones para los oídos de espuma se ensucian rápidamente, y colocarlos correctamente requiere de tiempo y atención. Es probable que tus ganas de colocártelos correctamente disminuya en medio de las exigencias de la jornada de trabajo. Los tapones para los oídos de goma blanda son más fáciles de usar, pero tienen los mismos inconvenientes que los de espuma. Los protectores auditivos que se colocan sobre las orejas (orejeras) son fáciles de poner y sacar; algo que deberás hacer varias veces al día. Tus protectores auditivos deben cumplir con las normas ANSI vigentes. Consulta la sección "Protección auditiva" on page 35 para obtener más información.

Mascarilla desechable: Los barbijos o mascarillas, desechables sirven durante trabajos como el soplado de hojas. No protegen los pulmones contra sustancias químicas, como los herbicidas.

Botas con puntera de acero: Las botas de trabajo con puntera de acero ayudan a proteger los pies en caso de accidente con el cortacésped.

Faja: Al levantar peso, además de prestar atención a hacer movimientos de acuerdo a buenas prácticas de mecánica corporal, como flexionar las rodillas y mantener la espalda derecha, ponte una faja para la espalda; esto te ayudará a protegerla mientras excavas o levantas peso.

Respirador: Debes usar un respirador siempre que apliques productos químicos de jardín que requieran su uso. Según OSHA, la Administración de Seguridad y Salud Ocupacional, "el respirador apropiado para cada caso dependerá de el/los contaminante/s a los que estarás expuesto, y al factor de protección (PF) establecido para cada uno. Los respiradores requeridos por OSHA deben ser aprobados por NIOSH, y debes hacerte un chequeo médico y recibir la capacitación adecuada antes de utilizarlos". Asegúrate de que los cartuchos o filtros coincidan con los contaminantes que usarás y reemplázalos según las recomendaciones del fabricante. Nota: Este libro no incluye información acerca del uso de productos químicos para el jardín. Para trabajar con estas sustancias, necesitas capacitación adicional y una certificación legal. Para obtener más información, consulta la sección "La licencia de técnico en control de plagas" on page 76.

Guantes resistentes a productos químicos: Debes usar guantes resistentes a productos químicos siempre que trabajes con productos químicos de jardín. La etiqueta de los guantes debe indicar que son seguros contra los químicos que usarás en esa oportunidad.

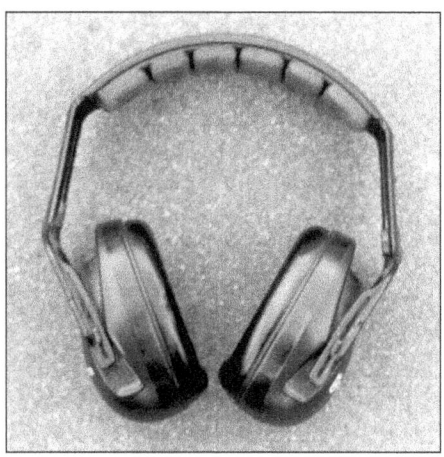

Se deben utilizar protectores auditivos adecuados siempre que se usen herramientas a motor. Los contratistas de mantenimiento que trabajan sin protección auditiva se arriesgan a sufrir daños auditivos. Estos protectores son marca Husqvarna.

Suministros para empresas nuevas

Telas de arpillera o nylon: Las mantas de arpillera o nylon de 5' x 5' son ideales para retirar desechos. Son económicas, y están disponibles en muchas tiendas pequeñas de reparación de motores y suministros para jardineros.

Aceite para motores ligeros y lana de acero: La lana de acero, o estropajo, es buena para la limpieza manual de herramientas de poda, tales como las tijeras de podar manuales y las de mango largo. Para mantener tus herramientas de poda libres de óxido, aplica aceite ligero a las cuchillas después de limpiarlas.

Cemento para PVC: El cemento para PVC se utiliza para reparar tubos de sistemas de riego y rociadores. Hay cementos para PVC para diferentes tamaños y grados de tubos de PVC, y para distintas condiciones de instalación. Consulta "Cementos para PVC" on page 167 para más información. Algunas marcas dicen tener una baja cantidad de compuestos orgánicos volátiles (con bajo "COV").

Cinta PTFE: La cinta PTFE es más comúnmente conocida como cinta de Teflón. Es una cinta no adhesiva que se usa para sellar las roscas de las piezas de los aspersores.

Partes varias para sistemas de riego: Algunas de las piezas reemplazadas con mayor frecuencia son: la tubería para riego por goteo, los acopladores o conectores (de $1/4$ y $1/2$), los conectores, acopladores de compresión, las piezas en "T" (de $1/2$ y $3/4$), los tapones de cierre para aspersores emergentes de polietileno, los cabezales de aspersión de radio ajustable, y los conectores de cable resistentes al agua.

Mezcla para motores de dos tiempos: La mezcla para motores de dos tiempos se añade a la gasolina para utilizar herramientas con motores de dos tiempos. Utiliza la relación de mezcla recomendada para cada herramienta; la relación 50:1 es la más común.

Suministros de oficina

Agendar y planificar trabajos, presentar presupuestos por escrito, hacer facturas, registrar los gastos e ingresos, son solo algunas de las actividades de más comunes al administrar una empresa. Una solución simple para resolver estas tareas es completar los formularios a mano. Puedes encontrar todos los formularios que tu empresa necesita en libros pequeños de negocios y tiendas de suministros de oficina. Puedes hacer versiones en borrador de algunos de estos formularios en una hoja de cálculo digital o con un procesador de texto. La siguiente es una lista parcial de formularios y suministros de oficina.

Registros de llamadas telefónicas: Ten copias de esta hoja al lado del teléfono de la empresa para anotar los nombres, números de teléfono y direcciones de los clientes. Si anotas tus conversaciones telefónicas en trozos de papel aleatorios, o en un anotador, luego te será más difícil encontrar la información de contacto de cada cliente. En la página page 255 encontrarás una Hoja de registro de llamada telefónica para fotocopiar.

Facturas: Una factura es un recibo que se entrega al cliente al finalizar un trabajo o ciclo de mantenimiento. La mayoría de los formularios de facturación que puedes conseguir en las tiendas vienen con un papel carbónico que crea una copia de la factura. Una factura puede hacer las veces de recibo; simplemente anota "pagado", el tipo de pago, el número de cheque correspondiente y la fecha de pago. Consulta "Registro de ingresos" on page 229 para más información. En la página page 255 encontrarás una factura tipo que puedes fotocopiar.

Diario de millas recorridas: Un diario de millas recorridas sirve para registrar la cantidad de millas que recorres con tu vehículo en horas de trabajo Cualquier anotador servirá. Al comprarlo, piensa en un tamaño que entre en la guantera de tu vehículo. Para obtener más información, consulta "Diario de millas recorridas" on page 236 y "Costos de autos y camiones" on page 242.

Tarjetas de la empresa: Las tarjetas de visita, o tarjetas de la empresa, son una herramienta de marketing barata. Puedes entregarlas a clientes potenciales cuando te consultan por un trabajo o cuando entregas presupuestos para trabajar en propiedades comerciales. Algunas empresas de Internet ofrecen tarjetas comerciales gratuitas (no incluyen el costo de envío). También puedes diseñar e imprimir tus propias tarjetas usando alguna de las plantillas disponibles en internet.

Tablilla con sujetapapeles: Una tablilla con sujetapapeles puede servir para hacer facturas o para tomar notas mientras realizas una inspección. Algunos modelos se pliegan para abrir y contienen espacios de almacenamiento para guardar formularios, tarjetas y otros suministros.

Libros de contabilidad: Estos son libros con formularios pre impresos y hojas rayadas que se utilizan para registrar información financiera. A menos que uses un software de contabilidad, necesitarás un libro de ingresos y un libro de gastos. Consulta el capítulo Contabilidad para obtener más información.

Agenda o planificador: Usar una agenda, o planificador, es una manera económica y eficaz organizar trabajos y tareas administrativas.

Carpetas o archivadores: Las carpetas archivadoras sirven para almacenar recibos y facturas comerciales. Utiliza una carpeta diferente para cada categoría de gastos. Un archivador de tamaño mediano (de dos cajones) es el más adecuado para la mayoría de los jardineros que recién comienzan. Puedes usar sobres de papel manila como alternativa a las carpetas. El mantenimiento de registros contables se explica en el capítulo sobre contabilidad.

Sellos de goma: El sello de goma que utilizarás para personalizar tus formularios debería incluir el nombre de la empresa, su dirección y el número de teléfono. El sello que utilices para endosar cheques debe incluir el nombre de tu banco y el nombre y número de la cuenta.

Suministros de oficina varios: Algunos de los suministros de oficina adicionales que necesitarás son: estampillas, sobres de tamaño oficio, etiquetas con la información de tu empresa, carpetas y calculadoras (una para la oficina y otra para guardar en el vehículo que utilices).

Equipos informáticos y software

Este libro contiene varias referencias a sitios de Internet. Sin embargo, la información incluida aquí no requiere que poseas una computadora para manejar tu empresa. Sí necesitarás una computadora si vas a desear utilizar programas de contabilidad, de estimación de costos para presupuestar trabajos, un planificador, agenda o calendario electrónico, o tener acceso a internet.

Internet: Buscar en internet es útil para investigar productos e información sobre horticultura, para descargar formularios y publicaciones gubernamentales, y para intercambiar ideas y opiniones en foros especializados. Usar el correo electrónico es una forma conveniente para comunicarte con tus clientes; consulta "Comunicación con el cliente y comunicación por email" on page 219.

Software de contabilidad: El software simplifica la mayoría de las complejas tareas asociadas a la manutención de los libros de cuentas y la generación de informes financieros. Los software de contabilidad mejoran la precisión y la organización de la información financiera de tu empresa. Consulta "Software de contabilidad" on page 235 para más información.

Software de gestión empresarial: Los programas informáticos de gestión para empresas de mantenimiento de paisajes y jardines fueron diseñados para simplificar las tareas comunes de este tipo de empresas, como la facturación, la planificación y la estimación de costos de los trabajos.

Parte II
Administración de jardines

Parte II

La parte II de esta guía es una introducción práctica a la administración de jardines. Los temas tratados en estos capítulos incluyen seguridad, administración del césped, administración de plantas y jardines, suelo, poda, sistemas de riego y su reparación.

CAPÍTULO 3

Seguridad

En este capítulo
- Medidas de seguridad para la operación de herramientas a motor
- Seguridad en el lugar de trabajo
- Consideraciones para la salud

Para resaltar la importancia de la capacitación en medidas de seguridad, piensa que cada año las salas de emergencia de los Estados Unidos reciben decenas de miles de personas por lesiones ocasionadas con cortadoras de césped. Este capítulo presenta prácticas de trabajo seguras que te ayudarán a reducir el riesgo de sufrir lesiones poner en peligro a otros mientras realizas tu trabajo.

Los fabricantes de las herramientas pesadas de jardinería siempre incluyen un manual de usuario con sus productos. Estas guías contienen información importante para usar las herramientas de manera segura, además de incluir información para su correcto mantenimiento que los usuarios deben saber. Si no tienes el manual para una herramienta, puedes comunicarte telefónicamente con el fabricante para solicitar que te envíen uno, o descargarlo del sitio web de la compañía.

Importante: Las instrucciones de seguridad proporcionadas aquí tiene por objeto servir únicamente como una guía general. Las mismas no pretenden ser todas las existentes ni tampoco sustituir la información médica o de otro tipo, incluida en los manuales de las respectivas herramientas.

Medidas de seguridad para herramientas a motor

El Instituto de equipos para exteriores (en inglés, Outdoor Power Equipment Institute, Inc. u OPEI; http://www.opei.org) sugiere seguir las siguientes ocho normas básicas de seguridad al utilizar equipos para exteriores:

1. Debes saber cómo utilizar el equipo. Lee el manual de usuario antes de comenzar a utilizar un equipo a motor para exteriores. Conoce dónde están los controles y qué hace cada uno. Sigue las instrucciones de seguridad de su operación.

2. Vístete adecuadamente para el trabajo. Usa pantalones largos, ropa no demasiado holgada, zapatos resistentes y lentes de seguridad. No vistas prendas que puedan quedar atrapadas en las partes movibles de las herramientas (por ejemplo, joyas o ropa suelta; ten cuidado con el cabello largo).

3. Maneja la gasolina con cuidado. Llena [el tanque de combustible] antes de encender [la herramienta] con el motor frío. No derrames gasolina cuando llenes el tanque. Almacena combustible en un bidón certificado [y guárdalo] en un lugar fresco y ventilado. Nunca fumes cerca de la gasolina.

4. Despeja la zona antes de empezar a trabajar. Recoge piedras, ramas, latas, pelotas de golf, o cualquier otra cosa que un cortacéspedes u otra herramienta pueda arrojar al encontrarla.

5. Mantén a los niños y a las mascotas alejados de la zona hasta que termines de trabajar. Nunca permitas que un niño maneje una

máquina de cortar el césped. Y nunca lleves a niños sobre un cortacéspedes de ruedas, o tractor de jardín, como pasajeros.

6. Maneja las herramientas cuidadosamente y sigue los procedimientos recomendados. Siempre apaga el motor y desconecta el cable de la bujía antes de intentar desatascar o trabajar sobre un equipo de jardín a motor. Al alejarte del equipo, siempre apaga el motor y retira la llave.

7. Mantén las manos y los pies alejados de las piezas en movimiento. Nunca intentes arreglar o ajustar un equipo en funcionamiento. Nunca retires ni modifiques los dispositivos y etiquetas de seguridad de tus equipos.

8. Usa protección para los oídos. [Cuando trabajes con equipos a motor] utiliza protectores auditivos especiales para evitar que sonidos potencialmente dañinos lleguen a tus oídos, pero sin eliminar los sonidos que necesitas escuchar. Protege tus oídos de sonidos demasiado altos y demasiado cercanos por períodos prolongados (OPEI 2005; información reproducida con permiso).

Estas ocho reglas brindan orientación básica para los equipos de exteriores a motor. A continuación, algunas pautas de seguridad para herramientas específicas.

Precauciones para el reabastecimiento de combustible: La gasolina derramada sobre un motor caliente puede inflamarse. Para reducir el riesgo de provocar la ignición de los vapores de la gasolina, permite que tus equipos se enfríen antes de volver a llenar el depósito de combustible; vuelve a encender el equipo por los menor menos a diez metros de distancia de donde hiciste la carga.

Medidas de seguridad para cortabordes

Los cortabordes pueden arrojar rocas y escombros en direcciones impredecibles, por lo que es importante usar protección adecuada para los ojos cada vez que lo utilices. Muchos contratistas de mantenimiento solo usan lentes de sol, pero estos no ofrecen protección suficiente; las rocas y los escombros aún pueden alcanzar los ojos. Los lentes de seguridad con protección lateral son una mejor opción que los de sol, pero aún éstos dejan espacios desprotegidos. Los fabricantes de herramientas de jardín recomiendan usar lentes de seguridad, y a menudo incluyen un par aprobado por OSHA con la compra de sus cortabordes. Un protector facial para todo el rostro de policarbonato de alto impacto facial es la mejor protección contra el recorrido impredecible de los desechos. Sigue las recomendaciones que figuran en el manual de usuario.

Al utilizar tu cortabordes, toma medidas para proteger a las personas, mascotas y propiedades que se encuentren a tu alrededor. Apaga el motor cuando una persona o animal se acerque (al llegar a los 50 pies de distancia de ti) o se encuentre dentro del radio de impacto de los desechos voladores. Para hacerlo, debes detener el trabajo constantemente para explorar el área. Recuerda, las personas a tu alrededor no están usando equipos de protección individual. En general, las personas no son conscientes de los peligros de estas herramientas. Evalúa aconsejar a tus clientes, vecinos u otros que se mantengan alejados de la zona mientras estés trabajando con esta herramienta. Incluso si haces esta advertencia, de todas maneras, debes comprobar periódicamente tus alrededores para comprobar si hay otras personas en la zona.

Ten en cuenta que las piedras pequeñas que arroja el cortabordes puede saltar la pintura de automóviles, rajar el vidrio de una ventana y causar otros daños. Para obtener más información, consulta "Protección auditiva" on page 35 y "Protección de árboles y arbustos" on page 48.

Medidas de seguridad para cortacéspedes

A pesar del chasis de corte que encierra a la cuchilla, la cortadora de césped puede arrojar objetos con gran potencia y en ángulos imprevisibles. Utiliza siempre una protección ocular adecuada durante la siega. Los objetos escondidos en la hierba crecida, como juguetes, trozos de madera, piedras y otros, pueden dañar la cuchilla del cortacésped y convertirse en proyectiles. Inspecciona el área que cortarás y despéjala de objetos antes de comenzar el trabajo. Si la segadora golpea algo y luego sientes que vibra de una manera extraña, apaga el motor, desconecta el cable de la bujía e inspecciona la cuchilla. Debes reemplazar las cuchillas mal equilibrada o deformadas para evitar dañar el cortacéspedes.

Al utilizar un cortacéspedes de ruedas en zonas inclinadas, corta a través de ella, y no de arriba hacia abajo (Los cortacéspedes de ruedas poseen normas particulares de seguridad, que no se han incluido aquí). Comienza el trabajo en la parte elevada de una zona inclinada y sigue hacia abajo. Ten cuidado al arrastrar un cortacéspedes hacia ti; puedes perder el equilibrio y pasarlo por encima de un pie o una pierna. Usa botas con puntera de acero durante el trabajo para reducir al mínimo el riesgo de lastimar tus pies en caso de tener un accidente con la cortadora de césped u otra herramienta de este tipo.

Antes de inclinar el cortacéspedes, o de acercar una mano a la cuchilla, desconecta siempre el cable de la bujía y asegúralo alejado de la misma. Nunca operes la segadora con la palanca de seguridad desconectada y no la pongas a funcionar sin una bolsa de recolección o un tapón de mulching. Sigue las precauciones para el reabastecimiento de combustible mencionadas anteriormente. Consulta ""Protección auditiva" on page 35.

Pautas de uso para el soplador de hojas

Además de seguir las instrucciones de funcionamiento incluidas con el soplador de hojas, es importante que uses esta herramienta con responsabilidad. El uso responsable del soplador de hojas incluye:

- Cuando una persona se acerque al área donde estás trabajando (dentro de los 50 pies), apaga el soplador hasta que la persona haya pasado. A veces, puede ser aceptable dejar la herramienta inactiva hasta que la persona pasa. Nunca apuntes un soplador de hojas hacia una persona o animal doméstico.

- No soples suciedad a la calle. Desperdigar desechos de esta manera es poco profesional y puede hacer que un conductor reaccione imprevisiblemente. Las hojas húmedas pueden hacer que una carretera se vuelva resbaladiza. Si debes soplar algunos desechos a la calle para trabajar eficazmente en una propiedad, bárrelos en una pila y quítalos una vez que hayas terminado. Los desechos que dejes en la calle pueden tapar los drenajes de tormenta o volar hasta las propiedades de vecinos.

- Para minimizar el ruido, utiliza el motor más silencioso que puedas utilizar para cada trabajo.

- Respeta las ordenanzas municipales de la zona para el uso de sopladores de hojas. Evita su utilización durante las primeras horas de la mañana o las últimas del día.

- No utilices más de un soplador de hojas simultáneamente en una misma ubicación

- Asegúrate de que el silenciador, las tomas de aire y el filtro de tu soplador estén en buenas condiciones.

- No utilices el soplador cerca de ventanas o puertas abiertas.

- Humedece las zonas polvosas antes del soplado.

- No utilices el soplador en zonas que producirán mucho polvo, como áreas de tierra seca y desnuda que contengan grava.

- Protege tus pulmones con una mascarilla para polvo en condiciones que lo requieran.

- Opta por utilizar rastrillos y escobas si serán más eficaces para despejar un área que el soplador.

El Instituto de equipos para exteriores (http://www.opei.org) tiene una publicación disponible por Internet titulada Leaf Blowers: A Guide To Safe & Courteous Use (Sopladores de hojas: Una guía para el uso seguro y responsable), que ofrece otras sugerencias útiles.

Medidas de seguridad para motosierras

En la mayoría de los casos, la motosierra no es una herramienta esencial para el trabajo en paisajes y jardines residenciales. Si decides utilizar una, obtener la capacitación adecuada. Es muy recomendable tomar un curso de capacitación de utilización segura de motosierras antes de comenzar a operar una.

El sitio web de la empresa Oregon® Blount tiene un artículo informativo llamado "General Safety Precautions for Use of Chainsaws" (Advertencias generales de seguridad para el uso de motosierras). Puedes encontrarlo en http://www.oregonchain.com/pro/service/technical_safety_info.htm. Consulta "Motosierras" on page 19 para obtener una lista parcial del equipo de protección individual recomendado. No se pretende que esas directrices sean completas. Se las incluye en este libro solo para llamar tu atención sobre algunos de las precauciones más comunes para el uso de motosierras.

La siguiente información, extraída de una Ficha Rápida OSHA (OSHA Quick Card) titulada Chainsaw Safety Tips HA 3269-1 0N-05 (Consejos para la operación segura de motosierras) cuenta con autorización para ser reproducida aquí. Las fichas rápidas OSHA (OSHA Quick Cards) presentan algunas directrices prácticas de seguridad; no pretende comprender información completa sobre normas de seguridad.

> Operar una motosierra es inherentemente peligroso. No obstante, es posible minimizar el riesgo de sufrir lesiones utilizando equipos de protección personal adecuados y siguiendo procedimientos de manejo seguro de motosierras.

Previo al encendido de la motosierra

- Comprueba los controles, la tensión de la cadena, todos los tornillos y manijas para asegurarte de que funcionen correctamente y que estén ajustados de acuerdo a las instrucciones del fabricante.

- Asegúrate de que la cadena de corte esté afilada y que la reserva de lubricante esté llena.

- Enciende la motosierra en el suelo o en otro soporte firme. Nunca debes encenderla dejándola caer.

- Enciéndela por lo menos a 10 pies de donde cargaste el combustible, con el freno de la cadena de corte asegurado.

Recarga de la motosierra

- Utiliza solo bidones certificados para transportar y almacenar el combustible de la motosierra.

- Al realizar actividades de construcción, vierte el combustible por lo menos a 10 pies de distancia de cualquier fuente de ignición. Nunca fumes durante el reabastecimiento.

- Utiliza un embudo o una manguera flexible para verter el combustible dentro de la motosierra.

- Nunca intentes recargar una motosierra que esté CALIENTE o encendida.

Medidas de seguridad para el uso de motosierras

- Despeja el área por donde pasará la cadena de corte de la motosierra de residuos, ramas de árbol pequeñas y rocas. Fíjate especialmente si hay clavos, tornillos, ganchos o cualquier otro elemento de metal en el árbol antes de cortar.

- Apaga la motosierra, o utiliza el freno de la cadena de corte al transportarla por terrenos accidentados o irregulares.

- Mantén siempre las manos sobre las manijas de la sierra, y asegúrate de pisar seguro durante su operación.

- Debes utilizar equipos de protección personal adecuados en todo momento durante la operación de una motosierra. [Estos equipos] incluyen protecciones para manos, pies, piernas, ojos, rostro, oídos y para la cabeza.

- No vistas ropas sueltas.

- Ten cuidado de que el tronco o las ramas del árbol que cortes no atasquen la sierra.

- Cuídate especialmente de las ramas [que parezcan] estar tensas, son las que pueden soltarse como látigos al cortarlas.

- Las motosierras con motor a gasolina deben estar equipadas con un dispositivo de protección que minimice el efecto rebote.

- Ten mucho cuidado del rebote de las motosierras. Para evitarlo, no utilices la punta de la espada para cortar. Si [la motosierra tiene una protección para la punta, mantenla en su lugar.] (OSHA)

El efecto rebote, o retroceso, es el riesgo más peligroso al trabajar con una motosierra. Según la compañía Oregon®, Blount Inc. (2009),

> El retroceso ocurre cuando la cadena en movimiento, en la punta de la espada, entra en contacto con un objeto, o cuando la madera se cierra y atasca la cadena de corte de la sierra durante el corte. En ocasiones, cuando la punta de la espada toca contra un obstáculo, la motosierra puede retroceder asombrosamente rápido, disparándose en reacción contraria con fuerza hacia arriba y hacia atrás, donde está el operador. Atascar la cadena de corte superior puede provocar que la cadena en movimiento salga hacia dónde estás tú. Cualquiera de estas reacciones imprevistas de la motosierra puede hacer que pierdas el control de ella, lo que puede ocasionar lesiones personales serias, tanto a tí mismo como o a transeúntes (http://www.oregonchain.com/pro/service/kickback.htm).

Las medidas de seguridad contra el retroceso son: mantener un control férreo de la motosierra sosteniéndola siempre con ambas manos y pararse de costado a la sierra; no intentar cortes por encima de la altura de los hombros o la cabeza; usar solamente cadenas de bajo retroceso; y usar equipos de protección para motosierras. Nunca intentes utilizar una motosierra desde una escalera o trepado a un árbol sin haber recibido capacitación adecuada.

Protección auditiva

El sentido común indica que debemos usar protectores auditivos siempre que vayamos a operar herramientas a motor. Puedes pensar que los ruidos fuertes no te afectan, pero con el tiempo, puedes desarrollar un problema de audición que puede no hacerse evidente meses o incluso años más tarde. La pérdida de audición ocasionada por el ruido (NIHL) es solo uno de los posibles riesgos. Por ejemplo, existe un trastorno llamado tinnitus que es causado por la exposición prolongada a ruidos fuertes. Puede no desarrollarse hasta mucho tiempo después de la exposición al ruido, incluso años Las personas que sufren de tinnitus sienten silbidos o zumbidos en los oídos que se niegan a desaparecer. El uso constante de protectores auditivos reduce el riesgo de desarrollar problemas de audición Independientemente del uso de protectores, debes hacerte revisar periódicamente por un médico.

Los protectores auditivos que se colocan por encima de las orejas (tipo vincha) son fáciles de colocar y quitar; algo que deberás hacer muchas veces a lo largo del día. Los protectores de espuma o de goma blanda requieren de más tiempo y atención para ser colocados correctamente, y tus ganas de hacerlo bien pueden mermar, o desvanecerse, en el transcurso del día. Dependiendo del nivel y de la duración de la exposición al ruido, la OSHA puede exigir que a los operarios de herramientas pesadas que usen protectores auditivos.

Protección para los ojos

Usa un equipo de protección personal para los ojos siempre que operes herramientas a motor. En el manual de usuario de cada herramienta encontrarás listado cuál es el equipo de protección ocular más recomendado para el uso de ese equipo. Los lentes de seguridad son el equipo de protección estándar para la protección personal de tus ojos. Los lentes de seguridad de alto impacto ofrecen una mejor protección al trabajar para el trabajo con determinadas herramientas (p. ej., un cortacéspedes). También es bueno usar un equipo de protección personal para los ojos al utilizar herramientas manuales. Por ejemplo, al utilizar tijeras de podar, puede suceder que una rama caiga

> ## Seguridad y la OSHA
>
> La Administración de Seguridad y Salud Ocupacional (OSHA) es una división del Departamento de Trabajo de los Estados Unidos que regula la seguridad en el lugar de trabajo. Si contratas empleados, debes cumplir con las normas de la OSHA para garantizar un ambiente de trabajo seguro (consulta "OSHA" en la página 196). La OSHA es una buena fuente de información sobre prácticas seguras en el trabajo. Visita de la OSHA sobre Servicios de jardinería y horticultura para obtener información importante acerca de la seguridad que todos los jardineros deberían tener en cuenta. Para encontrar esta página, ve a la página de inicio la OSHA, en http://www.osha.gov y busca el término "landscape" (paisaje o jardín) en el índice A-Z. El enlace directo a la página es http://www.osha.gov/SLTC/landscaping/index.html. La OSHA también cuenta con una línea de atención telefónica, el 1-800 -321-OSHA(6742).

directamente hacia abajo, hasta dónde estás tú. El equipo de protección que utilices debe cumplir con los últimos estándares del Instituto Nacional Estadounidense de Estándares (American National Standards Institute o ANSI), actualmente la norma Z87.1-2003.

Los lentes o antiparras de seguridad también protegen los ojos de otros peligros. Por ejemplo, al cortar algunas plantas, éstas pueden excretar líquidos que salpiquen tus ojos, causando irritación o lesiones (consulta "Plantas peligrosas" on page 38. Cuando el tipo de trabajo no requiera del uso de lentes de seguridad, las gafas de sol con protección UVA y/o UVB protegerán tus ojos de los rayos de sol dañinos.

Protección contra incendios

Cuando trabajes en zonas de pastos y hierbas secas, practica normas de seguridad contra incendios. A veces, cuando la cuchilla de la cortadora de césped, o el hilo del cortabordes, o la espada de corte de algunas herramientas roza contra una roca, se hace una chispa que puede encender al pasto seco. Un silenciador caliente o parachispas defectuoso también puede causar que el pasto seco se encienda. Ten especial cuidado al utilizar herramientas a motor en zonas urbanizadas que se encuentren cerca de áreas silvestres, que se conocen como zonas de interface urbano forestal, o WUI por sus siglas en inglés.

Comunícate con el departamento de bomberos tu ciudad o condado para consultar sobre las leyes y lineamientos específicas para tu área. Las siguientes pautas de seguridad contra incendios son reproducidas aquí con el permiso del sitio web de la Administración de Calidad del Aire del distrito de El Dorado County, en California.

- Restringe el uso del cortacéspedes y otros equipos a las horas más frescas de la mañana, cuando las menores temperaturas y los índices mayores de humedad reducen el riesgo de iniciar un incendio forestal.

- No fumes durante la carga de combustible, o al ajustar un motor.

- Detén el motor y esperar varios minutos antes de recargar el depósito de combustible.

- Siempre apoya una herramienta con el motor caliente sobre un especio de suelo desnudo, sobre un tronco o tocón, y jamás sobre elementos secos del bosque.

- Evita el derrame de combustible cuidándote de llenar los depósitos hasta arriba.

- [Después de la recarga y previo al encendido del motor,] aléjate entre 10 a 15 pies del lugar donde cargaste el combustible, para así mantenerte lejos de los gases y vapores de la gasolina.

- Asegúrate de que la gasolina derramada se haya secado antes de encender [una herramienta].

- Revisa [la herramienta] para comprobar que no haya pérdidas de combustible, y limpia las manchas de aceite, suciedad e inflamables de las piezas metálicas.

- Mantén el sistema de escape para prevención de incendios de la herramienta en su lugar, y elimina los restos de carbón que se hayan acumulado.

- Inspecciona y limpia el parachispas antes de cada operación.

- No desatiendas una herramienta con el motor al ralentí.

- Ten siempre un extintor de incendios y una pala mínimo a 25 pies de donde estés trabajando.

- Ten conciencia de dónde está el teléfono más cercano y a quién llamar para pedir ayuda.

- Verifica no dejar brasas encendidas en la zona antes de abandonarla.

Seguridad en el lugar de trabajo

Prestar atención al ambiente y a la tarea en cuestión ayuda a prevenir accidentes. Por ejemplo, al limpiar los escombros o desechos del frente de una residencia que da a la calle, la más normal es asumir que los conductores te verán, cuando en realidad no necesariamente es así. Incluso no advertir una desigualdad en el césped que estás por cortar puede provocar un accidente. El arquitecto paisajista Jess Stryker lo resume de la siguiente manera: "Tu cerebro es el mejor dispositivo de seguridad que tienes, ¡No comiences a trabajar sin él!"

A continuación encontrarás algunas de consideraciones para mantener la seguridad en el lugar de trabajo. Encontrarás una guía más extensa de los peligros del trabajo de jardinería y paisajismo, y recomendaciones de seguridad en el sitio web de la OSHA http://www.osha.gov/SLTC/landscaping/index.html.

Propiedad privada

Las leyes contra la invasión a la propiedad privada varían de un Estado a otro. La naturaleza misma del acuerdo de trabajo que mantienes con tu empleador, hace que sea razonable asumir que el propietario, arrendatario, o administrador de la propiedad donde trabajarás te autoriza a entrar a su patio o jardín en las horas en las que han acordado que realizarás el trabajo. De cualquier manera, no ingreses a un patio o jardín cerrados sin permiso del propietario. En caso de una propiedad alquilada, no entres en un jardín cerrado sin el permiso del administrador de la propiedad o su inquilino. Si encuentras una puerta cerrada, pídele al propietario o inquilino que la abra para ti. Si el propietario o el inquilino se encuentran fuera de casa, omite esa zona del jardín.

Servicios públicos subterráneos

Los servicios públicos subterráneos, como las tuberías de gas, electricidad, agua y las líneas telefónicas, a veces son enterradas debajo de la calle, aunque también pueden haber sido instaladas debajo de la acera o de una propiedad privada. Excavar a través de una línea eléctrica puede provocar cortes de energía, así como lesiones personales o la muerte.

Antes de cavar en espacios públicos o propiedades privadas, la ley te obliga a contactarte con las empresas de servicios públicos locales para notificarles tu intención de excavar en la zona. Una vez que hayan sido debidamente notificados, las compañías de servicios enviarán a un representante para marcar la ubicación de los servicios en la zona.

Dada la cantidad de compañías de servicios públicos que es preciso notificar antes de realizar una excavación, el Estado ofrece un número de teléfono único para simplificar el proceso. En el año 2007, la FCC designó número telefónico de tres dígitos, el "811", como número único a nivel nacional para llamadas previas a excavaciones. Comunícate con el 811 con varios días de anticipación antes de comenzar el trabajo. Encontrarás más información en http://www.call811.com. Ten en cuenta que si dañas un servicio público, pueden hacerte responsable de pagar los costos de reparación y sanciones.

Seguridad eléctrica

Algunos de los peligros eléctricos potenciales que puedes encontrar en este trabajo son: los cables o líneas eléctricas subterráneas o exteriores, enchufes de pared, controladores de riego y relámpagos. Debes asumir siempre que los cables de electricidad tienen corriente y no es seguro tocarlos, incluso si el cable está enterrado en la tierra, aunque veas que tiene aislación. Ten mucho cuidado al mover tuberías, herramientas o escaleras en las proximidades de líneas eléctricas. La electricidad puede formar un arco y transportarse de una línea eléctrica a otro equipo que se encuentre cercano. En otras palabras, un equipo eléctrico puede tener corriente eléctrica incluso sin estar en contacto directo con la línea de alimentación, o sea, sin estar directamente enchufado.

La "Regla de los 10 pies" sirve para mantener siempre una distancia de por lo menos 10 pies (3 metros) de cualquier cable eléctrico exterior. La Regla de los 10 pies también se aplica a tu cuerpo, y a otros materiales y equipos. Si necesitas trabajar a menos de 10 pies de una línea eléctrica, estás legalmente obligado a ponerte en contacto con la compañía de electricidad. Ten en cuenta que algunos fabricantes recomiendan mantener sus herramientas a más de 10 pies de cables eléctricos. Si un cliente te pide que quites unas ramas que están cerca de una línea eléctrica, recomiéndale que mejor contrate a una compañía especializada, y con licencia para realizar ese trabajo.

Uso seguro de pesticidas

Muchos pesticidas son sustancias tóxicas que pueden causar daños graves a la salud, y al medio ambiente, si no se los utiliza correctamente. Por esta razón, el uso profesional de pesticidas requiere capacitación y certificación, de acuerdo a la agencia estatal que supervise la aplicación del producto. Es contra la ley aplicar pesticidas y plaguicidas de manera profesional, sin certificación. Esto significa que sin la certificación adecuada, no puedes aplicar ningún producto para el control de plagas como jardinero o paisajista profesional. Este libro no incluye información para la aplicación de pesticidas (insecticidas, herbicidas y fungicidas). Si tienes la intención de trabajar con estas sustancias, debes tomar un curso de capacitación y obtener la certificación necesaria.

Para localizar al organismo estatal a cargo del otorgamiento de licencias para la aplicación de pesticidas, consulta el sitio web del Centro Nacional de Información de Pesticidas en http://npic.orst.edu/state1.htm, o llama al 1-800-858-7378. Para obtener más información, consulta ""La licencia de técnico en control de plagas" on page 76.

Plantas peligrosas

La jardinería y el paisajismo pueden exponerte a una gran variedad de plantas con capacidad de causarte reacciones adversas, desde irritaciones en la piel a enfermedades que pueden poner en peligro tu vida. No todas las personas reaccionan igual a los alérgenos de las plantas; un mismo alérgeno puede afectar seriamente a una persona, y no producirle ninguna reacción a otra. Algunas personas pueden sufrir anafilaxia al entrar contacto con alérgenos de plantas o insectos. La anafilaxia es una reacción alérgica potencialmente mortal que afecta a todo el cuerpo, y que requiere de atención médica inmediata. Las personas que corren el riesgo de sufrir anafilaxis deben estar bajo el cuidado de un médico y es posible que deban llevar una medicación de emergencia con ellos en todo momento.

A continuación se mencionan algunas de las plantas comunes que pueden provocar reacciones doloras, o incluso peligrosas, en seres humanos. Si investigas en Internet, encontrarás muchos artículos y fotografías que te ayudarán a identificar a estas plantas.

El contacto con cualquier parte de un roble venenoso (Toxicodendron diversilobum), hiedra venenosa (Toxicodendron radicans), o zumaque venenoso (Toxicodendron vernix) puede provocar inflamaciones de la piel moderadas a severas en la mayoría de las personas, aunque no afecta a algunas. Es importante que seas capaz de identificar estas plantas con el fin de evitarlas.

Durante un tiempo corto, el roble venenoso y hiedra venenosa crecen en forma de arbustos o viñas y tienen grupos de a tres hojas. El zumaque venenoso es un arbusto o árbol pequeño de tallos rojos y 7 a 13 hojas pequeñas por tallo. Todas estas plantas pueden tener hojas de color verde, rojo, amarillo, naranja o multicolor. Producen pequeñas bayas verdosas, o blanco grisáceas, hacia finales del verano; y pierden las hojas durante el invierno. Incluso con todas las hojas caídas, los tallos pueden inflamar la piel. La ausencia de espinas en estas plantas ayuda a diferenciarlas de los arbustos de bayas silvestres y las zarzas.

Si tienes que trabajar cerca de un roble, hiedra o zumaque venenosos, usa una camisa de mangas largas, pantalones largos, un sombrero y guantes. Lava la ropa después de haber estado en contacto con estas plantas. A veces, lavar la piel inmediatamente después del contacto evita o disminuye la reacción. Una vez que el agente irritante penetra en la piel, no se lo puede eliminar. Antes de lavarte, no te toques los ojos, la cara ni otras partes del cuerpo. Existen productos que bloquean los efectos de estas plantas, pero deben aplicarse sobre la piel siempre antes de la exposición a la sustancia irritante.

La ortiga mayor, u ortiga verde (Urtica dioica) es una planta perenne de 3 a 7 pies de altura con agujas diminutas que provocan una reacción dolorosa o irritante (picazón), que puede durar desde unos minutos, a más de una semana. Algunas personas pueden tener una reacción alérgica severa que requiera de tratamiento médico inmediato. La ortiga mayor, u ortiga verde, es otra de las plantas que es importante que aprendas a identificar para que puedas evitarla o aprender a extraerla con precaución. Usa pantalones largos, una camisa manga larga y guantes al trabajar cerca de ortigas.

Euphorbia es un género de más de 2000 plantas, entre las cuales se incluyen herbáceas anuales, plantas perennes, suculentas, arbustos y árboles. Cuando se las corta o daña, las euphorbias exudan una sustancia blanca y pegajosa llamada látex, que es cáustica e irritante. Este látex puede producir inflamaciones leves a severas en contacto con la piel, sensación de ardor o incluso pérdida de la visión si entra en contacto con los ojos. Las lesiones oculares producidas por el látex deben ser tratadas por un médico inmediatamente. Por estas razones, es importante usar un equipo de protección ocular, pantalones largos, camisa de manga larga y guantes siempre que se trabaja con Euphorbias. Para estar seguro, usa una protección para los ojos cuando trabajes con cualquier planta que excrete líquidos al cortarla.

La adelfa (Nerium oleander) es un arbusto común, y una de las plantas venenosas más conocidas que hay. Su pariente cercano, la adelfa amarilla (Thevetia peruviana), también es venenosa. Todas las partes de adelfa son tóxicas, incluyendo su sabia. la savia de adelfa puede producir irritación ocular severa, y puede requerir tratamiento médico. Usa una protección para los ojos adecuada siempre que trabajes con adelfas, y deshazte de sus restos con responsabilidad, para que las mascotas, u otros animales, no los coman.

Insectos

Las mordeduras y picaduras de insectos de jardín pueden causar reacciones dolorosas varias, pero raramente mortales en la mayoría de nosotros. Sin embargo, las personas que son alérgicas a las picaduras de insectos sí pueden sufrir reacciones graves e incluso mortales. Si bien muchos insectos cumplen un papel de gran utilidad en el cuidado de jardines y paisaje porque mantienen a las poblaciones de insectos dañinos a raya, en ocasiones, también pueden ser una molestia si necesitas trabajar cerca de donde están.

Avispas. Las vespas, o avispas del papel, tienen cuerpos largos y delgados, con una cintura estrecha distintiva. Se alteran al sentir actividad cerca de sus nidos, que comúnmente construyen en puertas de entrada y aleros. Si molestas a estos insectos con herramientas a motor u otra actividad de movimientos rápidos, apaga el motor y aléjate del nido. Una vez que se calmen, muévete lentamente y, de ser posible, no utilices herramientas a motor cerca de sus nidos.

No es raro encontrarse con avispas del papel en plantas trepadoras ornamentales que crecen sobre los laterales de las construcciones. La poda cobra una dimensión adicional con la presencia de estos insectos. Antes de recurrir a una compañía de control de plagas, a veces, investigar un poco puede revelar alternativas no tóxicas para solucionar el problema. Por ejemplo, si el invierno no está lejos, puedes aplazar la poda hasta que algunas avispas mueran por ese año. Además, las avispas se vuelven más lentas durante las primeras, más frías, horas de la mañana. Ten cuidado al quitar o recortar Cortaderia selloana o Pampas Grass, una especia de pastos muy altos, densos y rizomatosos, en los que a veces anidan las avispas chaqueta amarilla (yellow jackets) y los avispones

Las avispas chaqueta amarilla, o yellow jackets, son un tipo de avispa muy agresivo; y trabajar cerca de ellas puede ser un problema. En general, lo mejor es evitar matar insectos predadores, porque ellos a su vez se alimentan de los insectos que dañan a las plantas; en otras palabras, son buenos para el jardín. Si se vuelven una amenaza o un fastidio, puede ser necesario controlarlos. Las asociaciones locales de mosquitos y vectores pueden hacerse responsables de extraer los nidos. En algunos casos, puede ser necesario llamar a una compañía de control de plagas.

Abejas africanizadas. Las abejas africanizadas, también conocidas como abejas africanas y abejas asesinas, fueron detectadas en Estados Unidos por primera vez en 1990. Estos insectos subieron lentamente desde América del Sur, y ahora se encuentran establecidas en algunas regiones del sur de los Estados Unidos. La picadura de las abejas africanizadas es, en términos generales, igual a la de las abejas europeas. Sin embargo, las abejas africanizadas constituyen una amenaza mayor para seres humanos y animales porque atacan masivamente, en ocasiones, de a cientos a la vez. Fieles a su apodo, un ataque puede tener consecuencias potencialmente mortales. En comparación con las abejas de miel europeas, las abejas africanizadas son menos selectivas del lugar donde construyen sus colmenas, y las defienden más agresivamente. Los ruidos fuertes, como los generados por los motores de las herramientas, pueden molestarlas. Si te ataca un enjambre de abejas africanas, debes encontrar refugio rápidamente, y protegerte los ojos y la cara. La mayoría de los ataques no son fatales. Y muchas regiones del país aún no han sido afectadas por este insecto. Incluso en regiones colonizadas, la probabilidad de encontrar abejas africanas es baja.

Arañas. Todas las arañas tienen picaduras venenosas, pero la mayoría no son capaces de causar daños graves a los seres humanos. Las picaduras de la araña reclusa parda (araña violista) o de la viuda negra, entre otras, pueden producir una variedad de reacciones dolorosas en los seres humanos, e incluso la muerte, aunque éstas últimas son muy raras. Si te pica una araña peligrosa, busca atención médica. Para disminuir las probabilidades de que te piquen, usa guantes al trabajar con pilas de leña, y evita gatear por debajo de las casas.

Garrapatas. Las garrapatas son ácaros que se pueden enganchar a tu piel al realizar actividades al aire libre. Estos insectos diminutos pueden contagiar enfermedades infecciosas como la fiebre maculosa de las Montañas Rocosas y la enfermedad de Lyme, entre otras. Las garrapatas pueden saltar desde plantas de altura, o engancharse a ti al pasar por hierbas altas y pastos crecidos. Al trabajar en estas condiciones, verifica de a ratos a lo largo de la jornada de trabajo si no se te ha enganchado ninguna garrapata. Los excursionistas utilizan un conocido truco que es efectivo para mantener a las garrapatas fuera de tus piernas, que consiste en meter la botamanga de tus pantalones dentro de las medias. La ropa de colores claros ayuda a identificar a las garrapatas con más facilidad. Los repelentes de insectos verificados por la EPA, como los que contienen DEET, ayudan a alejar las garrapatas. Al terminar de trabajar, y antes de entrar en tu vehículo o en tu casa, revísate la piel, el cabello y ropa para comprobar que no se te ha adherido ninguna garrapata.

No utilices métodos poco científicos para remover garrapatas. Si encuentras una garrapata en sobre tu piel, tira lentamente de ella hacia arriba una pinza, hasta que se desprenda. No tomes el cuerpo de la garrapata con los dedos, y no la gires ni la sacudas mientras tiras de ella hacia arriba. Si no puedes quitártela, o si partes de la garrapata quedan adheridos a tu piel, visita a un médico. Una vez que hayas quitado la garrapata, desinfecta la zona con alcohol. Si observas enrojecimiento, erupción cutánea, ampollas, hinchazón, dolor de cabeza, fiebre, picazón, dolor de músculos o en las articulaciones, fatiga u otros síntomas, consulta un médico. Comunícate con tu médico si estás embarazada, o en período de lactancia, y sospechas que puedes haber estado expuesta a garrapatas.

Mosquitos. El Virus del Nilo Occidental ha estado en los EE.UU. desde 1999 y se contagia en humanos principalmente a través de la picadura de mosquitos. De acuerdo con la Administración de Alimentos y Medicamentos de los Estados Unidos (2007), "En los seres humanos, el virus, por lo general produce únicamente una infección menor, caracterizada por fiebre, dolores de cabeza, cansancio, dolores corporales y erupciones, que desaparecen sin realizar ningún tratamiento. Sin embargo, algunos pacientes desarrollan infecciones graves como consecuencia de este virus, como enfermedades neurológicas e incluso la muerte".

Además de vestir pantalones largos y camisas de manga larga, usar un repelente de insectos registrado por la EPA, reducirá tu exposición a las picaduras de mosquitos. Pulveriza el repelente de insectos sobre la piel descubierta y sobre la ropa; no rocíes la piel que luego cubrirás con ropa. Mantén el repelente de insectos lejos de la boca y los ojos, y lávate la piel y la ropa con agua y jabón después de cada uso.

Una estrategia para reducir la cantidad de mosquitos en un jardín es eliminar las fuentes de agua estancada, que es donde los mosquitos se reproducen. En el caso de algunos clientes, esto puede significar retirar el baño de pájaros, o drenar un estanque pequeño; otros pueden optar por eliminar las larvas de mosquito con larvicidas no tóxicos que contengan Bti (Bacillus thuringiensis). Otra opción es mantener los estanques pequeños con peces que se alimentan de mosquitos (Gambusia affinis) (Eldridge, 1998).

Recarga de bidones para combustible

La precaución estándar para recargar combustible es: "No derramar al verter". Hay además otras prácticas seguras que debes seguir. Ten en cuenta que, además de las llamas, también la energía estática tiene la capacidad de inflamar los vapores de la gasolina. Según el Instituto Americano del Petróleo (API),

> Los accidentes provocados por estática en gasolinerías son extremadamente raros, pero las probabilidades que esto ocurra, parecen ser mayores en condiciones de clima templado, o frío y seco. En situaciones no habituales, la estática puede provocar un breve ramalazo de fuego en el punto de carga. Existen medidas que se pueden tomar para reducir al mínimo estos, y otros posibles peligros relacionados con el combustible, como seguir procedimientos seguros para la recarga de combustible, durante todo el año (API, 2006).

El sitio web del API publicó un artículo en inglés titulado *Staying Safe at the Pump* (Permaneciendo a salvo junto a las bombas de combustible), disponible en http://www.api.org. El mismo contiene una lista completa de las directrices de seguridad del API para la recarga de combustible. Este libro incluye una selección de estas directrices, las cuales se reproducen a continuación.

- No encienda cerillas o encendedores, y no fume junto a la bomba durante el reabastecimiento de combustible, ni cerca de la gasolina en ningún lugar.

- No ingrese a su vehículo durante la recarga. Si por algún motivo tiene la necesidad de volver entrar al vehículo, descárguese de la acumulación de carga estática antes de tomar el pico, por ejemplo, tocando una superficie u objeto de metal con la mano desnuda, como la puerta del vehículo, pero alejado de la bomba.

- En el caso poco probable de que se inicie un incendio a causa de la estática durante el reabastecimiento, deje el pico de la bomba en el tubo de llenado y aléjese del vehículo. Avise al empleado de la estación inmediatamente.

Recipientes portátiles

- Utilice únicamente bidones y recipientes certificados como contenedores portátiles para transportar gasolina, y colóquelos en el suelo para evitar un posible incendio por estática o por ignición de los vapores del combustible. [Nunca llene contenedores dentro del vehículo, el maletero de un automóvil, o la caja de una camioneta o un remolque.]

- Al llenar un recipiente portátil, controle manualmente la válvula del pico durante todo el proceso de carga. Vierta el combustible lentamente para reducir la posibilidad de acumulación de electricidad estática y para minimizar los derrames y salpicaduras. Mantenga el pico de la bomba en contacto con el borde de la abertura del recipiente.

- No llene los recipientes más del 95 por ciento de su capacidad, para permitir que el combustible se expanda.

- Coloque la tapa del recipiente con firmeza al terminar el llenado; y no utilice bidones que no cierren correctamente.

- Si se derrama gasolina sobre el recipiente portátil, asegúrese de que se evapore antes de colocar el recipiente en su vehículo. Informe al empleado de la estación que ha derramado combustible.

- Al transportar gasolina en un recipiente portátil, asegúrese de que [el contenedor] no pueda volcarse ni deslizarse, y nunca lo deje bajo la luz directa del sol o en la cajuela del automóvil (API, 2006)).

Consideraciones para la salud

Mantenerte en forma, mediante el entrenamiento con pesas y realizando ejercicios cardiovasculares, te ayudará a prevenir lesiones, y a aumentar tu fuerza y tu resistencia. La mecánica corporal adecuada, como doblar las rodillas y mantener la espalda recta al levantar peso, también ayuda a reducir el riesgo de lesiones. Este tema se centra en algunas dolencias físicas, y ofrece estrategias para impedir que se produzcan. La siguiente información no pretende servir como consejo médico. Si tienes preguntas o inquietudes acerca de tu salud, consulta a un médico.

Chequeos médicos

Hazte un chequeo médico antes de comenzar a trabajar como jardinero paisajista. Pregúntele a su doctor si tienes la vacuna antitetánica (para el tétanos) al día. El tétanos es una enfermedad que infecta el cuerpo entrando a través de los cortes; y la bacteria que lo causa vive en la tierra. La vacuna contra el tétanos necesita de un refuerzo cada diez años.

Si no está seguro si eres alérgico a las picaduras de insectos, menciónaselo al médico. Pregúntale cada cuánto debes hacerte un chequeo con él, y qué autoexaminaciones puedes hacerte de forma regular. Visita a un médico por lo menos una vez al año para hacer un examen físico completo.

Deshidratación e insolación

Es muy fácil deshidratarse al trabajar al aire libre, especialmente durante los meses de verano. Algunos de los síntomas de la deshidratación son: mareos, confusión mental y diarreas, entre otros. La deshidratación prolongada en un medio ambiente caluroso puede causar una sudoración excesiva, fatiga y el colapso, todos síntomas de *agotamiento por calor*. Existe un cuadro similar, llamado *golpe de calor* o *insolación*, que es potencialmente mortal y puede aparecer de improviso, sin advertencia; los síntomas más comunes son el aumento de las palpitaciones y de la temperatura corporal. Un golpe de calor que no es tratado adecuadamente puede provocar daños permanentes a la salud, e incluso la muerte. Los golpes de calor, o insolación, requieren de atención médica inmediata.

Para evitar estos trastornos, usa tu sentido común y bebe al menos un vaso de agua por hora. Si puedes beber más, hazlo. En días calurosos, oblígate a beber al menos un galón de agua o más, mientras estés trabajando. Si sientes que el calor comienza a agobiarte, toma un descanso o decide terminar por el día. Al forzar tus límites te arriesgas a sufrir problemas más serios.

Protección contra el sol

Trabajar al aire libre durante varios años, y sin utilizar un protector de sol, puede arrugarte la piel antes de tiempo. La exposición prolongada al sol también aumenta el riesgo de sufrir quemaduras solares y diversos tipos de cáncer de piel. Si bien las personas de tez clara corren un riesgo mayor de sufrir quemaduras de sol y cáncer de piel, los rayos ultravioletas del sol son perjudiciales para todo el mundo, incluidas las personas de tez oscura.

Para reducir la exposición al sol, durante las horas de trabajo, usa un sombrero, pantalones largos, camisas de manga larga y protector o bloqueador solar. Una camiseta de manga corta, junto con protector solar en los antebrazos, también funciona. Las prendas que vistas deberían ser de tejidos apretados, para que bloqueen la luz solar. Una vez al mes, autoexamínate la piel. Si nota zonas de piel decoloradas, o cambios en su densidad o la textura, especialmente en la piel de alrededor de los lunares, consulta a un médico. El cáncer de piel que se detecta temprano generalmente puede ser tratado con éxito.

Para protegerte de los rayos ultravioleta, utiliza un bloqueador solar UVA/UVB con un factor de protección solar (SPF) de por lo menos 15 (de 30, o más, es mejor). Cada marca de protector utiliza químicos diferentes para bloquear los rayos UV. Si pruebas una marca que irrita la piel, prueba un producto que tenga un ingrediente activo diferente. Algunos productos se pulverizan sobre la piel, son incoloros y no le dan a la piel un aspecto pastoso.

Aplícate el protector solar por lo menos 30 minutos antes de empezar a trabajar, para evitar quitártelo con la transpiración. Ponte protector en los antebrazos y en la parte posterior del cuello, así como áreas más pequeñas, como el dorso de las manos, la nariz y la parte superior de las orejas. Los sombreros de ala ancha proporcionan una buena protección contra el sol, pero no pueden ser usados junto con los protectores auditivos tipo orejeras.

Utilizar una gorra de béisbol, protectores auditivos y bloqueador solar es una combinación eficaz. Los lentes de sol con protección UVA/UVB contribuyen a proteger los ojos de la sobreexposición al sol.

La esporotricosis

Trabajar con plantas espinosas, turba de musgo, heno o tierra aumenta los riesgos de exposición a un hongo llamado Sporothrix schenckii, que entra al cuerpo principalmente a través de laceraciones o pinchazos en la piel. Este hongo puede causar una enfermedad llamada esporotricosis, a veces conocida como enfermedad de la espina de rosal.

El primer síntoma suele ser una protuberancia firme en la piel, posiblemente de color rojo, rosa o púrpura; que puede avanzar hasta convertirse en una herida abierta que exuda un líquido claro. Con el tiempo, se pueden formar nuevos nódulos, y el hongo puede diseminarse a través de los ganglios linfáticos o, en casos raros, infectar a otras áreas del cuerpo. Por lo general, no se transmite de persona a persona. Esta enfermedad debe ser evaluada y tratada por un médico. Usar guantes de cuero o recubiertos de nitrilo ayudan a proteger las manos de las plantas espinosas, de la tierra y de los compuestos para la tierra.

Afecciones por vibraciones mano-brazo

Las afecciones conocidas como afecciones por vibraciones mano-brazo (o HAVS en inglés), anteriormente conocida como el síndrome del dedo blanco", producen que los vasos sanguíneos de la mano se contraigan, causando síntomas en los dedos como entumecimiento, hormigueo, pérdida de la sensibilidad, decoloración (blancura, color azulado o enrojecimiento), malestar y dolor. Esta afección es una forma del fenómeno de Raynaud, que puede aparecer por el uso frecuente y repetido de herramientas que producen vibraciones. La enfermedad tiene el potencial de incapacitarte, así que consulta a un médico si tiene alguno de estos síntomas.

Síndrome del túnel carpiano

Los nervios que controlan la sensibilidad de los dedos viajan a través de una pequeña área del hueso y ligamento de la muñeca conocida como el túnel carpiano. La inflamación de estos nervios puede producir dolores en la mano, conocidos como Síndrome del túnel carpiano (o CTS en inglés). Los síntomas incluyen: entumecimiento o sensación de hormigueo en los dedos de la mano. Este síndrome puede convertirse en un problema crónico para las personas que sufren de él, haciendo que les resulte difícil utilizar las manos al realizar gran variedad de actividades. La causa del síndrome del túnel carpiano no siempre es identificable. El movimiento repetitivo y el uso intensivo de las manos y las muñecas pueden ser factores desencadenantes. Consulta a un médico en caso de que sientas cualquiera de estos síntomas. Las siguientes precauciones pueden ayudarte a prevenir el síndrome del túnel carpiano.

- Mantén las muñecas rectas durante el desarrollo de tus actividades laborales, especialmente al trabajar con equipos a motor o al realizar tareas repetitivas, como podar o escarbar. Doblar las muñecas ejerce presión adicional sobre los nervios de esa zona.

- Mantén tu cuerpo en buen estado físico. Hacerlo te ayudará a poder mantener una buena postura y las muñecas rectas.

- Toma descansos durante la operación de herramientas a motor, y alterna su uso con otras actividades.

- Considerara la posibilidad de comprar herramientas que tengan un sistema de reducción de vibraciones. También existen guantes que reducen las vibraciones.

CAPÍTULO 4

Administración del césped

En este capítulo
- Conceptos básicos
- Corte de bordes
- La siega y la altura de corte
- Mulching vs. Embolsado
- Fertilización del césped
- Riego del césped
- La aireación y los problemas de paja
- Resiembra

Este capítulo es una introducción práctica a la administración de superficies de césped. Se ha puesto énfasis en la siega, la fertilización, el riego y la aireación. Estas tareas son relativamente sencillas, pero si no se las realiza correctamente, las superficies cubiertas de césped tendrán una tolerancia reducida a la sequía, aumentará la cantidad de malezas y, en el mejor de los casos, su condición general disminuirá. En este capítulo se describen las técnicas de administración que ayudan a que las superficies de césped puedan defenderse mejor en tiempos de sequía, contra las malezas y las enfermedades. También incluye sugerencias que ayudan a trabajar de manera eficaz y a obtener resultados de calidad profesional.

Conceptos básicos

Las superficies de césped consisten en miles de plantas de césped que crecen muy cerca una de la otra. Algunas superficies están hechas con un tipo de césped y otras llevan una combinación de diferentes tipos. Los tipos, o especies, de césped difieren en su tolerancia al calor, a la sequía, a la sombra, el frío y al desgaste; así como también en sus necesidades de nitrógeno y otros factores como, su resistencia a los insectos y las enfermedades. El césped se clasifica, a grandes rasgos, en césped de clima frío y de clima cálido.

Césped de clima frío

Las variedades de césped de clima frío, como el pasto azul de Kentucky (Kentucky bluegrass), el Raygrass, el agróstide (Bentgrass) y las festucas (Fescues), como la festuca alta y la festuca roja, son las que producen los brotes y raíces más grandes durante las temperaturas templadas de la primavera y el otoño. Durante la mayor parte de su crecimiento, se mantienen mejor en climas templados, como el de las regiones del norte de los EE.UU. y el de las frescas zonas costeras.

En regiones con veranos largos y calurosos, el césped de clima frío tienden a mostrar signos de estrés y se puede amarillear o permanecer en estado semi latente durante las épocas de calor extremo, llegando incluso a volverse marrón en caso de sufrir estrés hídrico. Con un riego adecuado, por lo general suelen volver a la vida en el otoño. Es posible hacer que el césped de clima frío se mantenga verde en regiones con veranos largos y calurosos, pero lograrlo requiere de más riego que el que necesitan los céspedes de clima cálido alcanzar el mismo objetivo. En las zonas donde el suelo no se congela, el césped de clima frío permanece verde durante el invierno.

Césped de clima cálido

Las especies para climas cálidos, como el césped de San Agustín, la Zoysia, el césped de las Bermudas; y las variedades nativas como el búfalo y la grama azul, tienen su mayor época de crecimiento durante el verano. Las variedades para climas cálidos son más comunes en las zonas del sur de los Estados Unidos, así como otras zonas del país donde los veranos son calurosos y los inviernos suaves.

El césped de clima cálido tiende a crecer vigorosamente, extendiéndose a menudo a lugares en los que no se deseaba que crezca. También desarrollan paja más rápidamente que las variedades de clima frío. Estas variedades de césped entran en estado latente cuando la temperatura desciende y reanudan su crecimiento cuando vuelve a subir. Algunas especies de césped de clima cálido mantienen su color durante el invierno; otras se tornan de color marrón con el frío y reverdecen en primavera. En general, en regiones donde no hiela, el césped que se ha vuelto marrón puede resembrarse en el otoño con semillas de clima frío, usualmente raigrás anual o perenne, para mantener el jardín verde durante el invierno.

El césped y el ambiente

Es común encontrar tipos de césped que no son adecuados para ese entorno. Conocer las distinciones más importantes de los tipos de césped te ayudará a distinguir la diferencia entre una superficie de césped con un problema solucionable, de los que no tienen solución. Por ejemplo, si vives en un área con veranos calurosos y tienes que cuidar de un jardín con césped agróstide, no debería sorprenderte que el césped de clima frío se deteriore durante el verano.

En general, las variedades de césped de clima cálido están mejor adaptadas al calor y al pisoteo. Además, las variedades de clima frío se adaptan mejor a las temperaturas más frescas y a la sombra, aunque hay excepciones. Por ejemplo, la festuca alta es una variedad duradera de clima frío que soporta razonablemente bien en condiciones de calor y estrés hídrico.

A veces, cuando la variedad de césped no es propicia para el ambiente, se necesita un esfuerzo adicional para que el césped se mantenga en condiciones aceptables. A veces, sustituir el césped con una variedad que se adapte mejor a ese entorno puede ahorrarte tiempo y recursos. En ocasiones, suceden cambios en la superficie del jardín que crean condiciones desfavorables para el césped que estaba plantado allí. Por ejemplo, la construcción de un edificio o el crecimiento de un árbol, pueden generarle sombra a zonas del césped que solían recibir luz de sol plana, lastimando la salud del césped. Una situación de este tipo puede arreglarse sustituyendo el césped por una especie más tolerante a la sombra, como la festuca fina (en clima frío), o el Palmetto, el Seville, o las variedades Bitterblue del pasto de San Agustín (para los cimas cálidos).

Normalmente, alcanza con conocer los tipos de césped más comunes de tu zona, las características particulares para su buen mantenimiento y sus problemas más comunes. Ten en cuenta que constantemente se están realizando pruebas de variedades nuevas más resistentes al calor, al descoloramiento y otros problemas. Es recomendable que te mantengas al día con los nuevos productos disponibles en el mercado. En el Oeste, la festuca alta y sus variedades enanas, han llegado a ser muy populares debido a su flexibilidad frente al clima, su resistencia a las enfermedades y sus necesidades bajas de mantenimiento.

Hábitos de crecimiento

En relación a sus hábitos de crecimiento las variedades de césped se dividen, a grandes rasgos, en dos: de agrupamiento o de propagación. Esta distinción se refiere a la manera en que el césped crece y se expande en la superficie. La Festuca alta y sus variedades enanas, son cespitosas, se agrupan formando matas: Allí donde las sembraron, se quedarán. El césped cespitoso es de propagación lenta, si lo hace en alguna medida, por lo que se utilizan muchas semillas para su siembra si se quiere lograr una superficie densa.

Las gramíneas cespitosas, por lo general no rellenan superficies desnudas, de modo que si un pedazo de césped muere y debe ser reparado, se lo deberá volver a sembrar con semillas del mismo tipo que el resto del césped. A los tipos de césped que se agrupan al crecer les hace bien volver a sembrarlos cada algunos años para mantener la densidad. Para resolver los inconvenientes comunes de estas variedades cespitosas, las mezclas de semillas de césped a menudo incluyen un porcentaje pequeño de semillas de propagación, como el Kentucky Bluegrass.

El césped de propagación se expande rastrero, a través de tallos que se extienden y se convierten en nuevas hierbas. Los brotes rastreros que crecen en la superficie son llamados estolones y los que corren por debajo de la tierra, paralelos a la superficie, se llaman rizomas. Las variedades de césped que se expanden pueden hacerlo a través de los estolones, los rizomas o ambos. Como estas variedades cubren toda la superficie con césped, no es necesario resembrar tan frecuentemente como con las que crecen agrupadas.

El césped Bluegrass y la festuca roja rastrera se propagan moderadamente, rellenado parches de césped desnudos con sus rizomas largos. El césped Bermuda, al igual que otras variedades subtropicales, se extienden rápidamente, a menudo a través de rizomas y estolones. Ten en cuenta que el césped que se propaga puede crecer fuera de su territorio asignado y volverse invasivo.

Cortado de bordes

El cortado de bordes consiste en recortar la hierba que crece todo a lo largo del perímetro de una superficie de césped. Es, por lo general, la primera tarea que se realiza durante una visita de mantenimiento. El cortado de bordes esparce las hojas, los desperdicios y los restos de pasto a los caminos y entradas de garaje. Al cortar los bordes en primer lugar, podrás recoger los restos luego con el cortacéspedes. Si al cortar un borde debes enviar muchos desechos sobre el camino o entrada, también puedes barrerlos o soplarlos sobre el césped antes de cortar, para luego recogerlos.

La mejor herramienta para bordes de caminos, entradas de auto y canteros es el cortabordes de cuchilla, tanto el modelo de brazo como el de ruedas (Consulta "Cortabordes" on page 17"). Estas herramientas ofrecen un corte recto, parejo y constante. Los cortabordes dejan un borde ligeramente irregular, que puede no ser motivo de preocupación en algunas propiedades.

Al cortar los bordes, se crea un espacio pequeño entre el límite del césped y la acera, cantero o camino. Mantén este espacio lo más estrecho posible. Estos espacios exponen la tierra a la luz solar directa y favorece la germinación de las semillas de malezas. Es común que crezcan malezas en estas brechas disponibles y se extiendan a otras zonas del césped. Las desbrozadoras crean brechas

Las cuchillas de las bordeadoras proporcionan una línea de corte recta y consistente. También dejan espacios menores que las desbrozadoras, entre el césped y los canteros o pasarelas.

mayores que los cortabordes de cuchilla. Esta es otra buena razón para elegir un cortabordes para cortar los bordes de caminos y entradas para automóviles. Al cortar, mantén la cuchilla en posición vertical; cortar en ángulo hace que más cantidad de tierra quede expuesta a la luz solar directa. Los clientes interesados en el cuidado orgánico del césped, pueden pedirte que no cortes los bordes de su césped, en especial si para ellos la prolijidad no es una prioridad.

Los cortabordes sirven para recortar el pasto que crece cerca de paredes, vallas y laterales. Ten cuidado al usar el cortabordes cerca de estas construcciones, porque el hilo de la herramienta puede marcar y dañar la madera. Existen productos que se aplican en la base de las cercas de madera y de las cercas, para protegerlas. Los cortabordes de tipo recíprocos tienen menos probabilidades de ocasionar daños.

La mayoría de los sistemas de irrigación usan rociadores, cabezales rotativos o aspersores de 4 pulgadas, que sobresalen por encima de la tierra. Cuando el sistema de riego está activado, el rociador se eleva para proporcionar el espacio necesario para regar por encima de la hierba. Normalmente, cortar solo con el cortacéspedes es suficiente para mantener los rociadores libres de la obstrucción del pasto. Corta el césped de alrededor de los rociadores con un cortabordes, de acuerdo a como sea necesario.

Si el sistema de riego no utiliza rociadores emergentes, o si usa rociadores de metal que solo ofrecen una pulgada y media de espacio, bordea a su alrededor según sea necesario para mantenerlos despejados. Ten en cuenta que es mejor evitar crear círculos de césped muy corto alrededor de los rociadores, porque al hacerlo, la tierra que queda expuesta favorece al crecimiento de malezas. Además, hace que los rociadores queden demasiado visibles, cuando deberían permanecer lo más ocultos posible.

Por último, utiliza el cortabordes para recortar la hierba que crece en los huecos o quebraduras de los caminos y entradas. Las malezas que crecen en estas zonas son particularmente desagradables a la vista y tus clientes sabrán apreciar la atención que le pones a ese detalle.

Si utilizas un cortabordes con sistema de avance por golpeteo, muévelo hacia adelante presionando el botón de avance sobre suelo firme. Esto ayudará a prevenir que la línea se "suelde" a sí misma y ayudará a mantener el poder de corte de la herramienta. Presionar el botón de avance sobre superficies de pavimento o cemento lo desgastará con mayor velocidad.

Protección de árboles y arbustos

Ten cuidado al utilizar el cortacéspedes o cortabordes y evitar el contacto de las herramientas con la corteza de los árboles y arbustos. Estas herramientas pueden cortar fácilmente a través de una corteza de árbol y dañar su capa de cambium, que es una capa de células de crecimiento que se encuentra justo debajo de la corteza. Los cortes en la capa de cambium pueden atrofiar el crecimiento de un árbol. Y cortar alrededor de todo el tronco con la línea de estas herramientas puede matarlo. La corteza dañada también puede convertirse en un punto de entrada para las enfermedades. Los árboles jóvenes son particularmente susceptibles a cortes producidos por las herramientas a motor, porque su corteza es más tierna. Pero también pueden dañar a los árboles adultos, con especial riesgo durante la primavera y el verano.

Una manera de proteger a los árboles de las herramientas a motor, es eliminar dos o más pies de césped de alrededor de la base del tronco y rellenar el área con 2 a 4 pulgadas de profundidad (como máximo) de compost. Esparcir abono, compost, mantillo o mulch en las zonas libres de césped elimina la necesidad de recortar la hierba alrededor del tronco y mantiene a las herramientas a motor a una distancia segura. Además, ha sido demostrado que las áreas con mulch ayudan a los árboles jóvenes a desarrollarse más rápidamente, porque elimina la competencia que pueda generarle el césped. Mantén las bases de los troncos libres de mulch, para evitar que retenga humedad y de lugar a enfermedades. Para obtener más información, consulta "Fertilización de plantas de jardín" on page 87.

Uno de los inconvenientes de eliminar el césped de alrededor de la base de los árboles, es que esos espacios pueden convertirse en un sitio de germinación de malezas si el mantillo se vuelve demasiado fino. A veces, es necesario aplicar herbicidas pre-emergentes o post-emergentes en las zonas despejadas, en lugar del mantillo. Un problema de esta solución es que las malezas se arraigan pueden rápidamente en el suelo desnudo, e invaden el césped si no se las mantiene a raya regularmente.

La protección con estacas, explicada en la página page 84, evita que el cortacéspedes puede acceder a las zonas cercanas a los troncos de los árboles. Algunos de los inconvenientes de proteger una zona con estacas son que el pasto de alrededor de los troncos debe ser cortado a mano y el trabajo de cortar la hierba de alrededor de las estacas. Otra alternativa es instalar protectores para árboles alrededor de las bases de los árboles. Los protectores para árboles ayudan a proteger la corteza de la línea, o hilo, del cortabordes, pero una cuchilla o un cortacéspedes aún pueden dañar la corteza tierna.

Soplado y barrido de hojas

El trabajo de cortar bordes esparce restos de hierba y hojas a los caminos y senderos. Antes del momento de cortar el césped, una buena cantidad de restos, hierbas hojas pueden haber caído sobre el césped. Asegúrate de no dejar hojas pequeñas en los espacios libres que quedan entre el borde del césped y los senderos.

Un borde limpio y libre de desechos da un aspecto profesional a tu trabajo. Es probable que debas rastrillar o soplar cantidades de hojas fuera del césped antes de cortarlo. Si la cantidad de hojas que debes despejar es pequeña, puede que no sea necesario soplarlas antes de cortar el césped.

La siega también envía restos de hierba a los caminos, aunque en mucha menor medida que el corte de bordes. Utilizar el soplador por un tiempo breve enviará restos y desechos sobre el césped, luego de haberlo cortado. El jardín debería quedar libre de restos para dar por terminado el trabajo. Los residuos que hayan quedado en los pasillos, caminos o senderos puede soplarse a un área común, barrerse en una pila con una escoba y ser retirados.

Al final de cada visita de mantenimiento, barre las hojas y desechos fuera de los desagotes de la calle. Hacerlo mantiene los desagües limpios y reduce la cantidad de los elementos contaminantes que pueden terminar en los cursos de agua locales. Nunca barras los desechos de tu trabajo a un drenaje de tormenta. Consulta "Uso responsable de fertilizantes" on page 64.

En algunas situaciones, una zona se limpia más rápido barriendo y rastrillando que soplando los restos. Por ejemplo, a veces es fácil quitar hojas mojadas, o grandes cantidades de hojas, de un jardín con un rastrillo que con un soplador. Por último, sigue las instrucciones para el uso responsable del soplador de hojas, descriptas en la página page 33.

La siega o cortada de césped

La siega estresa al césped, pero éste la tolera bien porque tiene sus puntos de crecimiento (tejido meristemático) en la base del los tallos, cerca de la superficie del suelo; a diferencia de la mayoría de las plantas, que tienen los puntos de crecimiento en las puntas de los tallos. Además, el césped responde al corte de su altura, aumentando su densidad. Y las áreas con área foliar más densa soportan mejor que se camine sobre ellas.

Si bien el césped puede adaptarse perfectamente a la siega, las prácticas incorrectas con el cortacéspedes pueden fomentar el crecimiento de malezas, enfermedades, estrés hídrico y un deterioro general. Las siguientes instrucciones para la siega te ayudarán a evitar estos problemas.

Instrucciones generales

En líneas generales, la siega debe hacerse cuando la hierba está seca. Cortar el césped estando húmedo, puede provocar que caigan cúmulos de pasto mojado sobre el césped, aumentando el riesgo de propagar hongos (si los hay) de un área del jardín a otra. Cortar césped húmedo también pueden contribuir a que la tierra se compacte. Consulta

"La siega y la compactación" para obtener más información.

En caso de utilizar un cortacéspedes de pie con cuchilla giratoria sobre una pendiente, comienza en la parte superior de la elevación y trabaja hacia abajo. Corta a través de la cara de la pendiente, nunca de arriba y hacia abajo. Las segadoras tipo tractor se operan de arriba hacia abajo de las pendientes y no a través. Para girar un cortacéspedes de pie en una pendiente, evita inclinarlo y no permitas que las ruedas de la máquina se entierren, dañando el césped. Consulta "Medidas de seguridad para cortacéspedes" on page 32 para obtener más información.

Patrones de segado

Los jardineros encargados de mantener el césped de instituciones deportivas profesionales, siegan los campos de deportes con una forma de rayas, claras y oscuras. A esta técnica se la llama "striping" y se crea con un cortacéspedes tipo tractor. Cuando el tractor pasa sobre el césped, dobla las briznas de hierba hacia un lado; luego, alternar la dirección en que se pasa con el tractor, crea el efecto de la división. Tus jardines no deben verse como los campos de las grandes ligas de béisbol, pero aún así debes prestar algo de atención a los patrones de corte.

Comienza la siega haciendo una o dos pasadas a lo largo del perímetro de la superficie que deseas cortar, para asegurar el recorte de los bordes. Luego, siega el resto del jardín siguiendo un patrón de ida y vuelta. Para lograr un aspecto uniforme, utiliza el mismo patrón en todas las zonas con césped del jardín. Cambia el patrón de siega con regularidad.

Las briznas de hierba se doblan ligeramente cuando la segadora les pasa por encima y esta inclinación puede hacer que el corte parezca irregular. Para eliminar la falta de uniformidad casi por completo, realiza una segunda pasada con un ángulo de 90 grados respecto de la primera pasada. Esta práctica opcional es conocida como corte doble. Las desventajas del corte doble son obvias: lleva más tiempo y desgasta más a las herramientas. A pesar de ellas, considera implementar esta práctica en residencias seleccionadas durante la primavera, cuando el césped crece rápidamente. El césped denso y saludable es el que mejor se presta a esta técnica.

Mantén afiladas las cuchillas

Cuando las cuchillas están afiladas, el corte es limpio y no estresa al césped. Cuando las cuchillas están desafiladas, las briznas de hierba quedan dentadas y esto da al césped una desagradable apariencia marronácea o blancuzca. Además, el césped cortado con una cuchilla desafilada pierde más agua y debe recurrir más a sus reservas de energía para recuperarse; volviéndolo más susceptible al estrés por falta de agua y a otras enfermedades.

Recuerda desconectar siempre el cable de la segadora del enchufe y colocarlo lejos de la bujía antes de controlar la cuchilla del cortacésped. Verifica el filo de la cuchilla una vez al día. Ten cuchillas de repuesto afiladas siempre a mano y reemplaza las cuchillas desafiladas según sea necesario.

La siega y la compactación

Para crecer y desarrollarse, las raíces de las plantas necesitan los pequeños espacios de aire que quedan entre las partículas de la tierra. El pisoteo intenso, así como el uso de equipos pesados, puede provocar que las partículas de tierra se apelotonen y se queden sin aire que las separe. La tierra compactada de esta manera hace que a las raíces les sea difícil y alimentarse, deteriorando la salud de la planta como consecuencia. El césped tiende a sufrir de esta compactación del suelo más que otras plantas ornamentales, debido a que normalmente es la vegetación que debe soportar más tráfico, tanto de personas como de las herramientas de jardín.

Cortar un jardín siempre con el mismo patrón puede provocar que se formen surcos en el césped. Esto se ve mal y debilita la salud del césped en esas zonas. Para evitar esto, debes variar el patrón con el que cortas el pasto de manera regular. En caso de que se formaran surcos, comienza a cortar en una dirección diferente y con el tiempo los surcos desaparecerán.

Cortar el césped cuando está mojado por la lluvia o por el riego puede contribuir a la compactación de la tierra y a la creación de surcos. Es posible que en algunos casos excepcionales necesites cortar el césped estando mojado, simplemente hazlo lo mínimo que sea necesario. Durante la temporada de crecimiento, programa el sistema para que riegue los días en que el jardín no recibirá mantenimiento. Para obtener más información acerca de la compactación, consulta "Compactación y aireación del suelo" on page 73 y ""La estructura del suelo" on page 99.

Altura de corte

Se llama Altura de corte a la altura que tiene el césped inmediatamente después de la siega. Cada variedad de césped tiene su propia altura de corte ideal (ver la Tabla 1, página siguiente). En general, es mejor cortar la hierba lo más cercanamente posible a su rango superior recomendado, porque le permite al césped producir más energía, promueve el crecimiento de raíces más profundas y reduce la competencia con las malezas. Mantener una altura de corte alta es particularmente importante para el césped de clima frío, durante los meses de verano. La información que encontrarás a continuación te ayudará a decidir correctamente la mejor altura de corte para cada situación.

Los cortacéspedes pueden dejar huellas, que afectan el aspecto final del césped. Este césped está comenzando a desarrollar surcos debido a ser segado constantemente hacia adelante y hacia atrás. El aspecto blanquecino del césped puede estar indicando que la cuchilla de la segadora no tiene filo.

- Disminuye la altura del césped no más de una tercera parte de su largo en cada siega para reducir el riesgo de dañar o matar la hierba. Por ejemplo, si un césped descuidado mide 4 o 5 pulgadas, disminuye su altura lentamente durante varias semanas hasta alcanzar la medida recomendada. De modo similar, si quieres mantener una superficie de césped en una altura de 2 pulgadas de alto, corta el césped antes de que alcance las 3 pulgadas.

- Cortar más del 40 por ciento del tejido del césped en una sola pasada puede provocar que las raíces dejen de crecer durante días o incluso semanas (Christians, 2004). La regla de la tercera parte es particularmente importante durante el verano. Ten en cuenta que si mantienes el césped a una altura de corte baja, será necesario cortarlo con mayor frecuencia para evitar romper la regla de la tercera parte. Si tu intención es cortar el césped una vez a la semana, elige una altura de corte que te permita reducir la altura del césped no más de un tercio por siega.

- Las alturas de corte más altas promueven el crecimiento de raíces más profundas y de mayor tamaño, lo que puede ayudar a que el césped resista más el calor y el estrés por humedad. Una altura de corte más alta también ayuda a cubrir el suelo de la luz directa, logrando que el suelo se mantenga más fresco y que la evaporación de la humedad de su superficie, disminuya (Sachs y Luff, 2002).

- Después de la siega, el césped recurre a sus reservas de energía para volver a hacer crecer sus hojas. Cortar césped demasiado corto durante un periodo de tiempo prolongado puede producir que el césped agote sus reservas de energía, incrementando el riesgo de enfermedades y de deterioro general. Las alturas de corte bajas también reducen la potencia del césped para la producción de energía. La fotosíntesis, el proceso que utilizan las plantas para generar energía, sucede en las hojas. Cortar el césped demasiado corto reduce la superficie de las briznas de manera significativa. El césped más corto produce menos de energía y su salud puede

Tabla 1. Alturas de corte del césped*

Altura de corte de céspedes de clima frío
- Bentgrass:..............................0.5 a 1 pulgada
- Festuca, Fina:........................2 a 3 pulgadas
- Festuca, Alta:........................2 a 3 pulgadas
- Kentucky Bluegrass:........5 a 2.5 pulgadas
- Raigrás:........................... 1.5 a 2.5 pulgadas

Altura de corte de céspedes de clima cálido
- Bahía:......................................3 a 4 pulgadas
- Bermudas:......................0.75 a 1.5 pulgadas
- Grama azul:..........................2 a 3 pulgadas
- Búfalo:..................................1 a +3 pulgadas
- Centipede:........................1.5 a 2.5 pulgadas
- San Agustín (estándar): 3.5 a 4 pulgadas (semi enano)**: 2 a 2.5 pulgadas
- Zoysia:...............................0.5 a 1.5 pulgadas

*Estas son recomendaciones generales para céspedes residenciales. Ten en cuenta que las recomendaciones sobre la altura de corte pueden variar de acuerdo a la región o la variedad. Consulta a un experto local para que te de recomendaciones sobre la región. Si conoces la variedad cultivar (p. ej., la "Sevilla" San Agustín), investiga la altura de corte recomendada para ella. ** Las recomendaciones para el césped San Agustín pertenecen a la Universidad de Florida (Trenholm, Cisar y Unruh, 2006)).

disminuir en consecuencia. En cambio, mantener la altura recomendada produce un estrés mínimo al césped. En resumen, no trates de hacer que el césped de un jardín residencial se vea como un green de golf.

- Algunas variedades de césped, como la Bermuda híbrida y el Bentgrass, resisten que se las mantenga a bajas alturas de corte (menos de una pulgada), pero esto no siempre es práctico para el mantenimiento semanal de jardines residenciales. Las alturas de corte más bajas incrementan la incidencia de las plagas y el estrés hídrico y requieren que se el césped sea cortado con mayor frecuencia. El césped corto también puede provocar que las cuchillas giratorias del cortacéspedes arranquen la hierba, estresando el césped y dejando parches de tierra expuestos.

- En zonas donde da la sombra, elige una altura de corte que se ubique en el límite superior del rango de corte recomendado. En condiciones de baja iluminación, el césped se beneficia de contar con una mayor cantidad de superficie de hojas. Ten también en cuenta que algunas especies especialmente adaptadas para la sombra, como la festuca rastrera roja, tienen promedios de crecimiento más altos que otras

- Las malezas necesitan luz para crecer y sus semillas la necesitan para germinar. El césped denso cubre la superficie del suelo y, al hacerlo, desempeña un papel importante en la supresión de malezas. Cortar el césped demasiado bajo reduce ésta cubierta protectora y alienta a germinar a las semillas aletargadas de las malezas. Por otro lado, el césped demasiado alto crece delgado. Para promover la destrucción de las malezas, corta el césped cerca del límite superior de la altura de corte recomendada. Aplicando estas instrucciones, se puede reducir y a veces incluso eliminar el uso de herbicidas.

Mulching vs. Embolsado

El mecanismo de Mulching (reciclado) pica los restos de césped que la máquina ha cortado en pedazos diminutos y los vuelve a depositar sobre el césped. Estos restos, devueltos a la tierra, reducen las necesidades suplementarias de nitrógeno del césped en un 20 por ciento, o más. Además, aportan potasio y fósforo. Y por último, sirven de alimento para las lombrices de tierra y microorganismos, que a su vez tienen un efecto beneficioso sobre la estructura de la tierra y su fertilidad. Uno de los beneficios más evidentes de la técnica de mulching son el tiempo y los recursos que te ahorras al no tener que encargarte de desechar los restos de la siega. Vale la pena saber que si el césped es cortado adecuadamente con un cortacéspedes con función de mulching, los restos de pasto no contribuirán a la acumulación de paja. Encontrarás una explicación para paja del césped en la página page 73.

Debido a sus múltiples beneficios, generalmente es preferible utilizar mulching a embolsar los restos. Se recomienda embolsar los restos de la siega en las siguientes situaciones.

Embolsado de recortes de pasto:

- Cuando el pasto crece a un ritmo demasiado rápido para que el mulching del cortacéspedes pueda procesarlo. Si el cortacéspedes está funcionando bien, no deberían poder verse los restos del mulching en el jardín.

- Cuando el césped muestra signos de enfermedad. Los recortes enfermos pueden propagar la enfermedad a otras áreas del césped del jardín.

- Cuando el césped tiene malezas que están produciendo cabezas con semillas. Embolsar en el período en que las malezas generan sus semillas puede ayudar a prevenir su propagación.

- Cuando el césped está húmedo y, por lo tanto, propenso a apelmazarse. Las matas que caen sobre el césped pueden asfixiar el césped donde cayeron hasta matarlo.

- Cuando el jardín tiene demasiadas hojas caídas. El mecanismo de mulching de los cortacéspedes puede procesar solo una cantidad limitada de restos a la vez.

Puedes desechar los restos del mulching en una planta de elaboración de compost municipal o en una estación de transferencia. Nunca deseches restos de jardinería en lotes o terrenos vacíos; hacerlo puede afectar la salud pública y además es ilegal. Ponte en contacto con la oficina de gestión de residuos sólidos de tu ciudad para consultar cuáles son las políticas de desechos de jardín de la zona.

Minimizando la propagación de malezas

Al pasar el cortacéspedes, las semillas de malezas y los estolones de otras malas hierbas invasoras se adhieren a él, volviendo a depositarse en otras áreas donde eventualmente pueden germinar. Esta es la forma más común que tienen las malezas y los céspedes invasivos para propagarse por un jardín o entre jardines. La mayoría de las malezas de hoja ancha pueden controlarse de manera eficaz con métodos mecánicos u otro tipo de controles de malezas de hoja ancha. Pero una vez que pastos invasores comunes el Bermuda o el Bentgrass se infiltran en un césped, se pueden volver muy difíciles de controlar.

Generalmente, los pastos invasores se reconocen por la diferencia de color o textura entre el invasor y la especie de césped que se desea tener. Sin embargo, determinar la extensión de la infección no es fácil, porque los pastos invasores son rastreros y tienen tallos que se extienden por todo el jardín.

Una de las estrategias que puedes usar para reducir al mínimo la propagación de malas hierbas es limpiar el cortacéspedes con un soplador de hojas en cada jardín, al terminar las tareas de mantenimiento (Retirar la manguera del cortacéspedes puede provocar que algunos componentes se oxiden). Otra alternativa es desenchufar el cortacéspedes, colocar el cable alejado de la bujía y limpiar la parte inferior de la bandeja o deck del cortacéspedes. Existen una variedad de productos para pulverizar debajo del deck para minimizar la adherencia de restos.

Limpiar a fondo el cortacéspedes después de cada trabajo suele requerir más tiempo y esfuerzo del que es práctico invertir. Si cuentas con el espacio de almacenamiento, y con los recursos necesarios, considera comprar más de un cortacéspedes y designa uno de ellos para usar especialmente en jardines con pastos invasores.

Fertilizantes para césped

La práctica principal que los administradores de jardines eligen para mantener sus céspedes saludables y atractivos es la fertilización. Una fertilización adecuada mejora la densidad del césped, su color, tolerancia a la sequía y su resistencia a las enfermedades. Por otro lado, una fertilización incorrecta reduce la tolerancia a la falta de agua y aumenta las posibilidades de que el césped se enferme.

Una fertilización correcta requiere tener conocimientos sobre las necesidades nutricionales del césped y sus fertilizantes. El siguiente tema introduce los requerimientos nutricionales principales del césped y las características particulares de rendimiento de distintos productos fertilizantes.

Fertilizantes completos

Las plantas necesitan 17 elementos para crecer saludables. Obtienen carbono, hidrógeno y oxígeno del aire y el agua. Los nutrientes minerales incluidos en los fertilizantes se clasifican en macronutrientes o micronutrientes. Los macronutrientes principales son el nitrógeno, el fósforo y el potasio, porque son los elementos que las plantas más utilizan. Estos son los nutrientes que los jardineros utilizan con mayor frecuencia.

El calcio, el magnesio y el azufre son macronutrientes secundarios. Si bien los requerimientos nutricionales de micronutrientes de las plantas de elementos como el boro, el manganeso, el hierro, el zinc, el níquel, cobre, cloro y molibdeno son mucho menores que los de macronutrientes, son igualmente importantes para su salud. No es habitual que el césped tenga una deficiencia de micronutrientes.

Los fertilizantes que contienen nitrógeno (N), fósforo (P) y potasio (K) son conocidos como fertilizantes completos. Muchos fertilizantes completos también contienen nutrientes secundarios y micronutrientes. Los fertilizantes completos vienen de diferentes fórmulas o grados (proporciones de N, P y K), para aplicar en necesidades de fertilización diferentes o para encargarse de los requerimientos nutricionales particulares de una planta determinada. Por lo general, el cuidado del césped no requiere de un grado específico de fertilizante.

En el análisis garantizado de las etiquetas de los fertilizantes encontrarás la lista de nutrientes que contiene el producto. El grado de un fertilizante destaca el análisis garantizado de nitrógeno (N), fósforo disponible (P_2O_5) y potasa soluble (K_2O). Fosfato disponible es el nombre del compuesto utilizado en los fertilizantes para suministrar fósforo (P); y Potasa soluble es el del compuesto utilizado para suministrar potasio (K). El grado del fertilizante aparece en las etiquetas de los productos como tres números, separados por un guión, que representan $N-P_2O_5-K_2O$ (comúnmente escrito como N-P-K). A modo de ejemplo, un fertilizante con grado 16-6-8 contiene: 16% de nitrógeno, 6% de fosfato disponible y 8% neto de potasa soluble.

Nitrógeno

De todos los nutrientes contenidos en los fertilizantes, el nitrógeno es el que tiene mayor influencia sobre el crecimiento y color del césped. El nitrógeno también ayuda al césped a resistir plagas, repararse y mantenerse tupido. Debido a que las plantas utilizan cantidades relativamente grandes de nitrógeno, existen muchos fertilizantes de nitrógeno desarrollados para paisajes y jardines.

Algunos de los tipos de fertilizantes con nitrógeno usados en la fertilización de céspedes son: orgánicos naturales, inorgánicos sintéticos, orgánicos sintéticos y recubiertos o de liberación lenta y progresiva. El nitrógeno estabilizado es un tipo de nitrógeno relativamente nuevo. Ten en cuenta que el césped solo pueden incorporar nitrógeno en forma de nitrato (NO_3^-) o amonio (NH_4^+). Otras formas tienen que ser primero convertidas a amonio o nitrato antes de que el césped pueda utilizarlos.

Los diferentes tipos de nitrógeno varían de acuerdo a la rapidez con que se vuelven disponibles para las plantas, a la cantidad de tiempo que son eficaces y a la facilidad con la que se lixivian por el suelo o se volatilizan a la atmósfera. Conocer las diferencias entre los distintos tipos de nitrógeno puede ayudarte a elegir mejor el fertilizante más apropiado para un tipo de césped, jardín o estación determinada.

Nitrógeno orgánico natural

Las fuentes de nitrógeno orgánico natural poseen una estructura de carbono y proceden de los seres vivos. Algunos ejemplos son la harina de sangre, harina de hueso, estiércol de la vaca y de pollo. También los restos de la siega brindan al césped materiales orgánicos, que luego se descompondrán y convertirán en nutrientes que el césped puede utilizar. Los fertilizantes orgánicos naturales contienen muchos nutrientes, aunque por lo general en concentraciones menores que los sintéticos.

Los fertilizantes orgánicos naturales son una forma de nitrógeno insoluble en agua (WIN). Requieren de la actividad de los microorganismos del suelo para convertir los nutrientes a estados que las plantas puedan usar. El nivel de actividad de éstos es fuertemente influenciado por la temperatura del suelo, su humedad y fertilidad. Estos fertilizantes suelen liberar nutrientes más lentamente que los sintéticos; pueden ser menos eficaces en ciertas situaciones, como en bajas temperaturas de suelo.

Debido a su estructura carbónica, los fertilizantes orgánicos naturales sirven como fuente de alimento para los microorganismos de la tierra que dan fertilidad al suelo. Además, el ritmo de liberación lento de estos productos reduce el riesgo potencial de quemaduras por nitrógeno en el césped. Existen muchas marcas de fertilizantes orgánicos naturales granulados disponibles en el mercado.

Nitrógeno inorgánico sintético

El nitrógeno inorgánico sintético es un producto fabricado y sin estructura de carbono. El nitrato de amonio, nitrato de calcio y nitrato de potasio son algunos ejemplos de nitrógeno de este tipo, cada uno de ellos contiene un porcentaje alto de nitrógeno nítrico. El nitrógeno en forma de nitratos es altamente soluble en agua y se vuelve fácilmente disponible a las raíces de las plantas. Por eso, se lo incluye a menudo en las mezclas de fertilizantes para el césped, para proporcionar una explosión de crecimiento inmediato o un reverdecimiento rápido de la hierba. Es también uno de los tipos que se utilizan para alimentar el césped en otoño y a veces invierno, cuando desciende la temperatura del suelo. El nitrato tiene un período breve de efectividad, por lo general de entre cuatro a seis semanas.

Los fertilizantes son sales y, aplicados en exceso, pueden quemar las raíces de las plantas o hacer que las hojas se vuelvan marrones. Aplicado en tasas superiores a 1 libra por cada 1,000 pies cuadrados, el nitrato puede provocar quemaduras por nitrógeno. El riesgo de quemaduras aumenta en climas calurosos; por lo tanto, estos productos no suelen usarse en el verano. Como el nitrato es soluble, la lluvia o el exceso de riego pueden hacer que se filtre o lixivie. En general, el césped con raíces fibrosas y densas utilizan el nitrógeno de manera eficiente. Para obtener más información, consulta "Uso responsable de fertilizantes" on page 64.

El amonio es otra de las formas de nitrógeno inorgánico sintético. El nitrógeno en forma de amoniaco es soluble en agua y su aplicación excesiva puede quemar el césped. Al igual que el nitrato, no se deben aplicar fertilizantes con amonio en tasas superiores a 1 libra por cada 1,000 pies cuadrados de césped. Las formas de amonio del nitrógeno (incluyendo los fertilizantes basados en amonio, como la urea, descrita a continuación) se volatilizan; se convierten en gas amoníaco y escapan a la atmósfera. Para prevenir esto, al usar fertilizantes con amonio, debes regar la zona inmediatamente después de la aplicación. Las raíces comenzarán a absorberlo una semana después, aproximadamente. El periodo de efectividad del amonio es similar al del nitrato.

El sulfato de amonio (21-0-0) combina amonio con azufre. La presencia de azufre puede reducir el pH del suelo. El nitrato de amonio puede tener un efecto acidificante en el suelo. El tema pH del suelo es tratado en la página page 107.

Nitrógeno orgánico sintético

Las diferentes formas del nitrógeno orgánico sintético pueden ser tanto solubles como insolubles en agua. La urea (46-0-0) es un ejemplo de nitrógeno sintético orgánico hidrosoluble. Tiene algunas de las mismas características que los productos inorgánicos sintéticos, como volverse fácilmente disponible a las plantas, ser efectiva en temperaturas de suelo más frías y durar entre cuatro a seis semanas.

Aplicado en exceso, el nitrógeno ureico puede causar quemaduras al césped. Ten en cuenta que debes regar bien las zonas donde has aplicado urea inmediatamente después de hacerlo. La falta de agua pueden favorecer a la volatilización del producto y el exceso de riego ocasiona que el nitrógeno se filtre por debajo de las raíces, lejos del alcance de éstas. La urea es un producto económico. Este es uno de los motivos para que esté siempre presente en las mezclas con nitrógeno.

Las mezclas con urea (Ureaform o UF 38-0-0) y metil urea (MU, 39-0-0) son formas orgánicas sintéticas de nitrógeno, que se clasifican como insolubles en agua a pesar de que son levemente solubles. Se fabrican sometiendo a la urea a diferentes reacciones químicas. Su solubilidad reducida alienta la liberación de nitrógeno, resultando en períodos de validez más prolongados. Puede continuar liberando nitrógeno durante 10 a 30 semanas, o más. La metil urea puede liberar nitrógeno por 7 a 9 semanas.

La actividad microbiana es el mayor determinante de la liberación de nitrógeno de las fórmulas orgánicas sintéticas insolubles en agua. Esto produce que este tipo de fórmulas sean menos efectivas en temperaturas frías. Los factores que afectan a actividad microbiana, como el pH, la temperatura del suelo y su humedad, influyen indirectamente en la tasa de liberación de nitrógeno.

La diurea isobutil (IBDU, 31-0-0) es otro orgánico sintético. Libera nitrógeno con la humedad, pero lo hace lentamente, porque es mayormente insoluble en agua. La liberación de nitrógeno del IBDU no depende de la actividad microbiana y por este motivo continúa siendo igualmente eficaz a temperaturas relativamente bajas. Por esta razón, a veces se usa IBDU durante las épocas frías del año. La actividad residual del IBDU es de 10 a 16 semanas.

Nitrógeno recubierto

Los productos recubiertos llevan urea, como la urea recubierta con azufre (SCU). El recubrimiento de azufre alrededor de la partícula de urea ralentiza la liberación de nitrógeno. Cuanto más grueso el recubrimiento, más lenta la tasa de liberación. Algunos productos tienen un recubrimiento de azufre desigual, que hace que parte del nitrógeno se libere más rápidamente y otra parte, más lentamente.

La liberación de nitrógeno en los productos SCU depende de la humedad. Algunos productos SCU también requieren de la actividad de microorganismos para liberar su nitrógeno; en consecuencia, la temperatura del suelo afectará la tasa de liberación. Los productos SCU tienen un porcentaje de nitrógeno de 22 a 38 por ciento y una actividad residual de 10 a 15 semanas.

Los fertilizantes con cobertura de polímero (PCF) recubren al fertilizante con una resina semipermeable al agua. Estos productos ofrecen una liberación uniforme y controlada de nitrógeno durante períodos prolongados. Los productos PCF se utilizan a veces en primavera y verano por su capacidad de poner el nitrógeno a disposición de manera gradual y con bajo riesgo de producir quemaduras.

Nitrógeno estabilizado

La tecnología del nitrógeno estabilizado (SNT) es de desarrollo reciente. La efectividad prolongada del nitrógeno estabilizado no es el resultado de coberturas ni polímeros. Por el contrario, los productos con nitrógeno estabilizado "fueron modificados con un aditivo que reduce la tasa de transformación de fertilizantes compuestos, resultando en una extensión del tiempo de disponibilidad en tierra" (AAPFCO, 2006). Los productos de nitrógeno estabilizado minimizan el desperdicio de nitrógeno en el suelo y la atmósfera; y en consecuencia, el nitrógeno permanece disponible para las plantas. Estos productos no dependen ni de las condiciones meteorológicas ni de la actividad microbiana y por eso sirven en una amplia variedad de climas. Otra de las ventajas de estos productos, a diferencia de los productos recubiertos, es que la siega no les hace daño.

Fósforo

El segundo número de las etiquetas de fertilizantes completos se refiere al porcentaje de fosfatos disponibles (P_2O_5) que se utilizan en fertilización como suministro de fósforo (P). El fósforo cumple muchas funciones en el desarrollo de una planta. En particular, es necesario para el desarrollo de raíces y esencial para las plantas durante su período de establecimiento.

Las deficiencias de fósforo no son habituales, no obstante, pueden detectarse con una prueba al suelo, que de todas formas debe realizarse en cualquier superficie de césped cada algunos años. Varios profesionales locales, especialistas en jardinería o suelos, podrán decirte si la mayoría de los jardines de la zona tienen niveles adecuados de fósforo. A veces, un pH excesivamente alto (alcalino) o bajo (ácido) en el suelo inhibe el fósforo disponible, en cuyo caso se debería corregir el pH, de ser posible. El pH del suelo y de las pruebas de suelo se explican en la página page 107.

Si el suelo tiene una deficiencia de fósforo, debe ser fertilizado con fosfato previo a la siembra. El fósforo tiende a permanecer en la parte superior de la superficie del suelo, en las primeras 2 a 3 pulgadas, volviéndose inaccesible a las raíces más profundas. Sin embargo, por lo general se aplica un porcentaje alto de fósforo a la superficie del suelo cuando se realiza una nueva siembra de semillas de césped. Elige productos con porcentajes bajos de fósforo, o sin este elemento (p. ej., 16-0-8), en jardines que no presenten deficiencias. Aplicar fertilizantes con mucha cantidad de fósforo en áreas de césped que no lo necesita, puede favorecer la germinación de malezas, Bluegrass anual y otras hierbas.

El fósforo inorgánico utilizado en fertilizantes no se filtra fácilmente a través del suelo como lo hace elnitrógeno; sin embargo, la filtración de este elemento puede llegar a los cursos fluviales de la zona, promoviendo la formación excesiva de algas. Consulta "Uso responsable de fertilizantes" on page 64.

Minnesota, por ejemplo, tiene una ley que prohíbe el uso de fertilizantes para césped con fósforo en jardines ya establecidos, con algunas excepciones. Infórmate acerca de las regulaciones locales para conocer las leyes que rigen el uso de fertilizantes con fósforo de tu zona. Algunos fertilizantes fosfatados comunes son: el superfosfato (0-20-0), el superfosfato concentrado (o superfosfato triple 0-40-0), el fosfato de amonio (16-20-0) y el fosfato diamónico (18-46-0). Las fórmulas con amonio son altamente solubles en agua y son también una fuente de nitrógeno.

Potasio

El tercer número de las etiquetas de los fertilizantes completos corresponde al porcentaje de potasa soluble (K_2O), utilizado en la fabricación de fertilizantes para suministrar potasio (K). Se dice que el potasio tiene influencia sobre la tolerancia del césped a la sequía y su resistencia a la enfermedad (Landschoot, 2003). También se lo relaciona con la durabilidad del césped y su tolerancia al estrés. El Potasio es el segundo elemento, en cantidad, que el césped necesita para su crecimiento, siendo el nitrógeno el primero.

Una prueba de suelo de laboratorio revelará si existen signos de deficiencia de potasio, e incluirá recomendaciones para su fertilización. Tanto el fósforo como el potasio se desplazan poco a través del suelo, por lo tanto, los resultados obtenidos de las pruebas del suelo serán válidos durante varios años (Rosen, Horgan y Mugaas, 2006).

En los suelos arenosos, el potasio tiende a filtrarse más rápidamente que en otros tipos de suelo. La alta permeabilidad de los suelos arenosos se puede contrarrestar mediante aplicaciones más frecuentes de fertilizante. Los restos de la siega son un fuente de potasio valiosa. Los jardines en los que se embolsen los restos de la siega requerirán de mayores suplementos de potasio que aquellos en donde se utilice la técnica de mulching.

Algunos de los fertilizantes con potasio más comunes son: el cloruro de potasio (muriato de potasa 0-0-0) y el sulfato de potasio (sulfato de potasa 0-0-50). Algunas fuentes de potasio natural utilizadas como fertilizantes son las algas y la arenisca verde (greensand). Los fertilizantes para césped etiquetados como "winterizers" (para invierno) contienen un porcentaje relativamente alto de potasa soluble. Se aplican a veces en el otoño para ayudar al césped durante el invierno.

Selección del fertilizante

Los datos que tienes que tener en cuenta al seleccionar un fertilizante para césped incluyen: los resultados de una prueba del suelo, la variedad de césped, el tipo de suelo, la época del año, la frecuencia con que ha sido fertilizado y los costos. Lo ideal es realizar una prueba al suelo de las áreas con césped y plantas ornamentales de una propiedad previo a la fertilización. La prueba de suelo es la forma más precisa de determinar las necesidades de fósforo y potasio de un jardín. Los resultados de la prueba para estos nutrientes seguirán siendo relativamente exactos durante varios años. No se deberá realizar ninguna prueba posterior hasta tres o cuatro años después de realizada la primera. Consulta "Pruebas de suelo" on page 111 para obtener más información.

A menos que la prueba de suelo indique que hay una deficiencia, utiliza un fertilizante para césped que contenga un porcentaje bajo de fósforo. Si los resultados de la prueba indican que los niveles de potasio y fósforo están elevados, utiliza un producto que no contenga estos elementos (Taylor, Rosen y White, 1990). No utilices fertilizantes de césped que contengan fósforo en zonas donde que prohíban su uso.

La mayoría de los fertilizantes de césped completos contienen una mezcla de fuentes de nitrógeno, algunas de liberación rápida y otras de liberación prolongada. El análisis de la composición química del producto indica las cantidades de nitrógeno de cada tipo que contiene la fórmula. Por ejemplo, en un fertilizante completo 25-6-3, el 25 por ciento de ese nitrógeno indicado puede estar compuesto por 18 por ciento de urea, 6 por ciento de amonio y un 1 por ciento de nitrato. Tenga en cuenta que cuanto más nitrato, amonio y urea no recubierta contenga el fertilizante, más cuidado deberás tener cuidado para evitar quemaduras en el césped.

Los productos que contienen cantidades moderada a altas de nitrógeno de liberación lenta, entregan nutrientes durante varios meses y reducen el riesgo de quemaduras de nitrógeno. Por este motivo, los productos de liberación lenta son una buena elección para fertilizar durante la primavera y el verano. Para fertilizar césped en suelos arenosos, es importante utilizar un fertilizante que contenga 30 a 50 por ciento de nitrógeno de liberación lenta para reducir el riesgo de que el nutriente se lixivie. Un producto contiene un 50 por ciento de nitrógeno de liberación lenta si la mitad de su nitrógeno está compuesto por agentes de liberación lenta. En las etiquetas de los fertilizantes, los agentes de liberación lenta pueden aparecer listados como orgánicos naturales, insolubles en agua (WIN), o urea recubierta.

Los productos que contienen pocos o ningún agente de liberación lenta de nitrógeno son relativamente baratos y pueden usarse sin correr riesgos significativos (en tipos de suelo no arenosos), siempre y cuando no apliques una cantidad de nitrógeno mayor a la máxima permitida, tal como se describe más adelante. Las aplicaciones a finales del otoño generalmente necesitan productos con menor porcentaje de nitrógeno de liberación lenta. Consulta "Finales del otoño" on page 60, para obtener más información.

Los fertilizantes comercializados como "winterizers" (de invierno) contienen niveles relativamente altos de potasio (p. ej., 22-4-22). Están diseñados para ser aplicados en otoño, para ayudar al césped a pasar bien el invierno. Ten en cuenta que la cantidad de micronutrientes que absorbe el suelo está influenciada por el pH. Para obtener más información, consulta "El pH del suelo" on page 107.

Planes de fertilización para el césped

La elección del fertilizante es solo uno de los pasos en el desarrollo de un plan de fertilización para el césped. Debes determinar la duración y frecuencia de la fertilización, así como la cantidad de fertilizante que utilizarás en cada aplicación. A continuación, encontrarás lineamientos generales para céspedes de clima frío y de clima cálido. Comenzamos por observar la importancia del nitrógeno dentro de un plan de fertilización para el césped.

Fertilización con nitrógeno

Los planes de fertilización del césped, por lo general se concentran principalmente en la aplicación de nitrógeno Esto es porque el nitrógeno es el elemento que tiene el mayor efecto sobre el crecimiento y el color del césped y además, porque aplicado en exceso, es con el que se tienen mayores riesgos de dañar. El objetivo de fertilizar con nitrógeno es aplicar la suficiente cantidad del nutriente como para mejorar la salud y apariencia del césped, pero no tanta como para producirle problemas debido al exceso de este elemento. Los problemas del exceso de nitrógeno son: crecimiento excesivo de la parte superior, inhibición del crecimiento de las raíces, agotamiento de las reservas de carbohidratos, susceptibilidad a contraer enfermedades, mayor crecimiento de paja, y quemaduras de nitrógeno.

Libras de nitrógeno/Cantidad real de nitrógeno

Cuando los expertos recomiendan agregar tal y tal cantidad de nitrógeno al césped, se suelen expresar en términos de libras de nitrógeno (también llamadas libras de nitrógeno real) por cada 1,000 pies cuadrados. Esto permite a los jardineros aplicar la cantidad de nitrógeno adecuada, independientemente del análisis de nitrógeno del fertilizante. Por ejemplo, con solo unos cálculos sencillos, una administrador de jardines puede determinar la cantidad de fertilizante que tiene que usar para aplicar 1 libra de nitrógeno con un fertilizante 16-6-8, uno 22-4-22, 46-0-0, o cualquier otro grado de fertilizante.

Los cálculos para la fertilización se encuentran en la página page 62. El cálculo siguiente es a modo de ilustración del término libras de nitrógeno: Para determinar cuántas libras de nitrógeno (la cantidad real, o neta) contienen las bolsas de fertilizante, divide el peso de la bolsa por el porcentaje de nitrógeno indicado en el análisis. Por ejemplo, una bolsa de 100 libras de fertilizante tipo 26-0-3 contiene 26 libras de nitrógeno real (100 lbs. x 0.26 = 26). Una bolsa de 50 libras de fertilizante tipo 26-0-3 contiene 13 libras de nitrógeno real (50 kg x 0.26 = 13).

Cantidades máximas de nitrógeno

Como regla general, en cada fertilización no apliques más de 1 libra de nitrógeno por cada 1,000 pies cuadrados de césped. Las tasas superiores ponen al césped en mayor riesgo de quemarse por exceso de nitrógeno. Los productos con nitrógeno de liberación lenta permiten aplicar 1 1/2 libra por cada 1,000 pies cuadrados sin ningún riesgo, pero igualmente, es recomendable no excederse de la libra.

Los fertilizantes son sales y, como tales, absorben el agua del suelo circundante. Aplicados en exceso, pueden dañar las raíces de las plantas, o dificultarles la extracción de agua del suelo. Esto puede deshidratar y, posiblemente, matarlas. El nitrógeno aplicado en la proporción correcta presenta poco riesgo de quemar el césped. Ten en cuenta que la mayoría de los árboles y arbustos ornamentales toleran cantidades más altas de nitrógeno que el césped. Esto tiene sus consecuencias para la fertilización de árboles y arbustos que crecen en césped. Consulta "Métodos de aplicación de fertilizantes" on page 92 para obtener más información.

Fertilización de céspedes de clima frío

Las variedades de césped de clima frío producen su mayor crecimiento de brotes y raíces en primavera y otoño. Las altas temperaturas del verano estresan a los céspedes de frío y hacen que entren en período de crecimiento latente, o de crecimiento lento; por lo tanto, generalmente no se fertiliza a estos céspedes en medio del verano.

Este tema presenta un plan de fertilización general para céspedes de clima frío. Estas instrucciones deberán ser ajustadas en función de las características particulares del lugar, como el tipo de pasto, nivel de mantenimiento, duración de la temporada de crecimiento, tipo de suelo, uso y prácticas culturales, como la limpieza de restos. La nota ubicada al final del plan contiene recomendaciones específicas para el Estado de California.

Primavera. La fertilización de primavera de los céspedes de clima frío requiere menos nitrógeno que la de otoño. En la primavera, los céspedes de clima frío crecen rápidamente. Aplicar un porcentaje alto de nitrógeno en este momento tiene, la mayoría de las veces, un efecto positivo en el aspecto del césped; pero a un precio demasiado alto para la salud general del mismo. Además, promueve un crecimiento excesivo de la parte superior, agotando sus reservas de energía.

Cuando las reservas de energía del césped están bajas, la hierba se vuelve más susceptible al calor y al estrés hídrico. Con el crecimiento excesivo de suculentas, el césped se vuelve más susceptible a las enfermedades. Por estas razones, algunos especialistas en césped directamente recomiendan no aplicar nitrógeno en la primavera, aunque la mayoría los jardineros profesionales aplican cantidades pequeñas del nutriente en esta época.

El objetivo de la fertilización de primavera de los céspedes de clima frío es proporcionar el nitrógeno suficiente como para evitar que el césped se vuelva clorótico (Christians, 2004). Se llama clorosis al amarillamiento de las hojas. Esta condición está asociada a la disminución de la fotosíntesis y de la producción de reservas de energía (carbohidratos). Aplicaciones de 1/2 a 3/4 libra de nitrógeno por cada 1,000 pies cuadrados es generalmente suficiente para evitar la clorosis. Utilizar tasas más elevadas aumentan el riesgo de promover el crecimiento superior de suculentas y agotar las reservas de energía. Algunos casos especiales pueden requerir tasas más altas o más bajas. El total de aplicaciones de nitrógeno durante la primavera y el principio del verano no debe exceder la 1 1/2 libra por cada 1,000 pies cuadrados, a no ser que circunstancias especiales justifiquen la aplicación de una tasa mayor (Christians, 2004).

Fines del verano/otoño. La fertilización del final del verano es la más importante para los céspedes de clima frío, porque lo ayuda a recuperarse de la sequía y de las lesiones relacionadas con el calor permanente de los meses de verano (Landschoot, 2003). El nitrógeno que se aplica en esta época (desde fines de agosto y durante septiembre) estimulará el crecimiento de los brotes, pero no excesivamente como lo haría una aplicación de primavera. Por este motivo, al final del verano y durante el otoño, se pueden utilizar tasas más elevadas (hasta 1 lb. N por cada 1,000 pies cuadrados por aplicación).

A fines del verano, las plantas comienzan a llenar sus reservas de energía para el invierno. Los carbohidratos que se almacenan en este momento también servirán para crecimiento de primavera. Ten en cuenta que la apariencia de muchas variedades de césped de clima frío se deteriora durante el invierno. Gracias a la fertilización de otoño, los jardines de césped de clima frío de zonas con inviernos templados se verán mejor durante el otoño y el invierno; y podrán acumular más reservas de energía para utilizar en la primavera, durante la etapa de crecimiento.

Finales del otoño. La fertilización de finales de otoño, que se hace una vez que el césped ha dejado de crecer, lo ayuda a producir y almacenar energía que será utilizada recién en la primavera siguiente. En algunos casos, la fertilización de finales de otoño es un buen sustituto a la de comienzos de la primavera, porque evita el riesgo de excederse en las aplicaciones de nitrógeno. Se pueden usar hasta 1 1/2 libras de nitrógeno por cada 1,000 pies cuadrados (Christians, 2004).

La fertilización de finales del otoño es opcional. Cuando se elige realizarla, se aplica por lo general en noviembre, aunque en algunas regiones puede hacerse antes. Cuando el suelo está congelado, evita fertilizar bien entrado el otoño. La mayoría del nitrógeno aplicado en esta época debe provenir de fuentes de acción rápida (solubles); y aproximadamente hasta un 25 por ciento puede ser de liberación lenta (Rieke, 1998).

California. De acuerdo con Ali Harivandi, especialista en césped de la Extensión Cooperativa de la Universidad de California, la información anterior acerca de la fertilización de céspedes en las estaciones frías no se aplica a todas las regiones de California. Este especialista recomienda fertilizar los céspedes durante las épocas frías en California, con aproximadamente 2 libras de nitrógeno en la primavera y 2 libras en el otoño; es decir, 1 libra de nitrógeno por cada 1,000 pies cuadrados, aproximadamente, el 1 de marzo, el 15 de abril, el 15 de septiembre y el 15 de octubre. No se aplica nitrógeno en verano o invierno. El nitrógeno adicional que se aplique durante el otoño se lavará con la lluvia y puede producir contaminación (Harivandi, 2011).

Invierno. En el caso del césped de clima frío sembrado en zonas con inviernos templados y que necesitan un alto mantenimiento, la fertilización puede hacerse en enero con un fertilizante que contenga de 6 a 8 por ciento de nitrógeno nítrico. Esto ayudará a que el césped mantenga el color durante el invierno y favorecerá el reverdecimiento temprano al llegar la primavera. El nitrato es un elemento soluble y los céspedes de clima frío pueden absorberlo incluso con bajas temperaturas de suelo. No utilices fertilizantes cuando estén pronosticadas lluvias abundantes. La fertilización de invierno es una práctica opcional.

Fertilización de céspedes de clima cálido

Las variedades de césped de clima cálido se activan hacia el final de la primavera y crecen durante el verano. En el otoño, cuando las temperaturas bajan por el resto del año, este tipo de céspedes entran en estado latente. Algunas variedades se ponen marrones durante este período y reverdecen con la llegada de la primavera.

El objetivo principal de un plan de fertilización de céspedes de clima cálido es apoyar a la hierba durante su temporada de crecimiento. La fertilización debe iniciarse hacia finales de la primavera, cuando la hierba comienza a crecer. Ten en cuenta que fertilizar demasiado temprano en la primavera puede fomentar la germinación de las semillas de maleza. Durante la temporada de crecimiento, deben hacerse aplicaciones posteriores, a intervalos determinados por el clima, el tipo de céspedes, el nivel de mantenimiento y el porcentaje de nitrógeno de liberación lenta del producto.

Consulta la tabla 2 para obtener las cantidades recomendadas de nitrógeno para los tipos comunes de césped. En general, los jardines con césped de clima cálido, y que requieren de un alto mantenimiento, pueden fertilizarse con 1/2 a 1 libra de nitrógeno por cada 1,000 pies cuadrados, por mes durante toda la temporada de crecimiento. Los jardines donde el mantenimiento es moderado a bajo, se fertilizan dos a tres veces al año, generalmente a principios y finales del verano. El calor intenso puede estresar a los céspedes de clima cálido, especialmente si no reciben suficiente agua. Por este motivo, la fertilización suele evitarse durante las temperaturas más altas del año. El césped de clima cálido debe fertilizarse a más tardar un mes antes de entrar en estado latente.

Requisitos anuales de nitrógeno según el tipo de césped

La tabla 2 muestra los requisitos anuales de nitrógeno de los tipos comunes de césped. Debes es-

Tabla 2. Requisitos anuales de nitrógeno según el tipo de césped*

Requisitos de nitrógeno para césped de clima frío

Bentgrass: 2–6 libras cada 1,000 pies^2/año.
Festuca fina: 2 Libras cada 1,000 pies^2/año.
Kentucky Bluegrass: 2 Libras cada 1,000 pies^2/año.
Raigrás: 2 Libras cada 1,000 pies^2/año.
Festuca alta: 2 Libras cada 1,000 pies^2/año.

Requisitos de nitrógeno para césped de clima frío

Bahía: 1–4 libras cada 1,000 pies^2/año.
Bermuda, común: 2–6 libras cada 1,000 pies^2/año.
Bermudas, híbrido: 4–6 libras cada 1,000 pies^2/año.
Búfalo: 0.5–2 libras cada 1,000 pies^2/año.
Centipede: 1–2 libras cada 1,000 pies^2/año.
San Agustín: 3–5 libras cada 1,000 pies^2/año.
Zoysia: 2–3 libras cada 1,000 pies^2/año.

*Los agentes locales de servicios de extensión y los viveros certificados tendrán información regional más específica.

coger la cantidad anual de nitrógeno que aplicarás, dentro del rango recomendado y basándote en el nivel de mantenimiento del jardín y otros factores. Para ilustrar el punto: El Kentucky Bluegrass tiene un requisito anual de nitrógeno de 2 a 6 libras por cada 1,000 pies cuadrados; por lo tanto, necesita varias aplicaciones (de 1/2 a 1 libra de N/1,000 pies cuadrados) en momentos determinados y a lo largo de todo el año. El requisito anual de nitrógeno del césped Centipidegrass es de 1 a 2 libras por cada 1,000 pies cuadrados. Un jardín de bajo mantenimiento con césped Centipedegrass puede requerir de solo una fertilización al año. Observa que, usualmente, con la tasa anual mínima de nitrógeno, se obtiene un calidad aceptable de césped.

Factores que influyen sobre las necesidades de nitrógeno

A continuación, algunos de los factores a tener en cuenta a la hora de elegir la cantidad anual de nitrógeno para el césped.

Duración de la temporada de crecimiento. En las regiones con veranos son largos e inviernos templados, piensa en utilizar una cantidad de nitrógeno cercana al límite superior del rango aceptable. Si la temporada de crecimiento es corta y los inviernos fríos, es mejor utilizar una cantidad de nitrógeno cercana al límite inferior del rango (Walheim, 1998). En regiones con temporadas de crecimiento largas, usar una tasa anual mayor que la recomendada en la tabla 2, puede ser aceptable.

Nivel de mantenimiento. En jardines de alto mantenimiento, utiliza una cantidad de nitrógeno cercana al límite superior; y fertiliza los de bajo mantenimiento con cantidades más cercanas al límite inferior del rango. Por lo general, el césped permanece sano y con buena apariencia con solo 1 a 2 libras de nitrógeno por cada 1,000 pies cuadrados, por año.

Mulching. Los recortes de la siega que se depositan nuevamente sobre el suelo, pueden ser suficientes para satisfacer aproximadamente el 20 por ciento de las necesidades de nitrógeno del césped, o más. Cuando los restos de la siega se tiran en vez de volver a depositarse, el césped necesita de una cantidad mayor de nitrógeno suplementario.

Condiciones del suelo. Los suelos poco fértiles requieren de suplementos nutricionales mayores que los suelos fértiles. Con suelos ricos en nutrientes provenientes de materia orgánica suministran a las plantas con nitrógeno de manera natural. Consulta "Materia orgánica" on page 102 para obtener más información.

Grado de utilización del césped. El nitrógeno ayuda a mantener y restablecer la salud y densidad de los céspedes que reciben circulación peatonal intensa.

Sombra. El césped que crece a la sombra necesita menos nitrógeno que el que crece a pleno sol. Fertiliza los céspedes que estén en estas condiciones con cantidades ubicadas en el límite inferior del rango recomendado.

Calculando la cantidad de fertilizante

Una vez que hayas elegido un plan de fertilización, y hayas decidido cuántas libras de nitrógeno cada 1,000 pies cuadrados aplicarás en esta oportunidad, el siguiente paso es calcular la cantidad de fertilizante que utilizarás. El cálculo se divide en tres pasos:

Paso 1: Calcula la cantidad de pies cuadrados del jardín que quieres fertilizar, siguiendo la explicación del próximo tema: Calculando la superficie de un jardín o área de césped,

Paso 2: Establece la cantidad, en libras, de fertilizante necesarias para aplicar la cantidad de nitrógeno deseada por cada 1,000 pies cuadrados (la tasa de nitrógeno no debería exceder la libra por cada 1,000 pies cuadrados). Esto se calcula de la siguiente manera:

> *Divide la cantidad de libras de nitrógeno que deseas aplicar por cada 1,000 pies cuadrados por el porcentaje de nitrógeno del producto.*

Por ejemplo, para aplicar 1 libra de nitrógeno por cada 1,000 pies cuadrados utilizando un fertilizante 16-6-8, el cálculo es el siguiente: Divide 1 por 16% (1 ÷ 0.16 = 6.25). Se necesitan 6.25 libras de fertilizante 16-6-8 para aplicar 1 libra de nitrógeno a 1,000 pies cuadrados de césped. Otro ejemplo: Para determinar la cantidad de libras de fertilizante 16-6-8 que necesitas para aplicar 1/2 libra de nitrógeno por cada 1,000 pies cuadrados, divide 0.5 por 16% (0.5 ÷ 0.16 = 3.125 libras de fertilizante 16-6-8).

Paso 3: Determina la cantidad de fertilizante necesario para todo el jardín, de la siguiente manera:

Divide la superficie en pies cuadrados del jardín por 1,000 y luego multiplica el resultado por la cantidad de fertilizante necesario para 1,000 pies cuadrados (calculada en el paso 2).

Por ejemplo, si un jardín tiene 2,500 pies cuadrados, el cálculo es el siguiente: 2,500 ÷ 1,000 = 2.5; 2.5 x 6.25 libras (por el ejemplo del paso 2) = 15.63. Se necesitan aproximadamente 15 1/2 libras de fertilizante 16-6-8 para aplicar 1 libra de nitrógeno cada 1,000 pies cuadrados a un jardín de 2,500 pies cuadrados.

Calculando la superficie de un área de césped

Para aplicar la cantidad correcta de fertilizante, necesitas saber cuál es la superficie en pies cuadrados de la superficie a fertilizar. Determinar los pies cuadrados de un jardín o paisaje implica tomar medidas y utilizar algunas fórmulas simples, que se incluyen a continuación. Ten en cuenta que, a veces, las zonas irregulares de un jardín pueden ser divididas en formas más simples.

La siguiente es una técnica de medición simple, pero inexacta: comienza midiendo la distancia entre la marca dejada por la parte trasera de tu talón y la de los dedos de tus pies en un paso natural. Luego, camina alrededor de la superficie que deseas fertilizar y cuenta tus pasos. Utiliza la fórmula adecuada para calcular los pies cuadrados del área. Por ejemplo, si marcha es de 2 1/2 pies y el jardín mide 10 pasos por 20 pasos, la superficie se calcula de la siguiente manera: (10 pasos x 2.5 pies) x (20 pasos x 2.5 pies) = 1,250 pies cuadrados.

La cinta métrica es la herramienta que proporciona la medición más precisa. Necesitarás una cinta de al menos 100 pies. En general, de cinta de medición de fibra de vidrio es duradera y no da problemas. Las ruedas de medición (o rueda de topógrafo) son más caras y menos precisas que las cintas, aunque son es apropiada para medir ciertas zonas de jardín. El tamaño de la rueda debería ser de por lo menos 10 pulgadas; y preferentemente de 14 o 16. Las ruedas más grandes se utilizan para campos de deporte y propiedades comerciales. A continuación encontrarás algunas fórmulas de área.

Cuadrados y rectángulos: Superficie = L (largo) x A (ancho)

Círculo: Superficie = 3.14 x r2 (radio al cuadrado, o r x r)
El radio de un círculo es la distancia desde el centro del mismo hasta su circunferencia. El radio es la mitad del diámetro.

Óvalo: Superficie = (L x A) x 0.8
Es decir, superficie = (largo x ancho) x 0.8

Triángulo: Superficie = (B x A) ÷ 2
Es decir, superficie = base x altura ÷ 2. En los triángulos agudos, el lado más largo es la base y el ancho el punto más alto.

Formas irregulares: Para determinar la superficie de un jardín de forma irregular (ver diagrama), comienza midiendo la línea de longitud, que es la distancia entre los puntos A y B. Divide esa línea en secciones iguales, como muestran los puntos C a H y mide el largo de estas líneas de compensación. Utiliza tantas líneas de compensación como con-

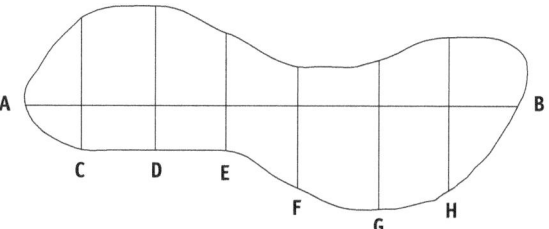

sideres necesarias. Fíjate de mantener el mismo intervalo entre líneas (por ejemplo, 10 pies). La fórmula es la siguiente:

Superficie = (C + D + E + F + G + H) x la distancia entre las líneas de compensación.

Ejemplo: C= 15 pies, D= 18 pies, E= 14 pies, F= 15pies, G= 19 pies, H= 22 pies.
Distancia entre las líneas= 10 pies.
Superficie = (15 + 18 + 14 + 15 + 19 + 22) x 10 = 1,030 pies cuadrados.

Hectáreas: Para calcular la cantidad de fertilizante necesaria para un acre, multiplica la cantidad necesaria para 1,000 pies cuadrados por 43.6 (un acre tiene 43,560 pies cuadrados). Por ejemplo, si sabes que necesitas 6.25 libras de fertilizante 16-6-8 para aplicar 1 libra de nitrógeno a 1,000 pies cuadrados, cantidad de fertilizante 16-6-8 que necesitas para un acre se calcula de la siguiente manera: 6.25 X 43.6 = 272.50 libras por acre.

Aplicación de fertilizantes

Los fertilizantes pueden aplicarse con esparcidores de fertilizante de goteo (también llamados esparcidores por gravedad) o de difusión (también conocidos como esparcidores giratorios). Los esparcidores de goteo dejan caer el fertilizante directamente debajo de donde pasa. Liberan el fertilizante lentamente y requieren de un uso cuidadoso para evitar una aplicación desigual de producto. Los esparcidores de difusión tienen un rango de cobertura más amplio, distribuyendo el fertilizante más rápidamente en superficies grandes. También es más fácil calcular la superposición entre pasadas, reduciendo las posibilidades de realizar una cobertura desigual. Con las esparcidoras giratorias, debes tener cuidado de no arrojar fertilizante o semillas sobre macizos de flores u otras áreas que no son de césped.

Las esparcidoras de difusión manuales son útiles para superficies de césped pequeñas y medianas. Las esparcidoras de difusión tipo carretilla (carros esparcidores) tienen grandes tolvas, con capacidad para al menos 30 libras de fertilizante. También pueden utilizarse para aplicar acondicionadores de suelo o pesticidas en grano. Las etiquetas de los fertilizantes indican qué modelo de esparcidor utilizar y su configuración recomendada. Si tu esparcidor no está en la lista y no sabes qué modelo es comparable con el tuyo, llama al fabricante del fertilizante y pídele que te asesore.

Los carros esparcidores necesitan calibrarse anualmente para garantizar la precisión de su tasa de aplicación. Sigue las instrucciones de calibración indicadas para tu modelo. Aunque no es lo ideal, puedes fertilizar con un esparcidor de difusión no calibrado, de la siguiente manera: llena la tolva con la cantidad de producto necesaria para cubrir la zona, configúralo en el ajuste más bajo y recorre la superficie hasta haber aplicado todo el producto. Para lograr una cobertura uniforme, siempre aplica el fertilizante en dos direcciones: haz una pasada completa por todo el césped y luego otra pasada completa a 90 grados respecto de la primera.

Los derrames de fertilizante pueden quemar el césped con nitrógeno y hacer que el crecimiento y el color seas desiguales. Aun así, algunos expertos recomiendan lavar y recargar los esparcidores sobre el césped, porque hacerlo reduce el riesgo de que el fertilizante termine en los drenajes de tormenta. Otros expertos recomiendan rellenar los esparcidores sobre superficies pavimentadas para poder limpiar cualquier derrame fácilmente. Pero nunca los laves sobre estas superficies.

Comienza fertilizando el borde exterior de la superficie de césped. Fertiliza el resto haciendo pasadas, ida y vuelta, girando el esparcidor con un ángulo cerrado al llegar al final de cada pasada. Al terminar barre o sopla hacia el césped los restos de fertilizante que hayan caído sobre caminos o entradas. Si lavas los restos de fertilizante del esparcidor con una manguera, hazlo sobre el césped.

Uso responsable de fertilizantes

El uso responsable de fertilizantes empieza por entender los efectos potenciales que pueden tener sobre el medio ambiente. Algunos de los nutrientes de los fertilizantes se pueden filtrar a través del suelo hacia las corrientes de agua subterráneas, o escurrirse a los drenajes de tormenta y desembocar en arroyos y lagos. Esta es una forma de contaminación llamada Contaminación por una fuente no puntual (o NPS en inglés). Bajo ciertas condiciones, algunos de los elementos nutritivos de los fertilizantes completos, en particular el nitrógeno y el fósforo, pueden contribuir a lo que se denomina como eutrofización.

Según la Encuesta Geológica de EE.UU. y la eutrofización es "un proceso mediante el cual las masas de agua, como lagos, estuarios o arroyos de flujo lento, reciben un exceso de nutrientes que estimula un crecimiento excesivo de plantas (algas, algas perífcticas y plantas o malezas maliciosas)". Este crecimiento reduce los niveles de oxígeno del agua, que puede matar a los peces y otras formas de vida acuática.

Cuando el césped está saludable, utiliza el nitrógeno eficientemente. Sin embargo, el exceso de lluvia o riego puede hacer que el nitrógeno soluble se escurra por el suelo hacia la capa freática, o tabla de agua. Para ayudar a evitar esto, riega bien después de cada fertilización, no fertilices previo a una tormenta y no apliques fertilizante a suelos congelados. Los suelos arenosos son especialmente propensos a la lixiviación. Para fertilizar césped que crece sobre suelo arenoso, haz aplicaciones más pequeñas y frecuentes; además de usar productos que contengan 30 a 50 por ciento de nitrógeno de liberación lenta.

La recomendación general para los fertilizantes con fósforo (fosfatos), es aplicarlos únicamente cuando los resultados de la prueba de suelo indican que éste es deficiente. Muchos fertilizantes para césped contienen un porcentaje bajo de fósforo. En general, el fósforo de los fertilizantes se une rápidamente a las partículas del suelo y no se lixivia Para reducir el riesgo de que el nutriente se lave, coloca los gránulos sobre el suelo suavemente y evita regar excesivamente la superficie después de la aplicación. Usar fertilizantes responsablemente también incluye seguir las prácticas siguientes:

- Realiza una prueba de suelo al césped y otras áreas ornamentales, cada 3 o 4 años.

- Utiliza fertilizantes de liberación controlada o lenta para minimizar el riesgo de lixiviación del nitrógeno.

- Sigue las instrucciones y precauciones detalladas en la etiqueta del fertilizante.

- Para evitar quemar el césped, rellena los esparcidores de fertilizante sobre el césped y limpia los derrames de producto inmediatamente. Otra opción es llenar los esparcidores sobre superficies pavimentadas, donde los derrames pueden ser barridos.

- Después de fertilizar, barre o sopla los restos de los gránulos de fertilizante fuera de las superficies pavimentadas y de regreso al césped.

- Ten cuidado al aplicar fertilizantes cerca de fuentes de agua, como ríos, arroyos y lagos. Algunos expertos recomiendan no fertilizar dentro de los 10 pies de distancia de una fuente de agua natural.

- No fertilices cuando las zonas pavimentadas que rodean la superficie de fertilización estén húmedas.

- Después de la fertilización, riega el césped con $1/4$ a $1/2$ pulgada de agua. Evita regar en exceso después de fertilizar y no fertilices cuando se esperen tormentas.

Eliminación de residuos de los desagües de la calle

Los restos de plantas, como las hojas y los recortes de pasto, contienen fósforo soluble, que puede contaminar las corrientes de agua locales. Para prevenir el filtrado de fósforo, debes retirar los restos de pasto u otra suciedad que hayan quedado frente a los desagües de la calle, al final de cada visita de mantenimiento. Nunca barras restos de hierba cortada ni otros desechos a los drenajes de tormenta.

Últimas instrucciones de fertilización

- Riega el césped unos días antes de fertilizar. Al aplicar el fertilizante, el suelo debería estar húmedo, pero las hojas de pasto, secas. Riega inmediatamente después de fertilizar. Al hacerlo, el fertilizante comenzará a disolverse y entregar el nutriente a las raíces. También minimizará el riesgo de quemadura foliar, que puede ocurrir si el nitrógeno soluble permanece en contacto con las hojas de pasto demasiado tiempo. Un cuarto de pulgada de agua es suficiente. Configura el controlador de riego para que realice un ciclo del programa de riego asignado a ese césped.

- Los restos del mulching pueden reducir el requisito anual de nitrógeno del césped, aproximadamente 1 a 2 libras por cada 1,000 pies cuadrados. Esto equivale a un 20 por ciento de ahorro, o más.

- Aplica el fertilizante uniformemente para reducir el riesgo de que el césped crezca o se enverdezca de manera desigual. Haz dos pasadas completas, una a 90 grados de la otra. Algunos fertilizantes incluyen en sus etiquetas una configuración para dos pasadas con el esparcidor.

- Ten cuidado al aplicar fertilizantes que contengan hierro. El hierro mancha las superficies de concreto húmedas. No fertilices cuando las entradas, pasillos o caminos estén húmedos y barre o sopla al césped los gránulos de fertilizante que se hayan caído. Ten especial cuidado alrededor de piscinas ya que se pueden manchar mucho y limpiarlas es muy costoso.

- Los productos "weed-and-feed" contienen una mezcla de fertilizantes y herbicida para hojas anchas. Están diseñados para fertilizar el césped y matar malezas al mismo tiempo. Algunos de estos productos combinados pueden dañar al césped de San Agustín. También pueden dañar a los brotes nuevos plántulas y a determinadas especies de árboles de raíces poco profundas (por ejemplo, el abedul y la magnolia), que suelen crecer sobre o cerca del césped. Las etiquetas de los productos "weed-and-feed" incluyen una lista de las plantas con las que no se recomienda utilizarlos. Ten en cuenta que este tipo de productos combinados están diseñados para ser aplicados con esparcidores de difusión y que, por lo general, eliminan la necesidad de aplicar también un herbicida. Para aplicar productos "weed-and-feed" de manera profesional, debes tener una licencia de técnico de control de plagas; consulta la página page 76 para obtener más información.

- La raíces de los árboles, arbustos y el césped a menudo se superponen. El fertilizante que apliques al césped también será absorbido por los árboles y arbustos cercanos. Muchas de las plantas establecidas que crecen sobre el césped reciben todos los nutrientes que necesitan de las aplicaciones del plan de fertilización para el césped. Si alguna de estas plantas requiere más de 1 libra de nitrógeno por cada 1,000 pies cuadrados, haz aplicaciones separadas, o utiliza una perforadora para colocar el fertilizante en agujeros y evitar quemar el césped. Para obtener más información, consulta "Aplicación superficial" on page 92.

- Los árboles y arbustos de palmera tienen requisitos de fertilización especiales y usar un tipo de fertilizante incorrecto puede dañarlos. Por ejemplo, la alta proporción N a K y la ausencia de magnesio (Mg), presentes en la mayoría de los fertilizantes para césped, pueden inducir a la deficiencia de K o Mg en palmeras. La deficiencia de potasio puede matar a una palmera. Por este motivo, los expertos recomiendan fertilizar el césped que crece dentro de los 50 pies de una palmera con fertilizante apto para palmeras (Broschat, 2008). Consulta "Fertilización de palmeras" on page 90 para obtener instrucciones de aplicación.

Riego del césped

La conservación del agua es una práctica importante en comunidades de todas partes de los Estados Unidos. El objetivo del riego de las plantas de jardín, incluido el césped, es utilizar la cantidad de agua necesaria para obtener resultados aceptables. Este objetivo mantiene la buena apariencia de los jardines, a la vez que conserva un recurso no renovable y mantiene las facturas de agua de los clientes en precios razonables.

La planificación del riego es la práctica de determinar la frecuencia y duración del riego para un jardín en particular. Las recomendaciones generales, como "Riega el césped de cada propiedad durante 20 minutos, tres días a la semana", a veces puede producir resultados aceptables, pero también pueden ser inexactas, traduciéndose en desperdicio del agua, enraizamiento superficial, aumento de malezas y céspedes estresados. Una planificación de riego precisa tiene en cuenta las propiedades del suelo, el tipo de césped, el sistema de riego, las pendientes del terreno y los microclimas.

Instrucciones para el riego del césped

El riego eficiente se logra con ecuaciones de programación. La creación de un plan de riego también incluye comúnmente varias reglas generales; incluidas aquí.

Aplicar aproximadamente 1 pulgada de agua por semana. La regla general indica que la mayoría de las gramíneas necesitan 1 a 1 1/2 pulgada de agua por semana durante la temporada de crecimiento. En regiones con veranos calurosos y secos, algunos céspedes pueden requerir más cantidad de agua durante los meses más cálidos del año (2" una semana no sería poco común). Es probable que se tenga que dividir la pulgada a pulgada y media en dos o más aplicaciones, dependiendo del tipo de suelo, para evitar derrames, o percolación profunda a través del suelo. Ten en cuenta que los céspedes de clima cálido pueden sobrevivir con menos agua que los de clima frío.

Riega profundamente y con poca frecuencia. El riego profundo favorece al crecimiento de raíces profundas, que favorecen a un césped saludable y tolerante a la sequía. Las porciones superiores de la tierra son las primeras en secarse, por lo tanto, un césped bien arraigado tendrá acceso a la humedad durante más tiempo que uno con raíces poco profundas. El riego profundo también desalienta el crecimiento de muchas malezas de raíz poco profunda. Por el contrario, el riego superficial favorece el crecimiento de raíces poco profundas, lo que genera un césped débil y menos tolerante a la falta de agua. En cada riego, el agua debería alcanzar a todas, o a gran parte, de la zona radicular de las plantas. En el caso del césped, esto significa que el agua debería penetrar 6 a 8 pulgadas de profundidad en cada riego.

También es importante regar con poca frecuencia a un césped establecido. Para funcionar bien, las raíces de las plantas necesitan el oxígeno que se encuentra en el espacio que queda entre las partículas del suelo. Cuando el suelo está saturado de agua, no tiene espacio para el oxígeno y las raíces no pueden funcionar. Al permitir que pase suficiente tiempo entre riegos, el exceso de agua se drena, dejando espacio para el oxígeno. Dicho de manera simple, deja que el césped se seque un poco entre riego y riego.

Utiliza los indicadores visuales. En un césped ligeramente seco y listo para recibir agua, deberías poder ver las huellas dejadas por tus pasos. Si no quedan marcadas, evalúa la posibilidad de extender el tiempo entre riegos. El color del pasto es otro indicador visual de las necesidades de agua del césped. El césped que está sufriendo estrés por humedad tiende a parecer gris azulado. Cuando el césped necesita agua, las hojas también se pueden doblar o rizar.

Riega por la mañana. En zonas desérticas, como partes del oeste y suroeste, durante los meses calurosos del verano, los sistemas de riego pueden llegar a perder hasta un 50 por ciento del agua aplicada debido a la evaporación. Una manera de reducir la pérdida de agua por evaporación es programar el controlador de riego (temporizadores) para que se encienda en las primeras horas de la mañana. Una hora de inicio programada antes de las 8 de la mañana permitirá que el agua penetre antes de la llegada de las temperaturas altas previas al mediodía. La presión del agua también mejor temprano a la mañana. Ten en cuenta que iniciar el sistema de riego muy temprano puede molestarle a algunos clientes. A menos que sea necesario, evita regar por la noche, porque los jardines que permanecen húmedos durante la noche pueden volverse más susceptibles a contraer hongos.

Riega al menos un día antes de la siega. El suelo húmedo es propenso a la compactación. Regar por lo menos un día antes de cortar el césped da el tiempo necesario para que el exceso de agua se drene de la tierra. Además, reduce al mínimo la compactación de suelo resultado del tráfico de personas y herramientas. En la mayoría de los casos, darle al suelo hasta unas pocas horas entre el riego y la siega alcanza para reducir al mínimo la compresión.

> ## Retardando el riego de primavera
>
> Muchos propietarios y jardineros profesionales comienzan a regar el césped apenas aparece el primer crecimiento de primavera. Los especialistas en céspedes Brad Fresenburg y John Dunn, de la Universidad de Missouri, sugieren un abordaje diferente. Ellos opinan que posponer el riego de primavera hasta que las condiciones estén más secas causan "un obvio languidecimiento del césped, que dura más de un día". Permitir que el suelo se seque ligeramente y que el césped se marchite un poco durante la primavera, ayuda a desarrollar un sistema radicular más profundo, que a su vez reduce las necesidades de riego durante el verano y aumenta la resistencia a la falta de agua. Se dice que este marchitamiento de primavera moderado no daña el césped (Extensión de la Universidad de Missouri Home Lawn Watering Guide (Guía de riego para jardines domésticos, 2004). Si decides utilizar esta técnica, informa a los clientes para que no se sorprendan.

Ajusta horarios. Cambia el programa de riego tan a menudo como las necesidades de agua de las plantas lo exijan. Como mínimo, reajusta los programas para cada estación, incluso más a menudo si el clima cambia. En muchas regiones, es común desactivar los sistemas de rociadores durante el invierno.

Recomienda a los clientes un programa de riego. Si solo el cliente tiene acceso al controlador de irrigación, sugiérele un programa de riego, e incluye sus actualizaciones. Regar con manguera u otra forma manual de manera regular puede ser difícil para los clientes ocupados. Una opción para solucionar esto es conectar un temporizador de riego a batería al grifo exterior, donde se conecta la manguera de jardín.

Evita enlodamientos y desbordes de agua. Cada tipo de suelo absorbe el agua a ritmo diferente. Regar un suelo con más agua de la que puede absorber relativamente rápido puede producir lodo y desbordes. Las pendientes con césped también son proclives al desbordamiento. Para obtener más información, consulta "Riego de zonas inclinadas" on page 72.

Promueve el uso de sistemas de riego automático. En climas templados, el césped recién plantado que no se rieguen con un sistema de riego automático, inevitablemente sufrirán de estrés hídrico y enfrentara la competencia de malezas y pastos invasores. Como resultado, estos jardines pueden deteriorarse en uno o dos años, si no antes. Alienta a los clientes que tengan jardines en propiedades de valor a obtener tan pronto como les sea posible, un sistema de riego automático con diseño e instalación profesionalmente, para proteger el valor de su inversión.

Utiliza dispositivos de control de lluvia. Un dispositivo de control de lluvia, también conocido como sensor de lluvia, es un sensor de humedad que se monta en exteriores y se conecta al controlador de riego. Cuando llueve, el sensor de lluvia anula el horario programado en el controlador, ahorrando agua. Aconseja a los clientes a instalar un sensor de lluvia, si todavía no tienen uno.

Considera instalar sensores de humedad del tipo que se entierran directamente en el suelo. Los sensores de humedad que se entierran directamente en el suelo, se instalan enterrándolos en el césped y conectándolos al controlador a través de una unidad de control independiente. Sirven para conservar el agua, evitando que el sistema de riego funcione cuando el suelo tiene suficiente humedad en la rizosfera. Los sensores de entierro más avanzados también inician el riego cuando en condiciones secas (Nelson Turf, 2005).

Los sensores de entierro no han tenido mucha popularidad entre los profesionales del césped, pero esto podría cambiar con el avance de la tecnología y la materialización del ahorro potencial de agua gracias a estos dispositivos. Verifica si se necesita un permiso para instalar sensores lluvia y de entierro directo en tu ciudad o condado. Las empresas de servicios públicos a veces ofrecen descuentos por la instalación de estos dispositivos en una propiedad.

Estimación de la humedad del suelo

Una manera de decidir un horario de riego es realizando una estimación manual de la humedad del suelo. Para hacer una estimación aproximada, introduce un destornillador en la tierra, en varios lugares alrededor de toda la superficie de césped. Si el destornillador se entierra solo una o dos pulgadas en el suelo, esto significa que la tierra puede estar compactada, o puedan necesitarse tiempos de drenaje más rápidos. También podría ser indicador de que el sistema de riego no está funcionamiento bien, o de la existencia de una textura de suelo diferente en un área en particular.

Una manera más exacta para estimar la humedad del suelo consiste en tomar una pequeña muestra de tierra de la zona de la raíz y formar una bola con ella. Los suelos de textura gruesa no permitirán formar una bola tan fácilmente como los de textura fina. El suelo debería estar húmedo y mantener la forma que se le ha dado. Si el suelo gotea al apretarlo, está demasiado húmedo; si la tierra se desmenuza y no logra mantener la forma, está demasiado seco. Este método puede utilizarse para comprobar la humedad del suelo de cualquier planta. Con práctica, es posible aplicar este tipo de métodos manuales de comprobación de la humedad en el suelo del césped y otras plantas y diseñar programas de riego precisos.

Factores de riego

Calcular un programa de riego preciso es una tarea compleja, porque el suelo, las plantas, los sistemas de riego y los microclimas varían de jardín a jardín.

Además, la atmósfera cambia cada temporada y también cada día. Las instrucciones generales presentadas anteriormente pueden utilizarse para administrar la mayoría de los jardines de césped. Los científicos han desarrollado métodos más sofisticados para determinar la utilización de agua que hacen las plantas, en base a los datos de la evapotranspiración.

La evapotranspiración (ET) es una combinación de la evaporación del agua de la tierra, más la transpiración de las hojas de una planta. La función principal de la transpiración es mantener a las plantas frescas. Es comparable a la sudoración de las personas, aunque las gotas de agua sobre las hojas no son visibles. Los administradores de jardines de césped, en ocasiones, utilizan métodos de programación en base a la ET, para aumentar el ahorro de agua. Son métodos particularmente útiles para áreas grandes de césped. Es importante saber que existen métodos más técnicos de programación, aunque no es común utilizarlos en jardines residenciales. Sin embargo, existen varios conceptos de riego adicionales, que es útil comprender y que mencionamos aquí.

Tipo de suelo

La capacidad de retención de agua es diferente en cada tipo de suelo. Cada tipo de suelo tiene además una estructura y textura diferente. La estructura y la textura de un suelo determinan su porosidad, e influyen en la cantidad de agua y aire que pueden contener. En general, los suelos de textura fina (p. ej., los de arcilla), tienen la capacidad de retener la mayor cantidad de agua total, pero los de textura media (p. ej., los suelos de loam) son capaces de retener cantidades mayores de agua disponible para las plantas.

El suelo arenoso se compone de partículas relativamente grandes, que le dan una textura gruesa. Drena rápidamente y tiene una capacidad de retención de agua comparablemente baja. Por ejemplo, en suelos arenosos, tan solo un cuarto de pulgada de agua alcanza para penetrar la rizosfera del césped; mientras que en suelos arcillosos, pueden necesitarse una pulgada y media de agua, o más. Como los suelos arenosos retienen menos agua, requieren de riegos más frecuentes que los arcillosos o los

Tabla 3. Humedad disponible (AWHC)

Tipo de suelo	Pulgadas prom./pies prof.
Arenoso	0.75
Loam arenoso	1.25
Loam	2.00
Loam de limo	2.25
Loam arcilloso	1.85
Arcilla	1.25

De Notas sobre riego: Programación del riego (LIT-088), Hunter Industries, 1999. Se reproduce con autorización.

de loam. Cuando un suelo arenoso tiene más agua de la que es capaz de mantener, el exceso se drena por debajo de la rizosfera, desperdiciando el agua. La arena de loam y los suelos de loam arenoso, son otros ejemplos de suelos de textura gruesa.

El loam está compuesto por una proporción relativamente equilibrada de partículas grandes, medianas y pequeñas, lo que le da una textura media. En comparación con el suelo arenoso, retiene más agua y la desagota más lentamente; le permite retener la humedad por más tiempo y mantenerse con intervalos mayores entre riegos. El loam es considerado un tipo ideal de suelo. El loam de limo y el loam arcilloso son otros ejemplos de suelo de textura media.

Los suelos arcillosos están compuestos de partículas diminutas, que le dan su textura fina. Debido a que quedan espacios muy pequeños entre partículas, estos suelos drenan muy lentamente y hacen que a las plantas les sea difícil absorber su agua. La compactación es un problema común del suelo arcilloso, causando derrames o desbordes, si se lo riega en exceso. La arcilla limosa es un tipo de suelo de textura fina.

Si buscas en Internet "determinar la textura del suelo", encontrarás varios gráficos que te ayudarán a clasificar un tipo de suelo, basándose en la sensación al tacto. También los laboratorios que trabajan con este tipo de análisis pueden brindar información acerca de la textura de un suelo. Y además, la oficina de extensión cooperativa de tu condado tendrá información sobre todos los tipos de suelo de la zona, incluyendo la cantidad disponible de agua de cada uno. Para obtener más información, consulta ""Tipos de suelo" on page 100.

La tabla 3 presenta valores estimados de la capacidad de agua disponible de los tipos más comunes de suelo. Ten en cuenta que el agua disponible solo indica la cantidad de agua disponible que el suelo es capaz de retener, no la cantidad total de agua que tiene el suelo.

Rizosfera

La rizosfera (o RZ en inglés) es la porción de suelo alrededor de las raíces de las plantas y de donde las raíces toman el agua. Su profundidad es uno de los factores que influyen en planificación de un programa de riego. A diferencia de las plantas con raíces poco profundas, las plantas muy arraigadas tienen acceso a la humedad por períodos más largos, porque pueden absorber agua de volúmenes más grandes de suelo. Las raíces de las plantas pueden extenderse en el suelo mucho más profundamente de lo que es necesario regar. A menudo, las plantas se mantienen sanas y atractivas solo con recibir agua en una parte limitada de la rizosfera, llamada la zona pilífera. El objetivo que buscamos con el riego es para reponer el agua de la zona pilífera.

Las raíces del Bentgrass tienen un potencial de profundidad de 1 a 8 pulgadas; las del Kentucky Bluegrass, la festuca roja, el raigrás, el césped de San Agustín, de 8 a 18 pulgadas; y las de la festuca alta, el césped Zoysia y el Bermudas, de 18 a 60 pulgadas (Wu, 1985).

Se acostumbra decir que la rizosfera del césped es de 6 a 8 pulgadas. En cada riego, esta es la profundidad a la que el agua debería penetrar. El agua que se transporta a zonas más profundas que la rizosfera, no influye ni la apariencia ni en la salud del césped. Las variedades con profundidades radiculares mayores, como la festuca alta o el Zoysia, pueden regarse hasta 1 pie de profundidad, aunque con 6 u 8 pulgadas puede ser suficiente.

Tasa de precipitación

La tasa de precipitación (o PR en inglés) se refiere a la profundidad de agua aplicada por un sistema de riego en un periodo de tiempo determinado. Generalmente, se expresa en pulgadas por hora. Se llama catch-can a la prueba estándar de la tasa de precipitación de un sistema de riego con rociadores. Esta prueba consiste en colocar recipientes vacíos sobre el césped, encender los rociadores por un tiempo determinado, medir la cantidad de agua que cayó en los recipientes y utilizar las medidas en una fórmula.

Los recipientes deben ser iguales en tamaño y forma; de laterales rectos y fondo plano. Las latas vacías o tazas grandes de café sirven. Utiliza entre 8 y 20 recipientes. Coloca un recipiente cerca de cada rociador de la zona y otro a media distancia entre rociadores (ver la tabla 4). Se denomina zona al área irrigada por un sistema de rociadores conectados a una misma válvula. (Para distinguir rápidamente una zona, abre manualmente una válvula como se describe en la página page 160.)

Deja que los rociadores funcionen por 10 o 15 minutos, mide la profundidad de agua de cada recipiente y anota las medidas. Repite el proceso en cada zona, fijándote de encender los rociadores durante el mismo período de tiempo en cada una. La fórmula es la siguiente:

$$\text{PR Prom.} = \frac{\text{Pulgadas totales}}{\text{Cantidad de recipientes}} \div \text{Tiempo de On} \times 60$$

> **Donde:** *Pulgadas totales* = pulgadas totales de todos los recipientes. Suma las mediciones de todos los recipientes para averiguar la cantidad total de pulgadas.
>
> *Cantidad de recipientes* = cantidad de recipientes por zona x cantidad de zonas. Por ejemplo, si utilizas 12 latas por zona y tienes 3 zonas para medir, el número total de latas es 36.

Ejemplo: Terminas de ajustar un sistema de rociadores y quieres realizar la prueba de captación en tres zonas de césped. Decides utilizar 12 latas y encender el sistema durante 15 minutos en cada zona. La profundidad total de agua de todas las latas es 14 pulgadas. La cantidad total de latas que usaste es 36 (12 latas x 3 zonas). La fórmula para este caso sería la siguiente:

Tabla 4. Distribución de los recipientes

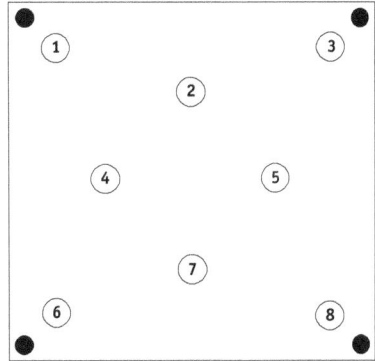

Adaptado de *The Handbook of Technical Irrigation Information*, Hunter Industries, 2006. Reproducdido con autorización.

$$\text{PR Prom.} = \frac{14}{36} \div 15 \text{ minutos} \times 60 = 1.55$$

Este sistema de rociadores tiene una tasa de precipitación de 1.55 pulgadas por hora.

Distribución de los recipientes

La tabla 4 muestra un patrón de distribución para los recipientes. Los puntos negros representan Los números encerrados en círculos representan recipientes vacíos. Otros patrones también pueden servir.

Eficacia de la aplicación

La eficiencia de aplicación (EA en inglés) mide la cantidad de agua de riego que la rizosfera de una planta es capaz de almacenar. La EA se expresa en porcentajes. No existen sistemas 100 por ciento eficientes. El agua se pierde en filtraciones, por la acción del viento, al ser pulverizada, con la evaporación y a través de la percolación. Una distribución uniforme, explicada a continuación, también influye en la eficiencia de aplicación. Muchas de los factores que causan pérdida de agua pueden resolverse seleccionando y ajustando equipos adecuados, reparando fugas en el sistema y programando el riego de manera precisa.

Para los sistemas de riego para césped, un 80 por ciento de eficiencia es excelente, 70 por ciento es muy bueno, 65 por ciento es bueno y 40 por ciento es malo. La mayoría de los sistemas tienen una eficacia de entre 50 y 70 por ciento.

Uniformidad de la distribución. La uniformidad de la distribución (DU, por sus siglas en inglés), es la medición de cuán uniformemente aplica el agua un sistema de riego determinado. Por ejemplo, un sistema de rociadores que riega una zona de césped con $1/2$ pulgada de agua y otra zona con $1/8$ de pulgada tiene una uniformidad baja. Si ajustas el tiempo de encendido en base a la cantidad de agua que irriga el sistema en una zona de aplicación baja, las zonas restantes serán regadas de más. El DU es uno de los aspectos que definen la eficiencia general de de un sistema de riego. Un sistema con DU bajo tendrá una aplicación poco eficiente; pero un sistema con DU alto también puede tener una aplicación igualmente deficiente, dependiendo de otros factores.

Ningún sistema de riego es completamente uniforme en su distribución, en grados variables. Una distribución muy desigual puede deberse a un mal diseño del sistema, a modificaciones hechas al diseño original, a las diferencias de presión durante el funcionamiento, entre otros. (Para sugerencias sobre reparación, consulta "Solución para problemas de cobertura en sistemas con cabezales rociadores" on page 163).

Riego de zonas inclinadas

Si a la tierra se la riega con más agua de la que absorber rápidamente, se puede enlodar o desbordar hacia otras zonas no deseadas. En términos técnicos, esto sucede si de la tasa de precipitación (PR) supera la capacidad de infiltración (IC) del suelo (PR > IC = desborde). La capacidad de infiltración es la tasa máxima de absorción de agua de un suelo.

Los desbordes son menos comunes en suelos de textura gruesa, debido a su gran capacidad de infiltración. Los suelos compactados, o de textura fina, tienen una capacidad de infiltración menor y son más propensos a desbordarse. Las zonas inclinadas, o con pendientes, también tienen tendencia a desbordarse. Las medidas que se tomen para reparar la compactación y mejorar la estructura del suelo, aumentarán su capacidad de infiltración.

El problema del desborde comúnmente se trata con una práctica conocida como ciclo múltiple, que consiste en dividir una superficie de césped en zonas de acuerdo a sus necesidades de agua y realizar varias aplicaciones de menor duración. Cada zona recibe solamente la cantidad que puede absorber, sin llegar a desbordarse. Agregar intervalos cortos entre aplicaciones permite que el agua penetre en el suelo y el ciclo continúa hasta cumplir los requisitos de agua del césped.

Aireación del césped

La aireación, también llamada aerificación, es la práctica de perforaciones en turba para aflojar el suelo y ayudar a oxígeno y nutrientes a las raíces. Después de realizar un proceso de aireación, las raíces del césped rellenan los espacios que quedaron entre las partículas de suelo, resultando en un césped más tupido y más resistente a las enfermedades. La aireación también es eficaz en reducir la compactación de un suelo y la paja que se forma en el césped. Justo después airear es un buen momento para aplicar fertilizantes o suplementos al suelo

Para airear jardines grandes se necesita un aireador a motor. La aireador a motor preferido en el oficio es el de púas huecas. Esta máquina entierra púas huecas (tubos de metal) en el suelo, extrae pequeños cilindros de tierra y los deposita en la superficie del mismo. Los cilindros se suelen depositar sobre el césped y se romperán durante varios días, o incluso semanas, hasta volverse indetectables. Los cilindros fragmentados sirven como recebado, ayudando a rellenar los huecos y aumentar la actividad de los microorganismos que viven en la superficie del suelo.

Puedes alquilar un aireador a motor en centros de alquiler de herramientas. Algunos son grandes y pesados, convirtiendo su transporte y operación

Aireación y herbicidas preemergentes

A veces, se aplican al césped herbicidas preemergentes, naturales o químicos, en la primavera, para controlar las malezas anuales (p. ej., el césped salvaje). Las opiniones sobre airear después de la aplicación de preemergentes difieren. La eficacia de estos herbicidas depende de su cobertura sobre superficie del suelo, por lo que la preocupación es si la aireación romperá la barrera química, dejando espacio para que las malezas se afiancen. Por esta razón, algunos expertos recomiendan posponer la aireación cuatro a seis semanas después de aplicar un herbicida preemergente (Goatley y otros, 2005). Karl Danneberger, profesor de ciencia del césped de la Universidad Estatal de Ohio, afirma que si el césped es denso, la barrera química no se ve comprometida por la aireación. Dice que algunas malezas pueden germinar en césped no tupido, pero que probablemente la aireación sea buena para ayudar al césped a crecer con mayor densidad (Brophy, 2004). En última instancia, tú debes decidir qué es mejor. Puedes usar los foros en línea para obtener variedad de opiniones sobre temas poco claros como este. En el apéndice A, en la página page 253, se incluyen algunos foros populares.

en un desafío. Si tienes varios jardines de calidad media y alta para mantener, considera la posibilidad de adquirir tu propio aireador. Otra alternativa es subcontratar este servicio según sea necesario.

Compactación y aireación del suelo

Cuando la tierra está compactada, las partículas del suelo se comprimen, dejando menos espacio para el agua y el oxígeno. A su vez, las raíces también tienen menos oxígeno para extraer y menos espacio para crecer; se vuelven poco profundas y la salud del césped puede disminuir en consecuencia. En los jardines, la compactación es principalmente resultado de la circulación peatonal y el uso de equipos pesados. El suelo húmedo se compacta más fácilmente que el seco. Los suelos de textura fina, como los de arcilla, son los más propensos a compactarse. Al airear, aumentan los niveles de oxígeno del suelo, permitiendo que el agua y los nutrientes penetren más fácilmente. Con aireación, buen riego y una fertilización adecuada, con el tiempo, la compactación del suelo mejora mucho.

Después de airear un suelo, ideal para aplicar una capa delgada de recebado o de compost de alta calidad. El compost sirve como fuente de alimento para los organismos benignos del suelo, como las lombrices y otros microorganismos que agregan partículas al suelo y aumentan la porosidad de manera natural. La aplicación de estos elementos en jardines grandes lleva tiempo y esfuerzo y puede dañar el césped si no se realiza correctamente. Por estas razones, esta no es una práctica común para jardines y paisajes residenciales.

La aireación y los problemas de paja

Se llama paja a la capa de raíces y tallos de malezas, vivas y muertas, que se forman en la superficie del césped. Hasta $1/2$ pulgada de paja es buena, protege al césped y lo ayuda a retener la humedad del suelo. Pero por encima de esta medida, reduce la capacidad de infiltración y puede evitar que los nutrientes y pesticidas alcancen el suelo. Además, la paja puede: convertirse en el hogar de insectos, hacer que las raíces del césped se enrosquen en ella, en lugar de crecer en la tierra, y volver al césped más susceptible a las enfermedades y al estrés térmico.

Los céspedes que se extienden con estolones y rizomas son más propensos a tener paja que los que crecen en cúmulos. La aplicación de nitrógeno en exceso puede incentivar su crecimiento, porque hace que los tallos y raíces se acumulen más rápido y los microorganismos del suelo alcancen a descomponerlos. El pH de suelo bajo también promueve su crecimiento, porque obstaculiza la actividad de los microorganismos. Y los pesticidas perjudiciales para las lombrices pueden ser un factor en la acumulación de paja. Como las lombrices cavan túneles a través del suelo, aumentan la aireación del suelo y llevan partículas ricas en nutrientes a la superficie del suelo, donde ayudan en la descomposición de la paja. Tenga en cuenta que los recortes de pasto que regresan al césped no causan paja si el corte se hace correctamente y con regularidad.

El proceso de aireación perfora la paja, ayudando al agua y a los nutrientes a llegar a las raíces. La penetración mayor de agua y oxígeno aumenta la actividad de los microorganismos que la descomponen. Ten en cuenta que solo con airear no es suficiente para combatir la paja cuando forma una capa gruesa. En estos casos, debe ser retirada con un rastrillo o una segadora vertical, dependiendo del tipo de césped. Este proceso puede dañar el césped si no se lo realiza correctamente. La técnica no se detalla en este libro.

Cuándo airear

El césped debe estar en su etapa activa crecimiento en el momento de la aireación. En el caso del césped de clima cálido, un buen momento para airear es después de la primera siega de primavera. Es mejor no airear en verano, cuando el pasto sufre el calor. Algunos expertos sugieren que airear céspedes de clima cálido a mediados del verano es aceptable, siempre que el suelo esté lo suficientemente húmedo (Goatley y otros, 2005). En primavera, la aireación puede fomentar la germinación de malezas anuales. Por esta razón, en primavera, a veces se aplican herbicidas naturales o químicos preemergentes luego de la aireación.

El mejor momento para airear céspedes de clima frío es a principios del otoño, porque la energía del césped está concentrada en producir raíces, en preparación para el invierno (Brophy, 2004). Además, en general las semillas de las malas hierbas germinan menos en otoño. A veces, este tipo de céspedes también se airean en primavera, por lo general seguida de la aplicación de un herbicida preemergente. El césped necesita alrededor de un mes para recuperarse de la aireación. No conviene airear durante el mes anterior a que el pasto entre en periodo latente.

Cómo airear

Riega profundamente dos o tres días antes, de manera que la tierra esté húmeda pero no mojada o saturada de agua en el momento de la aireación. Antes de comenzar, coloca una bandera junto a cada rociador, para marcar su ubicación. Ten cuidado al aireando zonas con tubos de riego enterrados a poca profundidad. Los tubos colocados según el código, generalmente están enterrados un pie en el suelo y no deberían sufrir daños por la aireación. Si no estás seguro de la profundidad a la que están, cava cerca de un rociador con cuidado para ver dónde se une al tubo de riego. Para leer una descripción general de un sistema de riego, consulta la página page 159.

Los huecos dejados por el aireador debería ser de aproximadamente 3/4 de pulgada de diámetro, de 2 a 4 pulgadas de profundidad y espaciadas 2 a 3 cm entre sí. Si los espacios son de 3 pulgadas, es posible que se necesiten hacer dos o más pasadas. Haz una pasada completa y luego otra a 90 grados de la primera.

Ten en cuenta que en los céspedes cespitosos, como la festuca alta o el raigrás, perenne, generalmente no se forma paja. Si aireas este tipo de céspedes para mejorar la compactación del suelo, fertiliza y resiembra la zona al terminar para acelerar el tiempo de recuperación y minimizar los problemas de maleza (Stier, 2000).

Con cuánta frecuencia airear

No es necesario airear si el suelo no presenta un problema de compactación. Sin embargo, la mayoría de los suelos se benefician al ser aireados cada uno a cinco años (Stier, 2000). Los suelos de arcilla y de textura fina en general, pueden recuperarse si se los airea dos veces al año durante varios años consecutivos. Las capas de paja mayores a 1 pulgada deberían ser retiradas; esta práctica consiste en cortarlas con una desbrozadora vertical o un rastrillo a motor.

Control integral de pestes

Todas las prácticas de cuidado del césped descritas al momento están diseñadas para mantener el césped creciendo óptimamente y minimizar los problemas de pestes. No obstante, las pestes—como la formación de malezas, los insectos y las enfermedades—aparecerán irremediablemente y es fundamental contar con una estrategia para combatirlas.

El Control integral de pestes (IPM, por sus siglas en inglés), es una estrategia ampliamente aceptada que se basa en una combinación de métodos de control de pestes con la atención en utilizar el menos tóxico. La IPM utiliza pesticidas, pero solo como último recurso. El objetivo no es eliminar todas las pestes de un jardín, sino mantener las poblaciones en niveles aceptables. La IPM combina estrategias culturales, mecánicas y biológicas de control de pestes para minimizar los daños a la estética del lugar, los costos y el impacto ambiental.

Esta breve explicación de la IPM tiene como objeto servir como una definición general. Dado que la IPM no concierne únicamente al césped, las plantas de jardín también están incluidas en la estrategia. Aprender a encontrar y controlar pestes requiere de capacitación adicional. La mejor manera de aprender técnicas de control de pestes es asistiendo a un curso de capacitación.

Prácticas culturales

El control de plagas en el césped comienza con la preparación del lugar, previo al sembrado o colocado de panes de césped. Un suelo fértil y bien preparado tiene mayor tendencia a resistir las enfermedades; y un sistema de rociadores bien diseñado favorece al crecimiento de un césped denso y de raíces bien arraigadas. La elección adecuada del tipo de césped para un entorno determinado también minimiza los problemas. Los jardines que requieran realizar grandes esfuerzos para solucionar sus problemas de plagas pueden necesitar modificar uno o más de sus elementos.

Una vez más, un césped denso y saludable es la mejor defensa contra las plagas. La siega, la fertilización, el riego y el aireando son prácticas culturales para mantener al césped creciendo óptimamente y que reducen la incidencia de pestes. Mantener una altura de corte correcta, fertilizar en el momento adecuado del año, regar profundamente y con poca frecuencia, corregir los problemas de compactación o de paja y mantener un pH adecuado, son todas maneras de mantener al césped sano y en condiciones de competir.

Estas prácticas también hacen que las condiciones sean menos favorables para las plagas. Por ejemplo, el exceso de agua, o el riego ligero combinado con altura de corte baja puede promover la germinación del césped salvaje. La selección de la altura de corte y regar profundamente y con poca frecuencia crean condiciones menos favorables para esta maleza. Pueden necesitarse otros métodos de control, pero las prácticas culturales conforman una parte fundamental en la lucha contra las plagas.

Controles mecánicos

Los controles mecánicos incluyen a las trampas para insectos o animales y tácticas manuales sencillas, como retirar malezas a mano. Algunos insectos, como los pulgones, las cochinillas, los trips y los ácaros de la araña pueden ser controlados temporalmente echándoles agua a alta presión a los tallos y el revés de las hojas. Algunas malezas del césped, como el diente de león, pueden quitarse de raíz con la ayuda de una horqueta de mano. Si realizas esta tarea antes de que las malas hierbas den semillas, necesitarás dedicarle un tiempo y esfuerzo mínimos. Algunos jardines solo necesitan controles mecánicos para mantener las plagas a raya. Los que requieran de una atención más meticulosa, o mayor reducción de las malezas, pueden requerir controles adicionales.

Controles biológicos

Uno de los conceptos básicos de la IPM es que los organismos benéficos sirven como controladores naturales de las poblaciones de plagas. Los pesticidas químicos matan tanto a los organismos nocivos como a los benéficos. Al clasificar a los controles químicos como un último recurso, la IPM alienta

La licencia de técnico en control de plagas

Para trabajar profesionalmente con plaguicidas y pesticidas, se necesita una licencia de técnico en control de plagas, que son otorgadas por agencias estatales que regulan el uso de estos productos. Para obtener la licencia, debes cumplir con los requisitos que exige tu Estado. Y para mantenerla, debes volver a tramitarla periódicamente y entregar informes de aplicación de plaguicidas. También debes tener cobertura en tu seguro para la aplicación profesional de pesticidas. El uso responsable y legal de los pesticidas químicos requiere de conocimientos y un entrenamiento especializado y la licencia se asegura de que los tengas. Utilizados incorrectamente, los pesticidas pueden dañar a seres humanos, animales, microorganismos beneficiosos y al medio ambiente. Ten en cuenta que algunos Estados no permiten el uso profesional no autorizado de ningún producto para el control de plagas, ni siquiera los realizados en base a plantas. A menudo, el propietario está exento de necesitar una licencia si utiliza el pesticida únicamente en su propiedad.

La información de contacto de los organismos del Estado encargados de otorgar licencias para el control comercial de plagas en la página web del Centro Nacional de Información de Pesticidas, http://npic.orst.edu/state1.htm, o llamando al 1-800-858-7378. La NPIC ofrece información científica acerca de pesticidas y funciona bajo un acuerdo de cooperación con la Agencia de Protección Ambiental de los Estados Unidos. La NPIC también puede darte los datos de contacto de los fabricantes de pesticidas.

Si tienes la intención de subcontratar este servicio, asegúrate de que el cliente entienda que su costo es adicional. Las empresas de control de plagas aparecen en la sección "control de plagas" o "reducción de malezas" de la guía telefónica. Un subcontratista que no respete las normas de la IPM puede devastar tus intenciones de utilizar las prácticas aprobadas por esa asociación. Tomate el tiempo necesario para comprender qué tipos de control químico utilizas, incluso cuando sean aplicados por una empresa independiente. Por último, si tienes una emergencia relacionada con el uso de pesticidas o productos químicos, llama al número de teléfono gratuito del Centro de ayuda para envenenamientos: 1-800-222-1222. La línea directa de ayuda para envenenamientos atiende 24 horas al día, los siete días a la semana.

la presencia de los organismos benéficos y los predadores naturales de las plagas.

Entre los insectos predadores se encuentran las mariquitas, que limitan las poblaciones de pulgones y ácaros; las crisopas, que se alimentan de áfidos y moscas blancas; los "big eyed bugs", que comen áfidos, ácaros y saltahojas; algunas avispas que atacan a los huevos de polilla; y las mantis religiosas, que se alimentan de una gran variedad de insectos que son plaga. El uso limitado de pesticidas permite que éstos y otros depredadores naturales mantengan una población beneficiosa para el jardín.

Las prácticas IPM también incluyen la introducción de organismos benéficos en un jardín. La Bacillus thuringiensis (Bt) es una bacteria que vive naturalmente en el suelo y es utilizada en insecticidas biológico para controlar las larvas de ciertos insectos perjudiciales, como las de la araña de césped. Las Bt son tóxicas solo para algunos insectos y no tóxicos para otros insectos, para los animales y los humanos. La Bacillus popilliae es una bacteria utilizada a veces para controlar las larvas de escarabajo japonés. Y los nematodos benéficos son gusanos microscópicos que a veces sirven para controlar larvas dañinas. No puede decirse que los controles biológicos sean ni tan potentes ni confiables como los químicos, pero algunos sí son eficaces y continuamente surgen nuevos desarrollos en este campo.

Por último, algunas especies de césped mejoran con los endófitos, que son hongos que viven dentro de las hojas de césped, pero sin contaminarlas. La presencia de hongos endófitos hace que el césped se vuelva indeseable a plagas de insectos, tales como el gusano de la araña de césped, y las chinches; a la vez que mejora su tolerancia al estrés. Cuanto mayor sea el porcentaje de endófitos que vivan en la planta, mayor será su resistencia a las plagas que se alimentan a la altura del suelo.

Controles químicos

En la IPM, los controles químicos solo se convierten en una opción cuando la población de las plagas no puede mantenerse por debajo del umbral predeterminado con otro tipo de controles, o cuando no hay otros controles a disposición. Por ejemplo, si la población de larvas (de escarabajo dañino) que se encuentran bajo el césped supera el umbral predeterminado (por ejemplo, 10 larvas por pie cuadrado), la IPM justifica el uso de pesticidas químicos. Los umbrales se seleccionan en base a la cantidad de plagas que pueden causar daños inaceptables o estéticos. Cada tipo de plaga tiene un umbral diferente, lo que demuestra la importancia de la identificación precisa de las plagas.

Los aspectos a considerar al seleccionar un pesticida son: su eficacia contra el organismo a destruir, su compatibilidad con la planta huésped, su efecto sobre los organismos beneficiosos, el grado de polución al medio ambiente, los riesgos para la salud y su costo (Texas A&M University, 2002). La IPM recomienda utilizar pesticidas para plagas específicas, que tengan bajos niveles de toxicidad y la menor permanencia en el medio ambiente. La manera de obtener el provecho máximo del pesticida es aplicarlo en el momento del ciclo de vida de la peste en que es más eficaz. Y la contaminación al medio ambiente se reduce con un uso juicioso de estos productos. Cuando corresponde, (p.ej., en infestaciones localizadas) pueden hacerse tratamientos puntuales. Aplicar pesticidas globalmente debería ser el último de los recursos.

La primera opción deberían ser los productos químicos de baja toxicidad. Los insecticidas para plantas pueden ser la primera línea de defensa. El Neem (azadiractina) es un insecticida orgánico derivado de las semillas del árbol de neem. Es utilizado para repeler una gran variedad de plagas y no es tóxico para los seres humanos. Las piretrinas son un insecticida derivado de la planta de crisantemo. Son relativamente poco tóxicas para los seres humanos. Además, se descomponen con la exposición a la luz solar y al aire y no permanecen por mucho tiempo en el ambiente. Las piretrinas sintéticas son más tóxicas y pueden persistir por períodos más largos.

Los jabones insecticidas son jabones hechos especialmente para ser utilizados como insecticidas. Funcionan por contacto y son los más eficaces frente a insectos pequeños y de cuerpos blandos, como los áfidos, ácaros y las moscas blancas. Son menos eficaces contra los insectos grandes y con exoesqueletos y además, pueden matar también a algunos insectos benéficos. A veces, para aumentar su eficacia, se combina el aceite de horticultura con el jabón insecticida.

Reparación del césped

Las zonas de suelo desnudo, los parches de césped muerto puede ser resultado de una plaga, de la compactación del suelo, del tráfico, el mal funcionamiento del sistema de riego, u otros. Una vez solucionado el problema, estas zonas se deberían repararse para así evitar la germinación de malezas.

En el caso del césped rastrero (rizomas y estolones) aplicar fertilizante a veces es suficiente para rellenar zonas pequeñas de suelo desnudo. En los céspedes que crecen en manojos y que no se extienden formando nuevas plantas, el fertilizante igualmente puede ayudar, para aumentar su tamaño y rellenar huecos pequeños entre plantas.

La siembra también es una manera de reparar zonas de suelo desnudo. En céspedes no rastreros, que crecen en racimos, a veces se realizan dos resiembras anuales, para mantener su densidad. Para garantizar un color y textura uniformes, utiliza el mismo tipo de semillas que el césped ya plantado. Si el césped está compuesto por una variedad de especies, utiliza una mezcla de semillas adecuada. Por ejemplo, la "mezcla para sombra" contiene variedades que crecen bien en esas condiciones. Llevándoles una muestra, en el vivero te pueden ayudar a identificar y seleccionar las semillas que necesitas.

Las áreas pequeñas de suelo desnudo pueden sembrarse en cualquier momento durante la temporada de crecimiento, siempre y cuando el suelo esté suficientemente tibio y se riegue correctamente inmediatamente después. El mejor momento para sembrar céspedes de clima frío es a finales del verano; y para los de clima cálido, el final de la primavera o el principio del verano. Estos son también los mejores momentos para sembrar césped nuevo. La elección del momento oportuno puede ser vital en algunas regiones, consulta en vivero profesional o a un experto acerca de las características regionales.

Si vas a sembrar césped desde la semilla, o a colocar panes de césped, haz primero una prueba de suelo para determinar si tiene deficiencia de fósforo o potasio o si necesita que se le agregue cal. El suelo debería fertilizarse antes de sembrar. En la página page 111 se explica en qué consiste una prueba de suelo.

En terrenos grandes, sigue las recomendaciones de siembra de la etiqueta del paquete de semillas. En general, los céspedes cespitosos, como la festuca alta y el raigrás perenne, se extienden lentamente o nada, por lo que deben sembrarse con una proporción de semillas relativamente alta para lograr una cobertura densa. Los céspedes rastreros aumentan continuamente su extensión respecto de la planta original a proporciones variables según la variedad; que son, por lo general, bajas. Una búsqueda en Internet de "proporción de siembra del césped" te brindará esta información. Al reparar superficies pequeñas de terreno no es crítico seguir la proporción de siembra.

Antes de sembrar, afloja y nivela el suelo de la zona que deseas reparar. Luego, arroja las semillas con un esparcidor mecánico, o a mano, con cuidado de no esparcir semillas sobre los macizos de flores. Rastrilla ligeramente la zona y aplasta el suelo con suavidad para asegurar que las semillas hagan buen contacto con él. Las semillas no deberían enterrarse más de $1/4$ de pulgada. En ocasiones, para retener la humedad del suelo y prevenir la erosión, se coloca una capa delgada de paja libre de malezas.

En el momento de la siembra, debe aplicarse al suelo un fertilizante de arranque, bajo en nitrógeno y alto en fósforo, siguiendo las direcciones del producto. Se recomienda su uso incluso si la prueba de suelo indica que el suelo está alto en fósforo (Christians, 2007).

La proporción de nitrógeno recomendada para césped recién sembrado es de $1/2$ libra por cada 1,000 pies cuadrados. Puede aplicarse una $1/2$ libra por cada 1,000 pies cuadrados adicional después de pasadas dos semanas (Rosen, Horgan y Mugaas, 2006). Ten en cuenta que el riesgo de lixiviación del nitrógeno y de filtración de fertilizantes es mayor durante el primer año después de la siembra, porque el sistema radicular todavía no está completamente establecido.

Riega poco y con frecuencia durante las primeras semanas después de la siembra para que la tierra de alrededor de las raíces poco profundas se mantenga húmeda. A veces, es necesario regar muy poco, varias veces al día, para asegurar que el suelo no se seque. A medida que el césped se establece, el riego puede ser cada vez más profundo y menos frecuente. El suelo no debería mantenerse saturado por períodos prolongados.

Siega el césped por primera vez cuando llegue a tener aproximadamente 1 pulgada de alto más que su altura de corte ideal. No cortes más de $1/3$ de su altura para evitar estresarlo o dañarlo.

CAPÍTULO 5

Administración de plantas de jardín

En este capítulo
- Selección de plantas
- Plantas de contenedor, a raíz desnuda y con bolsa
- Mulching
- Fertilización de plantas de jardín
- Riego de plantas de jardín
- Introducción al microriego

Siguiendo solo algunos principios generales, la mayoría de las plantas de jardín pueden ser cuidadas con éxito. Este capítulo es una introducción a la selección, plantado, fertilización y riego de las plantas ornamentales o de jardín.

Selección de plantas

Las plantas que se adaptan naturalmente al entorno tienen menos problemas y a su vez, causan menos problemas al jardín en el que crecen. Los viveros locales acostumbran vender plantas que están adaptadas a esa región. También deben tenerse en cuenta las condiciones del área donde se plantará. Antes de seleccionar una planta, observa las siguientes características del lugar donde la deseas plantar:

- La altura y el anchura del espacio asignado para la planta. Este espacio debería ser adecuado al tamaño y madurez de la planta.
- La cantidad de sol y sombra que recibe.
- La cantidad de viento y la temperatura del lugar.
- El nivel de uso de agua de la zona (bajo, moderado o alto).
- El tipo de suelo (descritos en la página page 100).
- El pH del suelo (descrito en la página page 107).

También es útil hacerse estas preguntas: ¿Tiene esta planta un propósito determinado, como ser, bloquear un ángulo de visión o prevenir la erosión? ¿Qué planta se vería bien en este lugar? ¿Cuál debería ser su forma, color de la flor o textura del follaje? Las respuestas a estas preguntas te ayudarán a encontrar las mejores candidatas.

Las enciclopedias de plantas contienen información sobre los hábitos de crecimiento y las características de cada planta y también pueden servir de fuente de inspiración. Algunas enciclopedias conocidas son: El libro de jardinería del Oeste de Sunset (*Sunset Western Garden Book*) o para otras regiones de los Estados Unidos exceptuando el oeste, La enciclopedia de plantas de jardín de la A a la Z de la Sociedad Americana de Horticultura (*The American Horticultural Society A to Z Encyclopedia of Garden Plants*). Algunas guías más específicas son la Enciclopedia de plantas perennes de la Sociedad Americana de horticultura (*The American Horticultural Society Encyclopedia of Perennials*) y la revista Enciclopedia Ilustrada de plantas perennes de Rodale's (*Rodale's Illustrated Encyclopedia of Perennials*). Las bases de datos de Internet también sirven para investigar plantas. Y en los viveros profesionales encontrarás buenas sugerencias.

Existe una gran variedad de plantas de bajo mantenimiento que hará interesante tu selección de plantas. En otras palabras, no hay porqué recurrir al arbusto común, como un Photinia de punta roja, cada vez que tengas espacio libre en el jardín que necesita ser rellenado. De hecho, abusar de una especie en particular puede conducir a problemas de plagas. La diversidad es un principio importante en el diseño de un jardín.

Selección de rosales

Los rosales híbridos (rosales con injertos de un cultivar diferente) se clasifican en tres grados: Grado 1, Grado 1 $1/2$ y grado 2. Los de grado 1 tienen las cañas y raíces mejor desarrolladas. Los de grado 1$1/2$ los tienen menos desarrollados, pero con cuidados, pueden alcanzar una calidad grado 1. Los rosales de grado 2 son de menor calidad. Para minimizar problemas, compra solo rosales de grado 1. Como opción de bajo mantenimiento, puedes elegir rosales arbustivos, floribundas, rosales cubresuelos y otras variedades criadas especialmente para resistir a las enfermedades y florecer abundantemente.

Selección de árboles

Seleccionar un árbol comienza con una evaluación de las condiciones del lugar donde lo plantarás, tanto las de la superficie como las de bajo tierra. Esto incluye el tamaño del lugar, la cantidad de luz solar, la proximidad de las líneas eléctricas y construcciones, el promedio de lluvias de la zona y las características del suelo. El grado de mantenimiento, como por ejemplo la cantidad de la poda y riego que recibirá el árbol, también debe ser tenido en cuenta. Exponer todos los factores que deberían considerarse, está más allá del alcance de este libro.

En los viveros de la zona te podrán sugerir qué árboles son adecuados para el lugar donde deseas plantar. Los arboristas certificados también pueden indicarte qué árboles plantar, pero de acuerdo a las características particulares del lugar. Y el Departamento de Parques y Recreación de tu ciudad puede darte información sobre árboles recomendados para la región. Averigua con el gobierno de la ciudad si puedes plantar árboles en los canteros de la calle. Estas plantas y árboles son propiedad de la ciudad y cada ciudad tiene sus pautas.

Algunas regiones cuentan con lineamientos para la selección de árboles y software disponibles en Internet. Una guía para el noreste de EE.UU. (zonas 2-7) en http://lyra.ifas.ufl.edu/NorthernTrees/index.html. Para la Florida y el sureste de EE.UU. (zonas 8-11), busca en http://lyra.ifas.ufl.edu/FloridaTrees/index.html. El Instituto de ecosistemas de bosques urbanos (http://www.ufei.org) tiene una guía online de selección de árboles para California llamada SelecTree.

Una vez seleccionada la especie, elige un árbol joven de estructura fuerte. Esto implica seleccionar un árbol que tenga un único líder dominante (tallo central o tronco) y ramas bien separadas a lo largo y alrededor del tronco. Los árboles con ramas agrupadas muy juntas requieren que los pode más para desarrollar una buena estructura. Además, cada rama debería tener menos de la $1/2$ del diámetro del tronco y no contener corteza incorporada, que es un signo de debilidad en su unión a él. La corteza incorporada se describe en la página page 126.

Se llama temporales a las ramas inferiores que permanecen en un árbol solo por un año o dos. Estas ramas temporales producen energía, distribuyen la presión del viento y ayudan al desarrollo de un tronco robusto. Se las suele combar hacia atrás para controlar su crecimiento y se podan cuando el árbol madura. Para más información sobre este tema, consulta la página page 127.

Deberías dar prioridad a los árboles que permanecen de pie, sin el uso de estacas de apoyo. Puedes realizar una prueba, flexionando su parte superior y liberándola para ver si vuelve a adoptar una posición vertical. Los troncos cónicos (más grandes en la base que en la parte de arriba) son preferibles, porque distribuyen el viento más uniformemente que los no cónicos.

Comprar un látigo, que es un árbol jóvenes sin ramas, también es aceptable. Las ramas laterales se desarrollarán después de haberlo plantado. Al comprar un árbol frutal joven, puedes fomentar el crecimiento de ramas recortando la rama líder a la altura que deseas que tengan las demás. Dependiendo del método utilizado, es posible que el líder sufra y deba restablecerse después de ser descabezado. Ten en cuenta que los árboles más pequeños se establecen más rápidamente luego de trasplantados que los árboles mayores de la misma especie. En general, un árbol de cinco galones (#5), o menor, es una buena opción de árbol para plantar.

Los nombres de las plantas

Todas las plantas tienen un nombre científico; muchas tienen también un nombre común. Por ejemplo, Mahonia aquifolium es el nombre científico de la planta comúnmente llamada uva Oregon; y Prunus persica es el de un árbol de nectarina. Los nombres científicos están en latín. Sirven para clasificar las plantas dentro de un género y especie, en base a ciertas características.

Los nombres comunes pueden variar de región a región. Por ejemplo, dependiendo de dónde vives, al Trachelospermum jasminoides se lo llamará Jazmín estrella, Jazmín confederado. Por esta razón, conocer únicamente el nombre común de las plantas en ocasiones puede llevar a confusiones. Sin embargo, el nombre común generalmente es suficiente; por ejemplo, saber si un árbol es un duraznero o un cerezo alcanza para tomar las decisiones importantes de poda.

Aprender los nombres comunes de las plantas de tu región te permite buscarla en una enciclopedia de plantas, o por Internet, leer acerca de sus condiciones preferidas y hábitos de crecimiento, qué variedades son mejores y sus posibles problemas. Esta es una buena manera de incrementar tu conocimiento hortícola.

Plantado

Tanto las plantas anuales, como los arbustos y los árboles pueden plantarse en cualquier época del año en que el suelo no está congelado, siempre que reciban cuidados adecuados luego de ser plantados. La primavera y el otoño son buenas épocas para plantar porque las temperaturas son templadas y las condiciones del suelo, si la humedad es adecuada, son favorables para el crecimiento de las raíces.

Un plantado correcto ayuda a que las plantas se establezcan más rápidamente y reduce las posibilidades de que tengan problemas. La plantación de la mayoría de los árboles y arbustos es muy similar, aunque las técnicas para las plantas de contenedor, a raíz desnuda y con cepellón escayolado, difieren en sus características particulares.

Importante: Consulta con un arborista o vivero certificado antes de sembrar, regar o alterar de cualquier manera el suelo de debajo de los árboles de roble.

Plantación de plantas de contenedor

Las plantas de contenedor deben ser plantadas rápidamente después de la compra. Si el plantado se demora, debes mantener el cepellón húmedo y colocar los contenedores a la sombra. Expuestas al sol, pueden recalentarse y provocar la pérdida de raíces. El follaje necesita que las condiciones sean similares a las del lugar donde crecerá; por ejemplo, si a la planta le gusta la sombra parcial, debería mantenerse en un sitio así.

Se llama anuales a las plantas que florecen solo en una temporada. En los viveros, se las venden en paquetes de seis, o en cajones de más cantidad. Para plantar anuales, se debe cavar un hoyo pequeño para cada una, utilizando una pala de mano. Cada hoyo no debe ser mayor al tamaño justo necesario para sujetar la planta más un poco de tierra suelta. Sujeta la planta por la base del cuello y retírala de su contenedor suavemente. Colócala en su agujero y rellena el espacio sobrante con tierra. Afirme el suelo con las manos para asegurar que el cepellón esté en contacto con la tierra

La base del cuello debería quedar ligeramente por encima de la altura del suelo y no por debajo. Una vez que hayas terminado, riégala. Para colocar anuales en suelos muy arcillosos, antes de plantar, repara la zona con compost de alta calidad, u otro abono adecuado La mayoría de las plantas anuales no se adaptan si se las planta directamente en suelos muy arcillosos.

Las plantas de contenedor vienen en varios tamaños, o clases, como #1, #5 y #15. Hubo una época en que estos nombres tenían una ligera relación con el tamaño del contenedor en galones, pero esto ya no es así. Las plantas de contenedor necesitan que el tamaño del hoyo tenga 2 a 3 veces el diámetro del cepellón En suelos de arcilla compactada, u otros de este tipo, se recomienda hacer un hoyo inclusive más amplio. Afloja la tierra alrededor de donde crecerán las raíces, les facilita la tarea de esparcirse.

El hoyo debería ser casi tan profundo como el cepellón de la planta. El objetivo es que al terminar, la planta quede un poco por encima del nivel del suelo Las que quedan aunque sea muy poco por debajo de este nivel, tienen muchos más riesgos de fracasar. Y, mantener el cuello de la raíz ligeramente por encima, reduce las posibilidades de que se formen pequeños charcos de agua alrededor de la base del tronco. El agua, se estanca y promueve la aparición enfermedades como la pudrición de la corona (Phytophthora).

Para prevenir la compactación tras el plantado, la tierra que esté en contacto con el cepellón no debe toquetearse. Si el hoyo es demasiado profundo, agrégale tierra y aplástala con firmeza. Una vez que tu hoyo esté listo, hunde una pala u horquilla pequeña de jardín en las paredes del mismo, para ayudar a las raíces a penetrar la tierra más fácilmente.

Estudios científicos comprueban que agregar abono orgánico a la tierra de relleno, no entrega ningún beneficio real. La única excepción es el suelo arenoso, que sí mejora sus condiciones con el abono orgánico. Nunca utilices arena o grava a modo de enmienda para el suelo arcilloso, porque puedes causar que se vuelva como de concreto. Ten en cuenta que agregarlas al fondo de un hoyo de siembra, para mejorar el drenaje, tendrá exactamente el efecto opuesto (Harris, Clark y Matheny, 2004). El agregado de fertilizantes hoyos de siembra se explica a continuación, en "Fertilización de plantas de jardín" on page 87.

Haz que la planta se deslice fuera del contenedor. De ser necesario, córtalo con un cuchillo. Gentilmente, afloja el cepellón a mano y corta allí donde las raíces se hayan dañado. Las plantas que permanecen largo tiempo en el contenedor pueden desarrollar una masa de raíces que rodeen la planta. Es preferible no comprar plantas que estén en este estado. Generalmente, se las puede identificar porque tienen raíces que crecen por encima de la tierra, o que sobresalen por orificios en la base del contenedor. Si compraras una planta así, corta a través de algunas de las raíces enmarañadas más finas. No cortes las raíces grandes, aunque estén retorcidas.

Incluso realizando medidas correctivas, algunas plantas no se recuperarán. Coloca la planta en el hoyo, asegurándote de que la parte superior del cepellón quede ligeramente por encima de la altura del suelo. Acomódala de modo que la ubicación de las ramas sea adecuada para ese sitio. Evalúa

Antes de que este limonero sea plantado, el contenedor se cortará y el cepellón será ligeramente aflojado a mano. Esta estaca será quitada si el árbol es capaz de sostenerse sin ella. En case contrario, será reposicionada para que no haga presión contra el tronco.

colocar la planta de modo que el lado menos desarrollado quede orientado hacia el sol de la tarde y reciba más luz. Ubica los árboles frutales para que el codo del vástago (la parte superior de la unión del injerto) apunte en sentido opuesto al del sol de la tarde. Esta parte de la planta es susceptible a quemarse si se la expone directamente a ese sol (Harris, Clark y Matheny, 2004). En caso de ser necesario, coloca el cepellón ligeramente inclinado, para que el tronco crezca vertical.

Rellena la mitad del hoyo con su misma tierra y apisónala firmemente alrededor de la planta. Luego, riega la tierra para deshacerte de las bolsas de aire. Completa con el resto de la tierra y afírmala con la mano, o suavemente con el pie. No le coloques tierra encima al cepellón; hacerlo puede causar que el agua se deslice fuera de su alcance. Si la planta no quedara un poco por encima del nivel de la tierra, vuélvela a plantar para que sí lo haga. Crea una barrera de tierra alrededor de la planta para que actúe como cuenca de riego y luego riégala.

Coloca 2 a 3 pulgadas de mulch alrededor de la planta. Para reducir el riesgo de enfermedades, evita que el mulch toque el tallo o tronco principal. Consulta "Aplicado de mulch a plantas de jardín" on page 86 para obtener más información. Quita cualquier etiqueta que pudiera haber venido con la planta, para evitar que su sujetador dañe a las ramas.

No podes árboles y arbustos inmediatamente después de haberlos plantado, excepto para quitarles las ramas rotas o dañadas, o para mantener el dominio de la líder central. Para obtener más información, consulta "La poda al momento de la plantación" on page 84. Verifica diariamente la humedad del suelo y riega tanto como sea necesario para que el cepellón permanezca húmedo, pero no saturado de agua, durante las primeras 4 a 6 semanas después de la plantación. Recuerda que las raíces de las plantas necesitan oxígeno. Saturar el suelo por períodos prolongados, puede matar la planta. Para obtener más información, consulta ""El riego durante la etapa de establecimiento" on page 94.

Plantación de árboles y arbustos a raíz desnuda

Algunas plantas, como las rosas y los árboles frutales, se venden a raíz desnuda en invierno. Esto significa que se les ha quitado la tierra de alrededor de sus raíces. Las plantas a raíz desnuda son más económicas que las de contenedor y, además, pueden ser embaladas y enviadas. Y, dado que estas plantas utilizan únicamente la tierra del lugar, evitan los problemas de humedad que pueden surgir cuando el cepellón tiene una textura diferente al del área de siembra.

Este tipo de árboles y arbustos deben ser plantados antes del inicio de la brotación. Y rápidamente después de haberlos comprado. Si la plantación se demorará, cubre las raíces con tierra o con compost y mantenlas húmedas. Antes de plantarlas, quita cualquier porción de raíces rotas y déjalas en remojo en un cubo de agua durante la noche. Si esto no te resulta práctico, remoja las raíces mientras preparas el hoyo para plantarla.

A partir de aquí, sigue el mismo procedimiento que el utilizado para las plantas de contenedor. Las raíces deben tener espacio suficiente para extenderse y la tierra donde descansan las raíces no debería tocarse, para evitar la compactación. Rellena y apisona la tierra y en caso de ser necesario, sujeta la plata a una estaca, o tutor. Ten en cuenta que la mayoría de los fracasos del método de raíz desnuda son causados por falta de agua en el momento en que a la planta comienzan a crecerle las hojas. Mantén la tierra de la zona de las raíces húmeda, no saturada, durante 4 a 6 semanas después de la plantación. Para obtener más información, consulta ""El riego durante la etapa de establecimiento" on page 94.

Plantación de árboles y arbustos en bolsa

Los árboles y arbustos comprados en bolsa (en inglés, "Balled in Burlap", B-in-B o B&B) se extraen del suelo con su tierra original intacta y las raíces envueltas en tela de arpillera, o un género similar. Transporta las plantas de bolsa por el cepellón, no por el tronco. Sigue el procedimiento de plantación de las plantas de contenedor. Las raíces de los "B-in-B" no necesitan poda.

Por lo general, la arpillera y los materiales similares a ella, no se descomponen rápidamente. Corta los hilos que sujetan la arpillera al tronco y retírala de la parte superior y los lados del cepellón. El material que quede en la base del cepellón puede dejarse allí (Watson y Himelick, 1997). Retira cualquier hilo, soga o canastilla plástica que rodeen el cepellón.

La poda al momento de la plantación

Los estándares de poda ANSI A-300 establecen que al momento de la plantación, la poda debería limitarse a ser una tarea de limpieza (6.2.6, 2008). Se llama "limpieza", a la extracción de ramas muertas, enfermas o rotas.

La poda estructural, o la formación, de árboles jóvenes implica reducir o eliminar las ramas que se amontonan, o quieren competir, con el líder central. Cuando el árbol seleccionado está sano y tienen una buena estructura, necesita poca o ninguna poda. Si el árbol necesita una poda estructural, lo mejor es hacerla uno o dos años después de su plantación. Deja tanto follaje como te sea posible, porque los árboles y arbustos jóvenes se sirven de él para establecerse con mayor rapidez. Quitarle sus ramas disminuye las reservas de energía de la planta y reduce temporalmente el crecimiento de la raíz. La formación de árboles jóvenes se explica en la página page 124.

Podar la parte superior de un árbol de raíz desnuda o de bolsa recién transplantado se ha convertido en una práctica común para compensar la pérdida de raíces. La idea es que al reducir el follaje, el árbol transpirará menos agua y, en consecuencia, el sistema radicular, comprometido, podrá satisfacer las necesidades de agua de la planta más fácilmente. A pesar de que los expertos difieren en sus opiniones, hoy en día se acepta generalmente que este tipo de poda no es necesaria para que un árbol se establezca con éxito y que podría ser beneficiosa únicamente para los árboles que no recibirán riego regular. Al aplicar esta técnica, la atención debería estar centrada en la reducción o supresión de unos cuantos tallos mal ubicados. No es recomendable reducir de manera significativa, o completa, la "cabeza" de una planta en más de un tercio.

Sujeción de árboles jóvenes

Los árboles jóvenes que oscilan moderadamente con el viento, sin sujeción, desarrollan troncos más fuertes que los sujetos con una estaca. Por lo tanto, no debe sujetarse a los jóvenes árboles que sean capaces de desarrollarse adecuadamente sin ayuda. La sujeción tiende a inhibir la capacidad del árbol de mantenerse erguido sin soporte adicional. Sin embargo, el viento fuerte es capaz de torcer las raíces de los árboles jóvenes, causándole daños y pérdida de anclaje; su corteza es todavía demasiado vulnerable a los cortacéspedes y las bordeadoras; y los que se encuentran en espacios públicos corren el riesgo de vandalismos. Por todas estas razones, generalmente se sujeta a los jóvenes árboles con una estaca.

Las tiendas de jardinería y los aserraderos venden estacas de sujeción hechas con madera tratada, que resiste al deterioro. Pero, cualquier vara de madera o metal también sirve. Existe una herramienta especialmente diseñada para esta tarea, pero para plantar ocasionalmente, cualquier mazo fuerte servirá. Los sujetadores amplios, suaves y flexibles hechos de tela, elástico, goma o cinta de polietileno de jardín son los mejores. Ten en cuenta que la soga, el alambre y las tiras hechas con mangueras de jardín o neumáticos usados pueden dañar la corteza.

Sujeción de protección

A veces, a los árboles jóvenes plantados sobre césped se los sujeta por protección, para mantener al tráfico de peatones y de equipo pesado lejos de los tejidos de la corteza. Se toman tres estacas o más, de tres pies de largo cada una, se las coloca a intervalos uniformes alrededor del árbol y se las clava en el suelo, fuera de la zona del cepellón y a 1 o 2 pies de distancia del tronco. Aproximadamente 2 pies de cada estaca deben permanecer encima del nivel del suelo y cada una debería estar marcada de una manera claramente visible a los peatones. La sujeción de protección no utiliza sujetadores.

Una alternativa a la sujeción de protección, es crear zonas esparcidas de mulch alrededor de árboles jóvenes que crecen sobre césped. Para obtener más información, consulta "Protección de árboles

ADMINISTRACIÓN DE PLANTAS DE JARDÍN

Una ilustración de la sujeción de apoyo. Las estacas se entierran en el suelo por fuera del cepellón y no sobrepasan los sujetadores. Los sujetadores no deberían apretar el tronco. En general, los sujetadores se retiran tras una temporada de crecimiento. Nota que el sujetador de madera en forma de cruz, ubicado bien abajo, debería estar en contacto con el tronco.

Sujeción de apoyo

Los jóvenes árboles que no permanezcan de pie por sus propios medios requieren de una sujeción de apoyo. Pueden usarse tres estacas, aunque con dos es suficiente. Si se utiliza solo una estaca, se corre el riesgo de que tenga un frote contra el tronco o las ramas y se dañe la corteza. Algunos productos comerciales tienen un sistema de una estaca y sujetador y también son seguros.

Cuanto más arriba se ubiquen los sujetadores, mayor será el estrés que recibirá la parte superior a causa del viento. El estrés por viento puede incluso quebrar un tronco joven si los sujetadores estaban demasiado alto. Para determinar la altura correcta para los sujetadores, toma el tronco de árbol con una mano y dobla la parte superior con la otra. Observa cuál es el sitio más bajo que permite al árbol regresar a la posición vertical al doblarlo y luego coloca los sujetadores 6 pulgadas por arriba de este punto. El punto de soporte debería estar a un mínimo de 3 pies por debajo de la cabeza de la rama líder (Harris, Clark y Matheny, 2004). No colocar un segundo juego de sujetadores más abajo proporciona al tronco una mayor flexibilidad. Una vez más, cuanto más abajo puedan colocarse los sujetadores, manteniendo el árbol erguido, mejor.

Ubica las estacas alrededor del cepellón, aproximadamente a 1 pie del tronco y clávalas en la tierra con una maza. Una vez que hayas colocado los sujetadores, corta las estacas unas pulgadas por encima de ellos. Si las estacas se dejan demasiado largas, pueden rozar contra el tronco y dañar la corteza. Sujeta las estacas con un lazo de 1" x 3", ubicándolo a una baja altura para mantener las estacas en el ángulo y posición correctos.

Retíralas una vez que el árbol sea capaz de mantenerse de pie por su propia cuenta. Por lo general, después de una temporada de crecimiento, el árbol ya está listo para sostenerse por sí mismo. En el caso de los árboles más grandes, es mejor mantener el soporte de las estacas durante dos temporadas. También los árboles estándar (las que tienen muchas ramas y son entrenadas para desarrollar una forma de tronco único), como el arrayán Crepe, pueden necesitar de varias temporadas de

y arbustos" on page 48 y ""Aplicado de mulch a plantas de jardín" on page 86.

Sujeción tipo ancla

Este tipo de sujeción evita que el cepellón del árbol se desplazase en la tierra. Las estacas son aseguradas a la base del tronco. Sujetar al tronco bien abajo mantiene el cepellón en su lugar y que permite que la parte superior del árbol se meza libremente. Esta forma de sujeción debe utilizarse en árboles que son lo suficientemente fuertes como para permanecer de pie por su propia cuenta.

Se colocan dos o tres estacas alrededor del árbol y aproximadamente a 1 pie del tronco. Los sujetadores deberían anudarse alrededor de tronco hasta aproximadamente a $1/3$ de la altura del árbol. Las estacas no deberían sobresalir por encima de los sujetadores y deberían quitarse tras una temporada. A las plantas grandes que fueron trasplantadas pueden hacerles bien dos temporadas de sujeción tipo ancla.

sujeción de apoyo. Los rosales pueden necesitar estacas de manera permanente.

Importante: *Cuando el sistema de sujeción se deja más tiempo del necesario, deja de ser un beneficio para pasar a ser dañino para la corteza o el tronco. El seguimiento de inspección junto con quitar las estacas a tiempo es tan importante como instalarlas correctamente.*

Aplicado de mulch a plantas de jardín

Se llama mulching, o acolchado, a cualquier material que se esparce sobre el césped para controlar las malas hierbas, reducir la evaporación del agua y regular la temperatura del suelo. Las zonas con mulch también pueden servir como división entre las plantas y los equipos de jardinería. Por ésta, y otras razones, se recomienda aplicar un anillo de mulch alrededor de la base de árboles y arbustos en el momento de la plantación. Los mulches orgánicos son mejores, porque agregan materia orgánica al suelo. Este tipo de mulch puede mejorar lentamente la estructura del suelo y aumentar su cantidad de nutrientes.

Una capa de 4 pulgadas de mulch evitará la germinación de muchos tipos de maleza y sofocará malas hierbas ya existentes. Estas virutas de madera no compostadas fueron donadas por una empresa de poda de árboles.

La mayoría de las raíces de árboles y arbustos capaces de absorber nutrientes crecen cerca de la superficie del suelo. Todo árbol y arbusto que crece sobre césped debe competir con él por el agua y los nutrientes. Colocar un anillo de mulch alrededor de su base, reduce esta competencia, y aumenta sustancialmente el crecimiento de la raíz y de la parte superior de la planta.

En el caso de los árboles de jardín de hasta 3 pulgadas de diámetro, se recomienda un anillo de mulch de 6 a 9 pies de diámetro (Watson y Himelick, 1997). Al transplantar, el mulch debe aplicarse 1 pie más amplio que el cepellón durante el primer año y luego extenderse gradualmente a lo largo de los años, a medida que el árbol se desarrolla.

Los mulch gruesos pueden aplicarse hasta 4 pulgadas de profundidad y los de textura fina, no deberían superar las 2 pulgadas. Mantén el mulch alejado varias pulgadas de la base del tronco. Si entra en contacto con el tronco, puede retener humedad; y atraer enfermedades e insectos.

El mulch se compone comúnmente de corteza, corteza triturada, trozos de madera hechos compost, agujas de pino y piedras. También existen productos sintéticos. Muchos jardineros utilizan virutas de madera no compostada para suprimir las malas hierbas y porque generalmente se consiguen gratuitas. Uno de los expertos recomienda aplicar 4 a 6 pulgadas de profundidad de viruta de madera en jardines ornamentales (Chalker-Scott, 2007). No utilices el mulch obtenido del corte del césped como mulch, porque pueden formar una capa sobre la superficie del suelo que restrinja la entrada de aire y agua.

Agrega nuevamente mulches cada algunos años, o con mayor frecuencia, dependiendo de la rapidez con que se descomponga. Los mulches de textura fina son más fáciles de esparcir y se descomponen más rápidamente que los de textura gruesa. El mulch puede fertilizarse agregando nitrógeno.

Calculando la cantidad de mulch o enmienda necesaria

Verifica la Tabla 5 para realizar un cálculo rápido de la cantidad de mulch o enmienda que debes agregar. Si la profundidad de mulch que necesitas no aparece en la tabla 5, utiliza la fórmula siguiente:

> Pies cúbicos de mulch = pies cuadrados x profundidad del mulch (como fracción de 1 pie)

Empieza por calcular la superficie en metros cuadrados. Para calcular el área circular alrededor de la base de un árbol, utiliza la fórmula 3.142 (3.14 x radio x radio), siendo el radio la mitad del diámetro del círculo. Por ejemplo, el anillo de 6 pies de diámetro típico para un árbol que crece sobre césped, tiene un radio de 3 pies, de manera que la fórmula sería 3.14 x 3 x 3 = 28 pies cuadrados.

Luego, convierte la profundidad del mulch, digamos 4 pulgadas, en una fracción de pie, así: 4" ÷ 12" = 0.33. Multiplica este resultado por el valor en pies cuadrados de la zona y obtendrás la cantidad de mulch necesario en pies cúbicos. Observa el siguiente ejemplo: 28 X 0.33 = 9 pies cúbicos de mulch para cubrir un círculo de 6 pies de diámetro y 4 pulgadas de profundidad. El material necesario será ligeramente menos, ya que no se cubrirá el área inmediatamente junto a la base del tronco. La tabla 5 incluye algunas de las fórmulas de profundidad de mulch más comunes.

Tabla 5. Cálculo de pies cúbicos de mulch*

2 pulg. prof. de mulch = pies^2 del área x 0.167
3 pulg. prof. de mulch = pies^2 del área x 0.25
4 pulg. prof. de mulch = pies^2 del área x 0.33
*Divide el resultado por 27 para determinar las yardas^3.

Por ejemplo, para cubrir 1,000 pies cuadrados con 3 pulgadas de mantillo de cortezas, el cálculo sería el siguiente:

> 1,000 X 0.25 = se necesitan 250 pies cúbicos de mulch.

> 250 ÷ 27 = se necesitan 9.25 yardas cúbicas.

Fórmula alternativa para yardas cúbicas. Esta es una fórmula alternativa para determinar las yardas cúbicas de mantillo para una superficie de 1,000 pies cuadrados:

> Yardas cúbicas de mulch por cada 1,000 m^2 = Profundidad de mulch x 3.086

Por ejemplo, para cubrir 1,000 pies cuadrados con 3 pulgadas de profundidad de mantillo, el cálculo sería el siguiente: 3 X 3.086 = 9.25 yardas. Para obtener los pies cúbicos, multiplica las yardas cúbicas por 27 (p. ej., 9.25 x 27 = 249.75 pies cúbicos).

Fertilización de plantas de jardín

El capítulo "Administración del césped" incluye una introducción general a los fertilizantes y a su uso responsable en jardinería (ver página page 64). Al igual que con la fertilización del césped, la atención principal de la fertilización de plantas de jardín está puesta en los tres nutrientes principales: nitrógeno, fósforo y potasio. De los tres, el nitrógeno es al que se presta mayor atención, porque es el más importante para el crecimiento de la planta y porque es el que le falta más frecuentemente.

Los expertos suelen expresar sus recomendaciones en términos de "libras de nitrógeno por cada 1,000 pies cuadrados" (consulta la página page 59 para obtener una explicación del término "libras de nitrógeno"). Para determinar qué cantidad de fertilizante utilizar en base a estas recomendaciones, se deben realizar algunos cálculos sencillos. Estos se encuentran explicados en "Calculando el área de fertilización y la cantidad de fertilizante" on page 91.

Las recomendaciones en términos de "libras de nitrógeno por cada 1,000 pies cuadrados" son útiles para superficies grandes, pero no lo son tanto para fertilizar plantas individuales. Para fertilizar plantas individualmente, sigue las instrucciones de la etiqueta del fertilizante (p.ej., "aplique 1/2 taza a lo largo del canal de goteo de cada arbusto").

Importante. Las recomendaciones de fertilización para árboles que encontrará a continuación, serán también válidas para la mayoría de los arbustos, porque por lo general, ambos tienen las mismas necesidades de nitrógeno. A pesar de esto, la mayoría de los jardineros, no ofrece la fertilización de árboles entre sus servicios. Muchos de los problemas de los árboles provocan síntomas similares a los de la carencia de nutrientes. Si no se los identifica y comprende correctamente, se corre el riesgo de fertilizar innecesariamente y agravar el problema. Por esta razón, la fertilización de árboles adultos debe dejarse a los arboristas certificados.

El nitrógeno en la plantación

Después de ser transplantadas, las plantas dedican más energía a regenerar el sistema radicular que a producir nuevos crecimientos en la parte superior. Una vez que el sistema radicular se establece en su nueva ubicación, la planta puede reanudar su ritmo normal de crecimiento superior. Pero hasta entonces, su capacidad de absorción de nutrientes estará disminuida. Este es el motivo por el que algunos expertos recomiendan no utilizar nitrógeno en la plantación; mientras que otros hacen excepciones si se lo aplica en poca cantidad y en formatos de liberación lenta. Se dice que la fase de nitrógeno bajo dura normalmente un año entero después de la plantación (Rosen, Bierman y Eliason, 2008).

Si decides utilizar nitrógeno en la plantación, aplica uno de liberación lenta sobre la superficie de la tierra, siguiendo las instrucciones del producto elegido (consulta "Aplicación superficial" on page 92). Utilizar nitrógeno de liberación rápida en el momento de la plantación puede dañar las raíces, por lo que debe evitarse. No hay necesidad de agregar nitrógeno a la tierra de reposición. Ten en cuenta que el cepellón de la mayoría de las plantas ya fue fertilizado en el vivero.

Fósforo y potasio en la plantación

El fósforo es importante para el desarrollo de un sistema radicular sano y por esta razón es común escucharlo asociado al establecimiento de plantas nuevas. Muchos suelos contienen suficiente cantidad de fósforo para el crecimiento de la planta. Cuando los niveles del suelo son adecuados, no es necesario agregar fósforo en la plantación. Las pruebas de suelo realizadas por un laboratorio son la mejor manera de determinar si hay carencia de fósforo y el potasio en el suelo y, de ser así, qué cantidades agregar. Los expertos locales también sabrán si el suelo de la región tiene deficiencias comunes.

Si la prueba de suelo indica que es necesario agregar fósforo o potasio a la tierra, el mejor momento para hacerlo es durante la plantación, porque se puede agregar el fertilizante en la profundidad de la zona de raíces de la planta. La aplicación superficial de fósforo es menos eficaz, porque este nutriente no se desplaza por la tierra como lo hace el nitrógeno. Cuando se agrega fertilizante con fósforo a la tierra de reposición, el nutriente permanecerá a disposición de la planta por un largo período de tiempo, de un par de años, o más, en la mayoría de los suelos. El Potasio es un nutriente que se une a la arcilla y a las partículas de materia orgánica. En consecuencia, los niveles de este nutriente también permanecen adecuados por períodos prolongados.

El nitrógeno durante la etapa de crecimiento acelerado

Una vez que los árboles y arbustos jóvenes se establecen, entran en una etapa de crecimiento acelerado que puede durar un año o más. Si se busca que durante esta etapa la planta crezca rápido, pueden agregar cantidades mayores de nitrógeno: 2 a 4 libras de nitrógeno, por cada 1,000 pies cuadrados, por año. Si no se busca un crecimiento rápido, 1 libra de nitrógeno (o menos), por cada 1,000 pies cuadrados por año, o nada.

Determinando si se deben fertilizar plantas establecidas

La mayoría de los suelos contienen suficiente nitrógeno, fósforo, potasio y demás nutrientes para satisfacer las necesidades de las plantas establecidas. Además, muchos árboles y arbustos reciben también nutrientes de la fertilización del césped. Entonces, la primera pregunta que uno debe hacerse es si la planta necesita de hecho algún tipo de fertilización. Si no se observan síntomas de deficiencia de nutrientes, probablemente no sea necesario fertilizar. Por ejemplo, si la planta crece adecuadamente en cada estación, mantiene un buen color de hoja y tiene una apariencia sana, lo más probable es que no sea necesario.

Pero si presenta un color pobre (hojas de tono verde muy claro o amarillento), hojas más pequeñas de lo normal, ramitas muertas en los extremos de las ramas, crecimiento débil o una mala apariencia general, la carencia de nutrientes podría ser la causa; y podría remediarse fertilizando. Sin embargo, estos síntomas también podrían ser síntomas de otros problemas, que deberían ser investigados antes de fertilizar.

Compactación del suelo, raíces dañadas, falta de agua, enfermedades, insectos, plagas, todas pueden ser causas posibles del crecimiento lento o la apariencia insalubre. A veces, el suelo tiene los nutrientes, pero no están a disposición de las plantas. Por ejemplo, el pH del suelo influye la disponibilidad de algunos micronutrientes. Si la prueba de suelo indica que el pH del suelo es demasiado alta o demasiado bajo, es posible que la deficiencia nutricional se arregle por si sola al corregir el pH. Para determinar si el suelo tiene un problema de pH, se debe realizar un prueba de suelo en la página page 107 se explican el pH del suelo y las pruebas de suelo.

Fertilización de árboles y arbustos establecidos

La fertilización debe hacerse con un objetivo claro en mente, como ser aumentar el crecimiento, mejorar el color de las hojas o prevenir, o corregir, deficiencias de nutrientes. Si el análisis del tejido foliar, o del suelo, revelan deficiencias de nutrientes, el laboratorio incluirá recomendaciones de fertilización en el informe de la prueba de suelo.

De acuerdo a la norma ANSI A300: Mantenimiento de árboles, arbustos y otras especies leñosas, que son las normas nacionales de fertilización utilizadas por muchos jardineros y profesionales de los árboles:

- Los fertilizantes de liberación lenta deben aplicarse en medidas que estén entre las 2 y 4 libras de nitrógeno por cada 1,000 pies cuadrados, sin exceder las 6 libras de nitrógeno por cada 1,000 pies cuadrados dentro de un plazo de 12 meses. La cantidad de nitrógeno insoluble en agua (WIN) debería tenerse en consideración (ANSI A300-2004, 14.2.3.1-2).

- Si se utiliza un fertilizante de liberación rápida, deben aplicarse entre 1 y 2 libras de nitrógeno por cada 1,000 pies cuadrados, por aplicación y no deberá excederse las 4 libras de nitrógeno por cada 1,000 pies cuadrados, dentro de 12 meses (ANSI A300-2004, 14.2.4).

La normas de fertilización ANSI establecen parámetros muy generales; no te indican la cantidad de nitrógeno que debes utilizar. La cantidad de nitrógeno necesario en cada situación va a depender de una variedad de factores, incluyendo el objetivo de la fertilización, la especie y edad de la planta, el tamaño del área donde está plantada, su nivel de estrés, el riego y el tipo de suelo. Como regla de oro, usa la menor cantidad de nitrógeno que consideres necesaria para obtener los resultados que deseas.

Cuándo reducir la tasa de nitrógeno

La mayoría de los árboles y arbustos toleran tasas más altas de nitrógeno por aplicación que el césped. Reduce la tasa de nitrógeno por aplicación en las siguientes circunstancias:

- En sitios donde las probabilidades de contaminar las aguas subterráneas por lixiviación de nitrato sean altas, se recomienda utilizar 1 libra de nitrógeno, o menos, por cada 1,000 pies cuadrados. De ser necesario para la salud de la planta, pueden realizarse varias aplicaciones durante la etapa de crecimiento (Kujawski y Ryan, 2000).

- Las tasas de nitrógeno para los árboles con sistemas de raíces confinados, como los árboles de la calle, o los plantados en canteros o islas en los aparcamientos, deberían basarse en el espacio disponible para las raíces y no en la extensión de la corona. Estos árboles deben ser fertilizados dentro de los rangos recomendados más bajos, divididos en varias aplicaciones al año. Puede utilizarse la aplicación superficial, la pulverización foliar y otros métodos alternativos (Hensley, 2005).

- Al fertilizar árboles y arbustos que crecen en el césped, no excedas la libra de nitrógeno de liberación rápida por cada 1,000 pies cuadrados, para evitar quemar el césped. Consulta "Métodos de aplicación de fertilizantes" on page 92 para obtener más información.

Fertilización de palmeras

Las palmeras poseen requerimientos particulares de fertilización. El uso de un fertilizantes incorrecto en, o cerca de, una palmera puede graves deficiencias, o incluso mortales, de K y de Mg, Broschat explica que "Las investigaciones han demostrado que un análisis de 2-8-12 más 4% Mg y otros micronutrientes es una fórmula efectiva para las palmeras que crecen en suelos de arena y de piedra a lo largo de toda la llanura costera del sureste de los EEUU. Sin embargo, no existen investigaciones similares para palmeras que crecen sobre otros tipos de suelo, o en otras partes del país" (Broschat, pers. com., 2011). Ten en cuenta que el 100% del N, K y el Mg deben ser de liberación controlada, porque los suelos arenosos de esta región lixivian los nutrientes rápidamente. Los micronutrientes deberían estar en forma de sulfato; a excepción del hierro, que debería estar en forma de quelato (Broschat, 2008).

El fertilizante de palmeras de liberación controlada mencionado anteriormente debería continuar liberando sus nutrientes durante aproximadamente tres meses, por lo que se lo suele aplicar cada tres meses. El mejor método de aplicación es esparcir el fertilizante por toda la zona. Para obtener información más detallada, incluyendo las tasas de aplicación, consulta "Fertilización de palmeras de cultivo y de jardín en Florida" (Publicación #ENH1009) en http://edis.ifas.ufl.edu/ep261. Ten en cuenta que el fertilizante de palmeras también puede servir para el mantenimiento del resto del jardín, inclusive para el césped; consulte la página page 66 para obtener más información.

Programación de la fertilización de árboles y arbustos

Aparte de nitrógeno, que es aceptable aplicar macronutrientes (fósforo, potasio, calcio, azufre y magnesio) siempre que el suelo esté a una temperatura superior a los 40 °F y se sepa que recibirá suficiente agua. No debería aplicarse fertilizante en climas secos si la planta no será regada, ni tampoco cuando el suelo se encuentre congelado. Los micronutrientes en gránulos solubles en agua, como el boro y los quelatos de hierro, manganeso y zinc, debe ser aplicados en verano u otoño (Harris, Clark y Matheny, 2004).

La fertilización con nitrógeno de árboles y arbustos debe programarse de manera que el nutriente esté fácilmente disponible para las plantas durante su crecimiento vegetativo de primavera. En el texto Arboricultura: Administración integral de árboles, arbustos y vides (2004), Harris, Clark y Matheny dicen que generalmente se logra la mayor eficacia al aplicarle nitrógeno a árboles y arbustos a mediados del verano o principios del otoño. Las raíces son capaces de absorber nutrientes fácilmente en estos momentos del año. Los nutrientes absorbidos en verano y el otoño quedan almacenados en la planta durante su estado latente y se vuelven disponibles para el crecimiento de principios de primavera.

Regiones con inviernos fríos. En regiones con inviernos fríos, aplicar nitrógeno en momentos o en cantidades equivocadas, puede producir en el árbol o arbusto un crecimiento tardío que no tendrá tiempo de fortalecerse para el invierno. Los brotes débiles pueden sucumbir ante las bajas temperaturas. Algunos expertos opinan que aplicar cantidades grandes de nitrógeno durante el estado latente, o en tasas moderadas durante la primera temporada de crecimiento, pueden promover a este crecimiento tardío (Harris, Clark y Matheny, 2004).

Plantas anuales y perennes. Las plantas anuales y perennes pueden fertilizarse aproximadamente una vez al mes durante la temporada de crecimiento. Los productos de liberación lenta, pueden utilizarse a intervalos más largos.

Tipo de fertilizante

Los árboles y arbustos ya establecidos pueden fertilizarse con nitrógeno de liberación lenta o rápida. Cuando la sensibilidad de la planta o las condiciones de la locación lo exigen, como los trasplantes recientes, la presencia de suelos arenosos o en árboles y arbustos que crecen sobre césped, debería darse preferencia a fertilizantes que tengan un mínimo de 50 por ciento de nitrógeno de liberación lenta.

En el análisis del fertilizante el nitrógeno de liberación lenta aparecerá como nitrógeno recubierto (normalmente de urea), orgánico natural o insoluble en agua (WIN). Un producto con un 10 por ciento de nitrógeno, contiene un 50 por ciento de nutriente de liberación lenta si la cantidad total de nitrógeno de este tipo es del 5 por ciento.

Las fórmulas más comunes de fertilizantes completos para plantas ornamentales vienen en proporciones de N-P-K (nitrógeno-fósforo-potasio) de 3-1-1, 3-1-2 o 3-1-3 (Gill, Bosmans, MacLachlan, 2001). Un producto con una proporción de 3-1-2 tiene tres veces más nitrógeno que fósforo; y el doble de potasio que de fósforo. Un ejemplo de un fertilizante completo con una proporción de 3-1-1 es el 12-4-4; y un ejemplo de proporción 3-1-2 es el 12-4-8.

Si no cuentas con un análisis de nutrientes del suelo o del tejido foliar, evita usar fertilizantes con alta proporción de P2O5 y K2O (ANSI A300-2004, 14.2.1). Asumiendo que los niveles de potasio y fósforo son adecuados y que el objetivo de la fertilización es alentar al crecimiento, evalúa la posibilidad de utilizar un fertilizante que contenga únicamente nitrógeno (p.ej., 12-0-0). Para reducir el riesgo de lastimar plantas, árboles y arbustos, los mejores fertilizantes son los que tienen un índice de sales menor a 50 (ANSI A300-2004, 14.2.5).

Existen también otras plantas con necesidades particulares de fertilización además de las palmeras. Los viveros suelen vender fertilizantes con fórmulas especial para rosas, árboles cítricos, plantas "amantes del ácido" y otros. Ten en cuenta que algunas plantas amantes del ácido, como las azaleas y los rododendros, tienen sistemas de raíces poco profundos que pueden resultar afectados por índices altos de nitrógeno de liberación rápida.

No fertilices árboles y arbustos con productos tipo "weed-and-feed" que contengan 2,4-D u otros herbicidas. Estos productos fertilizante y herbicida combinado pueden dañar o matar a plantas que no son céspedes. Sigue las instrucciones de la etiqueta del producto para obtener información específica. Los productos "weed-and-feed" se describen en la página page 66. Por último, antes de comenzar un programa de fertilización, averigua si existen deficiencias regionales comunes de nutrientes.

Calculando el área de fertilización y la cantidad de fertilizante

Para calcular la cantidad de fertilizante que debes aplicar en función de la tasa de nitrógeno recomendada (p. ej., 1 lb. N/1,000 pies cuadrados), lo primero que tienes que calcular son los pies cuadrados del área de fertilización. Para la mayoría de los árboles y arbustos, el área se mide desde un punto cercano al tronco a otro cercano o ligeramente más lejos de la línea de goteo (ANSI A300-2004, 14.3.2). Se llama línea de goteo a la superficie delimitada por el borde exterior de la copa del árbol, arbusto o grupo de arbustos. Ten en cuenta que las raíces de los árboles pueden extenderse mucho más allá de la línea de goteo, aunque el área de fertilización zona no sea tan grande. El área que va desde el tronco a la línea de goteo contiene una alta concentración de raíces alimentadoras.

No apliques fertilizante a la tierra cercana al tronco de un árbol o arbusto. Este "área no fertilizable" se extiende 2 a 3 pies, aproximadamente, alrededor del tronco de árboles adultos y alrededor de 1 pie alrededor del tallo principal de arbustos maduros.

El área de fertilización puede calcularse con la fórmula: 3.14 r2 (3.14 x radio x radio), siendo 3.14 (pi) una constante matemática que representa la relación de la circunferencia de un círculo con su diámetro, y el radio, la distancia desde un punto cercano al tronco hasta la línea de goteo. Por ejemplo, si el radio es 7 pies, el área de fertilización se calcula de la siguiente manera: 3.14 X 7 x 7 = 154 pies cuadrados.

La superficie cubierta por aceras, caminos u otras construcciones pavimentadas no está incluida en este cálculo de área. Los árboles con sistemas radiculares restringidos, como los que crecen en las islas de los aparcamientos, normalmente no reciben ningún tipo de fertilización, o la reciben a una tasa baja y por medio de aplicaciones repetidas.

Los árboles con forma de columna poseen un follaje angosto que no se condice con la expansión de sus raíces. Para calcular el radio de fertilización, en pies, de árboles de este tipo, hay que multiplicar el diámetro del tronco en pulgadas a 4 $1/2$ pies por encima del suelo por 1 o 1 $1/2$. Por ejemplo, un árbol columnar con tronco de de 8 pulgadas a $1/2$ pie por encima del nivel del suelo, tendría un radio de fertilización de 8 a 12 pies. Los árboles con forma fastigiada también tienen un follaje angosto, pero poseen varios troncos pequeños; utiliza un radio de fertilización equivalente a la altura del árbol.

Cantidad de fertilizante. Una vez que sabes el tamaño del área de fertilización, puedes calcular la cantidad de fertilizante que tienes que aplicar. Primero, determina la cantidad de fertilizante que deberías utilizar cada 1,000 pies cuadrados, dividiendo la tasa de nitrógeno deseada por el porcentaje de nitrógeno del producto. Por ejemplo, si la tasa de nitrógeno deseada es 1 libras por cada 1,000 pies cuadrados, y el producto es un fertilizante 24-6-12, el cálculo sería el siguiente: 1 ÷ 0.24 = 4.2 libras de fertilizante 24-6-12 por casa 1,000 pies cuadrados.

A continuación, divide los pies cuadrados del área a fertilizar por 1,000 y multiplica el resultado por la cantidad en libras de fertilizante por cada 1,000 pies cuadrados. Por ejemplo, si el área de fertilización es de 225 pies cuadrados, el cálculo sería el siguiente: 225 ÷ 1,000 = 0.225. Por último, multiplica este resultado por la cantidad en libras de fertilizante que se deben utilizar cada 1,000 pies cuadrados. Por ejemplo: 0.225 X 4.2 = 0.95 libras. Esta es la cantidad de fertilizante 24-6-12 que se

Tabla 6. Cálculo de cantidad de fertilizante

1. Calcula el área de fertilización.

2. Calcula la cantidad de fertilizante necesaria cada 1,000 pies cuadrados. Para hacer esto, divide la tasa de nitrógeno deseada (por ejemplo, 1 libra N/1,000 pies cuadrados) por el porcentaje de nitrógeno del producto (p. ej., 24-6-12= 0.24). A modo de ejemplo: 1 ÷ 0.24= 4.2 libras de 24-6-12 por cada 1,000 pies cuadrados.

3. Divide el área a fertilizar por 1,000 y multiplica el resultado por la cantidad de libras de fertilizante por cada 1,000 pies cuadrados (calculadas en el paso 2). Por ejemplo: 225 pies cuadrados ÷ 1,000 = 0.225; 0.225 x 4.2= 0.95 libras de 24-6-12.

deben aplicar a un área de fertilización de 225 pies cuadrados. Ten en cuenta que 1 taza para medir líquidos posee aproximadamente 8 onzas (aproximadamente $1/2$ libra) de fertilizante en gránulos. La tabla 6 es un resumen de cómo calcular la cantidad de fertilizante.

Métodos de aplicación de fertilizantes
Aplicación superficial

Para los fertilizantes de nitrógeno, la aplicación superficial es el método más eficaz, porque el nutriente se distribuye de manera uniforme y se desplazará fácilmente hacia la zona de las raíces con la lluvia y el riego. Los oligoelementos (micronutrientes) también pueden ser aplicados superficialmente.

Evita la aplicación superficial de nitrógeno en suelos donde es probable que se escurra, como en las laderas o en suelos desnudos y compactados. Al fertilizar árboles y arbustos que crecen sobre césped, no uses más de 1 libra de nitrógeno por cada 1,000 pies cuadrados, para evitar quemar la hierba. Si precisas aplicar una tasa mayor de nitrógeno, divide la cantidad total que necesites en aplicaciones más pequeñas y permite que pasen cuatro semanas entre aplicaciones. Otro método de aplicación es la fertilización subsuperficial, que aplica el nitrógeno por debajo de la zona radicular del césped

En general, el fósforo y el potasio son más eficaces si se los aplica dentro del suelo, ya sea incorporándolos a la tierra de reposición en el plantado, o colocándolos en orificios alrededor de las plantas maduras.

Aplicación subsuperficial

La aplicación subsuperficial implica perforar agujeros en la tierra alrededor de la planta y colocar el fertilizante dentro de ellos. Con la aplicación subsuperficial, el fertilizante no distribuye tan uniformemente como con la superficial, pero ésta es igualmente una buena opción para fertilizar superficies inclinadas y áreas de tierra compactada, o al aplicar fósforo o potasio.

La mayoría de las raíces alimentadoras de los árboles y arbustos crecen a poca profundidad. Si se hacen los orificios demasiado profundos, los nutrientes serán aplicados más allá del alcance de las plantas. Los orificios deberían tener de 2 a 4 pulgadas de diámetro, de 4 a 8 pulgadas de profundidad y estar espaciados entre sí de 12 a 36 pulgadas (ANSI A300-2004). Pueden realizarse siguiendo un patrón tipo grilla o en círculos concéntricos. Evita los 2 a 3 pies alrededor del tronco y ten cuidado de no dañar raíces grandes al perforar.

Distribuye el fertilizante uniformemente entre los orificios. Utiliza un embudo para evitar derrames. Deja las 2 pulgadas superiores vacías y rellénalas con tierra o enmienda orgánica, como el compost. Puedes utilizar fertilizantes en paquetes o tabletas como alternativa al de gránulos; aplica la tasa recomendada para el producto.

La perforación de los orificios puede aumentar el nivel de oxígeno del suelo y reducir su compactación Agregar enmienda orgánica a los orificios puede aumentar los beneficios anteriormente mencionados y a veces se hace inclusive sin fertilizante. Puedes utilizar una perforadora a motor. Una potente, eléctrica e inalámbrica funcionará fertilizar arbustos de manera limitada.

Inyección subterránea de líquidos. La inyección subterránea de fertilizante líquido también pondrá los nutrientes dentro del área radicular. El espaciado y profundidad son aproximadamente los mismos a los recomendados para la técnica de orificios. No excedas las 12 pulgadas de profundidad. Los viveros y centros de jardinería venden unos dispositivos llamados "alimentadores de raíces" (root feeders), que se unen a una manguera de jardín y utilizan fertilizante en tabletas especiales.

Pulverización foliar

En ocasiones, para corregir deficiencias de micronutrientes, se recurre a la fertilización foliar. Pulverizar las hojas con el nutriente deficiente en forma de líquido es una solución temporal hasta lograr corregir los problemas del suelo (p.ej., un pH bajo, compactación de la tierra o deficiencias nutricionales). Las aplicaciones en forma de aerosoles también pueden servir como diagnóstico.

Inyección al tronco

La inyección al tronco es un método utilizado por arboristas certificados para aliviar temporalmente carencias nutricionales menores en árboles diámetros grandes. A veces, esta técnica se utiliza cuando otros métodos demuestran ser menos eficaces. Por ejemplo, un árbol con una deficiencia de hierro, que tiene la mayoría de sus raíces cubiertas por el pavimento, puede ser un buen candidato para este método. Este tipo de aplicación también se usa a veces para los insecticidas sistémicos. Uno de los inconvenientes de esta técnica es que los puntos de inyección pueden convertirse en entradas para insectos y enfermedades.

Riego de plantas de jardín

El de riego de árboles y arbustos leñosos ornamentales y establecidos es generalmente menos crítico y demandante que el riego del césped. Algunas plantas de jardín establecidas poseen un sistema de raíces extenso y son capaces de satisfacer todas sus necesidades de agua solo con el agua de lluvia. Otras necesitan más agua de la que normalmente proporciona las lluvias y requieren de un riego regular en algunas épocas del año. La mayoría de las plantas de jardín requieren de riego durante su etapa de establecimiento.

El riego durante la etapa de establecimiento

Las plantas pierden raíces en el transplante. Otras plantas se cultivan en el suelo y pierden un gran porcentaje de sus raíces durante la cosecha (p. ej., en el cultivo a raíz desnuda). Exponer el cepellón al aire durante transplante, aunque sea solo brevemente, puede destruir algunos de los pequeños pelos radiculares encargados de absorber el agua y los nutrientes. Debido a esta pérdida, las plantas recién transplantadas permanecen en un estado comprometido durante un tiempo.

Luego de ser plantada, la planta debe comenzar a extender sus en el nuevo entorno. Durante este período, conocido como la etapa de establecimiento, la tasa de crecimiento se reduce y la planta se vuelve más susceptible al estrés por humedad. Cuanto más rápidamente la planta pueda hacer crecer sus raíces en el suelo circundante, antes reanudará su tasa normal de crecimiento y antes dejará de necesitar de riego suplementario. Debe prestarse especial atención al riego durante la etapa de establecimiento porque el crecimiento radicular óptimo dependerá de que el suelo tenga la humedad adecuada.

El suelo reseco inhibe el crecimiento de las raíces y aumenta el tiempo que la planta necesita para establecerse. El suelo saturado contiene niveles bajos de oxígeno, que también obstaculizan el crecimiento de las raíces e incluso puede matar a la planta. Las raíces de las plantas crecen más rápido en suelos húmedos. El riego debería ser lo suficientemente frecuente como para mantener un nivel relativamente constante de humedad en el suelo, pero sin saturarlo de agua durante períodos prolongados.

La humedad del suelo alrededor del cepellón

Hasta que la planta logra establecerse, la mayoría de sus raíces se encuentran en el cepellón. El riego inicial debería concentrarse en mantener la tierra húmeda alrededor del cepellón. Esto, a menudo requiere de un riego frecuente, porque la planta puede consumir muy rápidamente el agua de esa zona. Incluso si los requisitos de agua de una planta determinada son mínimos, un suelo de textura fina alrededor del cepellón puede tener un efecto esponja, absorbiendo la humedad de la zona; el cepellón puede resecarse incluso con el suelo circundante húmedo.

Una estrategias para mantener el cepellón húmedo, sin saturar la tierra circundante, es construir una pequeña cuenca de riego a su alrededor y luego una cuenca mayor por fuera de la primera. La cuenca mayor puede ser regada a intervalos más espaciados.

Programación durante la etapa de establecimiento

Riega tanto como sea necesario durante las primeras 4 a 6 semanas, o más, después de la plantación para garantizar que la tierra del cepellón y un poco de la circundante, permanezca húmeda, pero no saturada ni mojada. Puedes verificar la humedad del suelo cavando un agujero pequeño al lado del cepellón con una pala de mano, e insertando un dedo junto a uno sus laterales y cerca de la base. Aumenta o disminuye la frecuencia del riego, o la cantidad de agua, según sea necesario. Consulta "Estimación de la humedad del suelo" on page 69 para obtener más información.

Otra estrategia es regar la cuenca interior diariamente durante varios días después de la plantación y luego discontinuar el riego hasta que la planta comience a mostrar los primeros signos de marchitamiento. Según Harris, Clark y Matheny, en el texto Arboricultura: Administración integral de árboles, arbustos y vides (2004), "Un intervalo de 1 día antes del intervalo de marchitamiento puede utilizarse desde entonces para el riego durante 2 a 3 semanas. Repite el experimento de marchitamiento más adelante para ajustar el programa de riego" (p. 201. Reproducido con el permiso de Pearson Education, Inc., Upper Saddle River, Nueva Jersey). La cuenca exterior puede necesitar agua solo cada 2 a 3 semanas.

A medida que las raíces se desarrollan durante la primera temporada de crecimiento, el intervalo de riego puede aumentarse y la superficie de riego, ampliarse. De acuerdo a Watson y Himelick (1997), incluso a medida que el sistema radicular empieza a expandirse a través de la tierra de reposición, el cepellón continúa siendo el lugar más importante desde donde controlar la humedad del suelo en los dos primeros años después de la plantación.

El microriego (riego por goteo) es eficiente para el riego frecuente y de bajo volumen del cepellón. Las boquillas de riego tipo bubbler también son eficaces. Y regar a mano hasta que una planta se establezca es igualmente común. No confíes en el programa de riego para el césped para garantizar las necesidades de agua de las plantas jóvenes que crecen sobre él; necesitarán de microriego o riego a mano adicional. El programa de riego del césped deberá cumplir todos los requisitos del agua de la mayoría de las plantas establecidas sobre él.

Duración de la etapa de establecimiento

Una planta está establecida cuando reanuda el ritmo de crecimiento que tenía antes de ser trasplantada. Según Watson y Himelick (1997), "una planta leñosa puede considerarse establecida cuando es posible extender su ciclo de riego a por lo menos dos semanas durante un clima caluroso de verano, sin que se estrese demasiado por falta de agua".

El tiempo que un árbol o arbusto puede tardar hasta establecerse dependerá del clima, su especie, tamaño, el tipo de suelo y de los cuidados post plantación. En regiones donde la temperatura del suelo se mantiene cálida durante gran parte del año, las raíces de las plantas crecen más en el transcurso de una temporada que las de regiones con inviernos más fríos. Y además, las plantas con troncos de diámetros chicos tardan menos tiempo en establecerse que las de diámetros mayores.

Muchos árboles jóvenes tardan de uno a tres años en establecerse. Una regla de oro dice que se le debe dar un año por cada pulgada que tiene su tronco de diámetro. Por ejemplo, un árbol joven con un tronco de 2 pulgadas tardará aproximadamente dos años, más o menos dependiendo de la región y la especie.

Riego de plantas establecidas

Muchas plantas de jardín ya establecidas poseen un extenso sistema de raíces, que es capaz de absorber agua de un área mucho mayor al delimitado por la extensión de sus ramas. Esta característica permite a los árboles y arbustos ornamentales sobrevivir sin agua suplementaria. Algunas plantas ornamentales necesitan más agua que la que obtiene de la lluvia y requieren de riego adicional. Muchas plantas de jardín, incluyendo muchos árboles grandes, agradecen el riego durante los climas calurosos.

El follaje de la planta puede ser un indicador de sus necesidades de riego. Una planta con estrés por humedad puede marchitarse, exhibir hojas de color gris verdoso, éstas pueden caerse, o crecer de tamaño menor al habitual. Los tallos también pueden marchitarse o morir. Otros problemas, como la deficiencia de minerales o algunas enfermedades de la raíz, pueden causar síntomas similares. El marchitamiento también puede ser signo de exceso de agua.

Si no se perciben síntomas de estrés hídrico, lo más probable es que el riego sea innecesario. Si la planta sí muestra estos síntomas, verifica la humedad de la tierra en zona de las raíces, como se explica en la página page 69. Si el suelo tiene más de un 40 a 50 por ciento de deficiencia de humedad, regar ayuda. Ten en cuenta que la apariencia de la superficie del suelo no es un indicador confiable de la cantidad de agua que contiene. Incluso si la superficie se ve seca, el suelo puede contener igualmente suficiente agua disponible para las plantas.

Las raíces de los árboles pueden extenderse de dos a tres veces el tamaño del follaje y a veces más. Una zona de riego razonable debería abarcar desde cerca del tronco a la altura de la línea de goteo (punto justo debajo del borde del follaje), o apenas pasando ésta. Ten en cuenta que las raíces finas de la mayoría de los árboles y arbustos están relativamente a poca profundidad. Más específicamente, estas raíces se concentran en el las 12 pulgadas más cercanas a la superficie del suelo, estando la mayoría dentro de las primeras 2 pulgadas (Gilman, 2009).

Lineamientos de riego para plantas establecidas

Las siguientes instrucciones se aplican al riego de plantas leñosas de jardín.

- Dicho riego debería reponer el agua de la zona radicular de las plantas. (A veces, solo una parte de esta zona, consulta la página page 97). La elección entre hacerlo con riegos profundos e infrecuente, o superficiales y frecuentes, dependerá de la madurez de la planta, del sistema de riego y en cierta medida, del gusto personal. Los sistemas de microriego son ideales para riegos poco profundos y frecuentes y a menudo son diseñados especialmente para funcionar cada pocos días y mantener un nivel de humedad ideal en la zona radicular.

- Al regar plantas que crecen en suelos de textura gruesa (por ejemplo, en arena), riega a menudo y durante poco tiempo. Cuando los suelos arenosos tienen demasiada agua, ésta puede filtrarse por debajo de la zona radicular, llevándose los nutrientes con ella. Los suelos arcillosos tienen menor capacidad de infiltración. Cuando un suelo de este tipo da problemas de escurrimiento, utiliza el ciclo múltiple, tal como se describe en la página page 72. Los sistemas de microriego usualmente no causan estos problemas. Un cuenco de riego alrededor de la línea de goteo de una planta también impide el escurrimiento. Consulta "Tipos de suelo" on page 100 para obtener más detalles.

- Las restricciones al uso del agua en tiempos de sequía puede limitar la cantidad de agua que disponible para regar los jardines. De todas las plantas del jardín, los árboles son la primera prioridad de riego, porque son más difíciles de reemplazar. En época de sequía, riega los árboles cada dos a tres semanas. (Los robles tienen necesidades de riego especiales, consulta a un arborista certificado o en un vivero profesional para que te asesoren). Riega cerca de la línea de goteo hasta una profundidad de 1 1/2 pie. Durante los meses secos del invierno, riega a los árboles y arbustos por lo menos una vez al mes.

- Colocar dos a cuatro pulgadas de mulch reduce la evaporación y suprime las malas hierbas. Para obtener más información, consulta "Aplicado de mulch a plantas de jardín" on page 86.

- La compactación obstaculiza el tránsito del agua y de los nutrientes hasta las raíces de las plantas. Las plantas que crecen en suelos compactados pueden beneficiarse mucho de que se airee el suelo y se esparza mulch orgánico alrededor de sus bases. Mantén el mulch lejos de los troncos.

- Regar temprano por la mañana permite que el agua penetre en la tierra antes del calor del mediodía, que la evapora.

- Regar el tronco de los árboles, o la tierra a su alrededor, aumenta el riesgo de que contraiga la enfermedad de la podredumbre de la corona (Phytophthora). Usa rociadores de poco ángulo, o divisores, para evitar mojar el tronco y cuídate de colocar emisores de goteo a más lejos de un pie de distancia de ellos.

- El alto contenido de sal de algunas agua de riego, puede deteriorar la apariencia, o dañar, el follaje El riego por goteo mantiene al agua salobre alejada de las hojas. Para prevenir daños al follaje, pon a funcionar a los rociadores por períodos más largos y alarga el intervalo entre riegos.

- No fertilices a una planta que muestra signos de tener estrés hídrico.

- Las plantas se suelen clasificar en ideales para zonas de uso del agua bajo, moderado y alto. Siempre que sea posible, mantén a las plantas de jardín que tengan necesidades de agua similares, dentro de la misma zona de riego (o hidrozona).

Microriego (*drip* en Inglés)

El microriego, también llamado riego por goteo, entrega poco volumen de agua a muy baja presión justo por encima de la zona radicular de la planta. Este sistema evita el conocido desperdicio de agua de los rociadores de riego. Además, su aplicación lenta ayuda a mantener un balance de aire y agua ideal en la zona radicular.

Los sistemas de microriego se conectan a válvulas de riego, o grifos exteriores. Unido a la válvula, se encuentra el mecanismo principal del sistema, que normalmente consiste en un dispositivo antiretorno, un filtro, un regulador de presión y, a veces, un inyector de fertilizante. El antiretorno evita que el agua regrese a la fuente de abastecimiento de agua; el filtro elimina los contaminantes que podrían obstruir los conductos; el regulador de presión reduce la presión del agua a aproximadamente 25 psi; y el inyector distribuye fertilizante especial a las plantas a través del sistema de riego.

La manguera, o tubería, por goteo se conecta al mecanismo principal y transporta el agua hasta las plantas. A veces se utiliza un tubo de PVC como línea sub-principal, conectando la válvula a una conexión remota. La tubería de este sistema es una manguera de polietileno flexible, que se entierra, o simplemente se apoya sobre la superficie. Se pueden utilizar diversos tipos de tubería. La manguera porosa (manguera de remojo) tiene pequeños orificios por donde sale el agua. Las tuberías emisoras tienen emisores de goteo incorporados. La manguera de goteo sólida está diseñada para emisores independientes. Se utiliza una perforadora para hacer orificios en una manguera sólida y se conectan emisores con tasas de flujo y patrones de riego diferentes.

El diámetro de la manguera flexible afectará el volumen de agua a cada longitud determinada. La tabla 7, en la página siguiente, muestra algunos de los tamaños de tubería de riego comunes y su capacidad. Las capacidades pueden variar de fuente a fuente. La tubería emisora, que no está en la lista, tiene capacidades diferentes que la manguera de goteo sólida

Ten en cuenta que existen varios tamaños de tuberías de riego por goteo marcadas como de $1/2$ pulgada. (Las siguientes descripciones de tamaño están estandarizadas en muchos lugares, pero puede no ser universales para todos los fabricantes; verifica las especificaciones del fabricante antes de realizar una compra.) La típica manguera de goteo de $1/2$ pulgada de las ferreterías tiene 0,620 de diámetro exterior (OD) y anillos verdes en las conexiones. La tubería comercial de $1/2$ pulgada es de 0,700 OD si tiene anillos negros y de 0,710 OD si tiene anillos azules en las conexiones. La tubería comercial de ¾ pulgada es normalmente de 0.940 OD y tiene anillos grises).

Ten en cuenta que la marca Rain Bird fabrica accesorios de compresión para múltiples diámetros, dentro de su sistema Easy-Fit Compression Fitting System. Los accesorios de compresión Easy-Fit se adaptan a un rango de tubos de polietileno de $1/2$ pulgada (de 0.630" a 0.710", o de 16mm a 18mm OD).

Algunos de los emisores que se pueden utilizar con la manguera de goteo sólida son los goteros, los microaspersores (o *spray*) y los microdifusores (o *bubblers*). Cada tipo de emisor está disponible en diferentes niveles de flujo. La tabla 7 se puede utilizar para determinar el número de emisores que puede soportar una manguera de goteo sólida. Por ejemplo, si 240 pies de manguera por goteo de $1/2$ pulgada de puede suministrar 235 galones por hora, los emisores de 235 galones por hora servirán. La cantidad de emisores de $1/2$ galón por hora que la manguera por goteo puede soportar se calcula de la siguiente manera: 235 ÷ 0.5 = 470 emisores. Exceder la capacidad de la manguera puede reducir la presión del agua y disminuir la tasa de flujo de toda el sistema de goteo.

Las plantas con necesidades de agua similares, a menudo se plantan en la misma zona para conservar el agua y simplificar la planificación del riego. Cuando dos plantas con necesidades de agua muy diferentes deben ser regadas por el mismo sistema de microriego, aumenta la cantidad de emisores cerca de las plantas con mayores necesidades de agua. De esta manera, un mismo programa de riego puede satisfacer a una amplia variedad de plantas Todos los emisores de una tubería de goteo deberían tener la misma tasa de flujo. Mezclar emisores con tasas diferentes en una misma tubería de goteo puede desperdiciar el agua, porque algo del agua liberada por los emisores más grandes, se colará por debajo de la zona radicular.

La salud de la planta, así como su apariencia, muchas veces pueden mantenerse mediante la irrigación del suelo sobre la zona radicular de la planta. Según Harris, Clark y Matheny, los emisores deberían humedecer entre el 50 y el 75 por ciento de la tierra de la línea de goteo, o la que se encuentra

Manguera de goteo flexible sólida unida por una compresión "T". Los tamaños están codificados por color. Existen varios tamaños ligeramente diferentes marcados como de ½ pulgada.

dentro de un diámetro equivalente al peso de la planta, escogiendo de estas dos opciones la que sea mayor (2004). De acuerdo a las condiciones, el porcentaje de tierra dentro bajo la línea de goteo que deberá humedecerse será mayor o menor (La línea de goteo es donde se concentra la mayor cantidad de raíces alimentadoras). A medida que la planta madura y la línea de goteo se hace mayor, los emisores deberían reposicionarse más lejos, e inclusive es probable que deban agregarse más.

Los emisores por goteo crean patrones de humedad distintos en cada tipo de suelo. El agua se desplaza horizontal y verticalmente en todos los suelos. En los de textura gruesa, como los arenosos, el agua se desplaza mayormente hacia abajo y el patrón de humedad que resulta de este movimiento, asemeja un óvalo angosto. En suelos de textura mediana, como el loam, se crea un patrón con forma de medio círculo, justo debajo de la superficie. Y en los de textura fina, como los arcillosos, al agua se le dificulta penetrar hacia abajo, lo hace muy lentamente y en consecuencia el desplazamiento horizontal es mayor que el vertical. El resultado es un patrón amplio y poco profundo.

Conocer los patrones de humedad sirve para entender cómo ubicar los emisores de manera que se cree una zona de humedad continua, que es muy bueno para las áreas con mucha vegetación. Para mantener la humedad de manera permanente, por lo general, se deben coloca tanto a los emisores como a las mangueras de goteo con una separación de 12 pulgadas entre sí en suelos de textura gruesa, 18 pulgadas en suelos de textura mediana y 24 pulgadas en suelos de textura fina (Rain Bird, 2000). Las mangueras con emisores incorporados ya vienen con esta separación. No todas las áreas con plantas necesitan estar permanentemente húmedas.

Programación del microriego

Una manera práctica de programar un sistema de microriego es, primero, verificar si las plantas dan signos de tener estrés hídrico, luego, comprobar la humedad de la tierra en la zona radicular y, entonces, hacer los ajustes necesarios a la programación. De ser necesario, agrega o quita emisores para satisfacer individualmente las necesidades de cada planta. Al agregar emisores, éstos deberían tener la misma tasa de flujo que los que ya estaban. Activa el sistema solo durante el tiempo necesario para reponer el agua de la zona radicular. Ten en cuenta que uno de los problemas comunes de estos sistemas es que no se los deja funcionar durante el tiempo suficiente. Para obtener más información acerca del microriego, consulta ""Mantenimiento de sistemas de micro riego" on page 186.

Tabla 7. GPH y longitud máxima de la tubería de goteo común

Tubería	Tamaño	PSI	gph máx.	Longitud máx. (suelo plano)
Alimentador (o espagueti)	1/8"	20	15	5'
	1/4"	20	30	15'
Manguera de goteo sólida	3/8" (400)	25	110	120'
	1/2" (700)	25	235	240'
	3/4" (900)	25	475	300'

Adaptado de *Riego por goteo para cualquier jardín y climas* (*Drip Irrigation for Every Landscape and All Climates*), Kourik 1992, p. 87. http://www.robertkourik.com.

CAPÍTULO 6

El suelo

En este capítulo
- Estructura, textura y tipos de suelo
- Materia orgánica y microorganismos
- Enmiendas orgánicas
- Lombrices
- pH del suelo y pruebas de suelo

Las plantas absorben agua y nutrientes del suelo por medio de sus raíces. Las condiciones de suelo favorables promueven el crecimiento óptimo de las plantas, así como su salud; de igual manera, las malas condiciones inhiben su crecimiento y deterioran su salud. Teniendo solo un conocimiento básico de los suelos, podrás adoptar ciertas prácticas que mejoren su condición cuando éstas no sean ideales, a la vez que mantendrás los beneficios que ofrece el suelo fértil. Desde el punto de vista práctico, comprender el suelo te permitirá hacer decisiones con fundamento respecto a la plantación, riego, fertilización e incluso el segado de las plantas.

Este capítulo ofrece una breve introducción a la estructura del suelo, su textura, tipos, a la materia orgánica y el pH del suelo, entre otros temas. El énfasis está en las medidas que puedes tomar para promover su fertilidad.

El suelo

La tierra del suelo se compone de minerales, materia orgánica, aire, agua y organismos vivos. Las condiciones óptimas para el buen crecimiento de las plantas consisten en que la estructura del suelo sea porosa y contenga niveles adecuados de oxígeno y agua; que tenga materia orgánica, organismos y microorganismos que realicen procesos químicos beneficiosos y una cantidad suficiente de nutrientes disponibles. En estas condiciones ideales, las plantas tienen todo lo que necesitan para prosperar. Si el suelo carece de nutrientes, si su drenaje es malo o tiene demasiado poco espacio para oxígeno, las plantas no crecen bien y son más susceptibles al estrés por falta de agua y a otras enfermedades.

La estructura del suelo

El suelo está compuesto de partículas minerales de diferentes tamaños. Las partículas de arena son las más grandes, siendo de entre 2.00 y 0.05 mm. Las de limo son más pequeñas que las de arena y se ubican en el rango de 0.05 a 0.002 mm y las partículas de arcilla son menores a 0,002 mm. Estas partículas, junto con la materia orgánica, se adhieran entre sí de manera natural, formando estructuras mayores, o conglomerados. El termino estructura del suelo se refiere a la disposición de las partículas y al espacio existente entre ellas.

La estructura afecta un número de propiedades del suelo, como la capacidad de infiltración del agua y su drenaje (permeabilidad), la penetración de las raíces y la disponibilidad de nutrientes. También incide sobre la porosidad, es decir, el espacio entre las partículas o conglomerados, que componen la tierra. Estos espacios determinan el volumen de agua y aire que el suelo es capaz de contener. Los suelos de textura fina, como los arcillosos, tienen menor porosidad que los de textura gruesa, como los arenosos. En consecuencia, los suelos finos pueden contener más agua que los gruesos.

Tanto la textura, como la materia orgánica, los insectos excavadores y los microorganismos, como las bacterias y los hongos, afectan la estructura del suelo. A modo de ejemplo, a medida que las lombrices penetran a través de la tierra, la aflojan y la airean, mejorando su porosidad. Los microorganismos descomponen la materia orgánica hasta convertirla en humus, una sustancia porosa y esponjosa constituida de compuestos orgánicos. Entre otros beneficios, el humus retiene los nutrientes y la humedad del suelo, mejorando su estructura.

Muchas prácticas de jardinería afectan negativamente la estructura del suelo, como por ejemplo la labranza y el uso de productos químicos perjudiciales para los microorganismos. El tráfico de personas y máquinas, especialmente sobre el suelo mojado, lo comprime y compacta. Una de las maneras más comunes que los jardineros usan para intentar mejorar la estructura de los suelos es incorporarle materia orgánica rica en nutrientes. Dependiendo del tipo de suelo existente, las enmiendas orgánicas mejorarán el drenaje y la retención de agua. Esta materia orgánica también servirá de alimento a los microorganismos, aumentando su actividad y, a su vez, sus efectos beneficiosos sobre la estructura del suelo.

La textura del suelo

La ciencia del suelo clasifica los suelos de acuerdo a la proporción de partículas de arena, limo y arcilla que contengan. La materia orgánica no es tenida en cuenta en la determinación de la textura de un suelo. En los Estados Unidos, hay 12 clases texturales. Cada clase textural posee propiedades físicas únicas, que influyen en la infiltración, el drenaje del agua y la disponibilidad de los nutrientes, entre otras cosas. Cuando hablamos de tipos de suelos, éstas son algunas de las propiedades físicas importantes

Las clases texturales principales del suelo son arenoso, limoso y arcilloso. Los suelos francos (de loam) constituyen otra clase textural, compuesta por un proporción relativamente equilibrada de partículas de arena, limo y arcilla. Otras clases texturales son: franco arenoso, arcilloso arenoso, arenoso franco, franco arcilloso, franco arcilloso limoso, franco arenoso arcilloso y franco limoso. Estos nombres describen la composición textural del suelo. Por ejemplo, el suelo franco arenoso está compuesto de loam con un alto porcentaje de arena y el franco arcilloso, por loam con un alto porcentaje de arcilla.

Prueba de la cinta. Si no se cuenta con una prueba de la textura del suelo realizada por un laboratorio especializado, la manera más sencilla de determinarla es con la prueba de la cinta, que se realiza de la siguiente manera: Empieza por tomar una pequeña muestra de tierra humedecida del suelo y moldéala en forma de bola. Utilizando el índice y el pulgar, intenta convertir la bola en una cinta. Los suelos arenosos se sentirán grumosos y se desmenuzarán, no podrán sostener la forma de cinta. Los franco arenosos también se sentirán grumosos y ligeramente pegajosos, debido a la presencia de limo y arcilla; serán más maleables que el suelo arenoso, pero tampoco se les podrá dar forma de cinta. Los suelos franco arcillosos podrán formar cintas cortas. Los arcillosos son pegajosos y mantendrán la forma. La prueba de la cinta te ayudará a determinar el tipo de suelo con el que trabajarás. Esta sencilla prueba es adecuada y suficiente para tomar la mayoría de las decisiones de mantenimiento del jardín. Si necesitas determinar de manera más precisa la clase textural de un suelo, puedes realizar lo que se conoce como prueba de la botella y comparar el resultado con un triángulo de texturas de suelos. Puedes encontrar más información sobre esta prueba y el triángulo de texturas en Internet.

Tipos de suelo

Los jardineros suelen clasificar los suelos en seis tipos: arenoso, limoso, franco (que contiene loam), limoso, arcilloso, turboso y calcáreo. Comprender las propiedades físicas únicas que caracterizan cada tipo de suelo permite optar por un tipo de riego y fertilización adecuados, así como tomar medidas para compensar los atributos negativos de un suelo en particular.

Suelos arenosos

Los suelos arenosos están compuestos por partículas grandes que hacen que este tipo de suelo tenga un drenaje excelente. Algunas de las desventajas son que se seca más rápidamente que otros tipos de suelo y que requiere riegos más frecuentes. Los suelos arenosos contienen muy pocos nutrientes y los pocos que sí tiene se lixivian muy rápidamente con el agua. Esto tiende a crear baja fertilidad y condiciones de suelo ácidas. Es común intentar contrarrestar la baja fertilidad de este suelo con fertilizaciones más frecuentes y livianas. Las enmiendas, como el compost y el estiércol añejado, pueden mejorar la estructura de un suelo arenoso al aumentar su capacidad de retención de humedad y su contenido nutricional. Sin embargo, la alta aireación de estos suelos contribuye a que la materia orgánica se descomponga rápidamente.

Suelos arcillosos

Los suelos arcillosos están compuestos por partículas diminutas y amontonadas. Esto da al suelo una sensación de ser pesado, grumoso y pegajosos cuando está húmedo; su drenaje tiende a ser pobre. Las plantas jóvenes suelen sufrir cuando se las planta directamente sobre un suelo arcilloso y a las plantas establecidas se les dificulta extraer el agua de la arcilla, porque ésta la retiene.

Las enmiendas orgánicas pueden mejorar el drenaje de estos suelos y aumentar el espacio disponible entre partículas para el oxígeno. Es mejor incorporar las enmiendas a la tierra donde se plantará antes de colocar allí una planta. Agregar enmienda orgánica a un hoyo de plantación para árboles o arbustos no es beneficioso, a menos que intentes componer un suelo arenoso. Los suelos arcillosos son capaces de retener un porcentaje mayor de materia orgánica que otros tipos de suelo, lo que le da una buena fertilidad potencial. No utilices arena para mejorar un suelo arcilloso, porque la estructura resultante será similar a la del hormigón.

Los suelos arcillosos son propensos a la compactación. Evita el tráfico de personas y equipos sobre estos suelos, especialmente cuando la tierra esté húmeda. Utilizar una motoazada, o cavar en exceso, también perjudicará su estructura y favorecerá su compactación. Estos suelos pueden ser ricos en nutrientes, lo que los hace buenos suelos para muchas plantas, siempre que se consiga un drenaje adecuado.

Suelos francos (con loam)

El loam está compuesto por una proporción relativamente equilibrada de partículas de arena, limo y arcilla. Es un tipo de suelo ideal, porque drena bien, contiene muchos nutrientes y conserva tanto a éstos como a el agua, mejor que el suelo arenoso.

Suelos limosos

Los suelos limosos están compuestos por partículas minerales y orgánicas finas. Poseen muchas de las mismas cualidades positivas que el loam. Algunas de sus particularidades son que se siente harinoso y suave al tacto y que es más susceptible a la compactación que los de loam.

Suelos calcáreos

Los suelos calcáreos son alcalinos debido a la alta proporción de carbonato de calcio, o cal, que contienen (El pH del suelo se describe en la página page 107). Su pH alto puede causar que ciertos nutrientes no estén disponibles para las plantas. Además, estos suelos contienen muchas piedras y se tienden a secar rápidamente. Pueden mejorarse agregando fertilizantes y enmiendas orgánicas periódicamente; sin embargo, la alcalinidad es difícil de alterar, y por eso la mayoría de las plantas viven mejor en otros tipos de suelo. Al plantar en suelos calcáreos, elige especies calcícolas, adaptadas especialmente a suelos alcalinos. Las calcífugas, por otra parte, son especies mejor adaptadas a suelos ácidos.

Suelos turbosos

Los suelos turbosos son más oscuros que los otros suelos debido a su alta proporción de materia orgánica. Esta característica los hace muy propensos a inundarse. Este tipo de suelo es ácido y contiene muy pocos nutrientes, pero pueden convertirse en un buen medio para las plantas si se les agrega fertilizante. Tanto el compost como el estiércol añejado son buenas opciones para este tipo de suelo. La arena puede mejorar su drenaje.

Materia orgánica

Se llama materia orgánica a cualquier componente de la tierra proveniente de un organismo vivo. El compost, el estiércol, las hojas y ramas caídas, las raíces trituradas y los recortes de césped producto de la siega son todos ejemplos de materia orgánica, componente esencial para un suelo fértil.

Si bien en proporciones diversas la materia orgánica está presente en todos los tipos de suelo, los que tienen un porcentaje relativamente alto de materia orgánica (por ejemplo, de 4 a 6%) se asocian a menudo con una mayor actividad microbiana, estructura porosa y niveles más altos de nutrientes. En particular, la materia orgánica es una fuente fundamental de nitrógeno y fósforo, dos de los nutrientes más importantes para las plantas.

En la tierra, la materia orgánica se encuentra o bien en el proceso de descomposición (la fracción activa) o completamente descompuesta (materia orgánica estabilizada, o humus). La cualidad fibrosa de la materia orgánica de la fracción activa mejora la estructura del suelo. Aumenta la retención de la humedad en suelos arenosos y mejora el drenaje en suelos arcillosos.

Los animales pequeños, las lombrices y los microorganismos (las bacterias y los hongos) ayudan al proceso de descomposición. Los microorganismos se alimentan de los azúcares, proteínas, carbohidratos y otros nutrientes de la materia orgánica; y liberan de regreso a la tierra nutrientes que las plantas pueden utilizar. Estos microorganismos beneficiosos también descomponen muchos contaminantes potenciales como los pesticidas y atacan a los microorganismos que causan enfermedades en las plantas.

Muchos nutrientes, como el nitrógeno, el fósforo, el azufre y el hierro, se vuelven disponibles para las raíces a través del proceso de descomposición. La cantidad de nutrientes a disposición depende del porcentaje de materia orgánica en el suelo, de su tipo y de los factores que afectan la velocidad de la descomposición, como la humedad del suelo, su temperatura y su pH.

En términos generales, puede suponerse que en suelos con un pH de 6 a 7, cada 1 por ciento de materia orgánica del suelo contribuye entre $1/4$ y $1/2$ libra de nitrógeno por cada 1,000 pies cuadrados por año (Kujawski y Ryan, 2000). Esto explica por qué muchos árboles y arbustos no requieren fertilización con nitrógeno. Y si bien estas cantidades no satisfacen completamente las necesidades de nitrógeno del césped, son igualmente una contribución importante.

Los beneficios que aporta la materia orgánica van más allá de su contribución en nutrientes al suelo. El resultado de la descomposición total de la materia orgánica es el humus. El humus es un material oscuro, poroso, que se desmenuza y deja de lucir como materia orgánica. Se lo llama materia orgánica estabilizada porque está hecho de compuestos orgánicos complejos que ya no pueden continuar descomponiéndose fácilmente. El humus mejora la estructura del suelo (retiene el aire, la humedad y mejora el drenaje) y contiene nutrientes en formas fácilmente disponibles para las plantas.

El humus, al igual que las partículas de arcilla, es coloidal. Esto significa que atrae y retiene a los nutrientes del suelo, como el calcio, el magnesio y el potasio. Los suelos con un alto contenido de humus poseen también una alta capacidad de retención de nutrientes, que científicamente se denomina capacidad de intercambio catiónico (CIC). Esto hace del humus un recurso valioso para las plantas y los organismos del suelo. Por estas y otras razones, los jardineros valoran mucho la tierra rica en humus.

Únicamente un pequeño porcentaje de la materia orgánica que se agrega al suelo llega a convertirse en humus y aumentar de forma significativa el contenido de humus de un suelo puede tardar años. Una vez que se ha formado un humus estabilizado, si las condiciones se vuelven desfavorables, se descompone y agota. Sin embargo, en condiciones adecuadas, puede durar cientos, incluso miles de años. Esta es una de las razones de la importancia de preservar la materia orgánica ya presente en un suelo.

Simbiosis micorrízica

A pesar de que este término científico pueda sonar misterioso, comprender el concepto que representa te ayudará a entender mejor el papel que juega la materia orgánica en el suelo. La simbiosis micorrízica es una relación mutuamente beneficiosa entre las raíces de las plantas y un hongo llamado hongo micorrizo. En esta relación, el hongo entra en contacto, o penetra, las células de las raíces de la planta para intercambiar nutrientes. El hongo recibe de la planta hidratos de carbono (azúcares) y, a su vez, suministra a la planta nutrientes minerales y agua; que recoge a través de extensas estructuras ramificadas. Las plantas se benefician enormemente, porque pueden obtener ciertos nutrientes gracias al hongo que, de no estar presente, les resultaría muy difícil extraer por sí mismas. Como resultado, las plantas con una relación simbiótica con estos hongos tienen acceso a mayor cantidad de nutrientes y a volúmenes de suelo más grandes. El hongo micorrizo podría considerarse el sistema radicular extendido de las plantas. Las micorrizas también ayudan a absorber fósforo y a prevenir enfermedades de las raíces; la gran mayoría de las raíces existentes se asocian a este hongo. Existen también otros microorganismos que forman relaciones mutuamente beneficiosas con las raíces. El hecho de que los hongos micorrizos y otros microorganismos dependen de la materia orgánica como fuente de alimento, es una muestra clara de su gran importancia.

La actividad microbiana influye en la tasa de descomposición de la materia orgánica. De manera indirecta, las condiciones que aumentan esta actividad hacen que la materia orgánica se descomponga más rápidamente. Una vez que la materia orgánica de un suelo se descompone, es necesario agregarle más; o de lo contrario, los organismos de la tierra agotarán los nutrientes y la volverán menos fértil.

Los laboratorios de suelo pueden determinar el porcentaje de materia orgánica presente en un suelo. Lo deseable es un cuatro por ciento, o más, aunque esto no siempre se puede lograr. Con menos de un 2 por ciento, debería pensarse en reacondicionar el suelo. Los suelos arcillosos y de loam contienen mayor cantidad de materia orgánica, porque las partículas de arcilla se adhieren a los compuestos orgánicos. Los suelos arenosos contienen niveles altos de oxígeno, que aceleran la descomposición; por lo tanto, estos suelos usualmente tienen menos de 2 por ciento de materia orgánica.

Influenciando los niveles de materia orgánica

En un entorno natural, como el bosque, constantemente entra a la tierra materia orgánica nueva. Las plantas crecen, mueren y se descomponen, liberando nutrientes nuevamente a la tierra y creando un ciclo. En los jardines urbanos, normalmente cae mucha menos materia orgánica sobre la superficie del suelo que en la naturaleza. En algunos jardines, dejar restos de plantas y vegetación sobre el suelo incluso puede generar un parche y potenciar las posibilidades de que las plantas contraigan una enfermedad. Si bien los jardines residenciales no funcionan igual a un ecosistema forestal, la materia orgánica es igualmente importante para la estructura y fertilidad de la tierra. A continuación, encontrarás algunas prácticas utilizadas para influir sobre los niveles de materia orgánica.

Enmiendas y mulches

Incorporar enmiendas orgánicas al suelo, como por ejemplo, agregar compost de alta calidad y libre de malas hierbas a la tierra donde crecerán plantas, es una manera sencilla de aumentar el contenido orgánico del suelo y su fertilidad. Depositar los recortes de hierba y hojas sobre el césped con un cortacéspedes con función mulching es una buena manera de devolverle materia orgánica al jardín. Otras medidas a veces incluyen cubrir la superficie del jardín con una capa fina ($1/8$ a $1/4$ pulgada) de compost de alta calidad y textura fina, una o dos veces al año.

El mulch orgánico sobre el suelo desnudo, con el tiempo, aumenta el nivel de materia orgánica. Para mulches decorativos y protectores, los restos de hojas deben retirarse. También deben quitarse de los suelos desnudos si afectan a la estética de un jardín. No obstante, los restos de hojas constituyen un material orgánico beneficioso; dejarlos sobre la superficie del suelo contribuye materia orgánica y nutrientes a la tierra.

Reducción de la labranza

Otra manera de influir sobre el contenido de materia orgánica del suelo es reduciendo las labores de arado. Anteriormente se mencionó que labrar la tierra trae efectos negativos sobre su estructura. Otra consecuencia es que introduce más oxígeno en la tierra. Bajo condiciones adecuadas, este aumento del oxígeno puede acelerar la actividad de los microorganismos, que consumirán la materia orgánica más rápidamente. Y cuanto más rápido se consume, antes deberá ser reemplazada. Reducir las tareas de labranza de la tierra ayuda a preservar la estructura del suelo y mantiene el ciclo de los nutrientes a un ritmo sostenido. Para las plantas, lo mejor es contar con un suministro lento y constante de nutrientes.

Al no modificar la estructura del suelo, se permite que el nivel de materia orgánica aumente con el tiempo, siempre que las condiciones restantes lo permitan. Los recortes de césped y las hojas caídas tienden a acumularse naturalmente y las lombrices excavan a través de la tierra, aumentando la porosidad y produciendo un humus rico en nutrientes. Además, muchas briznas de césped brotan y mueren cada año, contribuyendo entre $1/2$ y 4 toneladas de materia orgánica por acre (Sachs y Luff, 2002).

Moderación de la temperatura del suelo

Las temperaturas de suelo altas, junto con la humedad y el oxígeno, aumentan la actividad microbiana y aceleran la descomposición de la materia orgánica. Aplicar mulch alrededor de árboles y plantas y cortar el césped a una altura más alta en el verano, ayuda a mantener la tierra a la sombra, porque reduce su temperatura y preserva la materia orgánica.

Agrega cal solo cuando sea necesario

La cal es un acondicionador de suelos comúnmente utilizado para aumentar el pH. La mayoría de las plantas crecen mejor en suelos ligeramente ácidos. Los microorganismos involucrados en la descomposición de la materia orgánica trabajan mejor en condiciones desde ligeramente ácidas a alcalinas (un pH de 6 a 8). La aplicación indiscriminada o excesiva de cal puede aumentar la actividad microbiana y acelerar la descomposición de la materia orgánica en consecuencia. Solo debería aplicarse cuando una prueba de suelo de laboratorio indica que es necesario. El pH del suelo se explica en la página page 107.

Enmiendas orgánicas

Las enmiendas orgánicas listadas a continuación pueden utilizarse para mejorar la estructura del suelo y aumentar la actividad microbiana; la mayoría también agregará nutrientes a la tierra. Agregar una enmienda orgánica incorpora el material profundamente, de modo que la tierra no queda con "bolsillos" o capas definidas de material orgánico. Para calcular la cantidad de enmienda que debes comprar, consulta "Calculando la cantidad de mulch o enmienda necesaria" on page 87.

Ten en cuenta que los microbios necesitan nitrógeno para descomponer la materia orgánica. Con muy poco nitrógeno, los microbios lo tomarán de la tierra, reduciendo la cantidad disponible para las plantas. Una solución a esto es agregar una fuente de nitrógeno, como harina de hueso u otro fertilizante, cuando utilices enmiendas orgánicas bajas en nitrógeno.

Estiércol añejado

El estiércol de vaca o de gallina que ofrecen los viveros está añejado y compostado. El estiércol fresco puede contener semillas de malas hierbas, además de que puede contaminar las huertas con E. coli, una bacteria que produce una enfermedad grave. Este estiércol, o el que no está completamente compostado, tiene también altos niveles de sales, que dañan las plantas. El estiércol compostado es una buena fuente de materia orgánica. Suministra niveles bajos de nitrógeno, fósforo, potasio y vestigios de otros elementos.

Turba de musgo (Peat Moss)

La turba de musgo es un acondicionador de suelo compuesto por musgo parcial o totalmente descompuesto. Tiene una alta capacidad de retención de agua, que lo hace útil en suelos arenosos. No lo utilices en suelos arcillosos, porque como retiene demasiada agua, reduce la aireación de la tierra. No contiene muchos nutrientes y no es tan beneficiosa para los organismos de la tierra como el compost o el estiércol añejado. La turba de musgo (turba sphagnum) es ácida y puede ser usada para bajar el pH. El pH del suelo se explica en la página page 107. Ten en cuenta que existe hoy un debate entre los productores de turba y los conservacionistas acerca de la sustentabilidad de la turba como recurso.

Humus de lombriz

El humus de lombriz mejora la aireación y la capacidad de retención de agua de la tierra. Contiene nitrógeno, fósforo, potasio y oligoelementos. No es ácido y puede utilizarse como mejorador de suelo o como tierra para macetas.

Compost

El compost es materia orgánica descompuesta. Es una enmienda orgánica popular, porque es rico en nutrientes y, en general, no contiene semillas de malas hierbas. Además, aumenta la aireación del suelo y la retención de humedad. Los organismos de la tierra consumen la materia orgánica del compost y a través de él, liberan nutrientes. El compost también puede jugar un rol importante en la supresión de patógenos.

Si bien es una buena enmienda para el suelo, no debe utilizarse como sustrato único para las plantas. Los especialistas en mantenimiento orgánico de jardines agregan a veces una capa fina (de entre $1/8$ y $1/4$ pulgadas) de compost de alta calidad y textura fina al césped, una o dos veces al año. El compost mejora la textura del suelo y brinda al césped niveles bajos de nutrientes. Las capas más gruesas que $1/4$ pulgada aumentan el riesgo de dañar el césped.

La cantidad de nutrientes que contenga el compost dependerá de la materia prima, es decir, de los materiales que lo compongan. Los producidos a partir de madera (p. ej., de serrín o astillas) tienden a ser bajos en nitrógeno. Los obtenidos a partir de estiércol suelen ser altos en fósforo y en potasio. Y los de desechos del jardín, suelen tener mucho potasio. El contenido de nitrógeno del compost obtenido de desechos del jardín va a depender de la cantidad de materia verde (p. ej., hojas y recortes de pasto) que contenga la materia prima.

La calidad de los compost varía enormemente y el de baja calidad puede hacer más mal que bien. Por ejemplo, un abono que aún no está maduro, es decir, que no está completamente descompuesto, puede consumirse el nitrógeno de la tierra, o contener sustancias que inhiban la germinación de semillas o el crecimiento de las plantas.

Selección del compost: Reglas de oro

Utiliza las siguientes reglas para seleccionar un compost de alta calidad:

- No debería contener rocas. Que tenga algunos pequeños trozos de madera no está mal, pero debería contener poca o ninguna cantidad de materia verde no descompuesta (por ejemplo, pastos u hojas).

- La mayoría tiene aroma a tierra o a moho; no debería oler a amoníaco ni a podrido. (*Continúa en la página siguiente.*)

- Casi todos son también de color marrón oscuro o negro y se ve y se siente como tierra buena, sin ser tan pesada.

- Una pila de compost no debería estar muy caliente (120 °F). Si lo está, significa que aún no está maduro.

- Al apretarlo con tu mano, no debería liberar más que unas pocas gotas de agua.

Selección del compost: Lineamientos técnicos

Las siguientes características técnicas acerca del abono de alta calidad fueron adaptadas de "Compost: Una guía para la evaluación y el uso de compost como mejorador de suelo ("Compost: A Guide for Evaluating and Using Compost Materials as Soil Amendments"), escrita por William Darlington y producida por el Soil and Plant Laboratory, Inc. El artículo completo se encuentra en http://www.soilandplantlaboratory.com/pdf/articles/CompostAGuideForUsing.pdf. Los lineamientos siguientes requieren tener acceso a los resultados de una prueba de compost, que los productores comerciales del producto deberían tener a disposición. Para el uso en jardines, el compost debería tener las siguientes características:

- Al menos 90% del peso del material debe pasar a través de una malla de 1/2 pulgada.

- También debería contener un mínimo de 50% de materia orgánica de su peso en seco (250 lbs. de materia orgánica por yarda cúbica de compost).

- Si el nitrógeno está estabilizado, la relación carbono/nitrógeno debería ser de 35:1 como máximo.

- El pH debería estar dentro del rango de 5.5 a 8.0 (lo ideal es cercano al neutro, pH 7).

- El sodio debería representar menos del 25% del total de nutrientes solubles del compost (Consulta el artículo de Darlington para obtener una explicación técnica acerca de cómo estimar el límite máximo de concentración de sales solubles en el compost de acuerdo a una tasa determinada).

- La humedad debería rondar el 35-60%.

- Debe estar lo más libre posible de restos de vidrio, metal y plástico. Los fabricantes de compost están obligados a realizar pruebas a sus productos para verificar que no contengan metales pesados ni enfermedades que puedan suponer un riesgo para la salud humana. Nota que estas pruebas son especialmente importantes para los clientes que abonan huertos de verduras con este tipo de abono.

Yeso

El yeso (sulfato de calcio) es un acondicionador de suelos utilizado para reducir el contenido de sodio de los suelos altos en este mineral. Es una buena fuente de calcio y azufre y tiene poco o ningún efecto sobre el pH. El yeso no contiene materia orgánica.

A veces se agrega en forma de gránulos o polvo a los suelos de arcilla compactada, para mejorar la aireación. En la mayoría de los casos, es de poca utilidad. Sí es eficaz para mejorar la estructura de los suelos arcillosos con alto contenido de sodio. Mejorar la estructura de cualquier tipo de suelo tiene pocas probabilidades de éxito, a excepción de los de arcilla. En suelos arcillosos con alto contenido de calcio, el yeso no brindará ningún beneficio. Al realizar la prueba, el laboratorio te indicará si agregar este producto ayudará a mejorar la compactación. "Pruebas de suelo" on page 111.

Lombrices

Las lombrices mejoran la estructura y la fertilidad del suelo de varias maneras. Debido a sus efectos beneficiosos sobre el jardín, generalmente en bueno adoptar prácticas para el césped y la tierra que fomenten su presencia.

La mayoría de los suelos suelen tener lombrices, exceptuando los arenosos o excesivamente ácidos. Existen muchas especies, siendo las *Lumbricus terrestris*, también conocidas como "lombrices de tierra", las más comunes. Las lombrices construyen sus madrigueras a varios pies de profundidad en la tierra y buscan su alimentos en las 12 a 18 pulgadas superiores. Comen tierra, hojas y otros tipos de materia orgánica en descomposición. A menudo, eliminan la materia orgánica de la superficie y la arrastran a sus madrigueras para consumirla. Excretan minerales y la materia orgánica digerida en forma de humus, ambos muy ricos en nutrientes. Este humus se distribuye por todo el suelo; una porción permanece en la superficie.

Las creencias ordinarias de que las lombrices de tierra son buenas para el suelo, o que son un signo de una tierra saludable, son ambas verdaderas. Su actividad sirve como un método natural de aireación, que aumenta la infiltración de agua y mejora el drenaje. Esta aireación reduce las posibilidades de escurrimiento, erosión e inundación, todos problemas frecuentes de los suelos arcillosos. La aireación también aumenta los niveles de oxígeno, que promueve la reproducción de microorganismos benéficos. Al alimentarse de materia orgánica en la superficie de césped, las lombrices de tierra son grandes aliadas en la batalla contra la paja, una acumulación de pastos en lenta descomposición que se forman en los suelos con césped.

Si el humus se vuelve visible, puede rastrillarse para que ingrese a la tierra. En exceso, puede resultar problemático, especialmente en entornos de alto mantenimiento, como los campos de golf. Incluso cuando se vuelven un problema, los profesionales que trabajan con céspedes reconocen las muchas ventajas de las lombrices de tierra y de ser necesario reducen su número, pero no las eliminan. Ten en cuenta que las lombrices favorecen a los suelos con un pH cercano a neutro (pH 6.5 a 7).

Cómo atraer lombrices

Las siguientes medidas promueven el aumento de la población de lombrices, proceso que puede demorar varios años.

- En la medida de lo posible, corta el césped con un cortacéspedes que tenga la función mulching, de manera que los recortes de hierba y hojas regresen al suelo.

- Cubre la superficie del suelo con enmiendas orgánicas, como compost o estiércol añejado.

- Selecciona los pesticidas que sean conocidos por ser los menos tóxicos para las lombrices.

- Siempre que te sea posible, directamente evita usar plaguicidas durante la primavera y el otoño, que es cuando las lombrices de tierra tienen mayor actividad en la zona de la superficie.

- Mantén el pH del suelo dentro del rango 6.5 a 7.

- Utiliza fertilizantes químicos con moderación para evitar crear condiciones de suelo ácidas.

El pH del suelo

El pH es la medida de acidez o alcalinidad del suelo. Se mide en una escala de pH que va de 1.0 a 14. Un pH de 7.0 es neutro, uno inferior a 7.0 es ácido y un pH mayor a 7.0 es alcalino o básico. Pasada la medida de 7.0, cuanto mayor sea el valor, mayor la alcalinidad del suelo; y de la misma manera, cuanto menor sea el valor debajo de 7.0, mayor la acidez. El pH del suelo es algorítmico: cada punto de la escala de pH equivale a un cambio de diez veces el pH. Por ejemplo, un pH de 5.0 es diez veces más ácido que uno de 6.0.

El pH es influenciado por los nutrientes básicos, como el calcio y el magnesio. En zonas con escasez de lluvia, estos nutrientes se acumulan, haciendo al suelo más alcalino. En regiones húmedas, las lluvias abundantes lavan los nutrientes, volviendo al suelo más ácido. El exceso de riego puede tener este mismo efecto.

El suelo también puede volverse ácido por otros motivos. Algunos fertilizantes, como los que contienen nitrógeno en forma de amoníaco, tienen un efecto acidificante. Las zonas con niveles altos de descomposición de materia orgánica también tienden a tener suelos ácidos. La calidad del agua de la región afecta el pH. Por ejemplo, algunos suministros de agua contienen cantidades significativas de bicarbonatos, que elevan el pH.

A su vez, el pH del suelo afecta la disponibilidad de los nutrientes. Por ejemplo, un suelo demasiado ácido (por debajo de 5.5), reduce la disponibilidad de fósforo. El pH bajo también dificulta la actividad de los microorganismos, encargados de convertir la materia orgánica en nutrientes que las plantas puedan utilizar. Los valores muy bajos de pH (de entre 4.0 y 5.0) pueden incluso crear niveles tóxicos de aluminio y manganeso en el agua del suelo. Por el contrario, si el suelo es demasiado alcalino (un pH mayor a 7.5), ciertos nutrientes, como el fósforo y el hierro, pueden quedar "bloqueados", insolubles y las plantas no podrán utilizarlos. La falta de hierro disponible puede causar clorosis férrica, una enfermedad que retrasa el crecimiento de las plantas y torna a las hojas de color amarillento.

La mayoría de las plantas de jardín, incluyendo el césped, crecen mejor en suelos con niveles de pH entre 6.0 y 7.0, siendo 6.5 el valor óptimo. Estos valores son también los favorables para los microorganismos. El césped Bentgrass normalmente necesita un pH ligeramente más ácido (de entre 5.5 y 6.5). Los arándanos, azaleas y rododendros son ejemplos de plantas amantes del ácido que se sienten mejor en suelos con un pH de entre 4.5 y 5. A las plantas perennes les gusta el suelo con un pH de entre 5.0 y 6.0. Estos son los valores de los suelos minerales, es decir, los suelos que están compuestos principalmente de minerales, en lugar de materia orgánica. El pH óptimo para la mayoría de los suelos orgánicos es aproximadamente de entre 5.4 y 6.2 (Universidad de Minnesota, 2004).

Si bien la mayoría de las plantas pueden tolerar bien un nivel de pH que esté ligeramente fuera de su valor óptimo, un pH inferior a 6.0, o mayor a 7.0, reducirá la disponibilidad de nutrientes y deberá ser corregido como se describe más adelante.

Prueba de pH del suelo

Una manera rápida de averiguar el pH de un suelo es o bien usando una sonda medidora de tierra, un kit de prueba de pH o un medidor electrónico de pH manual. Las sondas proporcionan la lectura del pH al insertarlas en el suelo. Las sondas baratas se encuentran fácilmente, pero su confiabilidad es cuestionable. Los viveros y tiendas de artículos para el jardín suelen vender kits de prueba de pH. Para utilizar estos kits de prueba sencillos y razonablemente exactos, lo que tienes que hacer es tomar una muestra del suelo, colocarla en el recipiente incluido con el kit, agregarle agua destilada y luego un colorante, también incluido. Finalmente, debes comparar el color obtenido con un gráfico. Los medidores electrónicos de pH son más caros que los kits, pero también más precisos.

Las pruebas de suelo más precisas son las realizadas por un laboratorio especializado. Los laboratorios realizan primero una prueba de pH del agua o de las sales. Estas pruebas indican si es necesario agregar cal. Si se determina que es necesario agregar cal, la mayoría de los laboratorios realizarán una prueba adicional, llamada búfer de pH, para determinar la cantidad de cal que se debe agregar. A esta prueba también se la conoce como prueba de requisito de cal. Cuánta más arcilla y materia orgánica contenga el suelo, mayor será la cantidad de elementos generadores de ácido (hidrógeno y aluminio) que retendrá y mayor también será la cantidad de cal necesaria para compensar estos elementos y elevar el pH.

Los kit de prueba comprados en las tiendas también sirven para determinar la cantidad de cal a agregar, junto con un gráfico que ofrezca las cantidades recomendadas según el tipo de suelo. Ten en cuenta que las recomendaciones de estos gráficos pueden variar. Es mejor dejar que un laboratorio indique la cantidad recomendada. Es importante ser lo más preciso posible al agregar cal a un suelo, para evitar aumentar el pH de más.

Un método posible es realizar la prueba con un kit o un medidor y luego, si el suelo es ácido o alcalino, enviar una muestra a un laboratorio para obtener un análisis y recomendaciones profesionales. La prueba debe hacerse en primavera y otoño, antes de la fertilización. No todos los suelos requieren que se les hagan pruebas con tanta frecuencia, aunque los arenosos pueden acidificarse con rapidez y por eso deben ser testeados con regularidad.

Avisa al laboratorio si planeas esparcir cal sobre la superficie del suelo o incorporárselo dentro. Las aplicaciones superficiales (sin labranza) requieren menos cal y son menos eficaces que las que la incorporan. La selección de un laboratorio y la recolección de muestras se explican más adelante en este capítulo.

Elevación del pH del suelo

Si la prueba de laboratorio revela que el suelo es demasiado ácido, se deberá agregar carbonato de calcio (CaCO3) para elevar el pH. La piedra caliza es una fuente de carbonato de calcio muy utilizada en jardines y en agricultura. Toma nota que solo debe agregarse cuando los resultados de una prueba lo indiquen; no en función de un cronograma anual.

Pueden usarse diversos tipos de cal para elevar el pH. La piedra caliza calcítica y la dolomítica están clasificadas como cales agrícolas y son los más comunes. La piedra caliza calcítica está constituida principalmente de carbonato de calcio y la dolomítica contiene carbonato de calcio más una cantidad importante de carbonato de magnesio. Ésta última solo debe utilizarse si el suelo tiene deficiencia de magnesio. Los suelos arenosos pueden mejorar agregándoles piedra caliza dolomítica.

La cal quemada (óxido de calcio; también llamada cal viva) y la cal hidratada (hidróxido de calcio; también conocida como cal apagada) son más concentradas y elevan el pH más rápidamente que la piedra caliza molida o la dolomítica. Sin embargo, la cal quemada y la hidratada agregan el riesgo de quemar las raíces de las plantas, haciéndolas más peligrosas y raramente utilizadas para el césped.

Los jardineros acostumbran utilizar piedra caliza calcítica o dolomítica. Los productos en polvo son una buena opción cuando se desea introducir la cal dentro de la tierra. Cuanto más pequeñas sean las partículas, más veloz será el efecto neutralizador. La cal en gránulos es más fácil de aplicar que la en polvo. Riega a fondo después de aplicar cal en gránulos, para disolver las pequeñas bolas de producto concentrado.

Los productos con cal varían en cuanto a la cantidad de carbonato de calcio que contienen. El carbonato de calcio equivalente (CCE) indica la capacidad de neutralización del ácido de un producto en relación al carbonato cálcico puro. El carbonato de calcio equivalente aparece impreso en la etiqueta del producto con cal en forma de porcentaje. Si la prueba de suelo ofrece una recomendación en términos de libras de carbonato de calcio puro (CaCO3) por cada 1,000 pies cuadrados, deberás hacer un cálculo simple para determinar la cantidad de producto a utilizar. Consulta la tabla 8.

Tabla 8. Cálculo de cantidad de cal necesaria

$$\text{Cantidad de producto a agregar} = \frac{\text{Libras de } CaCO_3 \text{ puro (de la prueba de suelo)}}{\text{porcentaje de CCE del producto}}$$

Por ejemplo, si la prueba de suelo recomienda 70 libras de CaCO3 por cada 1,000 pies cuadrados y tú piensas usar un producto de cal molida con 80% CCE, la fórmula sería la siguiente:

$$70 \div 80\% = 87.5 \text{ libras}$$

Otra forma de calcularlo es:

$$(100 \times 70) \div 80 = 87.5 \text{ libras}$$

En este ejemplo, se deben aplicar 87.5 libras de producto por cada 1,000 pies cuadrados para agregar 70 libras de CaCO3 puro por cada 1,000 pies cuadrados.

La cal se extiende en el suelo lentamente y es más eficaz en la tierra con la que entra directamente a contacto. Por esta razón, lo ideal es agregar cal previo al plantado, cuando se puede labrar la tierra entre 4 y 6 pulgadas de profundidad.

Las aplicaciones de piedra caliza calcítica y dolomítica a céspedes establecidos no deben exceder las 50 libras por cada 1,000 pies cuadrados por aplicación. Si el laboratorio recomienda una cantidad mayor, agrega la mitad en la primavera y la otra mitad en el otoño. Si solo se necesita una aplicación, el otoño es el mejor momento. No agregues cal al suelo durante el calor del verano. Al trabajar con cal sobre céspedes establecidos, riega bien el jardín inmediatamente después de la aplicación para lavar la que quedó adherida a las briznas de pasto. Airear el jardín antes de agregar cal al suelo ayudará a que entre en contacto con mayor cantidad de tierra.

La cal esparcida sobre la superficie de suelos de textura fina penetrará alrededor de 1/2 pulgada por año y únicamente las 2 o 3 pulgadas superiores reaccionarán a ella. Lograr un cambio significativo en el pH puede demorar hasta seis meses después de agregada la cal; y entre dos y tres años para percibir el efecto completo (Mamo, Wortmann y Shapiro, 2009).

Reducción del pH del suelo

Si la prueba de laboratorio indica que el suelo es demasiado alcalino, es probable que se necesite reducir el pH. Otro motivo para reducirlo es si se está preparando al suelo para plantas amantes del ácido, como los rododendros, las azaleas y los arándanos, que necesitan un pH de entre 4.5 y 5.2.

Los fertilizantes de nitrógeno como el sulfato de amonio y la urea recubierta de azufre tienen un efecto acidificante. Estos fertilizantes pueden servir para compensar gradualmente la alcalinidad del suelo, aunque solo en unos pocos centímetros de su parte superior. Los suelos arenosos pueden convertirse rápidamente en ácidos si se les agregan estos fertilizantes. La reducción del pH que generan debería considerarse como un efecto secundario; utilízalos fundamentalmente de acuerdo a las necesidades nutricionales de las plantas. Los fertilizantes como el sulfato de amonio se usan a veces para mantener bajo el pH para las plantas amantes del ácido.

La turba de musgo (turba sphagnum) es una enmienda orgánica ácida (con un pH de entre 3.6 y 4.2) que puede ser usada para bajar el pH del suelo. Es más eficaz cuando se la incorpora a la tierra previo a la plantación. La turba de musgo se descompone lentamente. Consulta "Turba de musgo (Peat Moss)" on page 105 para obtener más información.

En el suelo, el azufre elemental se convierte en ácido sulfúrico a través de la actividad de las bacterias de la tierra. El ácido sulfúrico disminuye el pH del suelo eliminando los carbonatos. Para que el azufre elemental sea eficaz, el suelo debe estar al menos a 60° F, temperatura a la que las bacterias se vuelven más activas. Por este motivo, el azufre se aplica por lo general en primavera. Es preferible incorporarlo con mucha antelación a la plantación. Sigue cuidadosamente las instrucciones si lo aplicarás en césped establecido. El azufre elemental es de acción lenta y puede demorar hasta un año en alcanzar su efecto completo. Es un polvo de color amarillo; no es igual al sulfato que se encuentra en los fertilizantes.

El sulfato de hierro actúa más rápidamente que el azufre elemental, pero se necesitan cantidades mayores. Puede ayudar a aliviar las deficiencias de hierro de las plantas, pero ten en cuenta que también puede quemarlas, incluido el césped. Sigue cuidadosamente las instrucciones de la etiqueta del producto. Aplica el producto uniformemente y riega inmediatamente después. El sulfato de hierro puede manchar el pavimento si cae sobre éste y se moja, por lo que debe utilizarse con precaución cerca de pasillos, caminos de entrada y bordes de piscinas.

A veces, se utiliza sulfato de aluminio para reducir el pH del suelo. Aplicado en exceso, puede dañar las plantas al generar niveles tóxicos de aluminio. Sigue atentamente las instrucciones incluidas con el producto. Las hortensias pueden beneficiarse con él.

Ten en cuenta que los suelos arcillosos alcalinos suelen ser calcáreos, es decir, altos en carbonato de calcio (cal). Se necesitan grandes cantidades de mejorador de suelo para compensar un porcentaje natural alto de cal. En consecuencia, reducir el pH de estos suelos puede resultar poco práctico. El consenso general es que cualquier reducción del pH en suelos calcáreos será de corta duración y, que en última instancia, no vale la pena el esfuerzo. De manera similar, en algunas regiones del país, el agua de riego contiene cantidades significativas de bicarbonatos. En estas zonas, la tendencia es que los suelos sea vuelvan más alcalinos con el tiempo, haciendo que intentar reducir el pH sea aún más difícil, e inclusive sin sentido.

Los suelos alcalinos pueden presentar falta de fósforo disponible y también de micronutrientes como el cobre, hierro, manganeso y el zinc. A menudo, aplicar nutrientes en formas queladas o por pulverización foliar es más eficaz para corregir deficiencias que intentar bajar el pH alcalino de suelo.

Pruebas de suelo

Los servicios de los laboratorios de análisis del suelo, a veces llamados laboratorios de fertilidad del suelo, son utilizados por agricultores, paisajistas y jardineros profesionales y dueños de casa. Además de determinar el pH del suelo, miden también sus nutrientes, sales solubles, cantidad de nitrógeno total, materia orgánica y la capacidad de retención de nutrientes (capacidad de intercambio catiónico, o CIC). Los laboratorios de suelo alternativos ofrecen recomendaciones para el uso de fertilizantes orgánicos. Estos laboratorios muchas veces realizan pruebas adicionales de compost, humus y niveles microbianos del suelo. Algunos expertos recomiendan realizar pruebas de suelo a los jardines domésticos cada tres o cuatro años. Los suelos arenosos deberían ser testeados más a menudo.

Evalúa la posibilidad de realizar una prueba de suelo a cada uno de los jardines o paisajes en los que trabajes para determinar los niveles de fósforo y potasio de esa propiedad en particular. Si los niveles de nutrientes son adecuados, es posible que no necesites realizar pruebas adicionales durante muchos años (Rosen, Horgan y Mugaas, 2006).

Selección de un laboratorio de suelo

Los laboratorios de suelo de tu propio Estado tienen más probabilidades de conocer bien las necesidades nutricionales particulares de los suelos de la región. Muchas universidades, o servicios de extensión universitarios, ofrecen análisis de suelos. Puedes encontrar una variedad de laboratorios en la guía telefónica y en Internet.

Los laboratorios alternativos ofrecen recomendaciones adicionales para jardineros profesionales acerca de la utilización de fertilizantes orgánicos. El sitio web del Servicio Nacional de Información sobre Agricultura Sostenible (ATTRA; http://attra.ncat.org) ofrece un listado de laboratorios de suelo alternativos. Ten en cuenta los siguientes puntos al seleccionar un laboratorio de suelo:

- Averigua si el laboratorio es miembro de North American Proficiency Testing (NAPT). El programa de NAPT trabaja junto a sus miembros para aumentar la precisión de las pruebas mediante testeos dobles de cada muestra.

- Pregunta si el laboratorio realiza pruebas a jardines domésticos. Los resultados deberían estar expresados en libras por cada 1,000 pies cuadrados y no en libras por acre.

- Pregunta si el laboratorio ofrece pruebas de búfer de pH, necesaria para determinar los requerimientos de cal.

- Consulta cuánto tiempo demoran en realizar una prueba de suelo básica. Lo usual es de tres a cinco días, aunque los laboratorios pueden estar más ocupados en determinadas épocas del año. Deberían solicitarte que completes un formulario con información acerca de tus muestras. Para acelerar el proceso, algunos laboratorios reciben estos formularios por Internet y publican los resultados posteriores online.

- Pregunta si el laboratorio ofrece análisis de tejido de las plantas. Estos análisis se usan a veces para diagnosticar problemas causados por excesos o deficiencias de nutrientes.

- Una vez que selecciones un laboratorio, continúa utilizando el mismo para poder comparar resultados a través del tiempo. Los resultados pueden variar de un laboratorio a otro.

Recolección de muestras de suelo

Es mejor recolectar muestras de suelo con varios meses de anticipación al plantado, para que haya tiempo suficiente de agregar cal si es necesario y permitirle hacer efecto. En el caso de las plantas establecidas, pueden tomarse las muestras en cualquier momento del año, siendo el final del verano o principios del otoño lo ideal, porque la cal suele agregarse entrado el otoño. A continuación encontrarás algunas sugerencias generales para la recolección de muestras de suelo. En caso de que difieran de los presentados aquí, sigue los procedimientos de muestreo recomendados por el laboratorio.

Utiliza herramientas limpias para recoger las muestras. Es preferible usar herramientas de acero o niqueladas. Las de latón o las galvanizadas pueden afectar las lecturas de cobre y zinc de la prueba; evítalas cuando realices pruebas de micronutrientes. Por la misma razón, guarda las muestras en una cubeta plástica y no en una de metal galvanizado.

Toma una muestra de cada área del jardín que creas que tiene características diferentes. Por lo general se necesita una muestra del jardín de entrada, una del jardín trasero, una de cada área con árboles y arbustos y por último, una de cualquier área que se diferencie claramente de las otras, como huertos o canteros con perennes. Recoge también una muestra del suelo donde crezcan plantas enfermas. Por ejemplo, si un área del jardín se ve poco saludable, toma una muestra específicamente de allí.

Cada muestra debe estar compuesta por varias muestras de la misma zona. Por ejemplo, para tomar una muestra compuesta de un jardín frontal, debes extraer muestras de varias partes de ese jardín, tomando tierra de las primeras 6 pulgadas de profundidad del suelo y luego combinarlas en una muestra única. Normalmente una muestra compuesta contiene entre cinco y ocho recolecciones. En general, cada muestra debe tener al menos 1/4 de galón (4 tazas), aunque algunos laboratorios piden solo 1 pinta (2 tazas).

Las muestras deben ser representativas de la zona radicular de las plantas del área. Según el laboratorio de suelo Soil and Plant Laboratory, Inc., el césped, las plantas anuales y las tapizantes deben muestrearse entre 1 y 6 pulgadas de profundidad; los arbustos, rosales y vegetales entre 1 y 12 pulgadas; los árboles entre 6 y 18 pulgadas; y los árboles con raíces muy profundas entre 24 y 36 pulgadas. Desecha la pulgada superior de cada muestra, porque puede contener materia no representativa de la zona radicular. Al recolectar muestras de plantas con riego por goteo, toma la tierra próxima a los emisores y descarta las 2 pulgadas superiores (Laboratorio Soil and Plant Laboratory, 2005). Algunos puntos varios:

- Evita tomar muestras de áreas fertilizadas recientemente, porque el fertilizante puede cambiar el pH del suelo.

- Haz las recolecciones cuando la temperatura del suelo esté por encima de los 50 °F (Voigt, Fermanian y Wehner, 1998).

- Deja secar las muestras a temperatura ambiente antes de enviarlas al laboratorio. Hacerlo reducirá la actividad de los microorganismos y ayudará a preservar las características de campo del suelo. No calientes las muestras para agilizar su secado.

- Espera varios meses antes de volver a testear un suelo al que le agregaron cal.

Completa un formulario por cada muestra que envíes, detallando la información de cada área muestreada. A veces, es posible descargar estos formularios por Internet. Agrega una nota con la forma del área del jardín de donde extrajiste esa muestra y las plantas que crecen allí. Pide al laboratorio que te de información interpretativa, para que puedas entender el significado de los resultados de la prueba. Por último, sigue las instrucciones del laboratorio sobre cómo embolsar, etiquetar, empaquetar y enviar las muestras.

CAPÍTULO 7

Poda

En este capítulo
- La poda de árboles en jardinería
- Épocas de poda
- La poda y la biología de las plantas
- Ubicación de los cortes
- Técnicas comunes de poda
- Arbustos y setos
- Entrenamiento de árboles jóvenes
- Tala de árboles pequeños

La poda es la eliminación de ramas para obtener un resultado determinado, como ser mejorar la salud, estructura, apariencia o la producción de frutas y flores de las plantas. Recortar arbustos con tijeras de podar también es considerada una forma de poda, aunque generalmente, el termino poda hace referencia a la extracción selectiva de ramas.

No todas las plantas necesitan poda, aunque la mayoría se beneficia con ella; y no todas las plantas se podan de la misma manera. Los libros específicos sobre poda describen en detalle cómo podar amplias variedades de plantas. En este capítulo, se explican los principios fundamentales de la poda y las técnicas más comunes. En los capítulos siguientes se examina la poda particular de los rosales y de los árboles frutales.

Desarrollar buenas habilidades de poda necesita de estudio, práctica e, idealmente, de la orientación de un jardinero experimentado o un arborista certificado. Algunos talleres de poda de fin de semana brindan la oportunidad de obtener la práctica necesaria para que los principios sean más fáciles de comprender. También es posible adquirir la habilidad de podar estudiando y practicando por tu cuenta.

La poda de árboles en jardinería

Los jardineros residenciales suelen podar rosales, plantas perennes, arbustos, enredaderas, setos y árboles pequeños, como los frutales y el crepe myrtle. La mayoría de los jardineros y paisajistas residenciales no incluyen la poda de árboles grandes entre sus servicios. La poda profesional de árboles requiere de una licencia, tener un seguro, obtener capacitación y equipos especializados.

Los árboles podados por personas no calificadas a menudo se ven antiestéticos y se vuelven propensos a sufrir quemaduras solares, decaimiento y defectos estructurales; se tornan peligrosos y su tiempo de vida se reduce. Los arboristas certificados por el ISA cuentan con la formación necesaria. Ellos suelen entregar por escrito una serie de especificaciones descriptivas de los objetivos de la poda que realizarán, junto con los métodos que usarán para hacer el trabajo, que realizarán de acuerdo a las normas de poda ANSI A300.

Si bien la poda de árboles grandes debería dejarse a éstos profesionales, los jardineros profesionales también deben conocer las formas correctas de podarlos. Este capítulo incluye algunos lineamientos básicos sobre la poda de árboles. Para obtener información acerca de cómo convertirte en un arborista certificado, ponte en contacto con la Sociedad Internacional de Arboricultura (International Society of Arboriculture) al teléfono 1-888-ISA-TREE (1-888-472-8733) o por internet en http://www.isa-arbor.com. El ISA tiene varias sucursales locales que a veces ofrecen descuentos a miembros.

Importante: *La poda incorrecta de un árbol de jardín maduro puede reducir su valor, amenazar su salud y volverlo peligroso. Encárgale estos trabajos a una empresa especializada en cuidado de los árboles o a un arborista certificado por el ISA.*

Épocas de poda

Cada especie de planta tiene su época de poda particular, que varía de acuerdo a las condiciones en que vive la planta y a los objetivos de la poda. Existen otros factores que también pueden influir en cuándo podar, como la prevención de enfermedades. Investigar los requisitos particulares de cada planta antes de podarla es lo más aconsejable. Puedes encontrar esta información en manuales de poda o en internet; los viveros profesionales también pueden responder algunas de tus preguntas. Podar una planta en la época equivocada puede obstaculizar su desarrollo, e incluso interrumpir la producción de frutas y flores. En algunos casos, podar en el momento equivocado del año puede herir o matar a la planta.

La mejor época para podar la mayoría de los árboles y arbustos es al final de la etapa latente, es decir, a finales del invierno o principios de la primavera, antes de que comience la época de crecimiento (concretamente, antes de que broten las yemas). En esta época hay menos insectos y menor actividad de microorganismos que producen las enfermedades, favoreciendo a que las heridas de la poda cierren más rápidamente con la etapa de crecimiento de primavera. Además, a finales del invierno, es más fácil distinguir a las ramas caducas. No podes jamás durante la etapa de crecimiento de primavera; hacerlo agota las reservas de energía de la planta y debilita su salud. También evita podar árboles de hoja caduca durante la caída de hojas del otoño. Las ramas muertas, enfermas y rotas pueden quitarse en cualquier época del año.

La poda de verano, una vez que la etapa de crecimiento llega a su fin, también es propicia para muchas plantas. Este tipo de poda elimina los brotes que la planta utilizaría para la producción de energía y en consecuencia, reduce algunas de las reservas de energía almacenadas en los crecimientos leñosos. Esto puede reducir el vigor de la próxima etapa de crecimiento y tener un efecto restrictivo en el tamaño de la planta. Para obtener más información, consulta "La poda y el crecimiento" on page 144.

El resultado de la poda de verano es un crecimiento más débil en comparación con la de invierno. Por este motivo y para no arriesgar un estrés hídrico, lo mejor es no cortar demasiado un árbol o arbusto durante el verano. En general, la poda severa, también llamada poda de renovación, de plantas de regiones templadas debe hacerse a finales del invierno o principios de la primavera.

Una de las ventajas de la poda de verano es que la presencia de hojas hace que sea más fácil juzgar cuánto se debe podar para aumentar la entrada de luz a la planta o al follaje de la copa. También es más fácil identificar la madera muerta en esta época. Evita podar a finales del verano en regiones donde los inviernos sean muy fríos. Los brotes que se desarrollen tras la poda no tendrán tiempo de endurecerse antes del invierno y pueden dañarse con las heladas. Las plantas vigorosas pueden necesitar que se las pode tanto en estado latente como en verano.

Época de poda de árboles florales y arbustos

La época de poda de árboles florales y arbustos varía de acuerdo al momento de producción de flores. Los árboles y arbustos que florecen en primavera, producen flores en los brotes de la temporada anterior (ramas con 1 año de antigüedad). Podar uno de estos árboles a finales del invierno, o a principios de la primavera, eliminará los capullos y reducirá la cantidad de flores que tendrá en esa temporada. Por esta razón, se los debe podar justo después de la floración de primavera. Los brotes que crecen después de la floración de primavera contienen los capullos de las flores del próximo año.

Algunas de las plantas que florecen en primavera son la redbud, el manzano silvestre, el cerezo o ciruelo de flor, la lila, las forsythias, azaleas, rododendros, el India hawthorn (*Raphiolepis*) y el membrillo japonés. Si te encuentras con una de estas plantas en un estado descuidado o abandonado, haz una poda severa a finales del invierno o principios de primavera, incluso si debes sacrificar muchas flores con tal de renovarla.

Los arbustos que florecen en verano producen capullos en los brotes que se desarrollaron esa misma temporada (en madera nueva). Estas plantas se podan a fines del invierno o a principios de la primavera. Algunos ejemplos comunes de arbustos que floran en verano son los rosales modernos, las clemátides, el arbusto de la mariposa (*Buddleia*) y el crepe myrtle (*Lagerstroemia*).

Consideraciones adicionales

- Los rosales y las plantas subtropicales, como el hibiscus, la lantana y la buganvilla, no deberían podarse en invierno, a menos que en la región no haya heladas. En zonas con inviernos fríos, poda estas plantas después de que haya pasado el peligro de heladas.

- Algunos árboles exudarán grandes cantidades de savia si se los poda a fines del invierno o principios de la primavera. Este "sangrado" no daña al árbol y eventualmente se detendrá. Sin embargo, el estándar indica podar en momentos en que el árbol secrete menos savia. Los expertos recomiendan podar a principios o mediados del invierno, cuando los árboles están inactivos; no obstante, otros expertos opinan que se debe podar entre finales de la primavera y el principio del verano, una vez que los árboles hayan florado por completo. Algunos árboles que exudan savia son el arce, el abedul y el nogal.

- El momento de la poda puede ser crucial, por ejemplo, cuando las enfermedades que ingresan a través de los cortes de la poda son un peligro, como en el caso del roble y el olmo. En estos

Un ejemplo de cómo la poda influye en el desarrollo de las ramas. Este tallo de crepe myrtle fue acortado el invierno anterior. En la primavera, la planta dirigió su energía de crecimiento a esas dos yemas debajo del corte. Observa que la rama más cercana al corte es la que creció con más fuerza.

casos, el momento justo variará de acuerdo a la especie y a la enfermedad en cuestión. Por ejemplo, cuando el marchitamiento del roble es un problema, los expertos recomiendan no podar entre abril y junio, porque el escarabajo que contagia la enfermedad está más activo en esta época. La poda de los árboles frutales también suele estar influenciada por las enfermedades prevalentes. Para obtener más información, consulta ""Época de poda de árboles frutales" on page 145.

La poda y la biología de las plantas

La yema terminal, a veces llamada la yema apical, crece en las puntas de las ramas. Al crecer, se convierte en el brote principal de la rama. Sobre los laterales de la rama crecen las yemas laterales, que con el tiempo, pueden convertirse en ramas independientes. Por lo general, la yema terminal más alta de un árbol se encuentra en la rama principal, también llamada líder central.

La yema terminal libera una hormona llamada auxina, que regula el crecimiento de las yemas laterales (axilares) ubicadas más abajo. Extraer la yema terminal detiene el flujo de auxina a las partes inferiores del árbol. Una vez que el efecto inhibitorio de la auxina cesa, las yemas inferiores empiezan a crecer, o lo hacen más enérgicamente; generalmente la que más crece es la yema más cercana al corte.

Dicho de otra manera, cortar la punta de un brote (la yema terminal) fomenta el desarrollo de los brotes laterales. Los horticultores utilizan este conocimiento para controlar la dirección del crecimiento y la evolución global de una planta.

Las ramas también contienen yemas latentes. Generalmente, permanecen en este estado hasta que la yema terminal desaparece. A veces, si se observa atentamente, es posible verlas sobre la corteza. Algunas plantas tienen yemas latentes sobre toda la corteza; y otras plantas no.

Si podas una planta dejándole únicamente los tallos leñosos que no contienen yemas latentes, puedes desfigurarla de manera permanente. Por eso, es importante investigar previamente si la planta tolera la poda severa. Los juníperos y la mayoría de las coníferas no desarrollan brotes nuevos a partir de ramas leñosas; algunas excepciones son el tejo (yew, en inglés, o *Taxus*), el hemlock (*Tsuga*) y la secuoya costera (*Sequoia sempervirens*).

Una vez que se una rama se corta, no vuelve a crecer. Por el contrario, las plantas sellan las heridas de la poda y redirigen la energía hacia otros brotes y ramas. Sabiendo esto, puedes generar un crecimiento directo. Por ejemplo, eliminar todos los brotes laterales de un tallo, aumenta la cantidad de energía con la que éste contará. En consecuencia, crecerá más que si tuviese los laterales. De manera similar, acortar una rama fuerte estimulará el direccionamiento de la energía de crecimiento directo a las yemas restantes, que crecerán con mayor fuerza.

Hasta que logra sellar sus heridas, la planta es más vulnerable a las enfermedades y a los organismos encargados de la descomposición. Es preferible podar únicamente ramas de diámetros pequeños, porque sellan más rápido que las de diámetros más grandes. Además, las plantas almacenan energía en sus ramas, troncos y raíces. La eliminación de ramas grandes, o secciones enteras de una planta, destruye las reservas de energía y reduce temporalmente su capacidad de producirla.

Ubicación de los cortes

Al podar, corta las ramas siempre donde se originan o a la altura de una rama lateral. Las ramas de menos de dos años pueden acortarse a tamaño de yema. Estas técnicas se describen en "Aclareo, reducción y acortamiento" on page 120.

No dejes tocones. Se llama tocón a la sección de rama que queda como resultado de un corte de poda y que es susceptible a las enfermedades y al deterioro. Los tocones promueven el crecimiento de ramas mal unidas al tronco, conocidas como púas de agua. En ramas de diámetros pequeños, no dejes tocones más largos que aproximadamente 1/8 de pulgada; y en ramas más grandes, no más de ¼ pulgada. Acortar una rama y dejar las yemas no produce un tocón, porque muy pronto crecerá un brote cerca del corte.

Ubicación de cortes de poda para ramas de árbol

La ubicación correcta para cortar la rama de un árbol es justo por fuera de la arruga de la corteza o del cuello de la rama, si alguna de estas características está presente. Consulta el ""Diagrama 1" on page 119. Se llama arruga de la corteza al área de corteza arrugada y levantada ubicada en la horcadura (ver foto en la página anterior). No todas las ramas tienen arruga de corteza. El cuello de la rama es un área de corteza inflamada ubicada en la base de una rama, en la intersección con la rama principal con el tronco (ver foto en la página anterior). No todas las ramas tienen cuello.

Los cuellos de las ramas adoptan varias formas y tamaños; algunos adquieren una forma distintiva y otros no son más que un sutil ensanchamiento en la madera. Los más claramente distinguibles crecen en ramas que son significativamente menores en diámetro en comparación con la rama principal o el tronco. Es importante tener en cuenta que las ramas con cuello están mejor unidas al árbol que las que no lo tienen. Además, en el interior del collar, existe un área llamada zona de protección, que actúa como una barrera contra las infecciones. Cortar el cuello de la rama daña esta zona y obstaculiza la capacidad del árbol de detener la propagación de enfermedades y organismos dañinos.

Si no puedes distinguir el cuello en la parte inferior de la rama, tendrás que calcular el ángulo de corte; consulta el "Diagrama 2", en la página page 119 para obtener instrucciones. Las ramas con corteza incorporada (página page 126) necesitan un tratamiento particular de poda (no explicado aquí). Ten en cuenta que colocar vendajes sobre las heridas de la poda, así como utilizar pinturas especiales, no ayuda a sellarlas y puede incluso interferir con su correcta cicatrización.

Técnica de corte

Para minimizar el riesgo de dañar el cuello de una rama, poda las de menor tamaño con una tijera de poda de mano y las más grandes con una sierra. En el caso de las pequeñas, ubica la tijera de modo que el filo, no el gancho, quede del lado del tronco o rama principal y corta hacia arriba o de costado para evitar dañar el cuello.

Método de los tres cortes

Cuando se debe cortar una rama de más de 1 pulgada de diámetro, las probabilidades de que arranquen la corteza de la rama principal o del tronco al caer, son elevadas. Para prevenirlo, usa el método de los tres cortes. Realiza un primer corte aproximadamente a 1 pie de distancia del tronco; comienza cortando la rama por debajo y haz un corte no superior a la mitad del diámetro de la rama. No hundas demasiado la sierra en el corte, porque se atascará en la rama. Este corte inferior elimina el riesgo de desgarrar la corteza. Luego, realiza un segundo corte unas pocas pulgadas más lejos que el anterior, empezando desde arriba. La rama caerá al suelo cuando estés a mitad de camino de completar el segundo corte. Una vez que la rama caiga, realiza el corte final para extraer el tocón. Consulta el ""Diagrama 1" on page 119.

La arruga de la corteza es la línea de corteza rugosa y elevada que crece en la unión de la rama (flecha). No todas las ramas desarrollan arrugas de corteza y no todas las arrugas son tan largas como ésta. Al quitar una rama completa, no ubiques el corte sobre la arruga de la corteza, ni sobre el cuello de la rama.

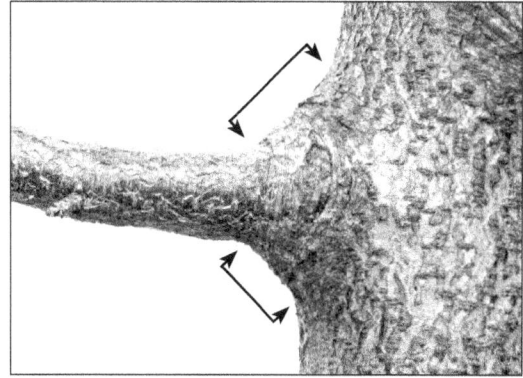

El cuello de la rama es el abultamiento que crece en la base. Las áreas marcadas por flechas entre paréntesis indican las partes superior e inferior del cuello. No todos los cuellos de rama son tan distintivos como éste. Nunca cortes el cuello de una rama. Ubica el corte justo junto al borde del cuello y no dejes un tocón.

Técnicas comunes de poda

Limpieza

La poda de limpieza consiste en quitar las ramas muertas, enfermas y rotas. Por lo general, también se extraen los chupones y los rebrotes de la base del tronco. Este tipo de poda es la forma más sencilla de comenzar a podar cualquier planta. Además, es el único tipo de poda que muchas plantas necesitan.

Chupones y rebrotes

Los chupones son ramas vigorosas que surgen de las raíces o de la base del tronco, pero que no son aprovechables. Crecen hacia arriba y tienen pocas hojas. Algunas especies son más propensas a generar este tipo de crecimientos. Para quitar los chupones de un arbusto, cava hasta encontrar su punto de origen y extráelos de raíz con las manos. Evita cortarlos al nivel del suelo, porque solo lograrás que broten más yemas latentes. Si el problema es persistente, es posible que haga falta usar un producto químico que contenga ácido naftalenacético (o NAA, por sus siglas en inglés). Nunca intentes remediar un problema de chupones usando un herbicida.

Muchos árboles frutales y rosales se reproducen o propagan mediante injertos. El espécimen seleccionado por sus flores o frutos se injerta en una variedad con buenos rizomas, el portainjertos. Retira todos los chupones que crezcan debajo de la yema de unión (del injerto), porque estos brotes carecen de las características de la especie seleccionada.

Los rebrotes (brotes epicórmicos) son similares a los chupones, pero con la diferencia de que se desarrollan en el tronco o en las ramas, a menudo en respuesta a la poda excesiva o a otras lesiones. Cuando un árbol produce una cantidad masiva de rebrotes, intenta reemplazar la madera viva que le fue quitada. Cortar todos los rebrotes solo incitará al árbol a producir más. En el caso de los árboles podados de más, permíteles desarrollar rebrotes durante varios años para ayudarlos a restaurar sus reservas de energía. Los rebrotes pueden aclararse (extraerse) y podarse selectivamente. Para obtener instrucciones al respecto, consulta "Renovación de

Este corte con sierra no deja tocón, evita de manera correcta cortar el cuello de la rama. La rama mostrada es lo suficientemente pequeña como para ser extraída con un solo corte. Cuando el corte esté casi completo, soporta el peso de la rama con la otra mano.

Ejemplo de una rama grande desgarrando la corteza a mitad de un corte. Esto puede ser evitado usando el método de los tres cortes. Ver ""Diagrama 1" on page 119.

Diagrama 1

Para las ramas con diámetros grandes, utiliza el método de los tres cortes. El primer corte, que se hace en la parte inferior de la rama, evita desgarrar la corteza. El segundo corte se hace en la parte superior, un poco más lejos que el primero; la rama caerá cuando el corte esté por la mitad. El corte final se realiza en la zona indicada por la línea de puntos. Esta línea muestra la ubicación correcta del corte para las ramas con arruga de corteza y cuello de rama. El corte se efectúa justo por fuera de la arruga de la corteza y el cuello de la rama.

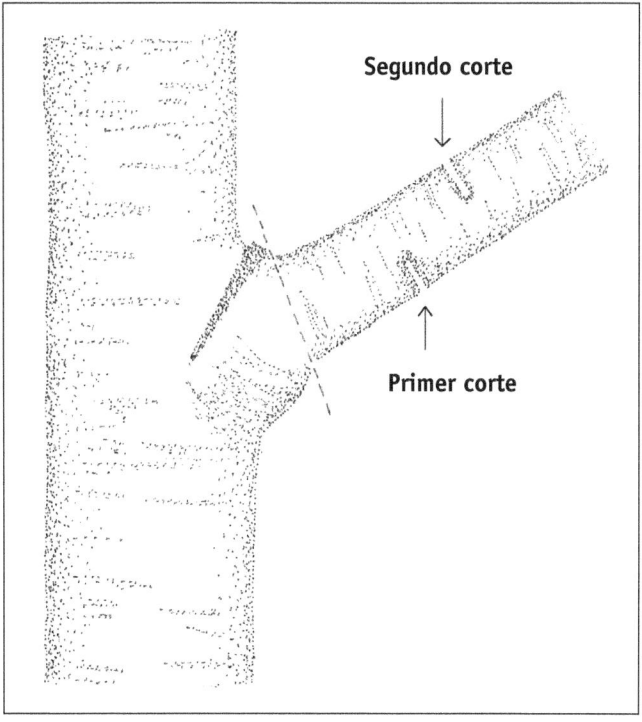

Diagrama 2

El diagrama 2 muestra cómo calcular el ángulo de corte en ramas que no presentan un cuello visible en su parte inferior. El ángulo A es el formado por la arruga de la corteza y una línea imaginaria vertical. El ángulo B corresponde al ángulo estimado; debe ser igual, o superior, al A. Corta por el límite exterior del ángulo B. En el diagrama, la línea punteada indica la ubicación del corte. Empieza el corte por fuera del cuello y por la parte superior de la rama. El corte no debería introducirse en la parte superior de la arruga. Utiliza el método de los tres cortes para ramas de diámetros mayores. (Adaptado de la Guía ilustrada de poda, An Illustrated Guide to Pruning, *de Edward Gilman, 2002; pág. 64).*

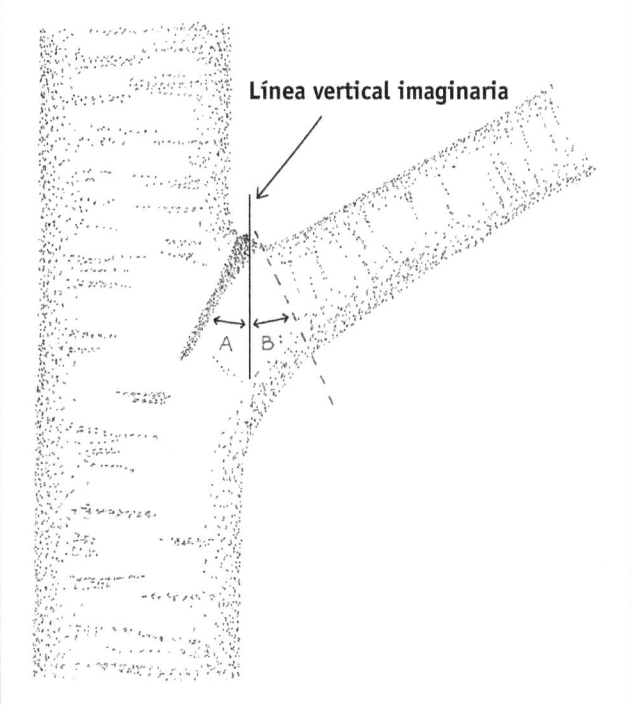

Este manzano fue podado en exceso el invierno anterior. Los rebrotes verticales pueden verse incluso a la distancia.

árboles frutales podados en exceso" on page 150. Al extraer rebrotes, corta justo por encima del área inflamada que se encuentra cerca de su base.

Aclareo, reducción y acortamiento

El aclareo consiste en cortar ramas enteras, a la altura donde se unen con el tronco o rama principal. Esta técnica alivia el hacinamiento y permite que entren más luz y aire al interior de la planta. La entrada de luz activa las yemas latentes, que estimulan el crecimiento de nuevas ramas. Los arbustos con demasiados tallos leñosos son buenos candidatos para el aclareo. Corta las ramas improductivas primero, para alentar el crecimiento de nuevos brotes.

La reducción o terciado implica podar una rama a un mínimo de un tercio (preferiblemente la mitad) de su diámetro. Es una forma de redirigir la energía. A veces, es utilizada para reducir la altura de un árbol. La reducción ayuda a que las ramas en desarrollo se endurezcan y también favorece a la compactación de la planta. Ten en cuenta que acortar una rama a menos que un tercio de su diámetro es una práctica muy poco profesional;

consulta "Desmochar, terciar y "lions-tailing": técnicas a evitar" on page 121.

Acortar consiste en cortar el crecimiento de la punta de la rama a un atura aleatoria. Hacerlo estimula el crecimiento de brotes nuevos debajo del corte y también favorece al endurecimiento de las ramas existentes. Este tipo de corte solo debe hacerse a ramas que tengan menos de dos años. No acortes aleatoriamente una rama a menos que tengas la certeza de que hay yemas latentes en esa parte del árbol. Si miras con detenimiento, a veces pueden verse sobre la corteza. Podar un seto es una forma de acortamiento. La técnica de acortamiento también se suele utilizar para podar rosales, porque alienta el crecimiento de los capullos exteriores.

Renovación

La renovación de arbustos es un tipo de poda que consiste en cortarlo drásticamente, a veces al ras del suelo. Es una técnica utilizada comúnmente a finales del invierno o a principios de la primavera en arbustos sobrecrecidos, o que contienen una gran cantidad de tallos leñosos improductivos para el crecimiento. Después de la poda de renovación, las yemas latentes empiezan a crecer, dando lugar a nuevos brotes productivos. Una manera más gradual de rejuvenecer una planta es quitarle $1/3$ de las ramas de más edad por año, durante tres años. En el caso de las plantas que dan flores en ramas de al menos un año, es posible que deban sacrificarse algunos tallos que darían flores.

La mayoría de las coníferas (p. ej., los juníperos) no responden bien a la poda de renovación. Al renovar plantas injertadas, no cortes por debajo de la yema unión; y extrae todos los chupones que se originen en los portainjertos. No todas las plantas responden bien a la poda de aclareo, de reducción, o de renovación; algunas pueden resultar muy dañadas, o incluso morir. Si tienes dudas, investiga las características de la planta en cuestión.

La poda de renovación de árboles dañados por tormentas debe dejarse a un arborista certificado. Un jardinero profesional puede renovar árboles frutales descuidados, siempre que la severidad de la poda sea repartida a lo largo de varios años. Consulta "Renovación de árboles frutales descuidados" on page 150.

Plantas en espaldera y poda ornamental

Las plantas en espaldera son árboles o plantas entrenadas para crecer de forma decorativa, planas contra una pared o a lo largo de una valla o cable. La poda ornamental consiste en dar formas decorativas a las plantas, como ser una forma geométrica o de un animal. La creación y el mantenimiento de las plantas en espaldera, así como la poda ornamental llevan tiempo. La manera de crear estas formas se encuentra explicada en cualquier libro general de poda.

Desmochar, terciar y "lions-tailing": técnicas a evitar

Desmochar consiste en cortar indiscriminadamente las ramas grandes de la copa de un árbol para reducir su altura. No se hace ningún esfuerzo por cortar ramas laterales adecuadas y se dejan grandes tocones. El desmoche es una técnica de poda muy poco profesional que no se debería utilizarse a menos que no haya ninguna alternativa mejor para corregir un defecto estructural. Las ramas cortadas tan agresivamente permanecen susceptibles a la descomposición y las heridas del corte se convierten en entradas para las enfermedades. A veces, aparecen grietas en el tronco debajo de los cortes. La poda extrema favorece el crecimiento numeroso de rebrotes durante la temporada siguiente (consulta la página page 118). Eliminar porciones grandes de la copa de un árbol, lo vuelve vulnerable a sufrir quemaduras solares que pueden resquebrajar o secar la corteza y reducir potencialmente su vida.

El terciado consiste en cortar las ramas laterales al tamaño de yemas o dejar los tallos más débiles, en un intento de reducir el ancho de la copa del árbol. Esta es otra práctica muy poco profesional que debería evitarse siempre. Las extremidades terciadas son propensas a descomponerse y, con frecuencia, producen una masa de crecimientos mal arraigados sobre los cortes.

En inglés, se llama "lions-tailing" a la reducción excesiva de las ramas interiores de un árbol, o a la eliminación de la mayoría de las ramas de la parte inferior a $2/3$ de su longitud. Las ramas quedan desnudas, salvo en las puntas. Esta técnica carga un peso excesivo sobre las puntas de las ramas, debilitándolas, aumentando el riesgo de quemaduras solares en la corteza y promoviendo el crecimiento de rebrotes. Es una práctica en absoluto profesional, que no debería utilizarse.

Un ejemplo de poda de renovación. Esta Salvia mexicana de seis pies (Salvia leucantha) da flores púrpuras durante gran parte del año. La foto de la derecha muestra tres salvias reducidas a dos pies de altura en el invierno. Volverán a crecer en la primavera. En esta planta, la renovación mantiene las cañas jóvenes y los colores de las flores, vibrantes. No todas las plantas responden bien a la poda severa o a la de renovación.

> ## Ordenanzas para la poda de árboles
>
> Las ciudades tienen ordenanzas para la protección de los árboles que exigen solicitar un permiso antes de podar un árbol que es propiedad del municipio. Estos árboles crecen en propiedades de la ciudad; y esto incluye a los canteros de las aceras de la calle. No podes árboles de la calle sin el permiso necesario. En algunos casos, también se requiere permiso especial para podar especies protegidas. Consulta las ordenanzas de protección de árboles que regulen la zona donde trabajarás.
>
> Si un cliente te pide que acortes las ramas de un árbol que pertenece a un vecino, pero que traspasan el límite entre propiedades y crece sobre la suya, pídele que primero obtenga el permiso del dueño de la propiedad vecina. En este tipo de situaciones, podar un árbol sin cumplir los estándares de la industria, te puede hacer responsable. Podar sin más las ramas o raíces de un árbol para que no pasen el límite de la propiedad, no es considerado aceptable (Gilman, 2002).

Arbustos y setos

La poda de arbustos consiste en la extracción de crecimientos débiles, hacinados, cruzados o enfermos y también en cortar ramas que crecen fuera del límite de la forma que se le quiere dar. Una técnica común consiste en seleccionar las ramas más viejas y quitarlas, promoviendo el crecimiento de ramas nuevas para que produzcan mejores hojas y flores. Más allá de estas generalidades, los requisitos de poda de cada especie pueden variar considerablemente y por eso es importante consultar un libro de referencia antes de podar. Cuando se han vuelto demasiado grandes o leñosos, muchos (aunque no todos) los arbustos de hoja ancha responden bien a la poda de renovación. Las plantas pueden renovarse en el término de una sola temporada; pero en la mayoría de los casos, es mejor distribuir la renovación entre dos y tres años.

Dependiendo de la especie o del gusto personal, los arbustos y setos se podan de manera informal (natural), o formal (prolija). La poda formal implica cortar a las plantas de manera que adopten un tamaño y forma uniformes. Este tipo de poda se ve mejor en plantas con estructuras más bien apretadas y hojas pequeñas. El boj y el tejo son ejemplos de arbustos que suelen cortarse con poda formal.

Las técnicas de poda informales permiten a las plantas desarrollarse de forma natural y consiste en realizar cortes livianos, para dar una forma general. Los arbustos podados de esta manera, a menudo tienen una estructura de ramas más suelta y un follaje mayor. Las ramas se "aclarean" o cortan de manera selectiva. En general, las plantas perennes de hojas grandes no se ven bien podadas formalmente. Los setos con flores se suelen podar de manera informal. La camelia es un ejemplo común de planta de hoja ancha y con flores, que suele podarse informal o semiformalmente.

Un error común de los contratistas de mantenimiento sin experiencia o capacitación apropiadas, es podar formalmente todos arbustos y setos que encuentran a su paso. Independientemente del gusto personal, algunas plantas no deberían podarse. A las plantas ornamentales, como el lirio (*Dietes vegeta*), el bambú celestial (*Nandina domestica*) y los céspedes ornamentales dañados, se les debería permitir crecer hasta que recuperen su forma natural. Luego, se los debería podar con un estilo informal. No es necesario tener conocimientos muy extensos para identificar qué plantas necesitan de estos cuidados. Si la planta da la impresión

Los setos necesitan que se los pode en primavera y en verano. Corta a la altura de la forma subyacente, dejando algunos crecimientos nuevos y evitando cortar los tallos leñosos. El aclareo selectivo puede hacerse una o dos veces al año para prevenir el desarrollo de una capa delgada de follaje.

general de estar mal podada, probablemente no se la debería podar.

Poda formal de setos

Muchos arbustos y setos se podan con formas redondas o rectangulares; algunos son utilizados para la poda ornamental o cortado de plantas en formas decorativas. Para mantener la forma de arbustos y setos con formas previas, poda casi todos los crecimientos nuevos a la altura de la forma existente y deja algunos sin cortar (entre 1/3 y 1 pulgada). Esto hará que el seto aumente de tamaño con el tiempo y mantenga el follaje nuevo.

Algunas de estas plantas pueden necesitar que se las pode una o varias veces a lo largo de la primavera y el verano. La última poda de la temporada debería ser la más precisa. Considera la posibilidad de utilizar estacas y cuerda a modo de guías. Ten en cuenta que un seto bien formado es más estrecho en la parte superior que en la base; consulta "Entrenamiento formal de setos".

Las ramas de las plantas ornamentales leñosas son verdes y tiernas en las puntas; y más marrones y leñosas al acercarse a su tallo principal. Como regla general, los cortes en las zonas de crecimiento verde da lugar a nuevos brotes. La mayoría de los cortes de poda y formación deben hacerse en estos crecimientos tiernos. Los cortes profundos a las partes leñosas pueden desfigurar una planta de manera permanente. Por ejemplo, realizar cortes profundos en una conífera, como el junípero, dejará a esa zona desnuda y poco agradable a la vista. Limita todos los cortes a las zonas de crecimientos verdes, o investiga para averiguar si esa planta en particular tolera cortes más profundos.

Ten en cuenta que la poda constante con tijeras puede crear una cáscara delgada de follaje que debilite la salud general de la planta. El aclareo ocasional de arbustos y setos de hoja ancha mejora la penetración de la luz y ayuda a mantener al follaje denso. Si se realiza a principios de primavera, los brotes nuevos rellenarán muy rápidamente los huecos otra vez.

Si se vuelven demasiado grandes o leñosos, la mayoría de los setos y arbustos de hoja ancha vigorosos toleran ser podados severamente (hasta un 50 por ciento) a fines del invierno o a principios de la primavera. La mayoría de los arbustos y coníferas de crecimiento lento no deberían podarse severamente. En libros de referencia sobre poda y en internet, encontrarás información acerca de si un arbusto determinado tolera la poda de renovación (que se describe en la página page 120).

Por último, algunas plantas utilizadas como setos, como la Xylosma, crecen rápido en primavera. Algunos jardineros utilizan inhibidores de crecimiento para reducir la cantidad de poda necesaria y mantener así correctamente este tipo de plantas. Los inhibidores de crecimiento son sustancias químicas que se pulverizan sobre las hojas. El uso comercial de estos productos requiere de una licencia de técnico en control de plagas.

Entrenamiento formal de setos

Los setos se utilizan para dividir diferentes áreas de un jardín o paisaje, para tapar ciertas vistas o para cubrir el viento. Para establecer un seto se deben seleccionar plantas que se adapten a las condiciones de crecimiento del lugar y al espacio asignado para ellas. Independientemente de la especie utilizada, las plantas pequeñas y amplias suelen ser las preferidas, porque se establecen más rápidamente y necesitan menos podas correctivas para estimular el crecimiento de ramas a la altura del suelo.

El espacio necesario entre plantas varía de acuerdo a la especie. Las ramas se deben superponer para formar un seto, y por este motivo, las plantas que se utilizan con este fin se plantan más cerca de lo normalmente recomendado. Un espacio de entre 1 y 2 pies es una buena medida de base; para las especies enanas, entre 4 y 6 pulgadas puede ser apropiado (Brickell y Joyce, 1996). En el caso de plantas grandes de hojas caducas, tres pies o más entre planta y planta también puede ser aceptable.

Las plantas no entrenadas desarrollan una estructura de ramas poco cerrada, que no es muy efectiva como tapadera, ni como seto formal agradable a la vista. Para entrenar las plantas de un seto, se las debe podar regularmente para promover una estructura de ramas densa que comience bien cerca del suelo. La poda al momento de la plantación varía de acuerdo a la especie. A las plantas vigorosas con hábitos de crecimiento vertical, como el ligustro, se las poda severamente al plantarlas, a una altura de entre 6 y 12 pulgadas del suelo.

El entrenamiento posterior consistirá en cortar aproximadamente la $1/2$ de todos los crecimientos nuevos cuando lleguen a tener entre 6 y 12 pulgadas. Esto debería repetirse durante los primeros años después de la plantación, hasta que el seto alcance el tamaño deseado. La mayoría de las perennes casi no necesitan poda en el momento de la plantación. A las coníferas no se las poda severamente al plantarse y el tallo central, o líder, se debe dejar intacto durante todo el entrenamiento.

Los setos bien formados desarrollan un follaje denso, de arriba a abajo. Para que esto suceda, la luz debe poder entrar a la planta. Las ramas ubicadas en la parte inferior corren con desventaja, porque reciben menos luz solar. Compensa esto entrenando a los setos para que sean más amplios en la base y más estrechos en la parte superior. Bien logrado, el seto tendrá una ligera forma de cuña cuando se lo mira de lado.

Entrenamiento de árboles jóvenes

Para desarrollar una estructura de ramas fuerte y atractiva, muchos árboles jóvenes necesitan entrenamiento, también llamado poda estructural o de formación. El entrenamiento consiste en corregir problemas estructurales y seleccionar las ramas más adecuadas para conformar la estructura principal del árbol. Si no cuentan con un entrenamiento adecuado, a medida que crecen, la mayoría de los árboles de jardín presentan un riesgo cada vez mayor de ocasionar daños. El entrenamiento correcto forma árboles más seguros, más longevos y con menores necesidades de poda a lo largo de toda su vida.

La formación es el principal tipo de poda que reciben los árboles para sombra durante los primeros 25 años de vida. Debido al gran tamaño de los árboles adultos y a los conocimientos específicos necesarios para formarlos bien, el entrenamiento debería ser realizado por un arborista certificado. Sin embargo, durante los primeros años después de su plantación, un jardinero residencial puede encargarse de favorecer un buen desarrollo de ramas, utilizando algunos criterios de poda selectiva. La explicación de este tipo de entrenamiento inicial está incluida aquí. Para más información acerca de la poda al momento de la plantación, consulta la página page 84. Para obtener información acerca de la formación de árboles frutales, consulta "Poda de formación de árboles frutales" on page 139.

La mayoría de los árboles tienen o una forma excurrente o una decurrente. Los árboles que mantienen un único líder central desde la base hasta la punta de la copa, tienen una estructura cónica o piramidal. La mayoría de las coníferas (p. ej., el pino, el abeto, la ícea y la secuoya) adoptan naturalmente esta forma; desarrollan un líder central fuerte por sí mismas y, generalmente, no necesitan entrenamiento. Si una conífera joven desarrolla más de un líder, llamados líderes múltiples o codominantes, preserva el más fuerte de los dos y corta el otro. En el caso de que el líder muera, o esté dañado, entrena a uno nuevo atando al tallo más erguido a una estaca o tablilla de manera de modo que quede bien vertical.

Los árboles decurrentes desarrollan ramas laterales que compiten con la líder y dan una forma de copa más redondeada. Un único tronco debe dominar la mayor parte de un árbol decurrente. Los cinco pasos siguientes han sido adaptados del video Entrenamiento de forma y estructura de árboles jóvenes (*Training Young Trees for Structure and Form*), producido por UC Television (http://www.uctv.tv/search-details.aspx?showID=5598). Mira el video para obtener instrucciones completas. Los siguientes lineamientos se aplican a la mayoría de los árboles decurrentes.

1. Retira las ramas rotas, enfermas o muertas

Empieza por retirar las ramas rotas, con lesiones, enfermas, moribundas y muertas. Cuando un joven árbol tiene una buena estructura, no es necesario hacerle ninguna otra poda durante los primeros años.

2. Selecciona un líder y elimina o reduce las ramas que puedan hacerle competencia

El tallo central de un árbol, también llamado líder central, crece verticalmente, a menos que se lo corte o dañe. Mantener al líder intacto favorece a que las ramas desarrollen una estructura fuerte. Elimina o acorta las ramas que compitan con el líder central. Si un árbol tiene varias ramas líderes, elimina o acorta a las competidoras de modo que la más fuerte y vertical las domine. La reducción de ramas que pueden ser competencia se llama subordinación. Ten en cuenta que algunos arbustos que son entrenados como si fueran árboles, como el crepe myrtle, producen de manera natural muchos tallos bajos. Es correcto entrenar este tipo de plantas con un método de tallos múltiples. (*Continúa en la página siguiente.*)

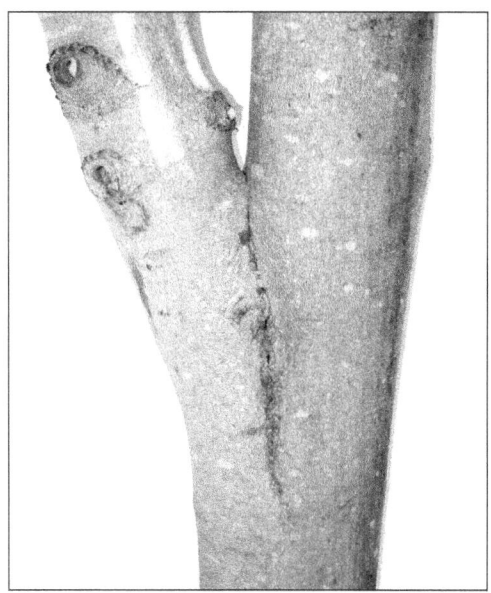

Los tallos de casi el mismo diámetro se llaman codominantes. Estos tallos son estructuralmente débiles. Al seleccionar ramas para el andamio, elige las que tengan la mitad del diámetro del tronco, o menos, y que no contengan corteza incluida.

Se llama corteza incluida a la corteza que queda como pellizcada, o encerrada, en el punto de unión de la rama. A diferencia de la arruga de corteza, que es irregular y elevada, la corteza incluida parece un apelmazamiento (flecha). La corteza incluida es un signo de unión débil de la rama con el tronco. Evita las ramas con corteza incluida cuando realices la selección de ramas para el andamio.

El andamio de este árbol está mal espaciado verticalmente; esto aumenta el riesgo de rotura de ramas. El entrenamiento de árboles jóvenes consiste en mantener un único líder dominante y seleccionar ramas para el andamio que tengan la correcta separación vertical.

3. Selecciona y establece la rama permanente más baja

Las ordenanzas municipales determinan la altura mínima de la rama permanente más baja de los árboles que crecen cerca de las aceras y calles. Por lo general, la rama permanente más baja que crezca sobre una acera debe tener un mínimo de 8 pies de altura; y las que crecen sobre la calle, un mínimo de 14 pies de altura. Esta altura puede ser inferior, si la rama crece sobre una zona donde no hay tráfico de peatones ni de vehículos. Ten en cuenta que la altura de la rama más baja no cambiará a medida que el árbol crezca. Se le debe permitir al árbol crecer lo necesario antes del seleccionar la rama permanente más baja.

Para garantizar que la rama más baja esté fuertemente unida al tronco, selecciona una que tenga un diámetro de $1/2$ del tronco, o menos, en el punto donde se unen; y que no tenga corteza incluida. Se llama corteza incluida a la corteza que queda aprisionada en la unión de la rama con el tronco. A diferencia de la arruga de la corteza, que crece arrugada y elevada, la corteza incluida da la apariencia de estar hundida o apretada; es un signo de unión débil con el tronco (ver foto en la página anterior). En general, las ramas con forma de "V" son las que tienen corteza incluida y las que tienen forma de "U", indican que la unión es fuerte. Quita todas las ramas que puedan amontonarse con la permanente más baja.

4. Selecciona las ramas de andamio y elimina o acorta las que compitan con ellas

Las ramas de andamio, también llamadas ramas principales de andamiaje, son las ramas permanentes que conforman la estructura principal del árbol. La rama permanente más baja es la primera del andamio. Luego, deben seleccionarse varias ramas más, por encima de la más baja, para construir el resto de la estructura.

Las ramas del andamio tener un diámetro de la $1/2$ del tronco, o menos, en el punto de unión. Esta diferencia de tamaño promueve el desarrollo de los cuellos de rama. El cuello de rama es un área de tejido de tronco que rodea la base de la rama (consulta "Ubicación de cortes de poda para ramas de árbol" on page 116). Las ramas con cuello tienen mejores uniones al tronco que las que no lo tienen. Las ramas con diámetros mayores a la $1/2$ del diámetro del tronco deben acortarse para alentar su crecimiento. Las ramas con corteza incluida tienen uniones débiles y por este motivo no deben escogerse para formar el andamio de ramas.

Para formar una copa equilibrada, las ramas del andamio deben estar bien espaciadas radialmente alrededor del tronco y verticalmente a lo largo de él. Una separación de 18 pulgadas es adecuada para árboles con troncos de 12 pulgadas de diámetro al momento de su madurez; para árboles más pequeños, 12 pulgadas de separación estarán bien. Quita las ramas que interfieran con las seleccionadas y acorta las demás. Elimina o acorta las ramas con corteza incluida y deja ramas pequeñas entre las del andamio, para que sirvan como ramas temporales.

5. Selecciona las ramas temporales por debajo de la permanente más baja

Se llama temporales a las ramas que crecen por debajo de la permanente más baja. Estas ramas producen energía y ayudan al tronco a ensanchar su base. El resultado es un tronco cónico, ideal para que el árbol resista mejor el estrés del viento. Las ramas temporales también protegen al tronco de las quemaduras solares y las lesiones físicas, como los daños a la corteza causados por equipos de jardinería.

Acorta estas ramas entre 2 y 3 yemas para desacelerar el aumento de su diámetro. Las ramas temporales de poco vigor son las mejores para cumplir con su propósito y además es posible que no sea necesario acortarlas. Quita las ramas temporales mayores a la 1/2 del diámetro del tronco. Por lo general, se las puede retirar una vez que el tronco alcanza entre 3 y 4 pulgadas de diámetro.

Tala de árboles pequeños

Realizar un corte horizontal al tronco de un árbol pequeño hace que la sierra se atasque en él. Además, este tipo de corte también da poco control sobre la dirección en la que caerá el árbol. Para talar un árbol pequeño correctamente, primero debes elegir la dirección en la que deseas que caiga. Sobre el lado que has elegido, haz una muesca en el tronco en forma de cuña. El borde superior de la cuña debería tener un ángulo de aproximadamente 60 grados; y el inferior debería ser paralelo al suelo. La profundidad de la cuña debería ser de aproximadamente 1/3 del diámetro del tronco. A este corte se lo llama corte direccional.

Luego, realiza un corte horizontal del lado opuesto al de la muesca, aproximadamente 1 pulgada por encima de la base del corte direccional. Este es el corte de tala. No es necesario completar el corte de tala. Permite que el peso del árbol haga de bisagra, e incline al árbol gentilmente hasta tirarlo. Si piensas quitar las raíces, deja algo del tronco para usar de palanca; de lo contrario, haz un corte final cercano a la altura del suelo. Ve el diagrama 3. Para reducir el riesgo de lesiones y daños, utiliza esta técnica solo en zonas abiertas y en árboles con troncos de 5 pulgadas de diámetro, o menos.

Diagrama 3

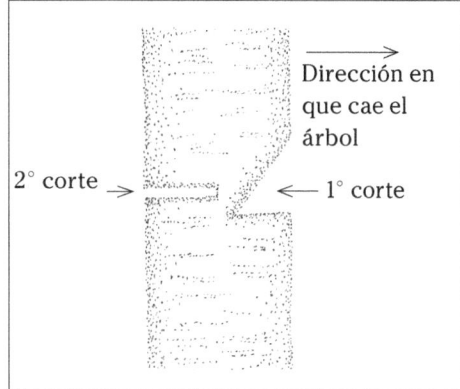

Este diagrama muestra cómo talar un árbol pequeño. El primer corte es el de entallado. No debería penetrar en el tronco más de un tercio. El segundo corte es el de tala. Debe hacerse enfrente al de entallado, aproximadamente una pulgada por encima de la base del primer corte. No cortes todo el tronco cuando hagas el corte de tala; deja una parte de madera para que actúe de bisagra y empuja suavemente el árbol hacia abajo hasta que caiga.

Detener a los brotes del tocón

En muchos tocones crecen nuevos brotes no deseados llamados brotes del tocón. Para prevenir su crecimiento, aplica un producto especial para este fin a cualquier tocón recién cortado. Ten en cuenta que el uso comercial de productos químicos de jardín requiere tener una licencia de técnico en control de plagas. Consulta la página page 76 para obtener más información al respecto.

Para acelerar el proceso de descomposición, realiza varios cortes profundos en el tocón con una motosierra y cúbrelo de tierra. Si el cliente te pide que quites el tocón por completo, indícale que debe consultar a una empresa especializada en retirar tocones.

CAPÍTULO 8

Poda de rosales

En este capítulo
- Poda de rosales arbustivos modernos
- Poda de otras variedades de rosales
- Poda de flores marchitas
- Herramientas para la poda de rosales
- Aerosoles curativos y de invierno
- Preparando a los rosales para el invierno

Los rosales se dividen en clases y cada una posee requisitos de poda distintos. Este capítulo se centra principalmente en la poda de rosales arbustivos modernos, porque son los rosales más comunes en los jardines residenciales. También se incluyen estándares de poda para rosales tapizantes, trepadores y de mata.

Rosales arbustivos modernos

Los rosales arbustivos modernos son una combinación de dos tipos diferentes de rosas: la que es elegida por sus flores y la que se selecciona por su calidad como portainjertos. Ambas variedades se injertan en su base, llamada unión del injerto. Los híbridos de té, las grandifloras, floribundas y las rosas miniatura son algunos ejemplos de rosales modernos.

En términos sencillos, el objetivo de podar un rosal moderno es acortar sus ramas y reducir su densidad. Más específicamente, la idea es quitar los tallos improductivos o que crecen mal posicionados y favorecer el crecimiento de nuevos tallos fuertes que den flores. Una poda anual a finales del invierno, una vez que el riesgo de una última helada ya haya pasado, alienta el crecimiento de nuevos tallos fuertes en la primavera. En ellos crecerán las mejores flores. A continuación encontrarás seis lineamientos para la poda de rosales arbustivos modernos. El orden en que están explicados los cortes es aleatorio.

Seis lineamientos para la poda de rosales arbustivos modernos

1. Haz cortes correctos

Utiliza tijeras bien afiladas siempre que podes un rosal. Las tijeras romas dejan bordes irregulares, más susceptibles a contraer enfermedades. Siempre acorta el tallo a la altura de una yema, o retíralo por completo. En el primer caso, realiza el corte $1/4$ pulgada por encima de la yema, con un ángulo de 45 grados en dirección opuesta a ella. El corte en ángulo permite que el agua caiga, ayudando a prevenir enfermedades.

Los cortes hechos hasta $1/2$ pulgada de una yema, dejan una sección de rama, un tocón, que corre riesgo de morir. Este "marchitamiento" puede avanzar por el resto de la rama. Un tocón muerto es una indicación probable de que la caña está enferma en su totalidad. Se las identifica por sus centros de color marrón; el de una caña de rosa sana debería ser de color blanco. Las cañas marchitas deben quitarse por debajo del punto de infección. A menudo, esto requiere de una severa poda correctiva, que destruirá las reservas de energía de la planta y

Izquierda: Este tallo de rosa fue cortado demasiado lejos del capullo más cercano y ha quedado un tocón. El corte correcto se realiza 1/4 pulgada por encima de un capullo, con un ángulo de corte que se aleje de él.

Derecha: Los tocones muchas veces mueren. La muerte avanzará por la caña saludable si no se la trata. Las cañas infectadas son marrones en el centro. Corta las cañas infectadas por debajo del punto de infección.

debilitará su salud con el correr del tiempo. Los cortes realizados correctamente ayudan al rosal a recuperarse sin contraer enfermedades. Observa las fotos de la página siguiente.

2. Quita las cañas muertas, débiles o que se entrecruzan

Una buena manera de comenzar la poda de un rosal, es quitando las cañas muertas, débiles o que se entrecruzan. Corta todas las ramas muertas y enfermas a la altura de una parte que se vea sana. Y elimina también todos los crecimientos que sean más delgados que un lápiz, porque no producen muchas flores y son propensos a contraer enfermedades. Cuando dos cañas se rocen entre sí, elige una para cortar. Ese rozamiento rompe la capa exterior de la caña, volviendo a la planta más débil frente a la enfermedad.

Nota: En el caso de los rosales que crecen en regiones con inviernos fríos, limita la poda de otoño a estas medidas de limpieza y deja la poda más severa, descrita en los pasos siguientes, para la primavera. Consulta "Preparación de rosales para el invierno" on page 136 para obtener más información.

3. Retira los tallos que crezcan hacia el centro

Quita todos los tallos que crezcan hacia el centro de la planta. Esto ayudará a evitar los entrecruzamientos y también mejorará la circulación de aire en el centro del rosal, reduciendo el riesgo de que contraiga enfermedades. Debido a la ausencia de ramas en su centro, a veces se dice que los rosales bien podados tienen forma de vaso.

4. Retira las cañas viejas e improductivas

A veces, se llama unión del injerto a la base de los rosales modernos. Allí es donde el cultivar (la variedad de rosa deseada) se injerta en el portainjertos. Los tallos que brotan desde esta unión se llaman cañas. A medida que envejecen, se vuelven leñosas, crecen con menos vigor y dan flores de peor calidad. Es probable que la eliminación de cañas viejas sea el aspecto más descuidado de la poda de rosales modernos. La mayoría de las personas son reacias a cortar una rama que tiene el aspecto de ser esencial. Sin embargo, cuando se quita una caña vieja, el rosal por lo general hace crecer una nueva, directamente desde la unión o desde una yema de otra caña cercana al suelo.

Los tallos que crecen en una caña deben ser fuertes y producir flores de buen tamaño. Si la mayoría de los tallos de una caña son débiles (menos gruesos que un lápiz), extráela por completo. La mayoría de las cañas leñosas y marrones son menos fuertes que las verdes o parcialmente verdes. Utiliza una sierra de poda para quitar las cañas de base. Si una caña nueva brota en la base de una vieja, retira solo ésta última.

Si todas las cañas del rosal se han vuelto improductivas, quítalas a todas. Esta medida extrema es un ejemplo de poda de renovación. Con buen riego y una fertilización adecuada, el rosal producirá nuevas cañas en la primavera. Un método más gradual de renovación consiste en retirar una o dos cañas por año hasta renovarlas todas, para que sean reemplazadas por nuevas. Esta técnica más moderada permite al rosal mantener sus reservas de energía y es menos probable que preocupe a tus clientes.

Algunos expertos recomiendan limpiar la unión del injerto suavemente con un cepillo de alambre para

Este rosal arbustivo moderno está cubierto de tallos improductivos. Las ramas más cercanas a la parte superior son delgadas y producen flores pequeñas. Esto sucede cuando no se retiran las cañas viejas y leñosas.

Cuando las cañas viejas e improductivas se quitan a la altura del portainjertos, el rosal producirá nuevas cañas, que a su vez desarrollarán tallos más vigorosos y con flores más atractivas. La mejor poda de renovación se realiza eliminando solo unas pocas cañas viejas por año.

Woody, old cane
(Cañas viejas y leñosas)

Young cane
(Caña joven)

estimular nuevos brotes (nuevas cañas). Al menos un experto en rosas recomienda eliminar cualquier caña con un grosor mayor a 3/4 pulgada durante la temporada de crecimiento, en lugar de durante el estado latente, para facilitar el desarrollo de callos (Kuze, 2003).

5. Quita los chupones a mano

El portainjertos de un rosal moderno es propenso a tener chupones que le restarán energía al cultivar. Los chupones de las rosas son fáciles de identificar porque brotan de la tierra, o por debajo de la unión, indicación de que crece desde el portainjertos. Por lo general, tienen siete hojas pequeñas y suelen ser de un tono de verde diferente al del cultivar. Cava el suelo para encontrar donde nace el chupón y tira de él para arrancarlo de raíz. Los que cortes al ras del suelo, harán crecer nuevos tallos.

6. Acorta las cañas restantes

Acorta el resto de las cañas a la altura de los capullos que miran hacia afuera. Esto ayuda a mantener el centro de la planta libre y favorece la forma de vaso que se busca obtener. Cuánto debe acortarse un rosal moderno varía de especie a especie. Consulta más adelante las diferentes categorías de rosales arbustivos modernos para obtener instrucciones al respecto.

Ten en cuenta que el tamaño que des al rosal será en parte una cuestión de preferencia o gusto personal. El acortamiento drástico tiende a producir menos flores, pero de mayor tamaño. No obstante, acortar un rosal drásticamente durante varias temporadas puede dañar su salud. En líneas generales, a los rosales fuertes se les debe permitir tener un buen tamaño.

En regiones con inviernos fríos, corta las cañas a 2 o 3 pies en el otoño, para reducir así el riesgo de daños debidos a los vientos de invierno. La poda más extensa se aplaza hasta que llegue la primavera. Consulta "Preparación de rosales para el invierno" on page 136 para obtener más información. A continuación, encontrarás algunas de las categorías de rosales modernos junto con sus requisitos de poda particulares.

Híbridos de té

Los híbridos de té son los rosales modernos más comunes y los más populares en general. La mayoría de estos rosales tienen entre 3 y 6 pies de altura. Cada tallo produce una o varias rosas y el rosal florece varias veces durante su temporada de crecimiento, al igual que todos los rosales modernos. Sigue los seis lineamientos básicos para la poda de rosales y deja entre 3 y 6 cañas al terminar. Por último, retira entre 1/3 y 1/2 de la parte superior de cada caña, acortándolas a la altura de las

Fotos del "Antes y después" de un híbrido de té o grandiflora. Las ramas que crecían hacia el centro fueron quitadas, dando al rosal una forma de vaso. En climas templados, muchos rosales modernos no pierden todas sus hojas durante el invierno. Quita las hojas que den signos de enfermedad. Las hojas también deben retirarse del suelo de alrededor de la base del rosal.

yemas que miran hacia el exterior. No es necesario acortarlas más, a menos que el rosal crezca en una región fría donde puede sufrir daños por heladas.

También puedes tomar la decisión de cuánto acortar basándote en el grosor de la caña. Por ejemplo, si a 3 pies de altura, una caña tiene $1/2$ pulgada de grosor, esto indica que el híbrido de té es fuerte. No será necesario acortar demasiado la caña para que dé nuevos brotes fuertes durante la próxima temporada. Idealmente, los rosales fuertes se dejan crecer, sin podarlos a una altura determinada. Cuanto más grande es el rosal, más resistente es y más flores produce. Habiendo establecido esto, podar un híbrido de té severamente es aceptable cuando quieres que produzca menos rosas, pero de mayor tamaño.

Grandifloras

Las grandifloras son una categoría de arbusto de rosas moderno parecidas a los híbridos de té. Muchas crecen a más de 5 pies de altura. A veces se las confunde con los híbridos de té y viceversa, e incluso sus requisitos de poda son prácticamente iguales. Deja entre 4 y 6 cañas sin tocar y reduce $1/3$ de las restantes.

Floribundas

Las floribundas se distinguen por producir racimos de flores en cada tallo. Las flores son más pequeñas que las de los híbridos de té, pero no tanto como las de las polyanthas. Las floribundas suelen tener entre 3 y 4 pies de altura y son más frondosas que los híbridos de té y las grandifloras. Por este motivo, se las suele elegir con frecuencia como arbustos o setos. Deja todas las cañas productivas (generalmente entre 6 y 8) y reduce $1/4$ de las restantes.

Polyanthas

Los rosales Polyantha producen muchas flores pequeñas. Son plantas más pequeñas que las floribundas y no es común encontrarlas en jardines residenciales. Deja todas las cañas productivas, reduce las restantes a la $1/2$.

Un rosal de pie en el verano. Los rosales de pie deben mantenerse en equilibrio sobre un portainjertos apoyado sobre el suelo y por ese motivo se los suele mantener de un tamaño más compacto comparado con otros rosales. Observa las estacas de soporte permanentes.

Miniatura

Los rosales miniatura suelen tener menos de $1 1/2$ pie de altura y producen flores miniatura. Elimina los tallos muertos y reduce la altura total de la planta a la $1/2$, o menos. Poda los tallos amontonados según sea necesario.

Otras variedades de rosales

Rosales de pie

Un rosal estándar, también conocido como rosal de pie, es un rosal arbustivo injertado en una caña de rosal alta y desnuda de otra variedad: el resultado es una rosal tipo árbol de entre 4 y 5 pies de alto. La copa suele ser un rosal arbustivo moderno, como un híbrido de té o una floribunda y la poda es esencialmente la misma que para estas rosas. Extrae los chupones que crecen desde el tronco y ayúdalo a mantenerse erguido con una estaca. Quita las flores y otras partes marchitas durante la primavera y el verano. Consulta "Extracción de partes marchitas", en la página siguiente.

Los rosales de pie tienden a tener copas grandes y se tienen que sujetar de una unión que crece por encima de la superficie del suelo. Por este motivo, pódalos más de lo que normalmente podarías a un híbrido de té o floribunda. Es también importante que la parte superior se vea simétrica. Las correcciones pueden hacerse cortando un poco más el lado con tallos débiles. Podar más la parte débil del rosal alienta a la planta a producir nuevos brotes de ese lado, equilibrándose así por sí misma.

El rosal de pie llorón es un rosal estándar con la cabeza de un rosal llorón. Estos rosales producen tallos largos y arqueados, que se doblan hacia el suelo. No se los debe acortar como a los arbustos modernos. Permite que estos rosales desarrollen sus tallos de hábito llorón durante los primeros años después de su plantación, y luego, corta los más viejos a la altura de la unión a medida que la copa se va volviendo más densa.

Rosales tapizantes

Los rosales tapizantes, o cubresuelos, producen largas cañas que enraízan al contacto con el suelo. Estos rosales rastreros se extienden rellenando todos los espacios a medida que avanzan. Por este motivo, se los suele utilizar como cubresuelos. Se los identifica por sus siete hojas pequeñas; los rosales trepadores son de cinco hojas. Normalmente, florecen una vez al año, dando flores en los tallos desarrollados durante la temporada anterior. Se los debe podar después de la floración para preservar los capullos de la temporada en curso. Elimina las ramas muertas o enfermas y acorta los tallos que crecen fuera de los límites. Cuando se hacen demasiado grandes o enredados, estos rosales responden bien a la poda de renovación.

Rosales trepadores

A los rosales trepadores se los suele hacer crecer a lo largo de un alambre o una espaldera. Algunos florecen varias veces durante la primavera y el verano y otros florecen solo una vez, en la primavera. Para entrenar a los trepadores jóvenes, extiende varias de sus cañas en forma de ventilador y luego átalas a su soporte sin apretarlas, con cinta de jardín. Deja que la planta se desarrolle durante dos a tres años y ata las ramas principales en posición vertical.

De ellas crecerán brotes laterales, que deberán ser atados en posición horizontal. Esta posición activa los capullos y desanima el desarrollo de brotes de crecimiento. Hasta doblar una caña vertical para que adopte una posición horizontal favorecerá su producción de flores. Como alternativa, un método menos formal consiste en permitir que las cañas se desarrollen y luego atarlas a un soporte entrelazándolas por los agujeros del soporte, pasándolas hacia atrás y hacia adelante de forma amplia. Es inevitable que algunas cañas se entrecrucen.

La poda anual de los rosales trepadores que florecen varias veces es diferente a la poda de los que solo lo hacen una vez. Durante el invierno, corta los tallos con flores o los que florecen varias veces, dejando solo 2 o 3 yemas que miren hacia adentro o hacia arriba; algunos jardineros dejan más cantidad. Estas yemas darán flores en la primavera. Ajusta las cañas nuevas y fuertes tejiéndolas en el soporte. Retira las partes marchitas durante la primavera y el verano. Al igual que lo harías con los híbridos de té y las grandifloras, quita las cañas viejas y las que florecen a repetición.

Poda en primavera los rosales que solo florecen en esta estación, justo después de que todos los capullos hayan florecido. Las cañas horizontales producirán nuevos tallos que florecerán la primavera próxima. Si podas uno de estos rosales en invierno, te arriesgas a cortar los tallos donde florecerían las flores de la próxima primavera. Corta 2 o 3 yemas de los tallos más finos. Deja los que conforman la estructura horizontal. Retira las cañas improductivas cortándolas a la altura de la base.

Rosales arbustivos

Muchos rosales arbustivos, como los especies y los antiguos, son más parecidos a los rosales silvestres. Varían mucho de altura y pueden tener hábitos de crecimiento tanto vertical como rastrero. Muchos florecen en sus tallos más viejos, por eso, no se los debe podar todos los años como a los modernos. Para un aficionado, identificar un rosal especies o antiguo puede ser difícil; si tienes dudas, pregunta en un vivero profesional. Es más probable que encuentres rosales arbustivos en una propiedad algo antigua que en desarrollos residenciales más bien modernos. Se los acostumbra utilizar como setos.

Una vez que se han establecido, estos rosales no necesitan mucha poda. Límpialos de tallos muertos, enfermos, entrecruzados o débiles, así como las cañas que ya no sean productivas. No achiques estos rosales, a menos que necesites que penetre más luz o quieras mejorar su forma. Poda en invierno a los que florecen a repetición y en primavera a los que solo lo hacen en esta estación, justo después de que las flores hayan muerto. El cliente seguramente sabe si su rosal florece solo una vez por temporada. Los rosales antiguos soportan la poda de renovación. Es aceptable retirar las flores pasadas de los rosales que florecen a repetición. Deja de hacerlo a mediados del verano para estimular la formación de frutos (ver foto en la página opuesta). En libros de referencia sobre poda encontrarás instrucciones más detalladas para la poda de rosales arbustivos.

Eliminación de flores marchitas

Se llama eliminación de flores marchitas a la práctica de cortar las flores pasadas de los rosales que florecen a repetición. Hacerlo evita que la planta concentre su energía en la producción de semillas, a la vez que estimula la producción continua de flores a lo largo de toda la temporada de crecimiento. Esta no suele ser una práctica de alta prioridad y, sin embargo, es una de las más importantes para la apariencia del rosal. Es, además, una práctica de poda muy fácil que algunos clientes disfrutan realizar ellos mismos. Los rosales modernos responden muy bien a la quita de flores marchitas. No es necesario en los rosales tapizantes ni tampoco en algunos antiguos.

Ésta técnica consiste en cortar las flores marchitas a la altura del capullo, justo por debajo de la flor. Algunos expertos en rosales recomiendan cortar a la altura del primer tallo de cinco hojas; allí se encuentra un capullo fuerte, en la juntura de la hoja. Al limpiar de flores muertas de los rosales que florecen formando racimos, como las floribundas y polyanthas, espera a que todas las rosas del racimo mueran y luego extrae el tallo florecido. En regiones con inviernos fríos, detén la práctica

En invierno, muchos rosales arbustivos generan vainas con semillas muy bonitas, llamadas cinorrodones o escaramujos. Los escaramujos mostrados aquí son de color rojizo, anaranjado y amarillo. Si quieres estimular el crecimiento de escaramujos, no reitres las flores marchitas de los rosales que florecen a repetición.

a finales del verano y permite que el rosal forme frutos, llamados escaramujos. Esto ayudará a que la planta resista mejor el invierno.

Herramientas para la poda de rosales

La mayor parte de la poda de rosales se realiza con una tijera de poda fuerte o una tijera de poda para rosales. Las tipo Bypass hacen cortes más limpios en los tallos verdes que las de yunque. Para quitar cañas viejas y leñosas, puedes ayudarte con una sierra de mano; también puedes utilizar una tijera tipo "looper", aunque son más difíciles de ubicar y suelen dañar las cañas con el gancho. Evita las tijeras de podar baratas, sus cuchillas débiles se doblan y dan problemas para cortar. Una vez que hayas terminado de podar, debes limpiar las cuchillas de todas las herramientas con lana de acero, afilarlas con una piedra de afilar adecuada y untarlas ligeramente con un lubricante para metales.

Para ayudar a prevenir la propagación de enfermedades entre tallos, algunos expertos recomiendan limpiar las cuchillas y sierras con un desinfectante doméstico o un desinfectante de manos a base de alcohol etílico después de usarlos para cortar madera enferma. Otros creen que no es necesario, argumentando que el contagio de enfermedades no tiene tanto que ver con la transmisión mecánica, como con el entorno o las características particulares del cultivar.

Aerosoles curativos y de invierno

En zonas con inviernos templados, los rosales modernos a veces retienen algunas hojas durante la época de frío. Las hojas que tengan señales de estar dañada por insectos, enfermas o infectadas por hongos, deberían ser eliminadas de la planta al terminar de podarla. Quita todas las hojas y tallos de alrededor de la base del rosal. Algunas enfermedades permanecen latentes durante el invierno en las hojas caídas y vuelven a infectar la planta cuando llega la primavera.

Pulveriza los rosales con un aerosol específico para eliminar insectos y enfermedades. Estos aerosoles suelen ser productos a base de cobre o azufre que actúan como control de enfermedades, combinados con aceite de horticultura para sofocar insectos. Los que son a base de cobre protegen contra una gama más amplia de enfermedades que los que contienen azufre. Puedes usar para los rosales el mismo aerosol que usas para los árboles frutales y los arbustos de bayas. Para obtener más información, consulta ""Aerosol de invierno para árboles frutales" on page 154.

Preparación de rosales para el invierno

Los rosales modernos que crecen en zonas con temperaturas invernales inferiores a 28 grados F durante períodos prolongados requieren que se los proteja para pasar el invierno. Los rosales desprotegidos que sufran daños por los ciclos de heladas y descongelamiento, pueden no recuperarse en la primavera. La preparación de invierno para rosales tiene como objetivo preparar a las plantas para la invernación y protegerlas para que permanezcan inactivas durante todo el invierno. Los que crecen a partir de sus propios sistemas radiculares, como los especie y las rosas miniatura, están mejor adaptados para soportar el frío y no necesitan preparación para el invierno.

Las rosas robustas son, por definición, las que soportan mejor los inviernos crudos. Las medidas adoptadas durante la temporada de crecimiento para mantener al rosal libre de enfermedades, serán de gran ayuda durante el estado latente. No agregues productos con nitrógeno a partir de finales del verano, para evitar la estimulación de brotes nuevos que se dañarán más fácilmente con las temperaturas frías. Después de la primera helada, quita todas las hojas y retira las hojas caídas de alrededor de la base del rosal. Utiliza un aerosol de invierno, en caso de ser necesario.

Limita la poda de otoño a la eliminación de tallos muertos, enfermos o dañados. Las cañas largas pueden reducirse a 2 o 3 metros, para evitar que resulten dañadas por los vientos invernales. La poda más severa debe retrasarse hasta la llegada de la primavera. Ya no quites más las flores pasadas al terminar el verano, para permitir que se formen frutos. Eso hará que la planta esté más fuerte para el invierno.

El estado latente puede comenzar después de la primera helada y éste es el momento de proteger el rosal, no antes. La protección regulará las diferencias de temperatura propias del invierno y ayudará a mantener al rosal inactivo. Si estás en una región donde una capa profunda de nieve permanece durante todo el invierno, la nieve misma ayudará a moderar la temperatura. Igualmente, es posible que el rosal aún necesite ser protegido. Riega el rosal una vez antes de colocarle su protección.

Aporcar es el nombre de una técnica común que implica remover tierra y amontonarla unas 10 a 12 pulgadas alrededor de las cañas y la unión del portainjertos. La excavación puede exponer las raíces, que se dañarán durante el invierno; debes tomar la tierra de otra parte del jardín. Idealmente, toma tierra de un suelo arenoso. De no ser posible, utiliza abono, compost u otro material orgánico.

A veces, se agrega mulch como cobertor. Antes de amontonar la tierra, ata las cañas con cordel sintético u otro material que no las dañe. Los rosales también pueden protegerse con productos comerciales, como los conos para rosas.

En el caso de los trepadores, retira las cañas de su soporte, apóyalas sobre el suelo y sujétalas en posición. Otra alternativa es cavar una zanja de poca profundidad, acostar las cañas allí y luego cubrirla de tierra. Si crees que esto no es muy práctico, enrolla tela de arpillera u otro tipo de protección alrededor de las cañas, pero éstos materiales protegen menos. Los rosales de pie pueden excavarse, acostarse en una zanja, taparse con mulch y enterrarse. Algunos expertos recomiendan hacer esto con los rosales de pie que crecen en la tierra y trasladarlos a un lugar menos frío y con más reparo. Cualquiera de estas técnicas puede utilizarse también para los rosales que crecen en macetas. Riega un poco el rosal antes de trasladarlo para evitar que se seque.

Al llegar la primavera, espera a que las temperaturas más frías hayan pasado para quitar la protección. Corta todos los tallos que se hayan dañado con el frío y poda el rosal de acuerdo a su variedad. En los viveros profesionales es probable que consigas recomendaciones adicionales acerca de productos y técnicas de protección contra el invierno para rosales.

CAPÍTULO 9

Poda de árboles frutales

En este capítulo

- Poda de formación de árboles frutales
- Fisiología del árbol frutal
- Épocas de poda para árboles frutales
- Poda de árboles frutales en tres pasos
- Lineamientos generales para la poda de árboles frutales comunes
- Renovación de árboles frutales
- Poda de árboles formados, vides y arbustos de bayas entrenados
- Herramientas de poda
- Aerosol de invierno para árboles frutales
- Pestes comunes de los árboles frutales

Si no se los poda en absoluto, muchos árboles frutales producen cientos de libras de frutas pequeñas, la mayoría crecerán en las ramas más altas. Los productores de frutas aprendieron hace ya mucho tiempo, que la poda podía utilizarse para que los árboles produzcan frutas más grandes y más fáciles de cosechar y además mantengan un buen rendimiento todos los años. Incluso con la llegada de los portainjertos semi enanos, los objetivos de la poda de los árboles frutales siguen siendo, hoy, los mismos: controlar el tamaño y administrar los frutos.

Más específicamente, los objetivos de la poda de frutales son: reducir la cantidad de fruta (porque hacerlo aumenta el tamaño de los frutos), renovar las ramas que dan frutos, aumentar la penetración de luz dentro de la copa (que estimula el crecimiento de ramas nuevas y mejora el color rojo de la fruta), mantener la estructura del árbol y controlar su tamaño. A menudo, varios de estos objetivos se logran con un solo corte.

Poda de formación de árboles frutales

En general, el objetivo principal de la poda de formación de los frutales que crecen en jardines residenciales es fortalecer la estructura de ramas para que el árbol produzca la mayor cantidad de sus frutos a una altura suficientemente baja como para ser recogida. Los sistemas de formación más comunes son el de líder central, el del líder central modificado y el de centro abierto.

En el sistema del líder central, la rama principal del árbol se mantiene intacta, para ofrecer apoyo adicional al andamio de ramas laterales. Algunos horticultores entrenan manzanos con este método porque tienen que sostener una carga pesada de frutos. Además, el método se adecúa naturalmente a los hábitos de crecimiento de las manzanas. Por razones similares, también los perales se suelen entrenar con el método del líder central. El sistema de centro abierto puede utilizarse para entrenar cualquier árbol frutal que crezca en un entorno residencial; y se describe aquí en este libro.

Entrenar un árbol frutal suele llevar entre tres y cinco años. Se lo debe podar durante el estado latente y en el verano. La poda en estado latente se hace a finales del invierno, una vez que el riesgo de heladas haya pasado, pero previo a la aparición de capullos. Durante los primeros dos o tres años, la producción de fruta debería mantenerse al mínimo, para que el árbol dedique su energía a elaborar una buena estructura de ramas. Reduce la cosecha según sea necesario para asegurar que el peso de los frutos no doble las ramas jóvenes seleccionadas para conformar el andamio en posiciones poco convenientes. Los lineamientos siguientes pueden aplicarse a árboles frutales de cualquier tamaño, excepto los genéticamente enanos.

Sistema de centro abierto

En el sistema de centro abierto, el líder central del árbol joven se acorta y se seleccionan entre tres y cuatro ramas para que formen la estructura de ramas principal. Extraer el líder central permite que penetre más luz solar al centro del árbol y a las ramas inferiores. La luz solar activa los capullos y como resultado, las ramas inferiores darán más cantidad de frutos.

En el plantado: El entrenamiento de un árbol frutal en el sistema del centro abierto puede comenzar al momento de su plantación. Acorta el líder central entre 1 1/2-3 pies del suelo. Esto promoverá la formación de ramas cerca del corte. Esta estimulación también puede hacerse a más de 3 pies, pero también eleva la altura de recolección de la fruta.

Si un árbol joven ya tiene varias ramas a 1 1/2-3 pies del suelo, puedes usarlas como parte del andamio, siempre que estén bien separadas radial y verticalmente. Acorta el líder a la altura de las ramas existentes. Si estas ramas no se ven fuertes, acórtalas entre 2 y 3 yemas para animarlas a crecer con mayor vigor. Corta todos los tallos restantes, a aproximadamente 6 pulgadas. Servirán de ramas temporales, darán sombra al árbol y producirán energía. Por último, pinta el tronco y las ramas expuestas con una mezcla mitad de pintura de

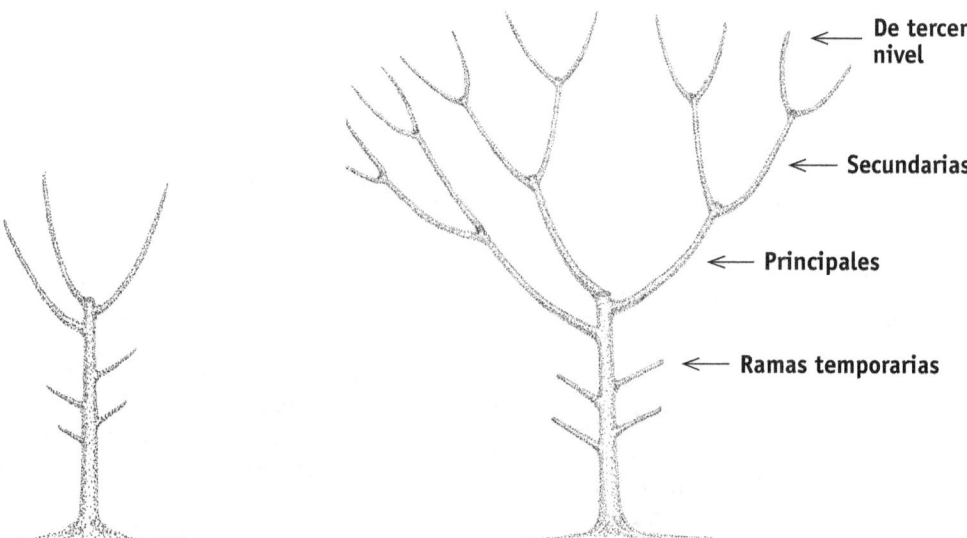

Diagrama 4. El sistema de formación del líder central consiste en acortar el líder central de un árbol frutal joven a la altura de tres o cuatro ramas bien separadas entre sí, que se convertirán en las ramas principales del andamio. El líder se acorta incluso si las ramas para un andamio adecuado no existen; brotes nuevos se desarrollará a la altura del corte y por debajo de él. Las ramas temporales que salen del tronco se acortan dos o tres yemas.

Diagrama 5. Este diagrama ilustra la estructura de ramas principales de un árbol de centro abierto. Aunque no se muestra ni en este diagrama ni en el 4, se deben dejar brotes pequeños en todas las ramas del andamio para que den sombra y produzcan energía. Las ramas temporales se acortan para disminuir su crecimiento; se podan antes de que lleguen a tener dos pulgadas de diámetro.

látex blanco y mitad agua, para evitar quemaduras de sol.

Durante la primera temporada de crecimiento: Las ramas laterales se formarán a la altura del líder cortado y por debajo de ese corte. Elije 3 o 4 laterales como ramas principales del andamio, es decir, de la estructura del árbol. Estas ramas deberían unirse al tronco a 45 o 60 grados y deberían estar uniformemente distribuidas alrededor y a lo largo del tronco. Las ramas bien ubicadas pero que tienen ángulos de unión demasiado estrechos pueden corregirse usando palillos o prendedores de ropa. Algunos árboles, como los perales, tienden a crecer verticalmente de manera natural y se benefician al ser redireccionados a mano.

Acorta o retira las ramificaciones que compitan con las ramas jóvenes del andamio y corta también todas las que estén debajo de las elegidas. Deja suficientes ramas pequeñas como para tener sombra en el centro del árbol. Estas ramas para sombra pueden acortarse.

En el primer verano: Una vez que las ramas más importantes del andamio hayan crecido en longitud, acórtalas entre 2 y 2 1/2 pies para estimular su ramificación. Las ramas que se desarrollen a partir de las principales serán las ramas secundarias del andamio. Al acortar las principales, examina la corteza de cada una e identifica las yemas de crecimiento. Realiza el corte allí donde encuentres yemas que apunten hacia afuera y hacia arriba; con el tiempo, éstas serán las que darán una frondosidad uniforme a la copa. Si las ramas principales ya tienen otras ramas, úsalas para seleccionar las secundarias.

En el primer invierno después de la siembra: Si las ramas principales no crecieron mucho durante la primera temporada de crecimiento, acórtalas 2 a 3 yemas para promover así un crecimiento más vigoroso la temporada próxima (Ingels y Dong, 2000).

Si las ramas secundarias del andamio no fueron seleccionadas durante la poda de verano, haz la selección y el acortamiento correspondiente durante la poda en estado latente (a finales del invierno).

Un ciruelo entrenado con el sistema de centro abierto. Se ha estimulado el crecimiento de ramas cercanas al suelo para facilitar la recolección de frutos. La banda oscura en la base del árbol es una barrera contra insectos pegajosa; ver ""Áfidos o pulgones" on page 155 para obtener más información.

Si las ramas secundarias sí crecieron lo suficiente, acórtalas entre 2 y 2 1/2 pies.

Las ramas estructurales que se desarrollen a partir de las ramas secundarias serán las ramas de tercer nivel del andamio. Nuevamente, si el árbol ya tiene ramas de tercer nivel, acórtalas. Si aún no las tiene, acorta las ramas secundarias a la altura de las yemas que apunten en direcciones adecuadas. El objetivo es rellenar la copa del árbol de manera que se obtenga una forma de vaso.

A lo largo del proceso de formación, quita cualquier chupón que crezca en el portainjertos, dejando siempre suficientes tallos como para proporcionar la suficiente sombra y energía. Acorta o quita las ramas que compitan con las seleccionadas para el andamio. El entrenamiento puede darse por completado una vez que se desarrollen las ramas del tercer nivel. El resultado debería ser una estructura fuerte y abierta, que soportará a las ramas más pequeñas que carguen con la fruta. A partir de este punto, poda el árbol como lo harías con cualquier otro árbol maduro.

Si frutal no se entrena durante sus primeros años, es posible que necesite una poda correctiva con el fin de crear una estructura con buen espacio entre ramas. Para lograrlo, es muy posible que se justifique eliminar grandes porciones de madera o posponer la producción de fruta.

Fisiología de los árboles frutales

Comprender los siguientes aspectos de la fisiología de los árboles frutales te ayudará a tomar mejores decisiones durante la poda.

Capullos

Las flores se desarrollan a partir de capullos que se forman en los tallos y ramas de los árboles frutales (técnicamente, se desarrollan a partir de capullos, o de capullos mixtos, dependiendo de la especie). Los capullos se parecen a las yemas, solo que suelen ser más grandes y redondeados. Se los identifica más fácilmente por su contextura regordeta; y esto se aplica a la mayoría de los árboles frutales. Las flores producen frutos cuando se las poliniza.

Los árboles frutales difieren en su manera de producir capullos y frutos. Los manzanos, perales, cerezos, almendros, ciruelos y albaricoques, producen la mayor parte de sus frutos en brotes axilares, que son brotes laterales cortos que contienen uno o varios capullos. La mayoría se desarrollan en ramas cuya madera tiene por lo menos dos años. Cada brote produce frutos durante varios años antes de volverse improductivo. Se llama período de vida del brote a la cantidad de años que un brote continúa siendo productivo.

El período de vida de los brotes axilares varía de acuerdo al tipo de árbol. Por ejemplo, los brotes de la mayoría de los perales son productivos durante poco más de cinco años y los de ciertas variedades de manzano pueden producir frutos durante veinte años. Los períodos de vida de los brotes de los frutales más comunes se encuentran en "Lineamientos de poda para árboles frutales comunes" on page 147. En promedio, los brotes tienen un período de productividad de entre tres y cinco años. Algunas variedades de árboles mencionados previamente, sobre todo de manzanos, pueden dar frutos en otros tipos de brotes, por ejemplo, sobre las puntas.

Los durazneros y nectarinos no producen brotes. En su lugar, generan flores sobre ramas de al menos un año de edad. Esto significa que en la primera

 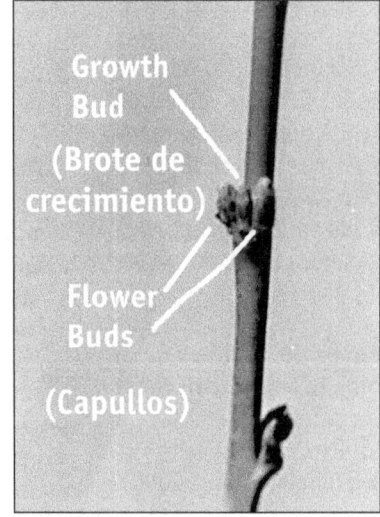

Izquierda: Capullos en brotes cortos de un cerezo. La mayoría de los sistemas de brotes son más grandes y largos que los de los cerezos.

Derecha: Configuración de capullos típica de los durazneros y nectarinas. Un brote angosto crece entre dos capullos más gruesos. Esta rama se desarrolló la pasada primavera y dará frutos de en la siguiente.

temporada, el duraznero genera en sus ramas de al menos un año, los capullos que florecerán y producirán frutos en la temporada siguiente. Muchos de los brotes de esta variedad de árboles crecen en grupos de tres. Por lo general, los dos exteriores son capullos que darán flores y el del centro es de crecimiento (ver foto). Sin embargo, otros árboles, como las higueras, dan frutos sobre ramas que se desarrollaron durante esa misma temporada. Y también producen frutos en ramas mayores a un año. Los cerezos, duraznos y ciruelos producen la mayor parte de sus frutos a partir de brotes, aunque también lo hacen en ramas de un año.

La luz del sol estimula el desarrollo de los capullos. Si no se los poda adecuadamente, los árboles frutales suelen sufrir de hacinamiento, debido al crecimiento entrecruzado de ramas. Cuando esto sucede, la luz no llega ni al centro ni a las partes inferiores del árbol, inhibiendo la producción de frutos en esas áreas. La mayor parte de los frutos se desarrolla naturalmente en las ramas superiores, pero tomando algunas medidas, esto es posible de contrarrestar. El raleo, o aclareo, aumenta la cantidad de luz que penetra a través del follaje, estimulando así el desarrollo de flores en las ramas inferiores.

Las ramas horizontales producen más capullos que las que crecen sentido vertical. Si doblas una rama vertical para que adopte una posición más horizontal, la cantidad de capullos aumentará. Los agricultores utilizan este tipo de conocimientos para aumentar las cosechas. Cuando se debe elegir entre dos ramas que crecen demasiado cerca una de otra, por lo general, es mejor mantener la más horizontal.

Portainjertos

En agricultura, los árboles frutales se reproducen a través de injertos. La variedad o injerto, es decir el tejido vegetal de la especie elegida por su fruto, se injerta en un portainjertos, o pie, de otra variedad. Los motivos para utilizar el método son variados. Se puede desear reducir la altura de un árbol, aumentar su resistencia a las enfermedades y/o aumentar su tolerancia a distintas condiciones de suelo. Los portainjertos semi-enanos o enanos,

Esta foto muestra el intento de un jardinero de contrarrestar el crecimiento vertical natural de los perales. Al obligar a la rama a adoptar una posición más horizontal, se logra que produzca más flores y frutas.

reducen la altura del injerto limitando su vigor natural.

Los árboles que crecen en portainjertos estándar son los más grandes y pueden alcanzar alturas de entre 15 y 40 pies. Este tipo de portainjertos estándar no reducen el tamaño del injerto y además son los más resistentes. Los portainjertos semi-enanos producen árboles de tamaño mediano, que crecen hasta alcanzar entre 12 y 20 pies de altura. Los portainjertos enanizantes producen árboles de entre 6 y 12 pies. El enanismo también se consigue mediante la reproducción genética. Los árboles genéticamente enanos no son tan pequeños a causa de un portainjertos que restringe su tamaño, sino porque su genética natural lo determina así.

Los portainjertos también varían en su capacidad de resistencia a las enfermedades y en su tolerancia a condiciones de suelo diferentes. Por ejemplo, los duraznos y nectarinos no crecen bien naturalmente en suelos con mal drenaje, pero si se los injerta en el portainjertos correcto, es posible cultivarlos en suelos con esta condición. En los catálogos para cultivadores de tu Estado encontrarás mucha información que te ayudará a seleccionar un injerto y portainjertos. Cualquier árbol frutal que compres en un vivero local debería estar ya adaptado a las condiciones de crecimiento de la región.

El factor frío

Durante el invierno, los árboles frutales entran en estado latente y dejan de crecer temporalmente. Para sobreponerse a la inactividad, necesitan un número determinado de horas de frío por invierno. Una hora frío equivale a una hora por debajo de 45 grados F (7°C). Las temperaturas menores a 32 grados F, o superiores a 60 grados F, no brindan el efecto frío necesario. Para ejemplificar, las higueras necesitan apenas 100 horas frío y algunas variedades de manzano pueden llegar a necesitar 1000 horas. Si el árbol no consigue las horas frío que necesita, la producción de hojas de primavera puede retrasarse, la floración puede prolongarse de más, los capullos pueden deteriorarse o caerse, pocos llegarán a abrir las flores, o incluso ninguno; y todo ello dará como resultado una producción de fruta escasa o nula (Pittenger, 2002).

Ten en cuenta que las horas frío no tienen que ser consecutivas. Sin embargo, los días de calor a mitad del invierno (temperaturas superiores a 65°F) pueden tener un "efecto frío negativo"; estas horas de calor deben restarse a las de frío ya acumuladas. Los productores brindan información acerca de los requisitos de frío (a veces llamado requisitos mínimos de frío o MCR por sus siglas en inglés) de los árboles que venden y pueden sugerirte qué árboles son adecuados para cada región. Ten en cuenta que si una misma propiedad tiene microclimas diferentes, el efecto frío de cada uno también lo será. En este sentido, el lugar donde se plante un árbol tiene mucha importancia.

Producción alterna

La producción alterna, también llamada bianual, describe a los tipos de árboles frutales que producen una gran cosecha un año y una muy escasa o nula el siguiente. Algunos ejemplos comunes de árboles susceptibles a este tipo de producción son el nogal pecan, el albaricoque y algunos manzanos; igualmente, esto puede sucederle a cualquier árbol frutal. La poda regular ayuda a prevenir este problema. Una de las posibles medidas correctivas consiste en podar de manera severa después de las cosechas escasas y poco después de las abundantes. Otro remedio conocido para los años con mucha producción, es reducir a mano la cantidad de frutos.

La poda y el crecimiento

Para podar correctamente un frutal, se debe tener en cuenta el efecto inmediato de los cortes y predecir cómo responderá el crecimiento del árbol a ellos. Tal como se describe en "La poda y la biología de las plantas" on page 115. Las yemas terminales producen una hormona llamada auxina, que suprime el crecimiento de las yemas laterales (axilares) debajo de ella. Si podas la yema terminal, las laterales se libran de los efectos de la auxina y comienzan a crecer.

Cuanto más se acorte una rama joven, mayor será el vigor con el que crecerán las yemas laterales. Por ejemplo, si se quitan varias pulgadas a una rama de 3 pies, posiblemente sólo produzca pocos brotes laterales en primavera y verano; si se lo reduce moderadamente, el crecimiento de los brotes laterales será mayor; y si se la acorta severamente, crecerán con vigor. Probablemente, varias ramas nuevas se desarrollarán cerca del lugar del corte. En general, cuanto más fuerte es el brote original, mayor será el crecimiento de los brotes en respuesta a la poda.

Saber esto se puede utilizar para hacer que un brote bien ubicado rellene un espacio vacío de la copa, o para corregir un desequilibrio de crecimiento. Ten en cuenta que cuanto más acortes la rama, menos capullos brotarán.

Después de la poda, los árboles producen nuevos brotes para compensar los faltantes. Cuando la poda es profesional, se hace buen uso de esta característica. Quitar un porcentaje determinado de las ramas más antiguas, hará que el árbol produzca brotes nuevos, que darán frutos en temporadas futuras. Ten siempre en cuenta que podar severamente no hará que el árbol aumente su tamaño total. La poda estimula una respuesta de crecimiento, pero no tiene un efecto enanizante.

Poda excesiva

Como regla general, no se debería reducir más del 10 o el 15 por ciento del follaje vivo de un árbol en una sola temporada. Podar excesivamente en el lapso de una temporada hace que el árbol produzca rebrotes verticales vigorosos (se describen en la página page 118). Estos rebrotes son antiestéticos, su unión a la rama es débil y reducen la producción de fruta. Además, el árbol retira parte de la energía dedicada a los frutos hasta que logra generar ramas nuevas. La poda excesiva deja las ramas expuestas a la luz solar, donde están en riesgo de sufrir quemaduras. El desmoche es el tipo de poda severa más conocida. Si es necesario quitar una cantidad importante de ramas entrecruzadas, es mejor dividir la poda en varias temporadas, para evitar estimular el crecimiento de rebrotes. Consulta ""Renovación de árboles frutales descuidados" on page 150, para obtener más información.

Época de poda de árboles frutales

Los árboles frutales se podan generalmente a finales del invierno, antes de que la aparición de los brotes; el motivo es que en este momento, el riesgo de daños por helada es menor. Además, es más fácil distinguir bien las ramas cuando no tienen hojas y las otras tareas de jardinería demandan menos mano de obra en esta época del año. Los árboles que son susceptibles a contraer fuego bacteriano, como los manzanos y los perales, se podan en ésta época para reducir el riesgo de infección.

En los árboles ya entrenados, la poda de verano se utiliza para mantener la forma. Se suele creer que esta poda tiene un efecto enanizante, porque los cortes desaceleran el ritmo de crecimiento de las raíces y eliminan el crecimiento vegetativo que, de otro modo, se utilizaría para producir energía. El efecto reductor es más potente a comienzos del verano, justo después de que las ramas completan su crecimiento de extensión. En algunas regiones, las frutas de hueso, como las ciruelas, albaricoques y cerezas, se vuelven más susceptibles a la enfermedad cuando se poda el árbol en estado latente. Por eso, para estos árboles, la poda de verano es más recomendable. En regiones con inviernos muy fríos, la poda no debe postergarse más que a medio verano para evitar que nuevos brotes muy entrada la estación, que se dañarán con las heladas.

Método de tres pasos para la poda de árboles frutales

La poda de árboles frutales puede dividirse en tres pasos: la limpieza, el aclareo, o raleo y el control de tamaño. Estos lineamientos se aplican a la mayoría de los frutales. Los requisitos de poda particulares de los árboles frutales más comunes se detallan en el tema siguiente. Al igual que con todos los tipos de poda, haz cortes adecuados y utiliza el método de los tres pasos siempre que sea necesario (consulta "Ubicación de los cortes" on page 116).

1. Limpieza

Se llama limpieza a la eliminación de ramas rotas, muertas y enfermas. Las ramas que rozan contra otras, los chupones y los rebrotes también se suelen eliminar en este paso. Los chupones y rebrotes son ramas vigorosas y verticales con relativamente pocas hojas. Los chupones deben cortarse, o romperse en su punto de origen, por debajo del suelo. Cortarlos al ras de la superficie solo loga que vuelvan a crecer. Es mejor quitar los rebrotes cuando tienen menos de 1 pulgada de largo.

Cuando a un árbol se lo poda de más, produce rebrotes la temporada siguiente. En esta situación, lo mejor es no quitar todos los rebrotes de una sola vez, consulta "Renovación de árboles frutales podados en exceso" on page 150. Si un árbol ha sido recientemente desmochado, o podado en exceso, permite que los rebrotes crezcan durante varios años antes de retomar las tareas de aclareo. Con esto ayudarás al árbol a reconstruir sus reservas de energía. Para obtener más información relacionada, consulta "Chupones y rebrotes" on page 118.

Quita los frutos viejos y arrugados de la temporada anterior que quedaron en el árbol. Estos frutos ya pasados pueden albergar enfermedades peligrosas para la próxima cosecha. Rastrilla las hojas y frutos que cayeron alrededor de la base del tronco, por motivos similares. Algunos árboles solo requieren de esta tarea de limpieza como única acción de poda.

2. Aclareo

Los cortes de aclareo se realizan en el punto de origen de las ramas. Las tareas de aclareo, o raleo, sirven para varios propósitos: Alivian el amontonamiento, de manera que la luz pueda penetrar en la copa y estimule el crecimiento de ramas inferiores. Reduce la producción de frutos en los árboles que los generan en exceso, lo que aumenta el tamaño y la calidad de la fruta restante. Y fomenta el crecimiento de nuevas ramas que darán frutos en los próximos años.

La cantidad de aclareo depende del tipo de árbol. Para ejemplificar, los brotes de albaricoque dan frutos durante tres años antes de volverse improductivos. Para garantizar que el albaricoque tenga ramas nuevas, $1/3$ de las ramas más viejas deben quitarse cada año. Una de las variedades de cerezo tiene brotes que dan frutos por 10 años y por eso, lógicamente, necesitan que se los pode mucho menos.

Por lo general, los frutales que no se podan crecen con sus ramas todas entrecruzadas. Para orientarte, identifica primero a las ramas estructurales del árbol. Con la vista, sigue el recorrido de estas ramas hasta dar con las secundarias y las de tercer nivel (ver el diagrama 5, en la página page 140). El aclareo inicial puede iniciarse descongestionando el centro de la copa y, extenderse a lo largo de la estructura. Ten en cuenta que la estructuras de los árboles reales no se ajustan exactamente al diagrama del árbol de centro abierto. Se considera que una rama es estructural cuando ayuda a rellenar la copa.

Algo de raleo adicional puede ser necesario, dependiendo del ciclo de vida del árbol y de la cantidad de sombra que hay dentro de la copa. No podes más de lo recomendado para ese tipo de árbol. Para obtener más información, consulta "Lineamientos de poda para árboles frutales comunes", a continuación. La mayoría de las veces, las ramas entrecruzadas, débiles o improductivas, son las primeras candidatas para la poda, junto con los tallos que crecen verticales, tanto hacia arriba como hacia abajo. Las ramas horizontales y largas que se atraviesen por el centro del árbol, también lo son. O, pueden acortarse, porque es importante dejar siempre algo de follaje para proteger al tronco.

Lo ideal es que la poda se limite a la extracción de ramas pequeñas mal ubicadas. Quitar ramas mayores también puede ser considerado aceptable, siempre que no se pode al árbol de más en una misma temporada. Como regla general, no podes más del 10 o 15 por ciento de las ramas totales de un árbol frutal por año. En algunos casos especiales, se puede llegar hasta un 25 por ciento.

Los frutales descuidados suelen tener muchas ramas grandes, que se entrecruzan unas con otras. Para minimizar el riesgo de generar gran cantidad de rebrotes o quemaduras solares, extiende la poda de éstos árboles a lo largo de varias temporadas. Consulta ""Renovación de árboles frutales descuidados" on page 150.

3. Control de tamaño, solo de ser necesario

Los portainjertos semi enanos son el tipo más común en jardines residenciales. Alcanza alturas de entre 15 a 20 pies, en promedio. Incluso con este tamaño, los semi enanos también pueden producir una cantidad excesiva de fruta en las partes más altas de la copa. Además, su mantenimiento puede presentar problemas y ocupan demasiado espacio en parques pequeños. Por estos motivos, algunos horticultores optan por mantener a los frutales semi enanos a alturas bajas. Esto implica acortar el desarrollo de las ramas más frecuentemente, pero como el resultado final es que los árboles terminan siendo más pequeños, su mantenimiento total, se reduce.

En última instancia, la altura que se elije es en gran parte una cuestión de preferencia personal. Para tomar la decisión, considera la mejor altura de recolección de los frutos, la cantidad de fruta, el nivel de mantenimiento del árbol, las limitaciones del área donde crece y la función de árbol es ese jardín (p. ej., estética). Al entrenar a un árbol joven, no está mal seleccionar la altura que tendrá en base a qué hará su mantenimiento más fácil, así como la recolección de la fruta. Por supuesto, el vigor natural del portainjertos no puede ignorarse. Un árbol frutal semi-enano puede mantenerse por debajo de 10 pies con podas regulares, pero esto no es el adecuado para árboles con portainjertos estándar.

El tamaño final que tendrá el árbol frutal debe decidirse en el momento de su plantación. Luego, se le puede permitir crecer hasta la altura deseada y no más. En el caso de los árboles ya establecidos, el cliente ya habrá elegido su altura y la poda consistirá simplemente en mantenerla.

En general, a los frutales altos no se les debe cortar la punta por reducir la altura de recogida. Hacerlo favorece el crecimiento de rebrotes, aumenta el riesgo de quemaduras solares y puede hacer que las ramas y el tronco se agrieten. Si el árbol tiene suficientes ramas bajas, el aclaro mejora la penetración de la luz y estimula el desarrollo de capullos en la parte inferior del árbol.

Si el cliente te pide que reduzcas la altura de un árbol frutal maduro, extiende el proceso a lo largo de varios años para evitar que el árbol reaccione con un crecimiento vigoroso. No reduzcas su altura más de $1/4$ del total en la misma temporada. Cuando acortes una rama, hazlo a la altura de otra rama que apunte hacia el exterior que tenga un diámetro de al menos $1/3$ (y preferiblemente de $1/2$) de la rama cortada. Pinta las extremidades expuestas a la luz del sol directa con una mezcla 50/50 de pintura tipo látex blanca y agua para protegerlas de las quemaduras.

Una forma extrema de reducción de altura consiste en eliminar todas las ramas, excepto una. Esta técnica únicamente debería utilizarse si el cliente lo pide. Cualquier parte de la corteza que quede expuesta a la luz directa del sol debe ser pintada con una mezcla de 50/50 pintura tipo látex blanca y agua, para proteger de las quemaduras. Las ramas nuevas pueden entrenarse para que crezcan a una altura donde sea cómodo cosechar los frutos. Si el árbol se recupera, tardará varios años en volver a producir frutos. Ten en cuenta que este tipo de renovación destruye gran parte de la belleza natural del árbol, aumenta el riesgo de que tenga problemas estructurales y que decaiga. Considera la posibilidad de directamente eliminar ese árbol y plantar uno nuevo.

Los árboles frutales mantenidos a alturas bajas necesitan que se los pode regularmente en verano. La poda de control de tamaño se hace generalmente una vez a principios del verano y una segunda vez a fines de esa estación. La primera poda consiste en acortar severamente las ramas demasiado largas que se desarrollaron en primavera. En la segunda, se acortan entre 2 y 3 yemas las ramas que crecieron en direcciones imprevistas. Los árboles muy vigorosos pueden necesitar tres podas de verano.

Lineamientos de poda para árboles frutales comunes

El método de tres pasos anteriormente descrito brinda lineamientos generales aplicables a la mayoría de los árboles frutales. Pero cada frutal tiene también requisitos de poda específicos, que se describen a continuación.

Manzanos y perales

Los manzanos y perales no necesitan mucha poda. Los brotes de la mayoría de los manzanos duran entre cinco y ocho años, aunque los de algunas variedades dan frutos durante mucho tiempo más. Los del peral duran poco más de cinco años. Los brotes de estos árboles se desarrollan en ramas de al menos dos años. Para podarlos, sigue los tres pasos ya descriptos y corta sólo lo suficiente como para permitir que un poco de luz solar penetre a través del follaje. Esto incentiva el desarrollo de nuevos brotes. Evita podar de más y reduce la altura solo según sea necesario.

Las ramas de los manzanos tienden a doblarse hacia abajo con el peso de la fruta, de modo que con la poda se debería promover el crecimiento de algunas ramas verticales. Permite que se desarrolle una rama que esté bien ubicada y tenga un ángulo favorable de unión al tronco. En la próxima estación, cuando las ramas vecinas comiencen a marchitarse, redúcela. Las ramas del peral también tienden a doblarse con el peso de los frutos, pero su tendencia natural es crecer hacia arriba. La poda del peral debe focalizarse en desarrollar una forma más abierta. Para ello, corta las ramas que se entrecruzan en el centro del árbol y acorta las verticales a la altura de donde crezcan ramas laterales que miren hacia afuera.

Los brotes de los manzanos y perales crecen de manera natural en ramas de alrededor de dos años de edad. Limita las tareas de poda al raleo y la limpieza; y deja que el árbol desarrolle brotes por su propia cuenta. Existen técnicas de poda dedicadas a fomentar el desarrollo de brotes, pero no son indispensables.

Los brotes de estos árboles suelen amontonarse durante su crecimiento, reduciendo así el espacio para el desarrollo de los frutos. Para aliviar esta congestión, corta los brotes de algunas de las ramas más cortas. A menudo, se desarrollan brotes sin capullos; deben ser los primeros en eliminarse. Quita brotes enteros en zonas muy congestionadas.

Algunas variedades de manzanos y, en raras ocasiones, de perales desarrollan brotes en sus puntas. La poda de renovación de estos árboles consiste en acortar las ramas con frutos en 1 o 2 yemas o eliminarlas por completo. En respuesta, se desarrollarán nuevas ramas que darán frutos en la próxima estación. Para garantizar la cosecha de la temporada, quita o acorta solo un pequeño porcentaje de las ramas productivos por año.

Albaricoques

Los brotes del albaricoque dan frutos durante aproximadamente tres años y luego se vuelven improductivos. Para asegurar una cosecha todos los años, elimina aproximadamente un tercio de las ramas con brotes cada año, eligiendo en primer lugar las más viejas. Poda lo suficientemente como para permitir que entre un poco de luz al centro del árbol cuando tiene hojas. Acorta las ramas más largas para promover el desarrollo de nuevas ramas. Estos cortes de aclareo y limpieza reducen también la cosecha. Reduce la altura del árbol de ser necesario, cortando a la altura de ramas laterales adecuadas.

Si cosechas manualmente una parte de los frutos en primavera, luego crecerán más grandes y menos enfermas. En algunas regiones, podar durante el estado latente aumenta el riesgo de contraer algunas enfermedades, como por ejemplo, la eutipiosis, que se transporta en el agua de lluvia e ingresa al árbol a través de los cortes de la poda. Por esta razón, se suele recomendar podar los albaricoques en verano. De hacerlo, debe ser a finales del verano, porque se necesitan seis semanas sin lluvias después de la poda (Ingels, Geisel y Unruh, 2002).

Cerezos

Los brotes del cerezo dulce producen frutos durante muchos años; por lo tanto, estos árboles necesitan de una poda mínima para continuar siendo fructíferos. Realiza un aclareo de la copa solo lo suficiente como para permitir que ingrese un poco de luz a las ramas inferiores cuando tienen hojas. Quita las ramas entrecruzadas, las débiles y las que crecen hacia el centro del árbol. Promueve una forma más abierta cortando a la altura de ramas que crecen hacia el exterior siempre que sea posible. Estos árboles son naturalmente altos. Es aceptable reducir su altura. Los cerezos ácidos dan frutos ramas de un año de edad. Si se reduce una parte de las ramas que ya han dado frutos en el pasado, se estimulará el crecimiento de nuevos brotes portadores de frutos. A excepción de esto, la poda de los cerezos ácidos es igual que la de los cerezos dulces.

Los cerezos tiene una corteza delgada, que corre el riesgo de sufrir quemaduras si se los poda de más. Pinta las ramas y las secciones de tronco expuestas al sol con una mezcla 50/50 de pintura tipo látex blanca y agua. Algunos productos comerciales para árboles están diseñados para actuar como protección contra el sol. En algunas regiones, poder cuando el árbol está latente aumenta el riesgo a contraer enfermedades. Por esta razón, estos árboles se suelen podar a finales de verano. La época de poda recomendada es la misma que la de los albaricoques.

Durazneros y nectarinas

Los durazneros y las nectarinas de podan del mismo modo. Estos árboles dan frutos en ramas de un año. En una estación se desarrollan los brotes y un año más tarde, dan frutos. El color de estas ramas es rojizo y, en general, tienen entre 12 y 24 pulgadas de largo. Una poda anual, moderada, reduce la producción de frutos y estimula el crecimiento de ramas de recambio para cosechas futuras. Debido a que necesitan una poda relativamente severa, este tipo de árboles suman la mayor parte de las tareas de poda de frutales del año.

Empieza por cortar las ramas muertas, enfermas o dañadas y elimina todos los rebrotes verticales. A continuación, acorta las ramas que entrecruzan la estructura y elimina cualquier rama que crezca hacia el centro. No es necesario eliminar las ramas con brotes que crecen en esta dirección, pero sí se pueden acortar. El objetivo es mantener el marco, aligerar la cosecha y aumentar la penetración de luz al centro del árbol. De ser necesario, reduce la altura del árbol acortándolo a la altura de ramas que crecen de cara al exterior. Las ramas demasiado largas o que están empezando a doblarse pueden acortarse a la altura de otra rama más vertical.

Por último, haz una limpieza de las ramas que ya tengan más de un año. Elimina primero las que crezcan en sentido vertical o en ángulo hacia abajo. (Los durazneros tipo Clingstone producen naturalmente ramas que apuntan en ángulo recto hacia abajo). Corta el resto de las ramas de un año de manera que queden bien espaciadas, aproximadamente con 4 a 6 pulgadas. Las ramas de un año con más de 24 pulgadas deben reducirse un tercio.

Árboles de Caqui

Los árboles de caqui producen frutos en las puntas de las ramas desarrolladas durante la temporada de crecimiento actual. Corta las ramas muertas y limpia las áreas congestionadas. Quita algunos brotes jóvenes para estimular el crecimiento de ramas para la próxima cosecha y acorta las que se hayan vuelto excesivamente largas. No podes de más. La reducción de altura puede ser aceptable, pero no es indispensable. Puede encontrar métodos más detallados para la poda del caqui en Internet.

Higueras

Las higuera producen su primera cosecha en ramas del año anterior y después vuelve a dar frutos una o dos veces más a fines del verano sobre ramas nuevas. Los frutos crecen en las puntas de las ramas. Este tipo de árboles no necesita que se lo pode para seguir siendo productivo. Quita las ramas que se entrecrucen y los chupones que crezcan en la base del árbol. Para controlar su tamaño, acórtalo tanto como sea necesario. Las higueras puede mantenerse como árboles grandes o pequeños.

Cítricos

Los árboles cítricos incluyen a los limoneros, los naranjos, los árboles de lima y los mandarinos, entre otros. En regiones donde no hay heladas, los cítricos se pueden podar en cualquier momento. De lo contrario, estos árboles deben podarse en primavera, después de haya pasado la última helada. Utiliza la poda para mantener la forma del árbol. Quita las ramitas y los brotes verticales demasiado vigorosos. Los que ayuden a rellenar espacio en la copa no deben extraerse por completo, pero sí es válido acortarlos. Los lineamientos para el control de plagas de la Universidad de California recomiendan podar las ramas inferiores a 2 pies por encima del suelo para evitar la podredumbre parda. El hongo de la podredumbre parda surge de la tierra y se salpica a los frutos con la lluvia.

Los cítricos viejos pueden renovarse, siempre con el consentimiento del cliente, reduciendo varios metros de ramas con el fin de estimular el desarrollo de otras nuevas. Una forma extrema de renovación consiste en acortar las ramas grandes a tocones de 1 pie de longitud. (Algunos expertos recomiendan podar solo una gran extremidad por año.) El árbol tardará algún tiempo en volver a dar frutos y sólo debe realizarse en árboles vigorosos. Después de renovar un cítrico, pinta las ramas expuestas con una mezcla 50/50 de pintura tipo látex blanca y agua, para protegerlas de las quemaduras. Algunos productos comerciales para árboles están diseñados para actuar como protección contra el sol. En regiones con inviernos fríos, poda estos árboles en primavera o más tarde.

Los cítricos tiene altas necesidades de nutrientes. A menudo tienen deficiencias de micronutrientes y pueden beneficiarse con los fertilizantes especiales publicitados como "alimento para cítricos". Estos productos son similares los fertilizantes para rosales y a menudo pueden utilizarse indistintamente. Comienza a fertilizar en primavera, cuando el árbol desarrolla crecimientos nuevos. Algunos jardineros recomiendan fertilizar cada dos meses durante toda la temporada de crecimiento. No fertilices entre Octubre y Febrero. Sigue las indicaciones del producto.

Renovación de árboles frutales descuidados

Los árboles frutales descuidados pueden presentar ramas que crecen amontonadas, que evitan que la luz pueda llegar al centro y a las partes inferiores del árbol. Como resultado, los frutos son de calidad inferior que encima crece en las partes más altas de la copa. Para mejorar la penetración de la luz, a menudo es necesario el aclareo severo. Reducir la altura también ayuda. Esta poda fuerte debe distribuirse a lo largo de dos a tres años para evitar que el árbol responda generando rebrotes verticales en cantidad. Como regla de oro, no quites más de $1/4$ del total de la copa en un año (Brickell y Joyce, 1996).

Siempre que acortes ramas, hazlo a la altura de otras laterales que crezcan hacia afuera y que tengan un mínimo de $1/3$ (preferiblemente $1/2$) del diámetro de la rama que se va a cortar. Cerca de los puntos de corte, es probable que se desarrollen rebrotes verticales, que pueden eliminarse durante el verano o próximo período latente. Poda siguiendo las instrucciones siguientes:

- Quita las ramas bajas que impiden acercarse al árbol.

- Arranca o corta los chupones de raíz. Los chupones cortados al ras del suelo vuelven a crecer.

- Limita la cantidad de madera que le quitas al árbol en el transcurso de una misma temporada, para evitar estimular el crecimiento de rebrotes verticales vigorosos. De ser posible, evita extraer ramas con diámetros grandes.

- Reduce el ancho total del árbol de ser necesario, acortando las ramas laterales pertinentes. Los árboles formados con el método del líder central deberían desarrollar ramas más delgadas en la parte superior, para permitir la entrada de la luz desde los lados.

- Elimina las ramas muertas, enfermas o dañadas. Y también los rebrotes verticales que crecen hacia arriba o hacia abajo y una o dos de las ramas que se entrecrucen. Corta los rebrotes justo por encima de la especie de inflamación que desarrollan junto a la base.

- Continúa con la reducción durante varios años, hasta lograr que un poco de luz solar pueda penetrar al centro del árbol cuando tiene todas sus hojas.

- Evita fertilizar durante el proceso de renovación para no estimular el crecimiento de rebrotes.

Renovación de árboles frutales podados en exceso

Los árboles frutales pueden podarse demás cuando se utilizan las técnicas de desmoche o aclareo severo. Los árboles frutales podados de más producen menos frutos y responden a la falta de ramas desarrollando rebrotes (descrito en la página page 118). La poda de renovación implica quitar gradualmente los rebrotes verticales a lo largo de dos o tres años, a la vez que se entrena a algunas ramas erguidas para que conformen el andamio estructural. El proceso es similar al entrenamiento de un árbol joven, excepto que las ramas para el andamio se seleccionan de entre las que se desarrollaron más erectas.

Corta el 50 por ciento de los rebrotes verticales el primer año y el 50 por ciento restante el segundo. Los rebrotes que dejes deben estar espaciados de manera uniforme. Cada año, poda la punta de las ramas erectas para promover el desarrollo de ramas a partir de ellas y elimina cualquier nuevo crecimiento vertical que se desarrolle cerca de los cortes de la poda anterior. Selecciona ramas adecuadas para formar el andamio. El árbol debería volver a dar frutos al tercer año. De ahí en adelante, poda el árbol como lo harías con cualquier otro árbol maduro de su especie.

Poda de árboles formados

Los árboles frutales a veces se entrenan con formas especiales, como la poda de formación en cordones, en pirámide, en palmeta o espaldera. Las formas tienen un fin decorativo, pero también maximizan producción de fruta en espacios limitados al permitir que la luz solar llegue a más partes del árbol. En algunos casos, el entrenamiento con estas formas especiales permite tener más cantidad de árboles en un espacio determinado. Además de seguir los requisitos de poda específicos para el tipo de árbol, su forma también necesita mantenimiento.

Para conservarla, acorta las crecimientos nuevos que sobrepasan los límites de la forma deseada. Es mejor hacer esta poda en verano, para reducir el vigor del árbol. Acorta los brotes rebeldes a principios del verano, luego hacia fines de la estación, vuelve a acortar 2 o 3 yemas. En el caso de los frutales, hacerlo estimula el desarrollo de brotes que dan frutos.

Poda de la vid de uva

La vid de uva es una liana trepadora, pero los objetivos que se buscan al podarla son similares a los de los árboles frutales: mantener el crecimiento a raya y reducir la cantidad de frutos para mejorar así la calidad de la cosecha. La vid de uva vive muchos años. Las ramas más viejas y leñosas, llamadas sarmientos, soportan la estructura de la planta y las nuevas producen los frutos. La vid de uva se poda en invierno, antes de que los capullos se hinchen. También se hace una poda de aclareo en verano para mejorar la penetración de la luz y la circulación del aire. Este última es muy útil para la prevención de enfermedades.

Los sistemas de poda de vides acortan las ramas existentes para dejar espacio para los sarmientos, o cañas, de la próxima temporada. Existen dos sistemas de poda de vides: la poda de brotes y la poda de cañas. La variedad de la uva determinará qué sistema debe emplearse. En las variedades a las que se les poda sus brotes, como la Flame Seedless, las cañas se reducen para que el espacio entre ellos sea de aproximadamente 4 a 6 pulgadas

Esta foto muestra los resultados de de la poda excesiva. Se extrajeron demasiadas ramas grandes el invierno anterior. Para compensar, el árbol produjo un maraña de ramas verticales (rebrotes) estériles y mal unidas. En este caso, el objetivo de la poda es reducir los rebrotes verticales a lo largo de varias temporadas, al mismo que se entrena a algunas de las ramas más erguidas para que conformen parte del andamio.

Estos duraznos fueron entrenados con una forma de cordón doble. Esta forma permite que crezcan más árboles en un espacio menor y facilita las maniobras con escalera de poda y recolección de frutos. Las dos ramas de cada árbol se encuentran unidas por una cuerda a modo de soporte. Observa que los árboles fueron plantados en un área elevada para reducir el riesgo de contraer enfermedad asociadas con el agua que se estanca alrededor del tronco.

Una vid podada en sus brotes.

Una vid entrenada con el método de formación en cortina. Se entrena a una caña para crecer verticalmente a lo largo de un soporte y se elijen dos cañas más para entrenarlas horizontalmente a lo largo de alambres u otro tipo de soportes. En el caso de las variedades de poda de brotes, las cañas, o brazos, horizontales se mantienen durante toda la vida de la planta. En las variedades de caña, los brazos se eliminan cada año y se atan horizontalmente cañas de un año para reemplazar las cortadas.

y, a continuación, se acortan entre 2 y 3 yemas. Al seleccionar las cañas que se mantendrán y a las que se les cortarán los brotes, elige las que crecen más altas.

Las variedades a las que se les podan las cañas, como la Thompson Seedless, dan frutos en las partes más lejanas. Si se poda estas variedades con el método de poda de brotes, la vid de uva no dará frutos o producirá solo una pequeña cantidad. La poda de cañas consiste en eliminarlas todas, excepto por 2 o 4 cañas de un año de edad y algunas que tengan brotes cerca de la cabeza (la parte superior de la estructura leñosa principal). Esto implica quitarle los "brazos" a la planta, es decir, las ramas de dos años de edad más gruesas que crecen horizontales a lo largo de alambres. Las cañas de un año que queden deben atarse horizontales para sustituir a las que fueron cortadas. Acorta estas cañas aproximadamente 10 a 20 yemas.

Al seleccionar qué cañas mantener, elige las que son largas, de grosor medio, que crezcan en la parte más alta de la planta y cerca de la cabeza. Además de las principales, deja también algunas cañas cerca de la cabeza y poda sus brotes; las cañas que se desarrollen a partir de éstos pueden usarse como cañas de reemplazo la temporada siguiente.

Si desconoces la variedad de la vid de uva, debes decidir con qué tipo de poda las podarás. Si los brazos, es decir, las principales ramas que se extienden desde la parte superior del tronco, son casi tan gruesas y leñosas como el tronco, lo más probable es que sea una vid que necesite poda de brotes. Una estrategia posible es podar el 50 por ciento de los brotes y acortar el 50 por ciento restante entre 8 a 10 yemas. Si las primeras no producen frutos, poda las cañas de toda la vid el invierno siguiente.

La poda de vides desarrolladas en exceso consiste en extraer ramas que crecen en sentidos indeseables y cortar los brotes de las cañas restantes. En el caso de las vides que crecen en un armazón, deja suficientes cañas como para cubrir la estructura y acorta el resto entre 2 yemas; u 8 yemas dependiendo de la variedad. Ten en cuenta que las vides corren riesgo de contraer mildiu polvoso, un hongo que prolifera en días secos y cálidos o en noches frescas. La poda de control es complicada. Los sitios web de los departamentos de extensión universitaria, como UC IPM Online (http://www.ipm.ucdavis.edu) ofrecen instrucciones de control detalladas.

Formación de la vid de uva

Las vides jóvenes necesitan entrenamiento. Existen muchos métodos para hacerlo. La poda de formación en cortina es un método común y sencillo para formar vides. Permite que la planta crezca libremente durante una temporada y luego elige los sarmientos más vigorosos para entrenarlos como soporte. Quita las ramas restantes y acorta la principal para estimular la ramificación a aproximadamente 3 o 4 pies de altura. Elige dos de las cañas laterales que se desarrollen en la primavera y entrénalas en posición horizontal, apoyándolas a lo largo de un alambre de manera que la vid de uva adquiera una forma de "T". De ahí en más, comienza con las podas de brotes o de cañas, de acuerdo a la variedad.

Poda de arbustos de bayas (berries)

Los arbustos de zarzamora (blackberry) y frambuesa (raspberry) desarrollan cañas nuevas desde el suelo todos los años y dan fruto en cañas de un año de edad. La poda anual de invierno consiste en extraer las cañas que ya han dado frutos y dejar las nuevas. Las frambuesas que dan frutos en otoño son una excepción; producen frutos en cañas que desarrollaron ese mismo año. Acorta estas plantas varias pulgadas cada invierno. Ten en cuenta que las cañas de estos arbustos pueden entrenarse para que crezcan verticalmente sobre alambres a varios metros del nivel del suelo. Esto mejora la circulación de aire y la calidad de los frutos. Los arbustos de bayas soportan las podas de renovación que incluyen la eliminación de todas cañas menos un puñado de nuevas.

Herramientas de poda

Los frutales se podan desde el suelo con una podadera de altura y una sierra de poda. Si usas una escalera, puede hacerse con una tijera de poda y una sierra manuales. Las podaderas de altura pueden cortar ramas de hasta 1 1/2 pulgadas de diámetro. Ten en cuenta que una podadera de largo alcance y una de altura no son iguales. Las podaderas de largo alcance son como una podadera de mano que se une al extremo de un mango. Se usan para cortar las ramas pequeñas (de hasta 1/2 pulgada de diámetro) que crecen a mucha altura.

Utilizar una podadera de altura ahorra el tiempo de reposicionar y subir a la escalera, además que permite tener una mejor perspectiva de la forma que va adoptando la copa. Una de las desventajas de podar desde el suelo es que cortar ramas grandes y

Las escaleras de horticultura se mantienen firmes sobre la tierra. Este método de soporte permite colocar la pata única en sitios estrechos, permitiendo así acercarse bien a árboles y arbustos.

brotes pequeños puede ser muy incómodo y es más difícil hacer el corte correcto. Torcer el cuello para mirar hacia arriba durante periodos prolongados también puede ser muy incómodo.

Podar con una escalera de huerto (tipo trípode) y herramientas de poda manuales te ofrecen un muy buen control de lo que estás haciendo. Te permite examinar la madera de los frutales bien de cerca y realizar cortes con la sierra con rapidez. Hacer el corte correcto también es muy fácil. Desde el punto de vista negativo, tiene menos perspectiva global por estar más cerca, lo que hace que debas bajar de la escalera regularmente para verificar la forma que va adoptando el árbol.

En líneas generales, es más rápido podar árboles pequeños usando una escalera. Los árboles medianos y grandes pueden podarse usando una combinación de herramientas. Las escaleras para huerto de ocho pies son muy versátiles. Los modelos de diez o doce pies tienen más alcance, pero colocarlas, doblarlas y almacenarlas es más complicado. Para podar árboles grandes que crecen de portainjertos estándar, usa una escalera para huerta grande, aunque este tipo de árboles no son comunes en los jardines residenciales. Ten cuidado al apoyar la escalera contra la corteza, porque puedes dañarla y generar un punto de entrada para las enfermedades.

Desinfecta las herramientas de mano después de podar plantas enfermas. Puedes usar un desinfectante de manos en base a alcohol etílico o un producto doméstico común. Los productos con lavandina (lejía) pueden dañar las herramientas. Para mantenerlas en buen estado, utiliza lana de acero en la limpieza y aplica una capa delgada de lubricante para metales ligero.

Aerosol de invierno para árboles frutales

A veces, los árboles frutales se pulverizan con aerosoles de invierno mientras están latentes para controlar el contagio de enfermedades e insectos nocivos. No se los debe utilizar todos los años rutinariamente, pero si el árbol ha tenido problemas de pestes la temporada anterior, su uso es recomendable. Como el torque, u hongo de la hoja enrollada, es muy común en los duraznos y nectarinos, estos árboles suelen rociarse todos los años.

Otro de los productos utilizados como aerosol de invierno para controlar una gran variedad de enfermedades es el sulfato de cobre, también conocido como azufre perfecto. Viene en polvo para mezclar con agua y puede utilizarse en cualquier frutal. El sulfuro de calcio es un líquido de olor fétido obtenido al hervir una mezcla de cal y azufre. Se utiliza como aerosol de invierno para controlar varias enfermedades e insectos, *pero nunca debe utilizarse en árboles de albaricoque.*

El aceite de horticultura se usa como aerosol de invierno para extinguir plagas de insectos y también a los huevos éstos depositan en el árbol para que empollen durante el invierno. Algunos de los insectos que se pueden mantener a raya con este producto son las orugas, pulgones y ácaros. Para pulverizar árboles en estado latente, puedes mezclar en el mismo recipiente este aceite con sulfato de cobre o sulfuro de calcio. El aceite ayuda a que la mezcla quede adherida.

Si el pronóstico indica que va a llover, reemplaza el aceite de horticultura por una cantidad adecuada de fijador, que además mejora la cobertura y mantiene al producto sobre el árbol a pesar de la lluvia. Si, por el contrario, no se prevén lluvias, es mejor usar aceite de horticultura, porque sus beneficios protectores son mejores. Si llueve dentro de las 24 horas después de la aplicación del producto y no usaste fijador, debes volver a aplicarlo. No mezcles fijador, aceite de horticultura y sulfato de cobre en un mismo recipiente

Para la mayoría de los árboles, entre un galón y un galón y medio de mezcla es suficiente. Comienza por la parte más elevada del árbol y avanza hacia abajo Cada tanto, agita el pulverizador para mantener la solución bien integrada. Existen tubos de extensión para pulverizadores que evitan el tener que subirse a una escalera. Después de la aplicación, verás que el árbol adquiere un tono verde azulado debido al cobre.

También se podría aplicar un producto a base de sulfuro de cobre o de calcio como alternativa a la mezcla anterior. Utiliza cobre líquido, porque los productos de cobre en polvo para diluir en agua tapan los pulverizadores y los adaptadores para manguera. Ten en cuenta que si bien los productos a base de cobre líquido son buenos, los de cobre en polvo soluble son más eficaces (Shor, 2008).

Los aceites para control de plagas durante el invierno son de baja toxicidad, aunque el sulfato de cobre y el sulfuro de calcio pueden irritar la piel y los ojos. Debes protegerte con el equipo de protección personal adecuado siempre que trabajes con este tipo de productos, incluidos gafas y guantes resistentes a productos químicos. Una también una camisa de manga larga y un respirador si sientes que es necesario. Sigue las instrucciones del producto para obtener más detalles. Elige un día con poco o nada de viento para minimizar el riesgo de regar el producto en otros sitios. Ten en cuenta que algunos de estos productos manchan las mad-

Uso comercial de aerosoles de invierno

Los químicos más comunes utilizados en los aerosoles de invierno de jardín son el sulfato de cobre, el sulfuro de calcio y el aceite de horticultura. Todos están actualmente aprobados a nivel nacional para uso en la producción de cultivos orgánicos (con algunas limitaciones). Cada Estado tiene una reglamentación diferente. El Programa Nacional Orgánico "Listado nacional de sustancias permitidas y prohibidas" puede encontrarse en el sitio web del Departamento de Agricultura de los Estados Unidos, http://www.ams.usda.gov/AMSv1.0/nop.

Independientemente de su estatus, es posible que en algunos Estados necesites tener una licencia de técnico en control de plagas para usar estos productos comercialmente. Para averiguar la reglamentación de tu Estado, consulta en la agencia estatal encargada de emitir estas licencias. La información de contacto de las agencias de cada Estado están en el sitio web del Centro Nacional de Información sobre Pesticidas, http://npic.orst.edu/state1.htm o llamando al 1-800-858-7378

eras de los muebles de jardín, las estructuras de ladrillo, cemento, los revestimientos de aluminio y los techos. Cubre el área donde vayas a aplicar el producto con un material adecuado.

La regla general indica que se debe pulverizar tres veces durante la etapa latente: a finales de noviembre, finales de diciembre y a mediados de febrero, antes del desarrollo de los capullos (Alrededor del Día de Acción de Gracias, de Navidad y de San Valentín). Si solo tienes tiempo para dos aplicaciones, hazlas a fines de noviembre y a mediados de febrero. Si sólo puedes hacer una aplicación, hazla a fines de invierno. Los momentos de aplicación exactos dependen del tipo de producto, de la plaga que deseas controlar y de las condiciones meteorológicas. Sigue las indicaciones del producto.

Puedes usar la misma mezcla para fumigar a los rosales, las plantas de vid, los arbustos de bayas, los árboles frutales y los ornamentales, así como perales ornamentales y los cerezos en flor. Si te sobre producto, no lo dejes en el pulverizador sin usar. Para limpiar el pulverizador, llena el depósito con agua limpia, presurízalo y acciona el gatillo hasta vaciarlo.

Pestes comunes de los árboles frutales

Algunas de las pestes de los árboles frutales son tan comunes que ameritan una introducción. Los aerosoles de invierno, o de estado latente, se utilizan para controlar muchas de estas plagas. Los libros y los sitios web dedicados especialmente al control integral de plagas (IPM, por sus siglas en inglés) pueden brindarte mayores detalles acerca de los métodos de control que los que se presentan aquí. Uno de estos sitios es UC IPM http://www.ipm.ucdavis.edu. En los viveros profesionales y tiendas de agricultura conocen bien las pestes más frecuentes de cada región y pueden darte buenas sugerencias. Consulta "Control integral de pestes" on page 75 para obtener más información.

Áfidos o pulgones

Los áfidos o pulgones son insectos muy pequeños, de cuerpos blandos, que viven en las hojas y brotes de las plantas, alimentándose de sus fluidos. Las poblaciones reducidas de estos insectos no son, por lo general, motivo de preocupación. Pero una población grande desfigura las hojas y ramas, atrofiando el crecimiento. Esto los hace especialmente problemáticos para los árboles jóvenes y en desarrollo. Estos insectos secretan un líquido pegajoso llamado melaza. Esta melaza es antiestética, además que promueve el crecimiento de un hongo oscuro llamado fumagina.

Echar agua a alta presión es una manera efectiva, aunque temporal, de eliminar a los pulgones de las hojas y tallos. Aplicar un aceite de horticultura puede ayudar a reducir los que sobrevivieron el invierno. Las hormigas exacerban los problemas con pulgones, porque los siembran para cosechar su melaza. Bloquea el tráfico de hormigas arrancando las hierbas que crezcan alrededor de la base del árbol y aplicando una barrera pegajosa contra insectos, como Tanglefoot, a una pequeña sección del tronco.

Antes de aplicar la barrera pegajosa, rodea la sección del tronco donde aplicarás el producto con cinta de enmascarar o un tejido apropiado para árboles. La cinta tipo "duct tape" no se estira y no debe usarse sobre la corteza. Usar esta cinta te permitirá quitar la barrera pegajosa cuando quieras, idealmente, antes del invierno. La banda de Tanglefoot debería tener entre 6 y 8 pulgadas de ancho. Colocar la barrera más alta prolonga su utilidad, porque acumula menos suciedad. El Tanglefoot también se usa para controlar varios gusanos dañinos, orugas, gorgojos y otras pestes.

Insectos perforadores y las quemaduras solares

Los insectos perforadores cavan la corteza vulnerable o dañada. Pueden debilitar o incluso matar un árbol. Controlarlos es complejo, pero existen algunas medidas simples ayudar a prevenirlos. Los árboles con estrés hídrico son más propensos a ser atacados por perforadores, de modo que es importante regar bien durante el verano. Los árboles con quemaduras solares están en más riesgo aún. Las quemaduras solares son producidas por la exposición prolongada del tronco o las ramas del árbol a la luz directa del sol durante la etapa de crecimiento. El motivo de esta exposición es generalmente la poda excesiva. La corteza que fue dañada por el sol no es detectable hasta mucho después de los rayos solares hicieron el daño. Por

A pesar de que en esta fotografía no es evidente, este duraznero a sido podado en exceso. El jardinero de esta residencia aplicó una mezcla 50/50 de pintura tipo látex blanca para proteger a las ramas de las quemaduras del sol.

este motivo, las medidas preventivas son la mejor defensa contra ellas.

Por motivos estéticos, los productos comerciales para envolver árboles son la mejor elección para proteger a la mayoría de los árboles de jardín. Para algunos clientes, la apariencia de los árboles frutales del jardín trasero el menos importante. Con el consentimiento del cliente, pinta los troncos y ramas que estarán expuestos a la luz del sol por un largo tiempo con una mezcla 50/50 de pintura tipo látex blanca y agua, explicando que es para prevenir quemaduras de sol a la corteza.

En algunas regiones, la corteza también puede ser dañada por una lesión llamada sunscald. Se desarrolla en invierno, cuando el sol entibia una parte de la corteza al punto de que algunas de las células despiertan de su estado latente. Cuando la temperatura cae nuevamente de golpe, las células se congelan y quiebran la corteza o agrietan el tronco y las ramas. Los jóvenes árboles que tienen la corteza aún muy delgada son los que están más especialmente en riesgo. Para prevenir el sunscald con un producto comercial para envolver árboles, colócalo a principios de invierno y retíralo en primavera.

La polilla del manzano

Las larvas de polilla son gusanos comunes de las manzanas, peras, nueces y algunas ciruelas. La fruta infectada tiene siempre un orificio pequeño que muestra por dónde entró la larva. Existen una serie de medidas para controlar su población y en ocasiones es necesario utilizar pesticidas. Limpia siempre los frutos caídos de la base del árbol para reducir el número larvas dañinas. En jardines con sólo uno o dos árboles infectados, las trampas de feromonas son una solución efectiva. Estos productos atraen a las polillas macho con una feromona sexual sintética femenina y la atrapa con una superficie adherente. Las trampas deben colocarse en el tercio superior de la copa del árbol.

Utiliza una o dos trampas en árboles pequeños y entre dos y cuatro en los grandes. Instálalas entre marzo y abril; cambia la feromona y la superficie adhesiva del producto según sus indicaciones. El sitio de la UC IPM (http://www.ipm.ucdavis.edu) sugiere instalar las trampas en una polea simple y enlazarlas a una rama alta. Este mecanismo te permitirá subirlas y bajarlas con comodidad. Retira las trampas en el momento de la cosecha. El tratamiento debería empezar a ser efectivo recién al segundo año; éste método de control es menos eficaz durante el primero.

La podredumbre marrón

La podredumbre marrón es un hongo que hace que la fruta se pudra estando todavía en el árbol. Afecta a los albaricoques, ciruelas, cerezas, nectarinas y otras frutas de carozo. El tratamiento recomendado consiste en rociar el árbol con un producto con sulfato de cobre en el momento en que los capullos comienzan a hincharse y luego otra vez durante la floración; cuando se abren las primeras flores. Si sólo puedes realizar una aplicación, hazla justo antes de la que las flores terminen de abrirse. Una vez que el árbol floreció, no se le debe aplicar más producto. (Los cítricos son una excepción; ver más adelante.)

Otras medidas preventivas son disminuir la cantidad de frutos y retirar los caídos o enfermos (momificados). Los brotes infectados se identifican por sus hojas muertas. Poda todas las partes infectadas a principios de verano, cuando son fáciles de distinguir.

En los cítricos, la podredumbre marrón se puede disminuir significativamente podando todas las ramas que estén por lo menos a 2 pies del suelo, porque el hongo surge de la tierra y suele salpicarse al árbol cuando llueve. También se puede aplicar un fungicida a base de cobre a la base del árbol (hasta 4 pies del suelo) y al suelo de alrededor. Utiliza esta solución en otoño, poco antes o justo después de la primera lluvia. Si tras la fumigación viene un período de lluvias fuertes, es probable que debas volver a realizar una aplicación en enero o febrero (UC IPM Online, 2008).

El fuego bacteriano

El fuego bacteriano es una enfermedad que ataca rápidamente y vuelve a los tallos negros, haciendo que parezcan haber sido arrasados por el fuego. Las bacterias se introducen a través de los capullos, pero también lo pueden hacer a través de los cortes de poda. Las lluvias combinadas con temperaturas cálidas durante la floración aumentan el riesgo de contraer esta enfermedad, que es se vuelve más fuerte en primavera. Los manzanos y los perales son dos de las especies muy comúnmente afectadas. Como medida preventiva, rocía a los árboles propensos a contraer fuego bacteriano con sulfato de cobre en el momento en que los capullos comiencen a desarrollarse; es decir, cuando se vuelven de color verde por primera vez. Si detectas que la planta está infectada, corta los brotes enfermos de hasta 12 pulgadas, preferiblemente a la altura del collar de la rama y las mayores de 24 pulgadas, más adentro del límite de la zona marchita. Desinfecta las herramientas con un desinfectante o detergente doméstico que contenga alcohol etílico antes de usarlas para podar plantas sanas. El monitoreo y detección temprana del hongo ayuda a limitar en gran medida los daños ocasionados por el fuego bacteriano.

Torque del duraznero

Los durazneros y nectarinas son muy propensos a contraer el torque, un hongo que ataca primero a las hojas, volviéndolas gruesas y rizadas e impidiendo el crecimiento del árbol y la producción de fruta. Este hongo también deforma los brotes y por eso es especialmente dañino para los árboles jóvenes. Si se retiran las hojas infectadas, por lo general, las nuevas crecen sanas; pero esto no alcanza para curar la enfermedad. Retirar el follaje aumenta el riesgo de que la corteza sufra quemaduras de sol, además de que obliga al árbol a utilizar sus reservas de energía para producir hojas nuevas. Con el tiempo, la salud del árbol se debilita. El tratamiento para el torque o lepra del duraznero consiste en rociarlo con una mezcla de sulfato de cobre o de sulfuro de calcio entre mediados de noviembre y mediados de diciembre; con otra aplicación a principios de la primavera, antes de que las yemas comiencen a hincharse. En algunos casos, con una aplicación es suficiente.

CAPÍTULO 10

Reparación de sistemas de riego

En este capítulo
- Descripción general del sistema de riego
- Operación manual de las válvulas automáticas
- Reparación de aspersores
- Reparación de tuberías de PVC y de polietileno
- Solución de problemas del sistema de riego
- Solución de problemas eléctricos
- Mantenimiento de sistemas de micro riego

Los sistemas de riego requieren de inspección y mantenimiento constantes para continuar funcionando como fueron diseñados. Es muy común tener que hacer ajustes y reparaciones menores. Solucionar los problemas del sistema de riego es parte del trabajo del jardinero o paisajista residencial, aunque éste servicio puede ser subcontratado en caso de ser necesario. Éste capítulo abarca la reparación de aspersores y tuberías de riego. Contiene instrucciones sobre la solución de problemas y la reparación de válvulas de riego, controladores y mangueras o tuberías de riego. Empezamos con una introducción a los componentes del sistema de riego.

Descripción general del sistema de riego

Los cabezales de los aspersores (*sprays* o *sprinkler heads*) se conectan a las líneas o tuberías de riego laterales (tubos de PVC o de polietileno) enterradas en el suelo. Estas líneas laterales se conectan al sistema de agua de la residencia en una unión, llamada válvula de riego o válvula de estación. Las válvulas de estación sirven a modo de compuertas que regulan el flujo de agua a una sección u otra de las líneas de riego laterales. Por ejemplo, una válvula de estación puede controlar seis aspersores en el jardín delantero y otra válvula, cinco en el jardín trasero. Generalmente, en jardines residenciales se instalan de cuatro a seis válvulas, aunque pueden ser más. Ver el diagrama en la siguiente página.

Las válvulas de estación (solenoides) pueden ser manuales o automáticas. Las válvulas automáticas se conectan con cables de bajo voltaje al controlador, a veces llamado timer o temporizador. El controlador posee un programa de riego o plan horario. A la hora programada, el controlador envía una señal eléctrica a las válvulas de estación, haciendo que se abran. Cuándo una válvula está abierta, agua a presión fluye desde las cañerías de la casa a las líneas de riego y hacia los aspersores. La mayoría de los controladores operan una válvula a la vez, para mantener el agua a una presión adecuada en todas las secciones del sistema. Ocasionalmente, se diseñan sistemas para que funcionen dos o tres válvulas a la vez.

Los controladores son para sistemas de control de lazo abierto o de lazo cerrado. Con un controlador para sistema de lazo cerrado, el usuario define una serie de parámetros generales y el controlador toma "decisiones" sobre el tiempo de ejecución y frecuencia del riego. El dispositivo toma estas decisiones basándose en lecturas provistas por sensores instalados en el jardín, como sensores de humedad de entierro directo o sensores de evapotranspiración (ET). Los controladores ET es-

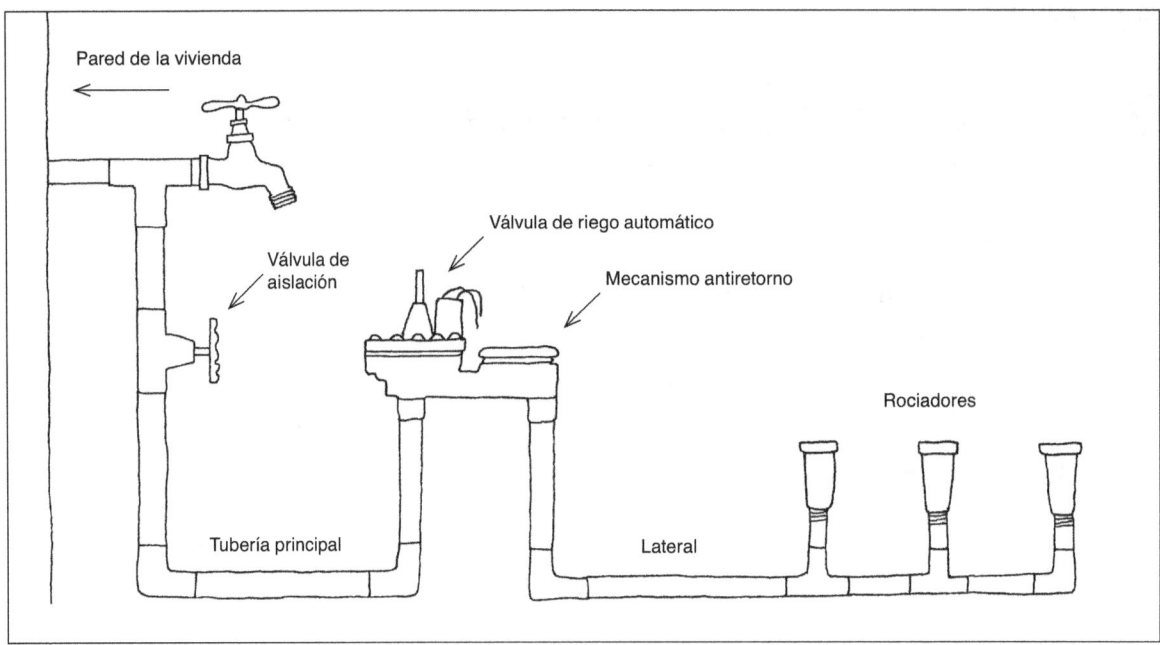

La disposición de un sistema de riego residencial típico, no dibujado a escala. Los cables en la válvula de riego automática son los cables del solenoide. Éstos se juntan al cable de campo que va hacia el controlador. El cable de campo está usualmente adherido a la parte inferior de la línea principal. El mecanismo antiretorno previene que el agua contaminada de las líneas paralelas vuelvan a las de la casa o al suministro de agua.

peciales están diseñados para recibir datos de la ET automáticamente. Éstos requieren que el usuario pague por un servicio que provee actualizaciones de la ET diarias.

En los jardines residenciales, los más comunes son los sistemas de lazo abierto. Con un controlador de lazo abierto, el usuario introduce la frecuencia y el tiempo de ejecución del riego en la memoria del controlador. Los sistemas de lazo abierto usan controladores electromecánicos o electrónicos. Los controladores electromecánicos utilizan engranajes y un reloj eléctrico para enviar las señales a las válvulas. Éstos controladores tienen menos funcionalidades que los electrónicos, pero son más confiables ya que la configuración mecánica mantiene los horarios aunque haya cortes de energía o subidas de tensión.

Con su extensa capacidad de programación y facilidad de uso, los controladores electrónicos son el estándar hoy en día. Los controladores electrónicos tienen la ventaja de permitir programas de riego múltiples, que pueden ser utilizados para regar macizos de flores independientemente del césped o para hacer varias aplicaciones más cortas a áreas con pendientes y así evitar la escorrentía. La mayoría de los controladores electrónicos cuentan con soporte para diferentes tipos de sensores, como los de lluvia, para maximizar el ahorro de agua.

Programar la mayoría de los controladores residenciales electrónicos requiere un poco más que girar un dial a la configuración apropiada (Por ejemplo, "Configurar tiempos de riego") e introducir los horarios o tiempos de ejecución de cada estación. Las instrucciones se encuentran, a veces, en la cubierta interior del controlador. Si no tienes el manual, seguramente puedas descargarlo del sitio web del fabricante o pedir allí que te lo envíen por correo.

Operación manual de válvulas automáticas

Los ajustes a los aspersores se hacen con el agua encendida. Las válvulas automáticas se encuentran usualmente cerca de un grifo exterior de agua o en una caja de riego en alguna parte del jardín. Ocasionalmente, las válvulas están enterradas en el suelo y se necesita un equipo electrónico especial para localizarlas.

Las válvulas manuales se abren y cierran rotando un eje. Las válvulas automáticas pueden ser operadas desde el controlador o desde las válvulas mismas. Se abren manualmente rotando el tornillo de purga o el solenoide. El tornillo de purga es un tornillo pequeño y elevado que se encuentra sobre el cuerpo de la válvula principal. Generalmente, es negro y de plástico. A veces, se encuentra sobre el eje de control de flujo, el eje elevado en el centro de algunas válvulas automáticas (como se ve en la foto).

Para operar manualmente los aspersores, gira el tornillo de purga levemente a la izquierda utilizando los dedos. No lo retires del todo. El agua goteará desde abajo del tornillo y unos pocos momentos después, los aspersores se encenderán. En algunos modelos, el agua no gotea debajo del tornillo, sino que se vacía directamente en las tuberías. Para apagar los aspersores, gira el tornillo completamente hacia la derecha, sin aplicar presión de más. En poco tiempo, la válvula se cerrará y el agua dejará de correr. La válvula puede emitir un ruido mientras se cierra. Encienda solo una válvula a la vez para mantener una presión del agua adecuada.

Rotar el solenoide, también conocido como bobina, es otra forma de operar manualmente algunas válvulas automáticas. El solenoide es un dispositivo negro, cilíndrico o hexagonal, con dos alambres sobresaliendo de su parte superior. Algunos solenoides son del tamaño del contenedor de película de una cámara fotográfica. Otros solenoides son más pequeños y venir en un soporte de metal. La función del solenoide es abrir la válvula cuando recibe la señal eléctrica del controlador. Gíralo hacia la izquierda hasta que escuches que la válvula se abre. No lo gires al punto de retirarlo. Para cerrar la válvula, ajusta el solenoide con la mano, suavemente. Algunas válvulas tienen una palanca en la base del solenoide, que puede ser usada para levantarlo y abrir la válvula.

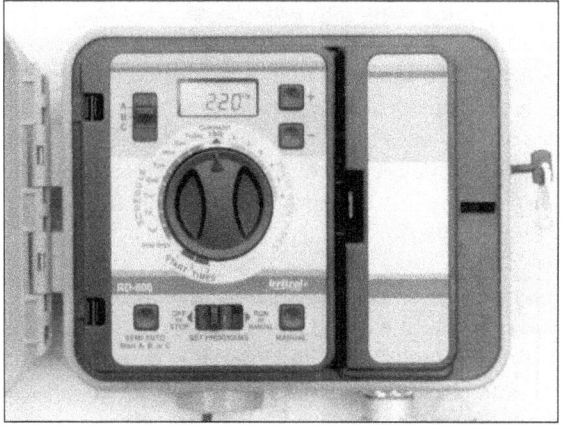

Las instrucciones del controlador están usualmente dentro de la cubierta frontal. El fabricante del controlador de esta fotografía es Irritrol.

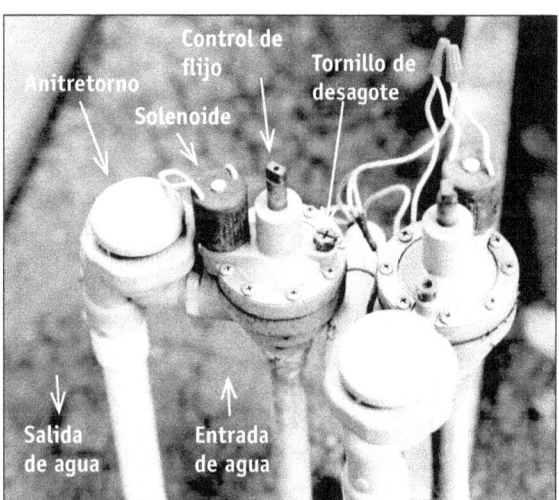

Los componentes externos de una típica válvula de solenoide. Las válvulas automáticas pueden abrirse manualmente rotando el tornillo de purga, o en algunos modelos, el solenoide.

Reparación de aspersores

Los tres tipos de aspersores más comunes en los jardines residenciales son los cabezales pulverizadores (o *sprays*), los aspersores de impacto y los impulsados por engranajes (rotores). Los pulverizadores vienen con boquillas de un cuarto de círculo, semicirculares, circulares o ajustables. Algunos son de latón, otros de plástico, con extensiones pop-up de dos o cuatro pulgadas. La siega y el uso general del jardín hacen que los aspersores roten fuera de posición con frecuencia. Para ajustarlos, enciéndelos y rótalos a la posición deseada manualmente. Aunque es menos preciso, los aspersores pueden ser ajustados estando apagados, las boquillas suelen tener marcas que indican la dirección en que sale el agua. Para rotar un pulverizador tipo pop-up, levanta el vástago y gíralo. Escucharás un "clic" al girarlo.

Los cabezales aspersores pop-up contienen un filtro o malla, que cada tanto se tapa con escombros o tierra y hace que el flujo de agua se reduzca. En algunos modelos, el filtro se encuentra en la base de la sección pop-up. Para acceder a dicha sección, desenrosca la parte superior del aspersor (no la boquilla) y retira la sección pop-up del cuerpo. La cubierta del aspersor puede mantenerse adherida al tubo de subida.

Muchos modelos contienen el filtro debajo de la boquilla, que es la punta a rosca del aspersor ubicada en el centro del cabezal. Con el agua apagada, levanta el vástago y sostenlo firmemente, o mantenlo hacia arriba, utilizando un par de pinzas de presión envueltas en cinta adhesiva. Desenrosca la boquilla manualmente (No gires el tornillo de metal ubicado en el centro de la boquilla, éste regula el alcance del agua). Luego, retira el filtro y límpialo, enjuagándolo con agua y cepillándolo con un cepillo (de dientes o similar). Vuelve a colocarlo y a enroscar la boquilla. Si el vástago se cae durante la reparación, enrosca la boquilla nuevamente y vuelve a levantarlo.

Los aspersores de latón funcionan mal con frecuencia, pero son duraderos y fáciles de reparar. A veces se meten rocas y escombros entre el vástago y la cubierta, haciendo que el primero no pueda subir y bajar libremente. Con los aspersores encendidos, pisa la boquilla levantada para que bajarla parcialmente. El agua fluirá a través del vástago, quitando los escombros pequeños (Ésta reparación rápida también puede intentarse con los cabezales automáticos de plástico que pierden agua alrededor del vástago). Si esto no funciona, desenrosca el cabezal del aspersor del tubo de subida y fuerza el vástago hacia arriba, presionando su parte inferior sobre el hormigón y sacudiéndolo para quitarle las pequeñas rocas.

Como los pop-ups de latón no tienen filtro, las boquillas suelen taparse con insectos muertos, rocas y, por supuesto, escombros. Para limpiar la boquilla, desenrosca la tuerca hexagonal ubicada en la punta del aspersor y enciende el agua. Esto expulsará la basura fuera del vástago. Otro método es desenroscar completamente el cabezal del aspersor y golpear suavemente el vástago contra una superficie de madera para quitar la suciedad del tubo. Para quitar las rocas de la boquilla puede usarse un cepillo de dientes. Ten en cuenta que todos de cabezales de pulverización mencionados hasta ahora pueden tienen partes conectadas a un tubo emergente en el el suelo, que no están a la vista.

Reemplazo de cabezales rociadores

Para reemplazar un cabezal, desenróscalo en sentido anti horario, retíralo y coloca uno nuevo en el tubo de subida. El tubo de subida (o elevador) es una sección corta de tubería conectada con una conexión T al tubo de PVC lateral enterrado en el suelo. Los tubos de subida más comunes son los de polietileno, también llamados "tubería de subida de corte vertical" o "tubería de subida flexible". Es un tubo de plástico de 6 pulgadas, con secciones de rosca macho que pueden ser cortadas al tamaño deseado. El plástico flexible ayuda reducir el impacto de cualquier golpe a los cabezales, reduciendo posibles daños a los aspersores y a los tubos de PVC.

La cinta "PTFE", mejor conocida como cinta de teflón, es una cinta blanca, delgada y no adhesiva, que se coloca alrededor de las roscas de los aspersores para sellar una conexión. Según la arquitecta paisajista Jess Stryker, la cinta de teflón no es necesaria cuando se conectan los cabezales a las tuberías de subida flexibles, porque el plástico es lo suficientemente maleable como para sellarse a sí mismo (2006). La cinta de teflón debe usarse en tuberías de subida de metal o de PVC rígido. Para aplicarla, envuélvela en las roscas macho, siempre en sentido horario y luego enrosca la parte hembra.

Las tuberías de subida se retiran con una herramienta extractora, llamada stub remover en inglés, que se coloca en la cavidad de la tubería de subida y excava con sus dientes de metal. El resultado es que la tubería puede desenroscarse sin dañarse. Si la tubería de subida es muy larga, puedes acortarla y volver a usarla. Si es demasiado corta, reemplázala por una nueva y córtala a la longitud que desees con un cúter para PVC. Si entra tierra en la línea de aspersión, enciende el agua para inundarla antes de instalar el aspersor nuevo.

Compra un cabezal de aspersor pop-up que sea del mismo tamaño que el que estés reemplazando. La boquilla o *nozzle* debería tener el mismo patrón, o arco (semicírculo, círculo, etc.) y el mismo alcance de agua o radio (8, 12, 15 pies, etc.) que el anterior. Usa la misma marca de cabezal de pulverización o boquilla en todos los aspersores de una misma zona de riego. Las boquillas del mismo fabricante y modelo brindarán tasas de precipitación parejas y garantizan que cada zona reciba igual cantidad de agua. Instalar boquillas o cabezales de distintos fabricantes produce que el aspersor riegue distinto. Comprueba los gráficos de rendimiento de cada fabricante si te surgen dudas acerca de este tema.

El cuerpo del aspersor debería estar al ras de la tierra; la sección pop-up (el vástago) provee el espacio necesario. Las marcas de la boquilla indican la dirección de rociado del agua. Ajusta la dirección en que saldrá el agua girando el vástago hacia la derecha o la izquierda. Hará un "clic" al girar.

Solución para problemas de cobertura en sistemas con cabezales rociadores

Mejorar la cobertura de un sistema de aspersores descuidado puede consistir tan solo en limpiar los filtros de los cabezales pop-up, quitar las rocas y los insectos de los cabezales de latón, reemplazar boquillas usadas y/o ajustar los controles de flujo con las válvulas. A veces, un cabezal dañado o un tubo rajado son la causa de la baja presión de agua y cobertura mediocre del sistema.

Los problemas de cobertura pueden ocurrir si el sistema ha sido alterado de su diseño original o si no fue correctamente diseñado desde un principio. Este tipo de problemas son más complejos de solucionar, ya que requieren tener conocimientos del diseño de sistemas de riego. Algunos de los problemas de los sistemas mal diseñados pueden

Un aspersor de impacto. Los ajustes de radio y arco pueden efectuarse con los aspersores en operación. Se necesita una llave para aspersores de impacto para acceder al filtro o cambiar la unidad interna. El aspersor mostrado aquí está instalado demasiado alto. La cubierta debería estar al ras de la superficie del suelo.

ser que tiene demasiados aspersores por válvula o que la separación entre ellos no es correcta. Hasta hace poco, la única solución a estos problemas era pagarle a un contratista para que instale una nueva válvula o rediseñe el sistema.

Hoy en día, existe una solución alternativa, que consiste en reemplazar las boquillas tradicionales por boquillas de flujo giratorio, como el "MP Rotator" de Hunter Industries (http://www.hunterindustries.com) o la "Boquilla Giratoria" de Rain Bird (http://www.rainbird.com). Las boquillas de flujo giratorio proveen una mejor cobertura con la misma o menos presión de agua que los otros sistemas. Estas boquillas ofrecen un arco ajustable que mantiene las tasas de precipitación parejas. Si optas por ésta solución, todos los cabezales deben tener boquillas de flujo giratorio; no mezcles boquillas giratorias con boquillas estándar.

Un diseño indebido, o hacer cambios al sistema original de riego, pueden provocar una cobertura inadecuada al área de césped circundante. En algunos casos, la instalación de boquillas de corte sesgado puede resolver éste problema. Estas boquillas poseen una segunda punta rociadora, debajo de la principal, que destina más agua al área debajo del cabezal. Como necesitan más cantidad de agua, ésta solución puede no funcionar si no hay suficiente presión en la línea de riego.

Algunos problemas de cobertura pueden corregirse reemplazando los filtros ordinarios por filtros compensadores de presión. Según Rain Bird, los filtros compensadores de presión sirven para compensar fluctuaciones en la presión y eliminar la niebla causada por la presión alta. Además, estos filtros pueden proveer patrones de radio reducidos y de corto alcance si se los combina con los cabezales apropiados (2007). Algunos cabezales vienen con filtros compensadores pre-ensamblados. En las tiendas de riego pueden ayudarte a seleccionar los apropiados y sugerirte otras soluciones tecnológicas para los problemas de cobertura. Nota que el flujo de una válvula se puede reducir para disminuir la niebla. Para obtener más información, consulta ""Ajuste del control de flujo" on page 173.

Aspersores de impacto

Los aspersores de impacto, a veces llamados aspersores de impulso "pop-up", rotan cuando el agua golpea una palanca en la sección pop-up del aspersor. Estos aspersores son más grandes que los aspersores rociadores y pueden cubrir áreas más extensas. Al igual que los rociadores, se enroscan sobre una tubería de subida que se une a una tubería subyacente, de PVC o de polietileno. Ocasionalmente, los contratistas adhieren este tipo de rociadores usando una muesca ubicada sobre el lateral del aspersor. Cuando necesitan ser reparados, el mecanismo interno se retira sin necesidad de extraer el cuerpo enterrada en el suelo.

El arco de cobertura (distancia de derecha a izquierda) y el radio (alcance del agua) de estos aspersores es regulable. Se controla por medio de dos clips de ajuste metálicos, llamados ajustadores de arco, o el trip collar en inglés. Los encontrarás montados sobre la sección pop-up, debajo de la boquilla. Enciende la válvula usando el tornillo de purga y observa al aspersor funcionar unas veces para entender cómo funcionan los ajustadores. Desliza los ajustadores hacia la derecha o a la izquierda para conseguir la cobertura deseada. Para una cobertura de 360 grados, levanta el pin para que no roce contra el cuello.

El pequeño tornillo ubicado junto a la boquilla, llamado tornillo difusor, controla el radio. Ajustarlo lo inserta progresivamente en el flujo de agua, reduciendo el radio y aumentando la niebla. Encuentra un balance entre el alcance del agua y la cobertura de la zona cercana al aspersor. Algunos modelos tienen también una solapa o dial de control de distancia que sirve para ajustar el radio.

Generalmente, no es necesario limpiar los aspersor de impacto. Si necesitas acceder al filtro o retirar la unidad interna para reemplazarla por una nueva, usa una llave apropiada. Existen una variedad de llaves para estos aspersores y las encontrarás en cualquier tienda de riego. Para limpiar el filtro, abre con fuerza la parte superior del aspersor con el extremo fino de la llave y levanta la tapa. Inserta la llave en la parte inferior de la cubierta del aspersor y desenrosca la unidad interna. El filtro se encuentra en el fondo de la unidad. Límpialo y vuelve a colocarlo y luego reinstala la unidad interna.

Los aspersores de impacto pueden fallar al rotar debido a: un exceso o falta en la presión hidráulica, la presencia de escombros en la boquilla, que alguna parte esté gastada o dañada, entre otras posibilidades. Algunos de problemas más comunes de estos aspersores son el desgaste de los soportes y la pérdida o reducción en la tensión de los resortes. Algunos modelos permiten volver a tensar o reemplazar los resortes por nuevos. Los soportes de algunos modelos de latón también pueden cambiarse. En el caso de los otros modelos, simplemente reemplaza la unidad interna. Si no cuentas con unidades de repuesto, a veces es más fácil o más barato reemplazar el aspersor entero. Nota: Los aspersores de impacto se lubrican con agua. No les apliques otro lubricante.

Aspersores impulsados por engranajes o rotores

Los aspersores impulsados por engranajes, también conocidos como rotores, rotan a velocidad constante y proveen un flujo de agua continuo simultáneamente. Los rotores son comunes en áreas de césped extensas, porque su rango o radio va de los 20 a los 50 pies. Los modelos más compactos poseen un radio de entre 15 y 35 pies. Los rotores tienen la ventaja de ser más compactos, silenciosos, ajustables y duraderos. Como otros aspersores, los rotores requieren de una presión adecuada para funcionar apropiadamente.

Existen numerosas marcas y modelos de rotores; muchas tienen especificaciones operativas y procedimientos de ajuste únicos. Las instrucciones de ajuste incluidas aquí no se aplican a todos los rotores. Si las siguientes instrucciones no obtienen rápidamente al ajuste deseado, toma nota de la marca y el modelo del rotor y busca las instrucciones de ajuste en el sitio web del fabricante o consultando en una tienda de riego. Ten en cuenta que necesitarás una herramienta especial para hacer ajustes; su costo no es elevado. Un destornillador pequeño puede servir para ajustar algunos modelos.

Ajuste del arco. Los ajustes del arco deben hacerse con el agua encendida. La boquilla puede girarse manualmente a la izquierda o a la derecha mientras el aspersor está en funcionamiento; esto provee una forma rápida de comprobar el arco actual. Siempre comienza por girar la boquilla hacia la dirección en la que está rotando.

Los rotores giran de un lado a otro entre un punto fijo y un punto ajustable. Dependiendo del rotor, el punto fijo puede ser en el extremo de la rotación izquierda (punto de reversa izquierdo) o de la rotación derecha (punto de reversa derecho). En algunos modelos, la localización del punto fijo se determina a partir de la posición del cuerpo del aspersor, o "lata", en el punto de conexión con la tubería lateral enterrada en el suelo. Para ajustar el punto fijo, gira el aspersor completo sobre su punto de conexión.

En algunos modelos, otra forma de ajustar el punto fijo es apagar el agua, desenroscar la parte superior del rotor, levantar la unidad interna y colocarla de forma que el punto fijo coincida con el límite de riego. En otros modelos, el vástago se rota manualmente con el rotor funcionando. Estos modelos hacen un ruido a trinquete cuando se los gira.

Para determinar si el punto fijo se encuentra a la derecha o a la izquierda, inserta una herramienta apropiada en la ranura de ajuste y gírala en cualquier dirección para cambiar el arco. El punto de reversa que no cambie es el punto fijo. La ranura de ajuste del arco se identifica por los signos "+" y "-" en la parte superior del rotor.

Después de configurar el punto fijo, establece el punto ajustable. Introduce la herramienta en la ranura de ajuste. Gira la herramienta en la dirección del "+" para agrandar el arco, gira la herramienta en la dirección del "-" para achicarlo. El vástago debe estar sostenido estacionariamente en la posición del punto fijo durante el ajuste.

Ajuste del radio. El radio de un rotor se ajusta girando el tornillo de ajuste o cambiando la boquilla. Para ajustar el radio usando el tornillo de ajuste,

Los aspersores de engranajes, o rotores, se levantan sobre un vástago y rotan de atrás hacia adelante. Éstos proveen una cantidad de agua mayor que los cabezales rociadores.

localiza el ícono con forma de flecha ubicado en la parte superior del rotor. Debería encontrarse bajo la ranura indicada por la flecha. Inserta una herramienta apropiada en la ranura de ajuste del radio. En algunos modelos puede usarse una llave Allen de $1/16$ pulgadas. Gira el tornillo en sentido horario para reducir el radio o en sentido anti horario para incrementarlo. Rotar el tornillo de ajuste de más en cualquier sentido hará que se caiga. Si esto sucede, la boquilla quedará floja porque que el tornillo de ajuste también cumple la función de sostenerla en su lugar.

Ten en cuenta que el tornillo de ajuste no modifica la tasa de flujo. En otras palabras, si el radio se reduce usando el tornillo, la misma cantidad de agua es la misma, pero el área regada es menor. Esto puede resultar en una cobertura despareja. Por este motivo, los profesionales de riego recomiendan hacer cambios utilizar la boquilla para realizar cualquier cambio significativo al radio. Las boquillas más pequeñas reducen el radio simultáneamente con la tasa de flujo, garantizando una cobertura pareja. Asumiendo que el sistema fue bien diseñado desde un principio, los ajustes de radio menores pueden hacerse usando el tornillo.

Ajuste de la tasa de flujo. La tasa de flujo de un rotor se mide en galones por minuto y es determinada por la presión operante (PSI) y la boquilla. Las boquillas de los rotores son reemplazables y vienen en gran variedad de tamaños. Una forma de incrementar la tasa de precipitación es reemplazar la boquilla por una más grande. Éstas también proveen un radio mayor y, por lo tanto, las boquillas pequeñas proveen uno menor. Las boquillas de ángulo bajo reducen además el radio y se usan a veces para despejar ramas bajas o reducir la cantidad de agua que se pierde debido al viento. Usa siempre boquillas del mismo fabricante que el rotor.

Ten en cuenta que los rotores giran a una velocidad establecida. Esto significa que un rotor pasa por una zona de un cuarto de círculo dos veces más que por una semicircular. Si las boquillas tienen la misma capacidad en galones por minuto y ambas se usan en zonas semicirculares o de cuarto de círculo, la segunda zona recibirá el doble de agua que la semicircular (asumiendo que el radio y tiempo de ejecución es el mismo). Para que las tasas de precipitación coincidan, la boquilla que corresponde a la zona de un cuarto de círculo debería tener la mitad de tasa de flujo que la semicircular. Similarmente, la boquilla para un área semicircular debería tener la mitad de tasa de flujo que la de un área totalmente circular.

Reemplaza las boquillas de rotor con el agua apagada. El vástago del rotor debe estar levantado para acceder a ella. Para levantarlo, se requiere una herramienta especial hecha por específicamente por el fabricante de ese rotor. Inserta la herramienta en la ranura de levante, gírala 90 grados y empuja hacia arriba. Sostenla en esa posición. Algunos modelos pueden sostenerse en posición con otra herramienta especial.

Con la mano que queda libre, inserta la herramienta apropiada en la ranura de ajuste del radio y gira el tornillo de ajuste en sentido contrario a las agujas del reloj, hasta que ya no sostenga a la boquilla en su lugar. Retira la boquilla siguiendo las indicaciones de su fabricante. En la mayoría de los modelos, la boquilla saldrá cuando quites el tornillo de ajuste. En otros modelos, es también necesario insertar un destornillador en una lengüeta de la boquilla y hacer palanca. Inserta la nueva boquilla y gira el tornillo de ajuste en el sentido de las agujas del reloj hasta que la nueva boquilla quede bien sujeta. Suelta el vástago, enciende el agua y ajusta el radio.

Reparación de tubos de PVC

Los tubos de PVC (policloruro de vinilo) son tubos plásticos blancos usados comúnmente en sistemas de riego con aspersores. Se entierran a tan solo un pie de profundidad y se colocan de acuerdo a un diseño realizado por un arquitecto o contratista especializado en paisajes y jardines.

Los tubos de PVC vienen en distintos diámetros, grosores y tasas de flujo. La tubería Schedule se clasifica de acuerdo al grosor de las paredes de la tubería, siendo la Schedule 80 más gruesa que Schedule 40. Los tubos Schedule 80 y 40 se usan en instalaciones con válvulas. El 80 es resistente a los rayos UV y se utiliza generalmente usado en

Roscas de tubería

La National Pipe Thread (NPT por sus siglas en inglés) es una rosca de tubería cónica común en los Estados Unidos. Las roscas de los tubos de PVC son NPT, a veces llamado rosca de tubería de hierro (Iron Pipe Thread, o IPT por sus siglas en inglés). Las abreviaciones "mip" y "fipt" se refieren a las "rosca de tubería de hierro macho" y las "roscas de tubería de hierro hembra", respectivamente. Las mangueras usan roscas diferentes, llamadas roscas de manguera de jardín (Garden Hose Thread, o GHT por sus siglas en inglés). Las abreviaciones "mht" y "fht" se utilizan para designar a las "roscas de manguera macho" y las "roscas de manguera hembra", respectivamente. La cinta PTFE (Teflón) es usada para sellar las conexiones NPT. Las roscas de manguera se sellan con una arandela. Las conexiones a rosca nunca se cementan.

---

instalaciones sobre tierra. La tubería Class tiene una calificación de presión operativa. La Class 200 y la Class 12 son comunes en jardines residenciales; la Class 125 tiene la tasa de presión más baja. A algunos contratistas no les gusta la tubería tipo Class y solo usan la Schedule 40 tanto para líneas laterales como principales. El tamaño más común de tubos de PVC usado en aspersores residenciales es el de tres cuartos de pulgada. Los de una pulgada y media pulgada también son comunes.

Los tubos de PVC se cortan al tamaño deseado y se cementan usando accesorios de conexión por deslizamiento. Éstas son suaves en su interior y requieren de cemento, a diferencia de las que se enroscan. Algunas conexiones por deslizamiento comunes son los acoples, codos y piezas en T. Los acoplamientos unen dos piezas de tubería formando una línea recta, los codos las unen en un ángulo de 90 grados y las piezas T unen tres tuberías; dos en línea recta y la tercera en un ángulo de 90 grados. Algunos accesorios de PVC convierten una conexión deslizante en una de rosca; un ejemplo común es una tubería de subida con una conexión T con dos conexiones deslizantes y una a rosca (para sostener un tubo de subida a rosca). La mayoría de los accesorios de PVC son tuberías Schedule 40 que pueden usarse tanto para tuberías Schedule como Class.

Cementos para PVC

El cemento para PVC se usa en las conexiones por deslizamiento para unir diferentes secciones de tuberías de PVC. Las conexiones a rosca nunca necesitan cementarse. El cemento de PVC es un cemento solvente, ablanda la capa externa del tubo de PVC y se adhiere a él. Pueden usarse diferentes tipos de cemento de acuerdo a las condiciones y tasas de flujo. Usa los cementos y primers requeridos por los códigos de construcción locales. Algunos de los cementos que existen son los diseñados para todas las condiciones meteorológicas, que sirven para regiones con temperaturas bajas y los tipo wet-and-dry.

El "primer" para PVC sirve para suavizar y limpiar los tubos antes de cementarlos. El primer hace que la unión sea más duradera. Utilízalo de acuerdo a como lo indican los códigos locales o cuando debas reparar una línea principal de tubería de PVC (y no una lateral). Los cementos de PVC y los primer vienen con etiquetas de advertencia e instrucciones especiales que deben leerse con detenimiento. Estos productos son flamables y sus vapores pueden ser toxicos nocivos.

Reparación de tuberías de PVC

Las siguientes instrucciones explican cómo reparar una tubería de PVC cementando una sección de tubería nueva. Las características de los acopladores de compresión y los telescópicos se describen más adelante. Para comenzar con la reparación, remueve la tierra alrededor de la rotura. Es posible que haya goteos o filtraciones en el lugar, quita suficiente tierra para que el agua no interfiera con la reparación.

Luego, identifica el diámetro de la tubería actual y qué partes necesitarás para la reparación. La mayoría de los tubos de PVC residenciales son de tres cuartos de pulgada, aunque pueden ser también de media pulgada, una pulgada o mayores. Si tienes dudas, lleva una sección de tubería a alguna tienda de riego y consulta allí. Es mejor tener todas las piezas a mano antes de cortar la tubería, pero no es esencial. La tubería de reemplazo debería ser del mismo diámetro que la existente y de una clase igual o mayor que la actual. Puedes encontrar secciones cortas de tubería en las cajas de saldos y remanentes de las tiendas de riego o de jardinería.

Empieza cortando y quitando la sección rota de la tubería. Puedes usar una pequeña sierra para metales o para alambre, aunque la herramienta ideal es un cúter de PVC, porque entra en lugares pequeños y permite hacer cortes limpios. Serrar la tubería puede dejar rebabas o bordes ásperos, que deben limarse o cortarse previo a cementarse. Cuando se quita la sección rota puede salir agua de la tubería. Limpia ambos extremos tubería con un trapo y lima los bordes irregulares. Seca la tubería si utilizarás cemento de PVC, ya que éste requiere que las superficies estén secas para ser efectivo.

Comprueba la conexión de las partes. Una vez que se aplica el cemento, no hay mucho tiempo para reajustar la conexión. Inserta la punta de la tubería en el acoplador y luego retírala. No la hundas profundamente dentro del acoplador porque luego será difícil extraerla. El último paso antes de aplicar el cemento es asegurarse de que la tubería que está en el suelo es lo suficientemente flexible como para que el tubo de reemplazo se inserte en ella; si no es así, quita más tierra. Flexionar de más un tubo de PVC puede romperlo.

Si vas a usar primer, aplícalo siguiendo las instrucciones del producto previo a aplicar el cemento. Es altamente recomendable que uses primer siempre que repares tuberías que están bajo tierra, ya que la quita la suciedad por completo y la deja limpia.

Finaliza la reparación sellando la conexión con cemento de PVC. Cementa ambos acopladores a los extremos de la tubería de la siguiente manera. Primero, aplica una capa abundante de cemento a un extremo de la tubería. Luego, aplica una capa fina en el interior del acoplador. No viertas cemento dentro del acoplador porque esto puede hacer que la unión sea más frágil. Aplica cemento a la tubería una vez más y encaja las partes, dándole al acoplador un cuarto de vuelta a la vez que lo insertas.

El cemento debe estar líquido al unir las partes. Si se seca, tendrás que poner otra capa antes de encajarlas. Sostén las partes unidas durante un minuto. Cementa el otro acoplador y el otro extremo de la tubería de la misma manera. Aplica el cemento a un acoplador por vez, porque el cemento de PVC se seca rápidamente.

Una vez que los acopladores fueron cementados a la tubería enterrada en el suelo, corta una sección de tubería nueva a la medida necesaria y lima los bordes. Usa el mismo método para aplicar el cemento, haciéndolo de a un solo extremo a la vez. Aplica una abundante capa de cemento a la tubería limpia y libre de rebabas y una capa fina en el interior del acoplador. Inserta profundamente la tubería dentro del acoplador dando un cuarto de vuelta mientras la colocas; sostenla firmemente durante un minuto.

Para cementar el último extremo, aplica el cemento tal como fue lo hiciste anteriormente, flexiona la tubería enterrada y encaja ambos extremos. La tubería nueva debería entrar lo más profundamente posible dentro del acoplador. Un método alternativo y simple es usar un acoplador de deslizamiento en un extremo y uno de compresión en el otro. Con este método, la tubería no necesita doblarse para hacer la última conexión.

Deja que el cemento reposa siguiendo las indicaciones del producto. En general, el cemento tarda más en secarse en climas fríos. Luego de unos minutos, la unión debería estar lo suficientemente seca como para comprobar el sellado. El cemento ya tendrá tiempo de endurecer totalmente después. Enciende el flujo de agua. Si no hay pérdidas, vuelve a enterrar la tubería y reemplaza el césped.

Acopladores de compresión

Los acopladores de compresión sirven para reparar tubos de PVC rápidamente. Estos acopladores unen dos secciones de tubería de PVC por medio de unas tapas manualmente ajustables. Estas aprietan una goma de hule, en Inglés llamado *washer*, alrededor de la tubería y no requieren cemento. Para usar un acoplador de compresión, las tuberías que van a ser unidas no pueden estar más separadas que unas pocas pulgadas. Puedes usar una T de compresión para reparar secciones cercanas a los tubos de subida o a las conexiones múltiples. Los acopladores de compresión vienen con diámetros de media, tres cuartos, una pulgada o más.

Para usar uno de estos acopladores, quita aproximadamente un pie de tierra a cada lado de la rotura y prepara la tubería como fue explicado anteriormente. No es necesario que dobles la tubería. Desenrosca las tapas del acoplador de compresión y deslízalas sobre los extremos de la tubería. Luego, desliza una arandela de goma a cada extremo de tubería. Encaja el cuerpo del acoplador en su lugar, sobre los extremos de la tubería y ajusta manualmente las tapas de manera que las arandelas sellen el espacio entre el cuerpo del acoplador y las tuberías. Usa una llave para girar las tapas un cuarto de vuelta adicional y prueba si el sellado funciona encendiendo el flujo agua.

Ten en cuenta que si usas un acoplador de compresión a pocos pies de un codo (un ángulo de 90°), dicho codo deberá tener un soporte que lo mantenga en su lugar. De lo contrario, la tubería se desplazará y se saldrá del acoplador. Para prevenir dicho desplazamiento, clava una estaca detrás del codo.

Acopladores telescópicos

Los acopladores telescópicos son otra solución rápida para reparar tubos de PVC. Éstos tienen un acoplador deslizante integrado en un extremo y una corta tubería de PVC en el otro. Se necesita de un acoplador de deslizamiento adicional para ésta reparación. Al igual que con los acopladores de compresión, no es necesario doblar las tuberías, ni quitar mucha tierra de alrededor.

Reparación de tubos de polietileno

Las tuberías de polietileno son tubos de plástico negro utilizados en sistemas de riego en muchas partes del país. Los sistemas de riego por goteo usan este tipo de tubos y las reparaciones se hacen típicamente usando acopladores de compresión. Consulta "Microriego (drip en Inglés)" on page 96 para obtener más información. Los tubos de polietileno usados en sistemas con cabezales rociadores se suelen reparar usando acopladores dentados de inserción. En esta guía se explica cómo repararlos utilizando estos acopladores.

Cava y extrae varias pulgadas de tierra alrededor de la rotura en la tubería. Estos tubos necesitan que se saque menos tierra porque son flexibles y requieren de menos limpieza previa a la reparación. Nota que es importante no doblar estos tubos para no comprometer su durabilidad.

Corta el flujo de agua; corta y quita la sección rota de tubería. Los extremos del tubo deberían cortarse cuadrados, es decir, en un ángulo de 90 grados. Lleva la sección extraída de tubería a una tienda de suministros para plomería o riego y compra un tubo de reemplazo que sea del mismo diámetro y tasa de presión que el roto. Compra dos acopladores dentados de inserción de polietileno que sean del tamaño correcto para ese tubo. Estos acopladores pueden ser de latón, acero inoxidable o PVC. Y también necesitarás cuatro abrazaderas; las de acero inoxidable son una buena elección.

Corta una sección de la tubería de reemplazo de la misma longitud que el espacio que quedó al extraer la sección de tubería rota. Comprueba que ambos extremos sean cuadrados. Desliza dos abrazaderas sobre la tubería de repuesto y luego inserta un acoplador en cada extremo.

Ten en cuenta que algunos profesionales calientan los extremos del tubo para hacer más fácil la inserción de los acopladores. El calor debe ser constante y uniforme para impedir la creación de secciones más delgadas que pueden quebrarse. Las pistolas de calor y los secadores de cabello proveen un calor desparejo. Un buen método es hundir los extremos en agua caliente. Evita trabajar con calor sobre el tubo de polietileno de ser posible.

Asegúrate de que los acopladores estén insertados por completo, la manguera debería hacer contacto con sus anillos. Desliza las abrazaderas sobre los extremos y ajústalas.

A continuación, desliza una abrazadera sobre cada extremo de la tubería enterrada en el suelo. Inserta los acopladores de la tubería de repuesto en la tubería en reparación. Una vez que los acopladores enganchan correctamente, desliza las abrazaderas a donde se encuentran éstos y ajústalas. Si es posible, deja que la reparación repose toda la noche. Al día siguiente, vuelve a ajustar las abrazaderas, comprueba el sellado y entierra la tubería.

Solución de problemas del sistemas de riego

Los componentes mecánicos o eléctricos de un sistema de riego son, generalmente, durables y no tienen muchos problemas de funcionamiento. Cuando un componente funciona mal, se lo debe reparar lo antes posible para impedir que las plantas sufran estrés hídrico, en particular durante el verano. Este trabajo puede subcontratarse, pero no hay garantía de que las reparaciones puedan hacerse a tiempo.

Los sistemas de riego pueden fallar por varias causas. Identificar y localizar los problemas es la mayor parte del trabajo. Y entender cómo funciona un sistema de riego es la llave para deducir de manera racional las causas potenciales del mal funcionamiento.

Descripción general del sistema de riego automático

Las válvulas solenoide son las válvulas automáticas más comunes en los jardines residenciales. Están compuestas de una parte mecánica (la válvula) y un componente eléctrico (el solenoide o bobina). El agua presurizada entra en la válvula a través de una abertura en llamada cavidad de entrada. En las válvulas abiertas, el agua fluye sin obstrucciones a través de ella, pasa por la cavidad de entrada y continúa hacia los aspersores. En las válvulas cerradas, una pieza de goma redonda, llamada diafragma, sella el flujo de agua entre la cavidad de entrada y de salida. El mecanismo de la válvula aprovecha la fuerza hidráulica (la fuerza del agua) para subir y bajar el diafragma.

El solenoide es un dispositivo eléctrico que alterna el cambio hidráulico en la válvula. Se conecta al controlador a través de cables de bajo voltaje que se encuentran bajo tierra. A horarios programados, el controlador envía una señal eléctrica al solenoide, haciendo que la válvula se abra. Cuando el controlador cesa de enviar la señal eléctrica, la válvula se cierra.

Hidráulica básica de las válvulas

Para solucionar problemas mecánicos en válvulas automáticas, se necesita entender la hidráulica básica con que operan (los componentes descritos aquí están etiquetados en el diagrama de la próxima página). En una válvula cerrada, el agua presurizada en la cavidad de entrada ejerce una fuerza ascendente sobre el diafragma. Éste no cede, porque el agua en la cámara de arriba ejerce una fuerza aún mayor hacia abajo, manteniéndolo cerrado. Dicha cámara se llama cavidad del gorro. La presión del agua es igual en ambas cámaras, pero como la cavidad del gorro tiene una superficie más grande, causa una fuerza hidráulica también mayor.

Cuando la presión del agua en la cavidad de gorro baja (ya sea porque se activa un solenoide o se abre un puerto de purga), el agua presurizada fuerza el diafragma a subir y el agua fluye a través de la válvula hacia los aspersores.

Un pequeño tubo, llamado puerto de entrada, canaliza el agua de la cavidad de entrada a la cavidad del gorro. Así, la segunda cavidad se llena de agua. El agua sale de la cavidad del gorro a través de un tubo ligeramente más grande, llamado puerto de salida. El solenoide controla el flujo del agua a través del puerto de salida por medio de un pequeño émbolo. Cuando el controlador envía la señal eléctrica, el émbolo del solenoide se levanta, desbloqueando el tubo (la presión del agua de la

REPARACIÓN DE SISTEMAS DE RIEGO **171**

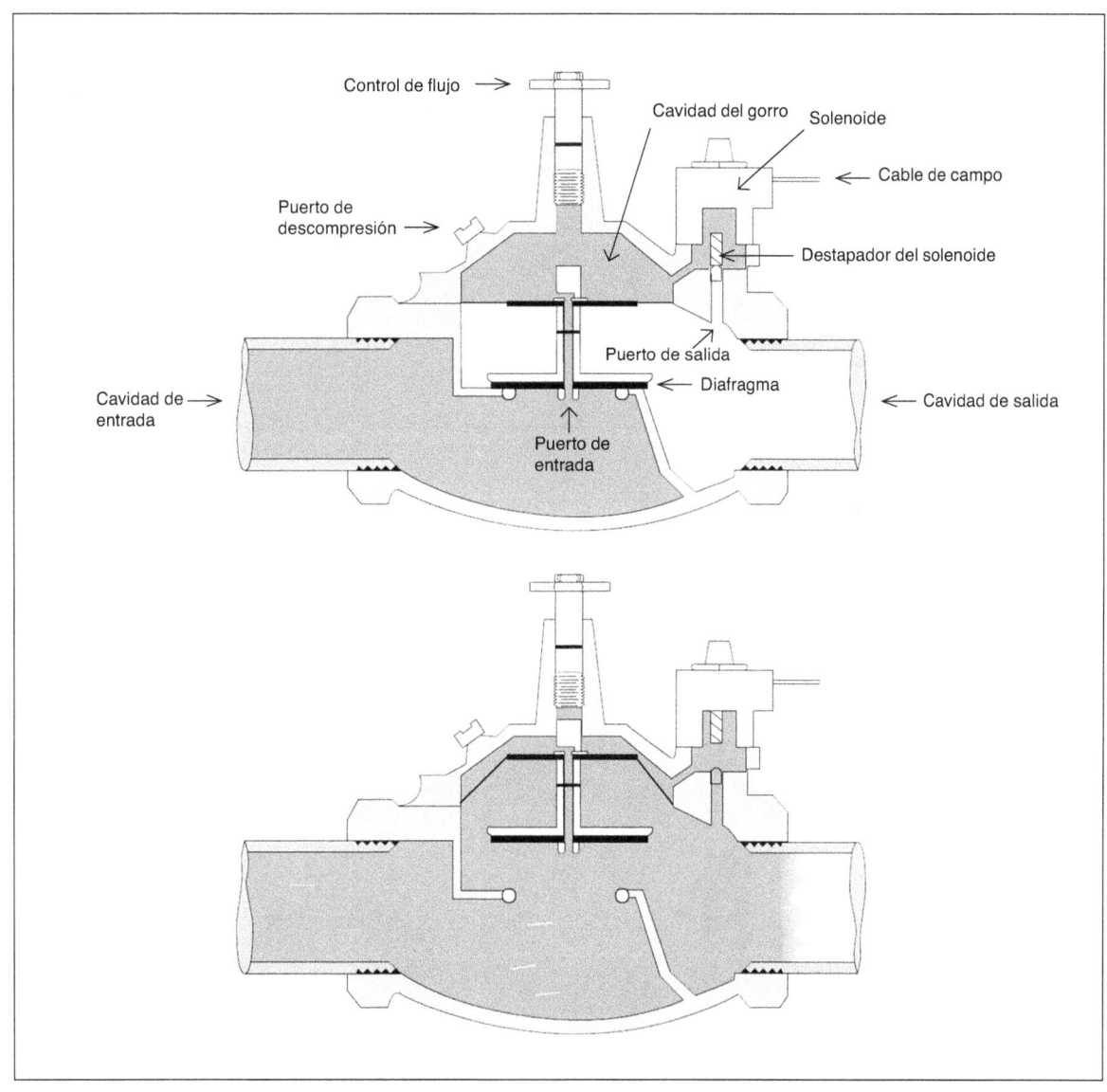

El diagrama de arriba muestra una válvula automática en posición cerrada (Superior Controls Globe Valve, Modelo 950). El émbolo del solenoide bloquea el puerto de salida y el diafragma se mantiene bajo. En el segundo diagrama el solenoide está activado, causando que el émbolo del solenoide desbloquee el puerto de salida. Esto inicia el cambio de presión que causa que la válvula se abra. Los diagramas fueron adaptados con permiso de Storm Manufacturing Group, inc..

cavidad del gorro disminuye, el diafragma sube y el agua fluye libremente a través de la válvula)

Cuando el controlador deja de enviar la señal eléctrica, un resorte en el solenoide fuerza al émbolo a bloquear el puerto de salida. Como resultado, la presión del agua presurizada en la cavidad del gorro aumenta. Esta presión (con la ayuda de un resorte del diafragma) fuerza al diafragma hacia abajo sobre ambas cavidades, de salida y entrada, deteniendo el flujo de agua.

Para liberar manualmente el agua de la cavidad del gorro, gira el tornillo de purga o el solenoide. El nuevo descenso de presión en la cavidad hace que el diafragma suba y que la válvula se abra.

A) La manera de acceder a los componentes internos de esta válvula antiretorno, es desenroscar el anillo de plástico grande que rodea a la válvula principal. Algunas válvulas tienen tornillos que aseguran la cavidad del gorro al cuerpo de la válvula. En la válvula mostrada aquí, el control de flujo es el tornillo blanco ubicado a la izquierda del solenoide.

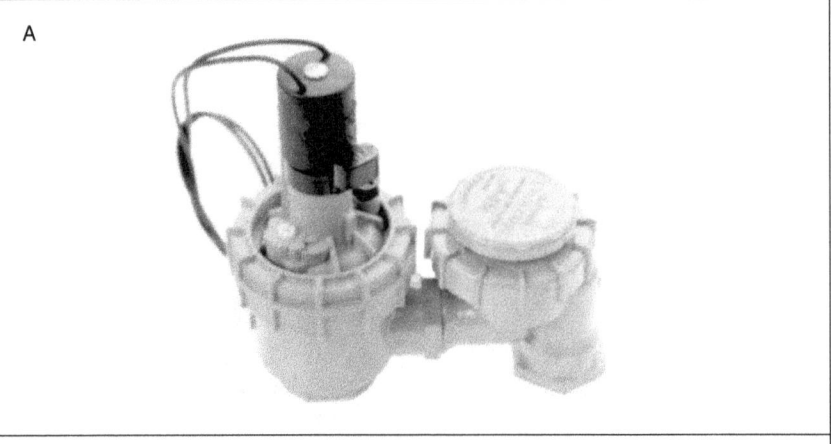

B) Aquí se muestra la misma válvula sin la parte inferior. La parte derecha del cuerpo de la válvula es el mecanismo antiretorno, que impide que el agua de las tuberías de riego regrese al flujo de agua de la vivienda.

C) La cavidad del gorro, el diafragma y el resorte del diafragma. Éste último ayuda la bajar el diafragma mientras la cavidad del gorro vuelve a presurizarse.

D) Bonete y diafragma vistos de cerca. Cuando el puerto de salida se encuentra cerrado, el agua presurizada en la cavidad del gorro mantiene la válvula cerrada. La válvula exhibida aquí es un producto marca Lawn Genie.

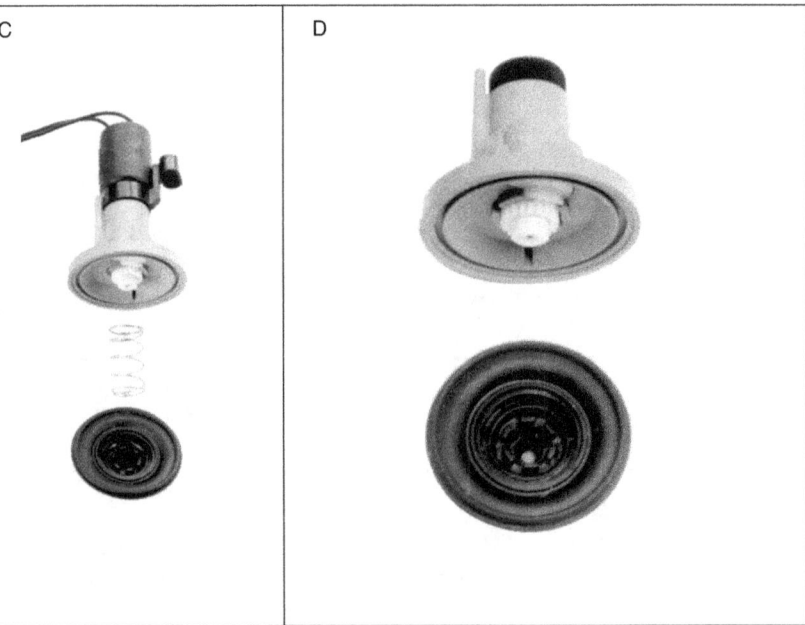

REPARACIÓN DE SISTEMAS DE RIEGO **173**

> ## Ajuste del control de flujo
>
> El control de flujo sirve para controlar el flujo de agua a través de una válvula. También puede ser utilizado para cerrar la válvula en caso de una emergencia. En algunos modelos, el control de flujo es un tornillo de plástico; en otros, un vástago negro ubicado en el centro de la válvula. Un control de flujo bien ajustado provee la cantidad de agua apropiada para el sistema. Para los sistemas pequeños, el control de flujo debe ser más bajo que para los sistemas más grandes. Para lograr el ajuste correcto, ajusta el control de flujo lo más bajo posible, enciende la válvula y auméntalo gradualmente. Detente cuando los aspersores provean la cobertura deseada. Si el control de flujo está totalmente levantado, repliégalo girándolo dos o tres vueltas enteras en sentido horario. En los sistemas que tienen un regulador de presión designado, los ajustes de presión para todo el sistema deben ser efectuados en dicho regulador.

En la página page 172 se muestran fotos de los componentes de la válvula.

Solución de problemas de baja presión

Un sistema de riego adecuadamente diseñado tiene suficiente presión y flujo de agua (en galones por minuto) para alcanzar una cobertura de punta a punta. Esto significa que la cobertura de un aspersor se extiende hasta alcanzar el límite de la del siguiente. Los sistemas de riego que no logran esta cobertura cabeza a cabeza, riegan de manera despareja, producen sectores marrones y patrones con forma de rosquilla. Si el sistema de riego no fue originalmente bien diseñado, un arquitecto o un contratista especialista en paisajes y jardines debería rediseñarlo. Para obtener otras soluciones, consulta "Solución para problemas de cobertura en sistemas con cabezales rociadores" on page 163. Los siguientes lineamientos ofrecen una guía para la solución de problemas de presión del agua causados por errores de funcionamiento o cambios recientes al sistema.

Baja presión de agua en todas las zonas

Comprueba si alguna compuerta o válvula de bola se encuentra cerrada. Si todas las zonas tienen mala presión de agua, comienza comprobando si alguna compuerta o válvula de bola está parcialmente cerrada. Las encontrarás instaladas en la línea principal de riego, ubicadas antes que las válvulas. Se las conoce también como válvulas de aislamiento o válvulas de cierre y sirven para cortar temporalmente el suministro de agua de las otras válvulas. Las válvulas de cierre adicionales se encuentran en algunos dispositivos anti retorno, como los interruptores de presión para vacío o los anti retorno para baja presión; no todas las propiedades cuentan este tipo de dispositivos. Consulta "Los aspersores no se interrumpen" on page 174 para obtener más información.

En las válvulas de bola abierta, la manija apunta en la misma dirección que la tubería. Abre y cierra éstas válvulas lentamente para evitar el riesgo de que ocurra un "golpe de ariete" o *water hammer*, un cambio rápido de presión que puede dañar las tuberías de riego. Ten cuidado de no romper la manija al cerrar válvulas de cierre viejas.

Comprueba el suministro principal de agua. Si la válvula de aislamiento ya estaba completamente abierta, puede que problema esté en el suministro de agua de la propiedad. Las probabilidades aumentan si la presión de agua dentro de la casa también es baja. Contacta al proveedor municipal de agua para comprobar si existe un problema de presión en el área. Ten en cuenta que la presión generalmente es menor durante las primeras horas de la mañana; si el problema es éste, programar los sistemas para que funcionen más tarde podría solucionarlo. Por otra parte, la válvula de cierre principal de la propiedad podría estar parcialmente cerrada o el regulador de presión podría estar funcionando mal o estar necesitando un ajuste.

Advertencia: *Los reguladores de presión reducen la presión del agua e impiden su fluctuación. Éstos dispositivos protegen el sistema de plomería de los "golpes de ariete". El ajuste incorrecto de un regulador de presión puede causar daños importantes. Deja el ajuste del regulador de presión a un contratista o plomero.*

Si un mismo regulador de presión opera ambas líneas de agua, la de la casa y la del jardín, contrata a un plomero o contratista para comprobar y ajustar el regulador de presión. Si el sistema de riego tiene asignado un regulador de presión, podrías, bajo tu propia responsabilidad, intentar ajustarlo, aunque necesitarás instrucciones apropiadas; el análisis de la presión del agua no está explicado aquí.

A modo de referencia, girar el tornillo del regulador de presión en el sentido de las agujas del reloj aumenta la presión de agua; y girarlo en sentido contrario la reduce. Éstos son los ajustes opuestos para el control de flujo en una válvula automática de riego. De acuerdo a la arquitecta paisajista Jess Stryker "Como una regla general, todos los reguladores van a funcionar bien si se configura la presión en al menos 1,4 bares (15 PSI) más bajos que la presión de entrada. Si la caída de presión es menor a la requerida, el regulador tiende a no trabajar precisamente y puede permitir que la presión suba y baje considerablemente." (IrrigationTutorials.com, 2011).

Algunas válvulas automáticas tienen un regulador de presión incorporado, pero son más costosas y menos comunes en jardines residenciales. Otra potencial causa de presión reducida en todas las válvulas es que una única válvula tenga fugas. Para más información, consulta "Drenaje de los aspersores bajos y válvulas que gotean" on page 177.

Baja presión de agua en una zona

Comprueba el ajuste del control de flujo. La posición del control de flujo determina qué tan alto sube el diafragma. El control de flujo es a veces utilizado para reducir la presión del agua en una zona; y puede ser también utilizado para interrumpir el agua durante una emergencia. Un control de flujo parcialmente cerrado podría ser la causa de la presión baja. El control de flujo es o un vástago corto (usualmente negro) o un tornillo de inserción de plástico sobre el cuerpo de la válvula; observa las fotos en las páginas page 161, page 171 y page 172. (A diferencia del tornillo de purga, requiere el uso de un destornillador.) Rota el control de flujo en el sentido contrario a las agujas del reloj, todo lo que puedas. Si este era el problema, la presión del agua regresará a la normalidad. Si el control de flujo no gira en esa dirección, no lo fuerces; ya está totalmente abierto y no es ese el problema. Para ajustar apropiadamente el control de flujo, rótalo en el sentido de las agujas del reloj dos o tres vueltas enteras desde la posición totalmente abierta.

Comprueba tuberías rotas o cambios en el sistema. Las tuberías o aspersores rotos pueden reducir el flujo de agua del resto de los aspersores en la zona. Los agujeros y charcos en el césped son indicaciones de una rotura. Si no detectas ninguna rotura en las tuberías o aspersores, consulta si le han hecho cambios o reparaciones recientes al sistema de riego. Si se instalaron boquillas o aspersores nuevos que emiten más galones por minuto que los anteriores, todos los aspersores de la zona recibirán menos presión. Por ejemplo, si un cliente reemplaza un cabezal rociador por un rotor, esto podría ser la causa de la caída de presión. Una nueva sección de aspersores instalados en una sección existente puede tener el mismo efecto.

Los aspersores no se interrumpen

Si los aspersores de una zona continúan funcionando pasado el tiempo de ejecución programado, el problema podría ser mecánico o eléctrico. Empieza verificando si el problema es mecánico, comprobando si el puerto de purga de la válvula está cerrado y si el solenoide ha sido ajustado manualmente. Si uno u otro se encuentran flojos, el agua escapará de la cavidad de gorro y continuará fluyendo.

Investiga si hay algún solenoide activado. Si el controlador continúa enviando la señal eléctrica al solenoide, la válvula seguirá operando. Para ver rápidamente si el solenoide continúa recibiendo energía, siente si tiene una ligera vibración o coloca un pequeño destornillador en su parte superior y siente si tiene un ligero tirón magnético. Si no hay vibración o tirón magnético, el solenoide no está activado. Si el solenoide está activado, el problema es eléctrico. Cambia el controlador a la posición "off" o "rain" y continúa con la solución de problemas eléctricos como se describe en la página page 177. Más específicamente, deberías sospechar que el microprocesador del controlador esté funcionando mal. Si el solenoide no está recibiendo energía, sigue los pasos que se describen a continuación.

Comprueba el ajuste del control de flujo. En una condición de presión baja, un control de flujo totalmente levantado puede prevenir que el diafragma baje. No es necesario cerrar el agua para éste ajuste. Usando una llave, o un destornillador en algunos modelos, gira el control de flujo en el sentido contrario a las agujas del reloj todo lo que puedas. Si el control de flujo no gira en ese sentido, no lo fuerces. Esto indica que el control de flujo está totalmente levantado y puede ser la causa del problema. Para ajustar el control de flujo, rótalo aproximadamente tres vueltas completas en el sentido de las agujas del reloj desde la posición totalmente abierta. A veces, son requeridas más vueltas. Si la válvula no se apaga, sigue con el siguiente paso.

Solución de problemas de presión en la cavidad del gorro. Si la cavidad del gorro no puede volver a presurizarse, la válvula no se cerrará. Cualquier motivo que haga que el agua no llene la cavidad o que fluya fuera de ella puede ser la causa del problema. Otras causas potenciales pueden ser que el puerto de purga esté abierto, que el solenoide esté flojo, que haya escombros en el puerto de entrada, un diafragma rajado, escombros donde el diafragma debe sellar, que el émbolo se haya deformado o que el sello entre la cavidad del gorro y el cuerpo de la válvula esté flojo. Si la válvula ha

Si la válvula o colector en la que se está trabajando no tiene válvula de compuerta, corta el suministro de agua de la propiedad. Siempre pide permiso al dueño de casa o inquilino. El suministro principal de agua se ubica, generalmente, cerca de la calle.

sido reparada hace poco, es posible que el resorte del diafragma no haya sido reparado y ahí esté el problema.

Como un paso preliminar, intenta lavar la válvula de escombros abriendo y cerrando el puerto de purga varias veces. Si esto no soluciona el problema, intenta lo siguiente.

1. Interrumpe el agua. Para solucionar los problemas relacionados con los componentes de la válvula, comienza cerrando el agua en la válvula de cierre. Si no tiene una válvula de cierre en la línea anterior a las válvulas, quizás necesites cortar el suministro de agua de la casa. En muchas ciudades, la válvula de cierre principal está localizada en una caja cerca de la calle, pero también puede encontrarse en otros lugares. La caja o válvula de cierre debería estar señalada con un letrero que diga "Agua". Asegúrate de que sea efectivamente la caja de utilidades o llama a un plomero o contratista especializado. Solicita siempre la autorización del dueño de casa o inquilina antes de desactivar el suministro de agua de la propiedad.

Si la propiedad tiene un interruptor de presión para vacío o un dispositivo anti retorno para presión baja, el agua también puede ser cerrada desde allí. Los dispositivos anti retorno previenen que el agua contaminada en el sistema de riego vuelva al suministro de agua. Una ciudad probablemente requiera tipos específicos de dispositivos anti retorno para presión baja. Muchas propiedades no cuentan con estos dispositivos, ya que éstos son costosos y son más habituales en instalaciones comerciales grandes. Éstos pueden ser vistos cerca de la calle en frente de estas propiedades.

Los interruptores de presión para vacío y los dispositivos anti retorno de presión baja tienen dos válvulas de cierre (de compuerta o de bola), una en cada extremo. Cualquiera de las dos válvulas de cierre pueden interrumpir el flujo de agua, aunque es más seguro cerrar la que se encuentre más cercana al suministro de agua para minimizar así el riesgo de dañar los componentes internos de los dispositivos anti retorno (Charlot, 2007).

2. Inspecciona el solenoide. Con el agua de las válvulas apagadas, retira el solenoide desenroscándolo manualmente en sentido anti horario. Algunos modelos aseguran el solenoide con un soporte metálico y su remoción requiere la utilización de un destornillador. Inspecciona el solenoide presionando la punta del émbolo. El émbolo es un pequeño pistón en el cuerpo del solenoide que se levanta cuando el solenoide tiene energía. El émbolo debería levantarse y regresar a su posición original. Si no se levanta, o bien se levanta y no vuelve, puede haber corrosión o escombros en el área del émbolo o el resorte puede haberse perdido. Quita la punta de goma del émbolo y comprueba si lo que ocurre es cualquiera de éstos problemas. El émbolo no puede extraerse en algunos modelos.

Si el émbolo se levanta y vuelve a su posición, inspecciona la punta de goma para ver si está uniforme y posicionada correctamente. Una punta asentada incorrectamente o deformada puede fallar al sellar el puerto de salida. Si la punta del émbolo está deformada, reemplázala o instala un nuevo solenoide.

Finalmente, comprueba si tiene un sello de solenoide o un O-ring mal colocado o dañado. El O-ring del solenoide está localizado en el cuerpo de la válvula, debajo del solenoide. Si el solenoide y sus componentes se ven bien, reinstálalo. Abre el agua desde la válvula de cierre para ver si la válvula cierra. Si no lo hace, corta nuevamente el flujo de agua y continúa con los siguientes procedimientos.

3. Inspecciona los componentes internos de la válvula. El próximo paso es abrir el cuerpo de la válvula e inspeccionar los componentes internos. Desenrosca los tornillos metálicos o el anillo de plástico que asegura la parte superior del cuerpo de la válvula principal. Quita la parte superior de la válvula. Éste es el alojamiento de la cavidad del gorro. Debajo está el diafragma de goma circular. Entre el diafragma y la cavidad del gorro se encuentra el resorte del diafragma. El diafragma quizás necesite retirarse de la cavidad para poder ver el resorte. Si falta el resorte, ésta es probablemente la causa del problema de presión del sistema. Comprueba si se cayó al fondo de la caja o al suelo. Si no, consigue un resorte de repuesto.

Levanta el diafragma e inspecciona si tiene alguna rajadura. Inspecciona el disco circular adherido a la parte inferior del diafragma (o ensamblaje de asentamiento) para comprobar si tiene alguna mella. Inspecciona también el anillo circular del cuerpo de la válvula, dónde la válvula se sella (el asentamiento de la válvula). Algunos ensamblajes de asentamiento pueden ser removidos, otros están incorporados a la válvula. Busca si hay una mella, grieta o alguna cosa fuera de lo común. Quita la suciedad y los escombros que haya dentro de la válvula. Limpia el diafragma y el asentamiento de la válvula. Algunas veces, esta limpieza es la solución. Si no es así, anota la marca y modelo de la válvula y reemplaza las partes dañadas.

Los aspersores no encienden

Cuando una válvula falla y no abre a la hora programada, el problema suele ser eléctrico. O bien el controlador está funcionando indebidamente, el solenoide no está haciendo su trabajo o hay una rotura en los cables de conexión entre ambos. Antes de proceder a la solución de problemas eléctricos, elimina la posibilidad de una falla mecánica, abre y cierra la válvula usando el puerto de purga. Si los aspersores se encienden y se apagan, los componentes mecánicos de la válvula están funcionando perfectamente.

Si al abrir el puerto de purga los aspersores no encienden, puede que la válvula de cierre esté cerrada. Ocasionalmente, la gente confunde la manija de las

Válvulas antiretorno

Las válvulas antiretorno son componentes de riego que previenen que el agua contaminada del sistema de riego vuelva al suministro de agua. Los fertilizantes, pesticidas y desechos de animales, junto a otros contaminantes, pueden reingresar al suministro de agua público a través de los sistemas de riego si la válvula antiretorno no está funcionando o ni siquiera ha sido instalada. Por este motivo, muchas ciudades exigen la instalación de dispositivos de prevención específicos y que dichos dispositivos sean probados regularmente para asegurar su correcto funcionamiento. A menudo, estos procedimientos de prueba solo pueden ser realizados por contratistas certificados en prevención de retorno. Contacta al Departamento de Construcción y Planificación del gobierno de tu ciudad o a al proveedor de agua local para aprender sobre las regulaciones antiretorno (a veces llamado control de conexión cruzada) de tu área.

válvulas de cierre con un grifo común de jardín. Si la válvula de cierre está abierta, comprueba que el control de flujo en la válvula de riego esté totalmente hacia abajo. Si así es, la válvula no se abrirá. Gira el control de flujo en la dirección contraria a las agujas del reloj todo lo que puedas y luego para el otro lado, dos o tres vueltas enteras.

Si la válvula se abre con el torillo de purga, elimina otra posible causa mecánica rotando el solenoide a la izquierda hasta que se abra. Si la unidad cuenta con una, usa la palanca o manija del solenoide ubicada en la parte superior o inferior. Esto levanta el émbolo del solenoide del puerto de salida, desbloqueándolo. Si los aspersores no se encienden rotando el solenoide, es posible que el puerto de salida esté bloqueado. Corta el agua, quita el solenoide e intenta limpiar de escombros el puerto de salida usando un clip. Si los aspersores se encienden y se apagan con estas pruebas manuales, esto significa que el problema es eléctrico. Consulta "Solución de problemas eléctricos" a continuación.

Drenaje de los aspersores bajos y válvulas que gotean

Luego de apagar los aspersores, el agua en las tuberías se drena del cabezal más bajo de la zona y eventualmente se detiene. A esto se lo llama drenaje de los aspersores bajos y no es un índice de problemas con el sistema de rociadores. Sin embargo, el drenaje de los aspersores bajos puede causar charcos, escorrentía y desperdicia el agua. La instalación de un dispositivo, llamado válvula antidrenaje, elimina el drenaje de los aspersores bajos. Algunas de estas válvulas se atornillan al tubo de subida debajo del cabezal rociador. Existen aspersores con válvulas antidrenaje incorporadas. Si un cabezal rociador derrama agua continuamente, esto indica que la válvula pierde agua. La punta del émbolo del solenoide puede no estar asentándose correctamente o el asentamiento de la válvula puede tener escombros o haberse dañado. Sigue las guías de solución de problemas de "Los aspersores no se interrumpen" on page 174.

Solución de problemas eléctricos

Una vez que hayas reducido la causa del mal funcionamiento del sistema a un problema eléctrico, el próximo paso es averiguar dónde se encuentra. El problema puede estar en el controlador, en el solenoide o en la conexión entre ambos. Para solucionar problemas eléctricos se requiere de un medidor electrónico conocido como multímetro. Otra alternativa es usar un dispositivo medidor especial para sistemas riego, que realiza una función similar y probablemente incluya características adicionales.

El multímetro

El multímetro, también conocido como voltímetro, es un dispositivo electrónico utilizado para medir volts (Voltaje directo o alterno), amperes (corriente) y ohm (resistencia) en los componentes electrónicos. El voltaje de corriente alternativa (VCA) es la corriente encontrada en los enchufes eléctricos de una casa. Las baterías proveen voltaje de corriente directa (VCD). La unidad utilizada para medir la resistencia se llama OHM.

El voltaje es la presión eléctrica. Podría ser comparado a la presión del agua en una tubería. Puesto de otra manera, el voltaje es la medida de fuerza que causa que la electricidad fluya a través de un conductor. La resistencia puede ser comparada a la fricción del agua; es la medida de la facilidad que tienen la electricidad para fluir a través de un conductor. Ninguna resistencia tiene continuidad asegurada. Medimos el voltaje AC (de corriente alterna) cuando probamos la fuente de electricidad de un controlador y medimos la resistencia cuando probamos los cables de campo y los solenoides.

El voltímetro tiene un dial que se rota para acceder a diferentes configuraciones. Para medir la corriente alterna, gira el dial a uno de las configuraciones de ACV (o VCA). Selecciona siempre un valor que sea más grande que el suministro de energía que está siendo probado. Por ejemplo, para medir un enchufe de pared en los Estados Unidos, quizás te convenga configurar el multímetro en 250 ACV. Cuando el suministro eléctrico es de 250 volts AC, o menos, el voltímetro debe estar configurado en 250 ACV. El voltaje estándar en Estados Unidos es aproximadamente de 120 volts. Contrariamente, el voltaje estándar de los enchufes residenciales de Europa es de entre 220 y 240 volts. Algunos países tienen varios estándares.

No deberías usar la configuración de 50 ACV para medir una fuente de 250 volts, porque esto probablemente provoque que el fusible del voltímetro se queme. Similarmente, no deberías usar una configuración de DCV o de resistencia, excepto cuando estés midiendo voltaje continuo u ohm, respectivamente. Cuando midas corriente continua (por ejemplo una batería), el cable rojo debería tocar la terminal positiva y el negro la negativa.

Existen voltímetros analógicos y digitales. Los voltímetros digitales suelen ser llamados multímetros. Si compras un voltímetro analógico, selecciona uno que tenga una configuración de R x 1 o R X 10 ohm. Esto significa que la lectura está multiplicada por uno o por 10, respectivamente. La configuración R x 1K (1000) no es apropiada para la mayoría de las medidas de continuidad.

Importante: *Trabajar con electricidad es peligroso. Sigue las instrucciones que vienen con tu voltímetro para evitar romper el instrumento o lastimarte. Si no tienes el manual, contacta al fabricante del producto para obtener una copia.*

Pruebas al controlador

Si los aspersores no se encienden en el horario programado o no lo hacen ninguno momento y las causas mecánicas han sido descartadas, el problema puede estar en el controlador. Las siguientes pruebas te ayudarán a aislar el problema. No es necesario que sigas una a una las guías aquí presentadas, pero éste orden te brinda una forma lógica de investigar el problema.

Las instrucciones provistas aquí no son tan específicas como las del manual del controlador. Si no encuentras el manual junto al controlador, pregúntale a tu cliente si no lo tiene. La mayoría de

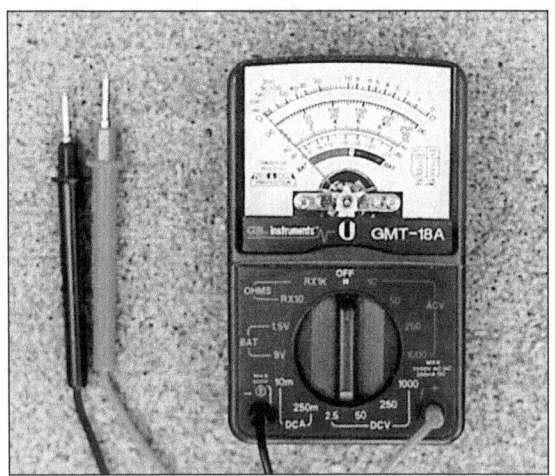

Un voltímetro analógico. El medidor mostrado aquí fue fabricado por GB Instruments.

los manuales pueden encontrarse en los sitios web de los fabricantes. Las siguientes son pruebas válidas para controladores sólidos; las pruebas para controladores electromecánicos no están incluidas.

Las siguientes instrucciones de comprobación de la tensión del controlador son solo válidas para controladores de irrigación de 24 volts. **Advertencia:** *Algunos controladores tienen cajas de conexiones con cables que puede tener 120 volts AC o 230 volts AC. Los enchufes de pared de los controladores residenciales pueden tener 120 volts, o más* (entre 220 y 240 en el caso de los electrodomésticos; en el Reino Unido, el estándar es 230 volts).

Advertencia: Usa las siguientes instrucciones para comprobar la corriente alterna bajo tu propio riesgo. Los problemas relacionados con enchufes eléctricos, como así también los problemas con los cables de corriente de los controladores, transportan mucho más que 28 volts (AC); deberían verificarse por un electricista certificado. Como precaución adicional, usa guantes de goma aislantes (de voltaje bajo; clase 0) para probar cualquier fuente de energía de la casa.

¿Tiene electricidad el controlador? Comienza comprobando si el controlador está encendido. Si el interruptor o dial está en "off" (apagado) o "rain" (lluvia), el controlador no encenderá. Si el controlador está encendido, el siguiente paso es ver si el controlador está recibiendo electricidad. El controlador recibe energía de un transformador que reduce la corriente directa estándar de la casa de 120 volts (o 110 volts) a 24 volts (AC). El transformador se enchufa a una pared o se conecta directamente al sistema de cableado eléctrico de la propiedad.

Nota que la pantalla LCD del controlador probablemente esté encendida a pesar de que el controlador no está recibiendo energía. Una forma de comprobar si el controlador sí la está recibiendo es desconectarle la batería. Si la pantalla se apaga, significa que hay un problema con el transformador o el transformador no está recibiendo energía. Quizás necesites reprogramar el horario de riego antes de probar la energía de éste modo.

Otra forma de determinar si el controlador está recibiendo electricidad es utilizar el multímetro para comprobar la electricidad en la regleta (vea la foto en la página siguiente). Dentro del controlador, a veces bajo un panel de plástico, hay una fila de tornillos con cables de colores unidos. Ésta es la terminal de cables. Cada cable coloreado (además del cable blanco y los cables de entrada de electricidad) es un cable de control de estación. Cada uno de éstos se conecta a una válvula diferente del sistema.

Comienza las pruebas de electricidad con el voltímetro en una configuración AC que sea más alta que la medida estándar para los enchufes eléctricos del área. Configura el voltímetro en una opción mayor que 120 volts AC (230 volts AC en el Reino Unido). A continuación, encuentra los cables de entrada de energía en la terminal. Estarán marcados como "VAC", "AC" o "24VAC". Toca un cable de entrada con uno de los del multímetro y el otro cable de entrada con el cable del multímetro restante. El plomo del multímetro puede tocar el cobre del cable o el poste al que está conectado. No dejes que las puntas de los cables del multímetro se toquen durante la medición.

Una lectura de aproximadamente 24V (hasta 28V) demuestra que el transformador está cumpliendo bien su trabajo de reducir la electricidad y enviarla al controlador. Si éste es el caso, no hay necesidad de probar el enchufe; sigue con la prueba "¿El controlador activa todas las estaciones?". Si no obtienes una lectura haciendo esta prueba, significa que el transformador no está funcionado o el enchufe no está enviando electricidad. Procede a probar la salida eléctrica, como se describe a continuación.

¿Tiene electricidad el enchufe? Si el controlador está cableado directamente a la electricidad de la casa, comprueba el interruptor. Si el interruptor está bien, contrata a un electricista para buscar la solución al problema de energía. Si el transformador del controlador se enchufa un enchufe en

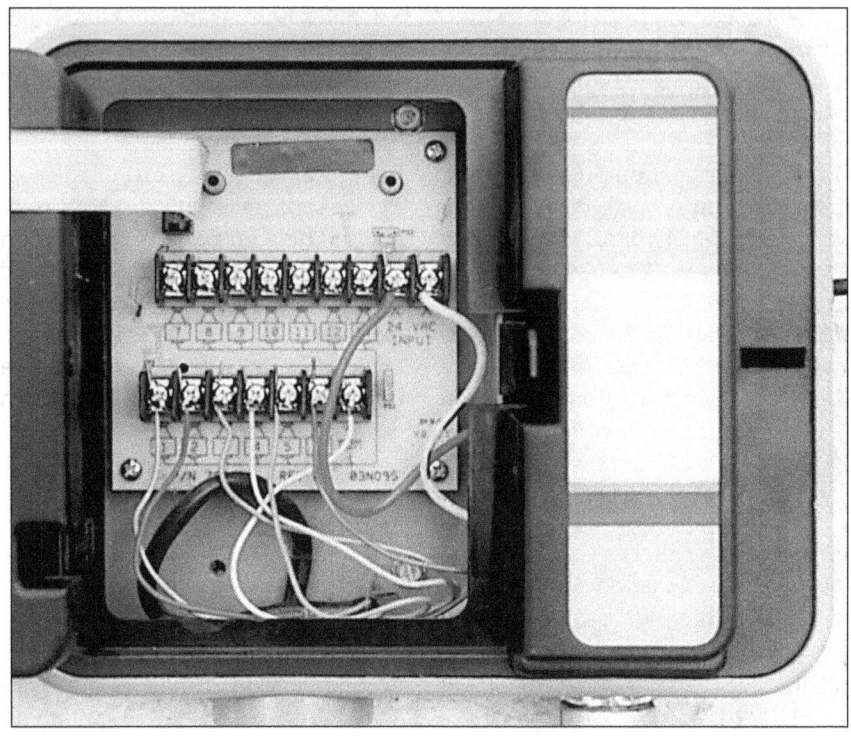

Este controlador está gestionando seis válvulas, como lo indican los seis cables de control de estación en la parte baja de la regleta. El cable blanco es el cable común y se une a un poste, señalado como "COM". Hay siete estaciones sin usar. Los postes "24 VAC" son entradas de electricidad, que han sido reducidas a 24 volts por un transformador.

la pared, descarta los problemas de la siguiente forma:

Si el enchufe de la pared tiene un interruptor con detección de falla a tierra (GFCI, por sus siglas en inglés), presiona el botón negro "test". Esto cortará la corriente del enchufe y causará que el botón rojo de "reinicio" se levante. Si el interruptor con detección de falla a tierra ya se disparó, encontrarás al botón rojo de "reinicio" levantado. Presiona el botón rojo para devolver la energía al enchufe. Si el controlador sigue sin tener energía, comprueba el disyuntor de ese enchufe. Reinícialo si es necesario.

Si el disyuntor está bien, el próximo paso es comprobar el suministro de electricidad del enchufe usando el voltímetro. Desconecta al transformador del enchufe y sigue las instrucciones para medir enchufes incluidas con tu voltímetro. Las instrucciones incluidas aquí son solo válidas para medir enchufes de 110-120 volts.

En los Estados Unidos, configura el voltímetro en un valor mayor a 120 volts AC. Como precaución estándar, comienza la medición poniendo la opción más alta posible de ACV. Luego, inserta el cable negro en uno de los espacios verticales del enchufe y el rojo en el otro espacio vertical. Quizás debas mover las puntas dentro del enchufe hasta que hagan conexión.

El voltímetro debería medir aproximadamente 120 volts en la escala AC. Que haya algo de variación es normal, usualmente entre 11-125. Comunícate con el proveedor local de electricidad para averiguar el rango de voltaje aceptable para el área. Si el voltímetro no muestra ninguna lectura o si ésta sale fuera del rango especificado por la compañía eléctrica, esto significa que hay un problema en el enchufe y que se debe contratar a un electricista para solucionarlo. Si el enchufe tiene energía pero el controlador no, entonces es el transformador el que está fallado y debe ser reemplazado por uno similar (usualmente de 24-volts).

¿Está activado el sensor de lluvia? Un sensor de lluvia es un dispositivo opcional que desactiva el programa del controlador cuando llueve. Pueden ajustarse para interrumpir el controlador de acuerdo a distintos niveles de precipitación; también puede programarse para que se seque a velocidades diferentes. Una vez que el sensor de lluvia se seca, los aspersores vuelven a encenderse en los horarios programados. El sensor de lluvia se conecta a postes sensores designados en el controlador. Alternativamente, el sensor puede tener un solo cable conectado al poste común (COM) de la regleta y otro adherido al cableado común blanco que se conecta a las válvulas. Algunos sensores de lluvia son inalámbricos. Muchos sistemas no poseen un sensor de lluvia.

El sistema de riego no funcionará, ni automáticamente ni manualmente, si el sensor de lluvia está activado. Si esto es así, su control debe ser pasado por alto para que los aspersores funcionen. Algunos controladores tienen un interruptor de derivación (bypass switch), pero si el controlador no tiene uno, la mejor solución es instalar un cable para sobrepasar al sensor. Algunos modelos de sensores de lluvia pueden inhibirse quitándoles la tapa. Esto cierra el circuito y permite que los aspersores funcionen.

¿Se quemó el fusible? Un fusible quemado o volado puede causar que los aspersores no logren encender en el horario programado. Algunos controladores tienen un interruptor o disyuntor en lugar de un fusible. Los fusibles generalmente se queman por un empalme corto o de mala calidad en el cableado de campo. Prueba y repara los cables de campo antes de reemplazar el fusible. Para obtener más instrucciones lee "Pruebas de continuidad: Introducción" on page 183. Reemplaza el fusible por un fusible idéntico. No uses un fusible con un amperaje más alto. Si el fusible o disyuntor se encuentra en perfecto estado, sigue con la prueba siguiente.

¿El controlador activa todas las estaciones? Cuando el controlador está recibiendo energía, envía electricidad a cada una de las estaciones en los tiempos programados. Cada estación corresponde a una válvula en el jardín. Es raro que un controlador falle al enviar electricidad a una estación, pero esto se puede comprobar. Primero, activa una estación determinada usando la característica manual del controlador. Pon el voltímetro en una configuración AC mayor a 120 volts. A continuación, sostén el cable negro del multímetro en el poste común (COM) y el rojo en el poste de la estación activada. Deberías obtener una lectura aproximada de entre 24 volts y hasta 28 volts. Haz la misma comprobación en cada estación. Recuerda, solo si está activada la estación dirá si está recibiendo energía.

- Si los tiempos de ejecución de los aspersores no corresponden con los programados, el microprocesador puede tener fallas. Soluciona los problemas relacionados con fallas en el microprocesador siguiendo las indicaciones de "¿Está fallando el microprocesador?", a continuación.

- Si todas las estaciones tienen electricidad menos una, esa estación es la que está causando problemas. Reinicia el microprocesador como se describe en "¿Está fallando el microprocesador?". Si esto no restaura la electricidad de la estación, una solución es cambiar el cable correspondiente a otra estación del controlador en desuso. De no ser posible, repara el controlador si es costoso o reemplázalo si no lo es.

¿Está fallando el microprocesador (computadora)? Las subidas de tensión pueden dañar el microprocesador del controlador o causar que funcione mal. Los controladores que vienen con protección incorporada contra subidas de tensión son menos propensos a tener éstos problemas. Las baterías débiles también pueden causar problemas en el procesador, incluyendo comportamientos extraños como dígitos mezclados y alteraciones en los tiempos de ejecución programados. Estos errores pueden corregirse reiniciando la memoria del microprocesador o instalando una batería nueva.

Si el controlador tiene una memoria no volátil (que preserva los datos en el caso de un apagón) debes seguir las instrucciones incluidas en el manual del controlador para reiniciar la memoria del microprocesador. Para reiniciar la memoria de controladores que no tienen memoria no volátil, apaga el controlador, desconecta la batería y desconecta el transformador. La batería puede estar detrás de un panel dentro del controlador. Si no usa un transformador, desconecta los cables de energía de sus postes. Los postes de cables de electricidad dirán "24V", "VAC" o una distinción similar. Espera varios minutos y entonces reconecta la batería y el transformador o los cables a la pared. Si el problema persiste, intenta desconectar la electricidad por un período de tiempo más largo.

A veces, la batería parece estar bien pero carece de energía suficiente para alimentar al controlador; por lo tanto, usualmente es mejor instalar una batería nueva. Si esto resuelve el problema, reprograma el horario, fecha y tiempos de ejecución de las estaciones. Si esto tampoco soluciona el problema, el controlador está fallando y debería ser reparado si es costoso, o reemplazado si no lo es.

Si después de hacer todas estas pruebas, las válvulas fallan y no encienden en los horarios programados, el cable común de las válvulas puede estar desconectado o cortado. Consulta "Pruebas de continuidad: introducción", a continuación, para obtener instrucciones.

Cableado de campo

El cableado de campo se compone de cable de bajo voltaje directamente enterrado en el suelo o asilado con polietileno o policloruro de vinilo, especial para el riego. El cable de campo enterrado debe ser un cable de alimentación aprobado por Underwriters Laboratories (UL) y puede ser o bien de un filamento o de múltiples filamentos. Éste último, también llamado cable multiconductor, contiene varios cables codificados por color. Todos los cables del cable multiconductor son del mismo calibre, los colores solo ayudan a su identificación.

El cableado de campo para riego comienza en el controlador y sigue hasta un grupo de válvulas llamado colector. El cable corre subterráneamente o siguiendo el perímetro exterior de las propiedades. Los contratistas suelen colocar el cableado de campo en zanjas dentro de la tubería de PVC principal para protegerlo y para que sea más fácil de localizar. A veces los cables están adheridos a la parte inferior de la tubería.

Cada válvula automática tiene un solenoide con dos cables que salen de ella. Uno de estos se conecta al cable común del cableado de campo, que usualmente es el blanco. Éste cable común se adhiere al poste común (COM) sobre el controlador. El otro cable del solenoide se conecta al cable de su mismo color (el cable de control de esa estación) del cableado de campo. El cable de control de cada estación se conecta a su propio poste enumerado en la regleta. Cualquiera de los dos cables del solenoide puede ser conectado al cable común.

Por ejemplo, en un jardín con cuatro válvulas, se requieren cuatro cables de control de estación y un cable común. Ocasionalmente, el cable de campo puede contener más cables de los necesarios. Nótese que algunos sistemas tienen cables comunes múltiples conectados al poste común en el controlador. Cada cable común es de un colector diferente.

Resistencia. Cuando la energía eléctrica viaja a través de un cable de cobre, un poco se pierde debido a la resistencia. La pérdida de energía a causa de la resistencia es comparable con la pérdida de presión del agua debido a la fricción. Para ilustrarlo de otra manera, cuanto más lejos viaje el agua a través de una tubería, más grande la pérdida de presión; similarmente, mientras más largo sea el cable de campo, más energía se pierde por la resistencia.

El calibre de alambre estadounidense (AWG, por sus siglas en inglés), es una medida estándar correspondiente al diámetro del cable eléctrico. Cuanto más grueso es el cable, menor el valor del calibre y mayor la distancia que el cable es capaz de transportar electricidad sin problemas de pérdida de energía. Debido a que en zonas residenciales se usan cables relativamente cortos, los problemas debidos a un calibre incorrecto son muy poco habituales. Los diámetros más comunes de cable usados en jardines residenciales son el calibre 18 y calibre 14.

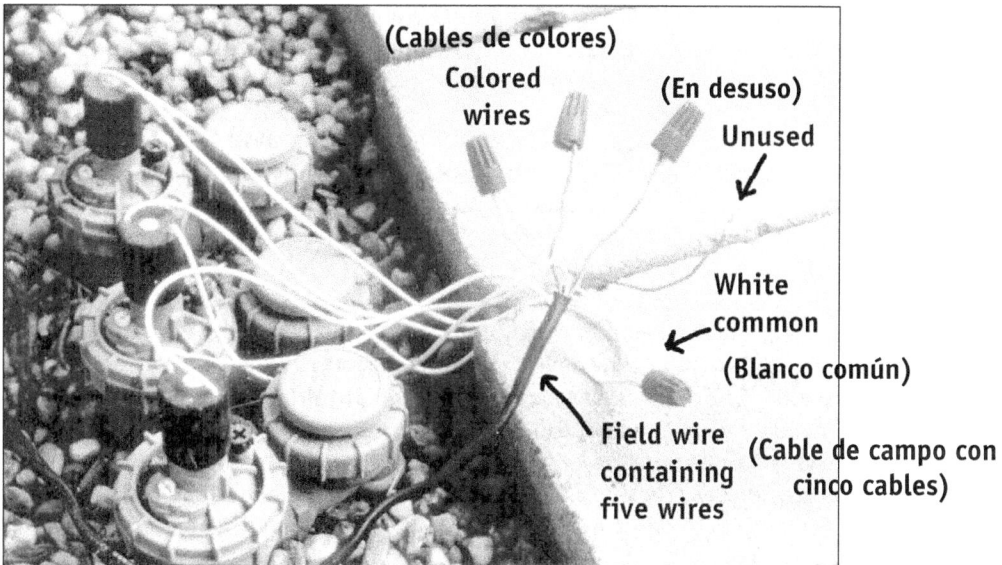

Este colector tiene tres válvulas. Cada solenoide tiene dos cables saliendo de él. Un cable del solenoide se conecta al cable blanco común y el otro se conecta al cable del mismo color en el cable de campo. Los cables están unidos usando conectores a prueba del agua. Las roturas, cortos o malos empalmes pueden ser detectados con pruebas eléctricas realizadas al controlador. Ten en cuenta que éstas válvulas han sido instaladas incorrectamente: se apoyan demasiado en el suelo.

Pruebas de continuidad: Introducción

Un cable de campo roto, cortado o mal conectado puede ocasionar que la señal eléctrica del controlador active las válvulas. Se puede usar un voltímetro para comprobar si hay roturas, empalmes fallados o cortocircuitos desde la regleta del controlador. Esto se logra realizando una prueba de continuidad, que es una prueba de resistencia en el cable de campo y el solenoide.

Ten en cuenta que algunos controladores están equipados con una característica de protección contra cortocircuitos que saltea a la estación fallada, permitiendo que las zonas restantes funcionen al horario programado. Los símbolos de error en la pantalla LCD revelan que una estación está fallando. Éstos nuevos controladores agilizan la solución de problemas, aunque realizar pruebas de continuidad sigue siendo necesario para localizar la fuente del problema en el circuito.

Una prueba de continuidad se realiza con la configuración de ohms en el voltímetro. Cuando está indicado que mida ohms, el voltímetro envía una pequeña corriente a través del circuito para probar la resistencia. En un circuito que está funcionando apropiadamente, la corriente viaja a través del cable de campo hasta el solenoide y de vuelta a través del otro cable. Los niveles de resistencia que están fuera del rango aceptable son signos de que hay un problema en el sistema de cableado o con el solenoide.

Calibra tu voltímetro analógico antes de realizar una prueba de continuidad; busca tu manual para obtener instrucciones de cómo hacerlo. Una explicación breve: configúralo para que mida ohms y haz que los extremos de los cables rojo y negro se toquen entre sí. Ajusta el dial lateral, o el tornillo de ajuste, hasta que la aguja apunte al cero. Esto debe hacerse antes de cada uso. Los multímetros digitales no necesitan ser calibrados.

Prueba de continuidad

Antes de comenzar una prueba de continuidad, apaga el controlador. Esto es importante ya que el voltímetro se puede dañar si es atravesado por electricidad mientras está configurado para medir ohms. Como precaución extra, desconecta el transformador o desconecta los cables de energía (24VAC) de la regleta.

A continuación, desconecta el cable común del poste marcado "COM" en la regleta. El cable común es usualmente blanco, pero los hay de muchos colores. Configura el voltímetro para leer ohms (resistencia o Ω) en la opción R x 1 o R x 10. Con el extremo del cable negro toca el cable común y con el rojo toca uno de los cables de control de estación. Cada uno de los cables de control de estación está conectado a un poste de válvula numerado. Anota la medida de resistencia que muestra el medidor. Haz esto en cada estación de la regleta. Las lecturas pueden ser interpretadas de acuerdo a lo siguiente:

Entre 20 y 60 ohms = Aceptable. Un rango de entre 20 y 60 ohms es aceptable (Rain Bird, 2006). Algunos expertos sugieren que un buen cable puede funcionar bien dentro del rango que va de 10 a 60 ohms (Urban Farmer Store, 2003). Varios factores determinan el nivel de resistencia, incluyendo la marca, modelo y antigüedad de los solenoides. Si un circuito tiene una medida marcadamente diferente de los otros, esto puede estar indicando hay allí hay un problema.

Debajo de 20 ohms = Corto circuito. Una lectura menor a 20 ohms indica un cortocircuito (Rain Bird, 2006). Algunas fuentes sugieren que una medida menor a 10 ohms indica un cortocircuito. Una vez más, cuando se están probando varios circuitos, cualquier lectura fuera de lo normal puede estar indicando cuál es el problema.

Un cortocircuito ocurre cuando dos cables hacen contacto en un punto donde no deberían estar tocándose. Éste contacto le permite a la corriente eléctrica completar el circuito sin pasar por todo el circuito original completo. Los cortocircuitos generan menos resistencia y aumentan el voltaje. Esto puede causar que el fusible del controlador se vuele o que el disyuntor falle.

Un cortocircuito puede ocurrir tanto en el cableado de campo como en el solenoide. Para determinar cuál es la causa del cortocircuito, localiza la válvula conectada a la estación problemática. Para localizar la válvula usa el gráfico del controlador (explicado en la página page 258), en caso de que esto sea posible. Si no, fíjate en el color del cable de la estación problemática y localiza la válvula con el mismo color de cable de control. Si las válvulas están enterradas, necesitarás un equipo de localización de cables para localizarlas.

Una vez que localices la válvula que da problemas, desconecta los dos cables del solenoide del cable de campo y comprueba la resistencia del solenoide. Con el voltímetro todavía configurado para medir ohms en R x 1 o R x 10, toca un cable del solenoide con un extremo del voltímetro y el otro cable del solenoide con el otro. Un solenoide que funciona apropiadamente debe tener una medida de resistencia de entre 20 y 60 ohms.

Si la resistencia del solenoide es menor a 20 ohms, el solenoide tiene un cortocircuito y debe ser reemplazado (Rain Bird, 2006). Algunas fuentes sugieren que una medida de 10 ohms o menos indican el corto de un solenoide. De nuevo, comparar la resistencia de ese solenoide con la de los otros puede serte útil para determinar si hay o no un corto. Si la resistencia del solenoide es baja, pero la mayoría de los solenoides tienen la misma resistencia, el solenoide puede estar funcionando bien y el corto puede encontrarse en el cable de campo.

Para reemplazar un solenoide fallado, corta el flujo de agua usando la válvula de cierre. Quizás sea necesario cerrar el suministro de agua principal de la propiedad (ver página page 175). Desconecta o corta los dos cables del solenoide, desenrosca el solenoide en sentido anti horario y retíralo. Enrosca el nuevo solenoide y empalma los cables al cable de campo. Un cable se conecta al cable común, que está compartido por las otras válvulas en ese colector; el otro cable se conecta al cable de control de color de la estación. Mira la barra lateral si necesitas una guía de cómo hacer un buen empalme.

Si la resistencia del solenoide está dentro del rango aceptable, simplemente vuelve a empalmar los cables del solenoide al cable de campo y quizás así se resuelva el problema. Si éste persiste, el corto-

Cómo hacer un buen empalme

Los empalmes de cables fallados suelen ser responsables de muchos de los problemas eléctricos de los sistemas de riego. Para hacer un buen empalme, quita media pulgada de aislante del cable de cada extremo de cable a empalmar, siendo cuidadoso de no rayar el cable de cobre. A continuación, une los cables entre sí torciéndolos y enroscándolos uno sobre el otro usando un alicate. No hagas la conexión ni muy floja ni muy apretada. Completa cada empalme con conectores de cables a prueba de agua. Las tuercas para cables a prueba de agua contienen grasa de silicona o derivados del litio y son generalmente requeridas para empalmes al aire libre. Las tuercas para cables ordinarias o la cinta eléctrica no deberían utilizarse para este tipo de empalmes. No hacer a los empalmes a prueba de agua es una causa habitual cuando fallan los solenoides de las válvulas (Stryker, 2001). El cable de campo que está enterrado debe ser reparado con un kit para empalmes de entierro directo.

circuito está en el cable de campo y necesitarás un equipo de localización de cables. Para obtener más información consulta "Localización de válvulas y cables de campo enterrados", a continuación.

Por encima de los 60 ohms = Circuito abierto, rotura o empalme malo. Una medida infinita indica un circuito abierto. La corriente no puede completar el circuito debido a que un cable está desconectado o roto. Una medida de 70 a 150 ohms indica un mal empalme (Ewing Irrigation, 1999). Si la medida es mayor a 60 ohms, sospecha de un mal empalme o un cable mellado. Estos problemas aumentan y reducen la energía eléctrica disponible para el solenoide.

Si una estación muestra una medida mayor a 60 ohms, localiza la válvula en el circuito problemático como se describe anteriormente. Retira los conectores del cable y desconecta los cables del solenoide del cable de campo o corta y quita los empalmes o conección viejos. Prueba si el solenoide tiene una medida mayor a 60 ohms y reemplázalo si es necesario. Si la resistencia del solenoide está dentro del rango aceptable (entre 20 y 60 ohms, aprox.) comprueba la resistencia del cable de campo.

El siguiente método para solucionar problemas en el cableado de campo está basado en una recomendación de la "Guía de Solución de problemas de riego" de Rain Bird. Con los cables del solenoide desconectados, temporalmente conecta el cable blanco común al cable de control de estación y regresa al controlador para volver a comprobar la resistencia del circuito. Le medida del controlador solo refleja la condición del cable del campo, porque los solenoides ya no están unidos a él. La resistencia del cable de campo es baja y por eso, la medida debería ser de unos pocos ohms.

Una medida de resistencia más alta que unos pocos ohms indica una mella o un mal empalme en el cable de campo en algún lado entre la válvula y el controlador. Si la medida de resistencia no es mayor a unos pocos ohms, el problema es un empalme malo entre el solenoide y el cable de campo. Regresa a la válvula y haz nuevos empalmes. Prueba una vez más el controlador para confirmar que el problema se ha resuelto.

Localización de válvulas y cables de campo enterrados

Localizar cortos o circuitos abiertos en un cable de campo enterrado entre la válvula y el controlador requiere un equipo electrónico especial. Las válvulas y cables de campo enterrados pueden ser localizados con un equipo localizador de cables y válvulas. Alternativamente, el departamento de permisos de la ciudad puede tener el plano de riego de la propiedad entre sus archivos. Los pulsadores son dispositivos electrónicos medidores que pueden ser usados para localizar roturas y mellas en el cableado. Estos dispositivos son relativamente costosos y su uso requiere entrenamiento y práctica. Los técnicos de riego que solucionan problemas todos los días pueden justificar la compra de estas herramientas. Muchas empresas de alquiler de herramientas también ofrecen este tipo de equipos.

Si sabes que el problema está aislado del cable de campo y los malos empalmes no son la causa, puedes rentar y aprender cómo usar un localizador de cables y un pulsador, aunque puede ser más simple hacer que un contratista o técnico de riego encuentre la rotura. Afortunadamente, las roturas de cables difíciles de encontrar son relativamente poco frecuentes.

Gráfico o mapa del controlador

Las pruebas de continuidad son realizadas en el controlador. Una vez que el circuito problemático es localizado, la solución del problema se enfoca en la válvula. Las válvulas pueden ser identificadas por el color de su cable de control de estación, aunque este método quizás tome bastante tiempo. Un gráfico del controlador es un diagrama del jardín que muestra qué zona de riego es activada por cuál estación del controlador. Algunos gráficos del controlador usan descripciones escritas para explicar la disposición del riego. Estos gráficos aceleran el proceso de solución de problemas y son necesarios para la configuración del riego.

Para hacer un gráfico simple del controlador, configúralo para que ejecute cada estación durante un minuto usando la función manual. Ejecuta todas las válvulas en secuencia. A continuación, ubícate al lado de las válvulas con lápiz, papel y un destornillador listos. La primer zona que opera es la 1, la segunda la 2 y así sucesivamente.

Cuando los aspersores se enciendan, identifica que válvula está operando. A veces, el agua gotea del conector de una válvula anti-sifón operante. Alternativamente, una válvula abierta producirá una vibración sutil. Otro método es apoyar un destornillador u otro objeto de metal a través de la parte superior del solenoide; un solenoide activado dará un tirón magnético.

Toma nota describiendo brevemente el área del patio que riega cada estación; por ejemplo, "Estación 1: Válvula sur al frente de la casa. Riega el jardín al este de la entrada de la cochera. Configura el controlador a modo automático cuando hayas terminado. Coloca el gráfico del controlador cerca de éste para usarlo en el futuro.

Mantenimiento de sistemas de micro riego

Los sistemas de goteo deben ser monitoreados cada mes para asegurar su funcionamiento apropiado. Los sistemas de residencias donde has empezado a trabajar recientemente, pueden ser monitoreados más frecuentemente para asegurar que la acumulación de escombros que taponen los emisores sea mínima. Para ver una introducción a los sistemas de micro riego consulta "Microriego (drip en Inglés)" on page 96.

Para comenzar con el mantenimiento de un sistema de micro riego, enciende el sistema e inspecciona las áreas regadas para ver si hay emisores obstruidos. Los emisores de goteo pueden taparse con sedimentos, crecimientos microbiales y depósitos de minerales. Algunos emisores fallados pueden quitarse del sistema y limpiarse; otros deben ser directamente reemplazados. Ocasionalmente, un emisor obstruido puede destaparse sosteniendo el dedo en la apertura por un momento y luego retirándolo. Reemplaza los emisores fallados con emisores de la misma tasa de flujo. Si el emisor original era del tipo compensador de presión, el nuevo también debería serlo. Los emisores compensadores de presión mantienen un flujo de agua constante a pesar de los cambios en la presión o en la elevación del terreno.

A medida que el tamaño de las plantas aumenta, es necesario agregar más emisores al tubo de goteo para poder regar todo el área dentro de la línea de goteo de la planta. Se llama línea de goteo a la línea de suelo que se encuentra directamente debajo del borde del follaje de la planta. La mayoría de las raíces alimentadores están localizadas en ese área del suelo. Ten en cuenta que el GPH máximo del tubo de goteo debe ser tomado en cuenta al agregar emisores o secciones a la tubería (consulta la página page 96).

Los sistemas de micro riego están equipados con un filtro que previene la obstrucción de los emisores por escombros. Los filtros requieren de limpieza ocasional para despejar los escombros acumulados. La frecuencia de esta limpieza depende de la velocidad con la que se ensucien los filtros. Generalmente, los sistemas de micro riego conectados a un suministro de agua municipal requieren una limpieza mínima. Para limpiar el filtro, enciende el agua del sistema de goteo y desenrosca la tapa en la base de la cubierta del filtro. El agua presurizada quitará los escombros acumulados. De vez en cuando, quita la cubierta del filtro e inspecciónalo en busca de daños o depósitos de minerales (el sistema debería estar apagado durante ésta inspección). Los depósitos de minerales pueden ser tratados empapándolos con vinagre, con un removedor de minerales químicos o cepillándolo con un cepillo de dientes.

Una vez al mes, enjuaga los sedimentos del tubo abriendo el extremo de una de las líneas laterales y encendiendo el agua. Abre solo un extremo de la línea a la vez. Si no hay ningún sedimento visible después de varios meses, el intervalo de éstos enjuagues puede aumentarse. Los tubos de riego por goteo (tubería porosa) deberían ser también enjuagados de vez en cuando. Las goteras en tuberías solidas pueden repararse con parches o con acoplamientos de la línea principal. Enjuaga y seca las líneas antes de repararlas.

El tratamiento contra el crecimiento de algas es igual que el de sedimentos. Enjuaga las líneas principales de vez en cuando y reemplaza los emisores tapados cuando sea necesario. Puedes inyectar dióxido de cloro en las líneas para prevenir las acumulaciones de algas, aunque esto no es habitual en sistemas de goteo residenciales. Intentar tratar el crecimiento microbiano acumulado durante años puede resultar en obstrucciones cuando los microbios muertos se depositan en los emisores.

El filtro (el cilindro negro que apunta hacia abajo) y el regulador de presión de un sistema de goteo. Los filtros necesitan enjuague y limpieza ocasionales.

En áreas con inviernos helados o de severos congelamientos, es necesario preparar el sistema para el invierno. Cuando el agua se congela, se expande y al hacerlo puede dañar los tubos y sus componentes. La preparación para el invierno de un sistema consiste en drenar el agua de los componentes y tuberías y su posterior almacenamiento a cubierto. La mayoría de los equipos consisten en una válvula antiretorno, filtros y reguladores de presión. Algunas otras prevenciones pueden ser necesarias. En primavera, reinstala los componentes y enjuaga el interior de los tubos antes de poner el sistema a funcionar.

Acondicionamiento de sistemas de riego para el invierno

Los sistemas de riego requieren un acondicionamiento para el invierno en regiones donde el agua se congela o hay mucha escarcha. Los procedimientos para el acondicionamiento protegen los tubos de riego y sus componentes del daño resultante de la expansión del agua al congelarse. Los sistema de riego pueden sufrir daños severos si los procedimientos de acondicionamiento no se realizan correctamente. Consigue la capacitación adecuado o deja el acondicionamiento del sistema de riego en manos de un contratista con experiencia.

La puesta en marcha en primavera de un sistema de riego que ha sido acondicionado para el invierno requiere también seguir procedimientos especiales para evitar daños. Abrir totalmente una válvula de cierre en la primavera puede causar un golpe de ariete (una subida de presión que rompe las tuberías y los ensamblajes). Los procedimientos de puesta en marcha describen como recargar el sistema de agua sin dañar sus componentes.

A continuación, encontrarás enlaces a artículos que proveen información para el acondicionamiento de sistemas de riego para el invierno y la puesta en marcha en primavera. Ten en cuenta que algunos de estos procedimientos son arriesgados (por ejemplo, usar aire presurizado para soplar dentro de un sistema de riego) y pueden causar daños a las personas y a las propiedades. Infórmate exhaustivamente antes de intentar este tipo de acondicionamiento y llama a las líneas de ayuda de los principales fabricantes de piezas de riego si sigues con dudas. Si intentas acondicionar un sistema de riego para el invierno por ti mismo, ten en mente las palabras de la arquitecta paisajista Jess Stryker: "¡El objetivo consiste en despejar los aspersores, no hacerlos explotar!".

- En http://www.irrigationtutorials.com/winter.htm puedes encontrar *Winterizing Your Irrigation System* (la guía de acondicionamiento para el invierno) de Stryker. Éste articulo también incluye guías para el acondicionamiento de sistemas en climas templados.

- Descarga *Homeowner's Guide to Winterization* (la guía de acondicionamiento invernal de Rain Bird) aquí: http://www.rainbird.com/documents/diy/WinterizationGuide.pdf. Otra alternativa es busca el artículo en un buscador online.

- *Winterizing Your Irrigation System* (la guía de acondicionamiento invernal) de Hunter Industries puede descargarse del siguiente enlace: http://www.hunterindustries.com/winterizing-your-irrigation-system.

Parte III
Administración de la empresa

Parte III

La parte III cubre una selección de temas esenciales referidos a la administración de una empresa. El cálculo del valor de la hora de mano de obra, los contratos de mantenimiento, obligaciones del empleador, nociones de contabilidad e impuestos son algunas de las temáticas incluidas en este libro.

CAPÍTULO 11

Cálculo correcto del valor de la hora de trabajo

En este capítulo
- Estimación aproximada
- Costos de trabajo
- Paquete de mantenimiento de jardines
- Fase I: Costos de producción
- Fase II: Condiciones generales
- Fase III: Márgenes de comercialización y ganancia
- Control entre el tiempo y la tarifa
- Conservación de la ganancia
- Materiales

Comenzamos el capítulo con el que, probablemente, sea el tema más importante y descuidado por los propietarios de las empresas de paisajismo y jardinería: el cálculo correcto para que la tarifa de tu hora de trabajo sea rentable. Ningún otro aspecto de administración de una pequeña empresa tiene tanta incidencia sobre el estado financiero de un negocio. Ofrecer un excelente servicio de atención al cliente, ser meticuloso en la contabilidad, tener vastos conocimientos de cuestiones hortícolas, todo esto es esencial para el éxito de tu empresa, pero ninguno de estos aspectos garantiza un buen margen de ganancia. La única manera de mantener una empresa que sea próspera a largo plazo es tomarse el tiempo suficiente para calcular los costos exactos y el margen de ganancia necesario para sostenerse y crecer.

Estimación aproximada (Guesstimation)

Los jardineros y paisajistas novatos suelen creer que el precio del servicio es un secreto que sus colegas ya establecidos hace tiempo quieren ocultar. Lamentablemente, incluso muchos de los profesionales con experiencia saben menos de lo necesario acerca de este tema. Cuando de cotizar se trata, la tendencia lleva a muchos a adivinar. A esta estrategia casual para calcular un precio a veces se la llama "guesstimation".

Como no cuentan con el debido entrenamiento comercial, los propietarios nuevos no tienen más remedio que adivinar y tratar de acertarle al precio que cobrarán por su trabajo; o de ser posible, averiguan cuánto cobraran otros jardineros por el mismo trabajo. Esto los ayuda a establecer precios más competitivos. Sin embargo, como el cálculo por adivinanza es tan habitual en esta profesión, puede suceder que hasta los profesionales locales ya establecidos no coticen objetivamente su trabajo y, en consecuencia, sus tarifas no sean un reflejo adecuado de sus costos.

El cálculo por guesstimation no es bien visto por los contratistas de paisajismo experimentados, porque permite que el mercado fije el precio de un trabajo sin tomar en cuenta los costos de llevar adelante una empresa. Cualquier profesional que presupueste en base a lo que "los demás" cobran se siente inevitablemente atraído a acercarse a los precios bajos de los "dumpers", o especuladores. Aún los contratistas con experiencia pueden terminar presupuestando a precios que no les proveen una compensación justa, solo por no tomarse el tiempo para determinar el costo de sostener sus empresas.

Sin una correcta comprensión del costo del trabajo, no hay manera de saber si una empresa es o continúa siendo rentable. De hecho, el negocio podría estar generando ganancias mínimas y el propietario estar engañado, creyendo que es altamente rentable. En este sentido la combinación de "la estimación aproximada" junto con un mal manejo de la empresa, a menudo van de la mano. Las empresas manejadas de este modo tienden a padecer de baja rentabilidad no diagnosticada y muchas finalmente deben cerrar.

La buena nueva es que para la mayoría de los trabajos de mantenimiento en zonas residenciales, no es incorrecto calcular el tiempo de trabajo basándose en otras experiencias en propiedades de similares características de tamaño y disposición. Muchas cotizaciones residenciales pueden hacerse con rapidez y luego ajustarse, calculando un costo por hora que tenga en cuenta todos los costos, más una ganancia adecuada.

Costos de trabajo

A no ser que te tomes el tiempo de sumar todos los costos de un trabajo que te han pedido cotizar, es muy probable que te veas obligado a usar tus ganancias para mantener la empresa a flote. Este es el camino más corto hacia el fracaso. Sin embargo, si calculas los costos del trabajo adecuadamente y se los transfieres a tu cliente, sentarás las bases de una empresa rentable.

Algunos de estos costos son fáciles de identificar, otros están más ocultos. Las plantas, los fertilizantes, las horas hombre (mano de obra) por trabajo, el desgaste de las herramientas, entre otros, pueden relacionarse directamente a uno o varios trabajos en particular. Otros costos no son tan fáciles de relacionar: el tiempo de traslado, el de carga y descarga, y los honorarios del basural son todos buenos ejemplos de esto. Y también están los costos generales asociados al manejo de un negocio: publicidad, suministros de oficina, seguros, costos bancarios y alquiler de un local, por ejemplo.

Cuanto más exacto y preciso seas al determinar los costos de un trabajo en particular, mejores serán tus chances de recuperarlos en su totalidad además de obtener una ganancia. Por eso, un sistema de estimación puede serte muy útil, porque te ayudará a determinar los costos totales de cada trabajo puntual y a presupuestar, técnicamente hablando, la suma de los precios al público más un margen para obtener una ganancia. Ambas practicas se utilizan para calcular adecuadamente la hora de trabajo.

Sistema de estimación

Existen muchos sistemas para estimar los costos de trabajo. Algunos son detallados y metódicos, otros son procedimientos caseros creados por propietarios únicos para sus empresas particulares; algunos proporcionan información exacta y valiosa, y otros se basan en convenciones que pueden o no resultar en presupuestos adecuados. La variedad de métodos y explicaciones, combinados con la naturaleza técnica del tema, hacen de la estimación una fuente de confusión para muchos de propietarios de empresas de paisajismo.

El libro Cómo estimar los costos de proyectos de jardinería y riego (*How to Price Landscape & Irrigation Projects*) de James R. Huston, MBA, CPE (J. R. Huston Enterprises, Inc. 2003) es utilizado en esta guía como libro de referencia principal y como fuente de información confiable sobre el tema. Este texto de 600 páginas es una fuente autorizada de cómo calcular el precio de proyectos de jardinería. Incluye además una infinidad de consejos valiosos para una amplia variedad de presupuestos, incluyendo mantenimientos en zonas residenciales.

Descripción general del paquete de mantenimiento de jardines

Huston reconoce que presupuestar el mantenimiento de jardines en zonas residenciales no debería ser muy complejo ni demandar tanto tiempo como los trabajos de mantenimiento para empresas o los de instalación de algún tipo. Él presenta un método para determinar el precio por hora, diario y por minuto, basado en los costos de un día estándar en el mantenimiento de jardines. Esto permite armar presupuestos para mantenimiento de jardines con facilidad, basándose en una estimación del tiempo de trabajo necesario y simplificando el proceso de determinación de rentabilidad. Huston llama a este sistema, "paquete de mantenimiento de jardines".

(Ten en cuenta que el sistema de Huston se refiere específicamente al mantenimiento del césped, ya que el tiempo empleado en el mantenimiento del césped es más o menos lo mismo cada semana. Por ejemplo, cuando Huston se refiere a la duración del tiempo de producción, está refiriendo al tiempo empleado en el mantenimiento del césped.)

Ten en cuenta que la descripción de Huston del "paquete de mantenimiento de jardines" puede servir como introducción a la estimación y confección de presupuestos en general. Si no acostumbras calcular los costos de tus contratos de mantenimiento, este sistema pondrá en evidencia muchos costos generales y de trabajo, que a menudo son pasados por alto.

Gran parte de este capítulo será dedicado a explicar cómo calcular las tarifas de contratos de mantenimiento de jardines y por este motivo, la descripción general de los siguientes temas te será de gran utilidad. Los objetivos del paquete de mantenimiento apuntan a tener en cuenta todos los costos de un día típico del trabajo con jardines de áreas residenciales. Una vez que sabes cuáles son los costos, se suman los precios que se darán al cliente más un margen y se obtiene el precio total del día tipo. Este precio diario luego se divide por el número de horas de mano de obra por día (horas productivas) y el resultado es una tarifa por hora que puede usarse para presupuestar los trabajos de mantenimiento de jardines en cualquier zona residencial.

Huston divide el sistema de cálculo para contratos de mantenimiento de jardines de zonas residenciales en tres fases. En la *Fase I: Costos de producción*, se analizan todos los costos relacionados directamente al mantenimiento del jardín, como cortar el césped o usar herramientas a motor. En la *Fase II: Condiciones generales*, se examinan los costos vinculados con la Fase I, como el tiempo de traslado y de carga/descarga. Por último, en la *Fase III: Márgenes de comercialización y ganancia*, se cubren las áreas de impuestos, cargas sociales y laborales, gastos generales y la ganancia.

Ten en cuenta que en estas tres fases se sientan las bases de cómo calcular presupuestos de mantenimiento de jardines en zonas residenciales, además de muchos otros tipos de situaciones. El texto de Huston detalla presupuestos para 15 situaciones diversas, incluyendo el servicio de mantenimiento de un sistema de irrigación, trabajos de mantenimiento de gran envergadura, fertilización de jardines, de arbustos, control de insectos, poda de invierno, trabajo general en árboles, fertilización de árboles y otros.

Paquete de mantenimiento de jardines

A continuación detallamos el esquema de mantenimiento de jardines tal como es presentado por Huston, incluidas algunas explicaciones de diferentes categorías y términos. La mayor parte de las definiciones e información acerca de contratos de mantenimiento presentadas aquí han sido extraídas del libro de Huston. Sin embargo el presente texto no pretende abarcar todo su trabajo. Los temas seleccionados y explicados aquí fueron extraídos de un contexto más amplio. Para obtener mayor información, sugerimos consultar el libro de Huston.

Ten en cuenta que fue agregada información extra para que algunos temas se adapten mejor a las empresas que se administran desde el propio hogar. El texto de Huston analiza los costos derivados de mantener una oficina, mientras que éste se centra en mayor detalle en los de un espacio de oficina dentro de tu propia casa. Los aspectos más relevantes para las empresas de gran envergadura no fueron incluidos. Para obtener una hoja de cálculo, ve al apéndice C, página page 258.

Fase I: Costos de producción

Los costos de producción son todos los costos vinculados a la ejecución del producto o servicio. El tiempo utilizado en cortar el césped, el uso de equipos a motor, los repuestos del sistema de riego y los fertilizantes son algunos ejemplos de este tipo de costos. En contraste, los costos generales, que serán descriptos en la Fase II, son aquellos asociados al producto o servicio, pero que no son directamente necesarios para su ejecución. El tiempo de traslado, de carga/descarga, los costos del desecho de residuos y el mantenimiento del vehículo, son todos costos generales.

Los costos de producción se organizan en cuatro categorías: costos de materiales, de mano de obra, de equipos y de subcontratos. El contrato de mantenimiento se focaliza en los costos laborales y el de los equipos a motor, porque son los de mayor incidencia en el mantenimiento de jardines. Para más información, consulta la página page 209.

Determinación del costo diario de mano de obra

Los cálculos del contrato de mantenimiento comienzan por la estimación del costo de mano de obra (Este costo también se conoce como trabajo de campo o trabajo directo). Para ello, es necesario determinar la *cantidad de horas de trabajo productivo* y *los costos por hora del trabajo productivo* para un día típico de trabajo en tu empresa. Solo entonces podrás calcular tus costos laborales diarios de mano de obra.

Horas de trabajo productivo

El cálculo de horas de trabajo productivo se refiere a la cantidad de horas de trabajo específico en el jardín que pasas en una misma propiedad. Huston ejemplifica un día laboral de 10 horas de trabajo. Si 2 de dichas horas transcurren en la carga/descarga y/o en el traslado, restan 8 horas de tiempo productivo de trabajo. Con un empleado, la suma daría 20 horas (2 personas x 10 horas), menos 4 horas de carga/descarga y/o traslado, dan 16 horas de trabajo productivo.

Toma en cuenta el tiempo de traslado, de carga y descarga y de producción de tu ruta de mantenimiento durante varias semans; de ser posible, en diferentes momentos del año. Esto te ayudará a establecer tiempos de trabajo productivo que reflejen de manera fiel un día de trabajo de mantenimiento promedio de tu empresa.

Después de determinar la cantidad de horas productivas de trabajo para un día tipo en tu empresa, el paso siguiente es calcular el costo por hora trabajada. Esto incluye el cálculo del honorario promedio de las personas que conforman el equipo de trabajo, sus horas extras y el factor de riesgo, como se describe a continuación.

Costo promedio de la hora de trabajo de los empleados

El honorario promedio del personal de la cuadrilla (CAW en inglés) es el cálculo del total de horas pagas trabajadas, dividido la cantidad de miembros de la cuadrilla. Huston da el caso de una equipo compuesto por un líder/conductor y un empleado. El jefe cobra $12 la hora y el empleado $8. El costo por hora combinado es de $20. En este ejemplo, $20/hora dividido 2, da un honorario promedio de $10 por hora.

Como dueño de tu propia empresa, éste es el momento para decidir un valor justo para tu hora de trabajo (más adelante, te asignarás un salario para las tareas que no están directamente relacionadas con el jardín en sí, como la administración de la empresa). Anota sobre un papel diferentes valores para tu hora de trabajo ($20, $30, o $40 la hora, por ejemplo), y prueba cuánto da el cálculo para el total de horas del paquete de mantenimiento de jardines. Ten en cuenta que el valor que elijas debe ser competitivo. Si tú no serás parte del equipo que trabajará en los jardines, no incluyas el precio de tu hora de trabajo en el costo de las horas de la cuadrilla.

Horas extra

Si tienes empleados trabajando horas extras, deberás sumarle un factor de horas extra (OTF, por sus siglas en inglés) al salario promedio de tu equipo para cubrir el costo de las mismas.

Para determinar el factor de horas extra, divide la cantidad de horas extra pagadas por la cantidad de horas regulares pagadas (por semana). Huston da el ejemplo de una semana de 50 horas de mano de obra pagadas (en la que las horas extra comienzan a partir de la hora 41) que concluye con el pago de 5 horas de mano de obra extra. El cálculo se realiza así: 5 horas de mano de obra extra ÷ 50 horas de mano de obra regulares pagas = 0.10. El factor de horas extra en este caso es del 10%.

Multiplica ahora el salario promedio de tus empleados por el factor de horas extra, y suma el resultado al salario promedio de la cuadrilla. Por ejemplo, si la hora de trabajo de tu equipo es $10 por hora x 10%= $1; $10+$1= $11 la hora.

Nota: No confundas el término "horas extra pagas" con horas extra. Hay 10 horas extra en una semana de 50 horas de mano de obra. Sin embargo, al valor estándar de la hora extra, que es de hora y media, 10 horas extra equivalen a 5 horas extra pagas (p. ej., 5 horas convencionales adicionales pagas). En otras palabras, en una semana de 50 horas de mano de obra, un empleado recibe una paga equivalente a 55 horas de mano de obra, al rango de valor de las horas convencionales.

Factor de riesgo

El factor de riesgo (RF en inglés) es un incremento que se aplica al salario promedio de tu personal para amortizar las posibles discrepancias entre la cantidad de tiempo de trabajo que estimas que un trabajo va a requerir y la cantidad de tiempo que realmente requiere. Es habitual aplicar un factor de riesgo del 10 % a modo de estándar, incluso si confías en tu estimación de la cantidad de tiempo requerido para un trabajo en particular. Si no estás tan seguro, puedes usar un factor de riesgo de 20%, o más.

Para determinar el valor del factor de riesgo, multiplica el salario promedio de horas extra y convencionales de tu personal por el factor de riesgo. Luego, súmale el factor de riesgo al valor obtenido de CAW/OTF. A modo de ilustración: multiplica el valor promedio de CAW/OTF de $11 por un factor de riesgo del 10% y obtendrás un factor de riesgo equivalente a $1.10. Suma $1.10 al CAT/OTF de $11 y el resultado es $12.10. Redondea este valor en $12. Huston denomina al salario promedio de la cuadrilla que incluye al factor de horas extra y al factor de riesgo "salario promedio abultado de la cuadrilla"(CAW abultado). El salario promedio abultado de la cuadrilla es tu costo laboral por hora.

Una vez determinado el "salario promedio abultado" de tu personal, multiplica este valor por el número de horas laborales en el día de trabajo y obtendrás el subtotal del costo laboral de tu empresa de un día tipo para el mantenimiento de jardines. Continuando con el ejemplo anterior: a $12/hora de salario abultado (CAW abultado) x 16 horas de mano de obra= $192. Este es el costo laboral total. Retornaremos a este ejemplo más adelante, al resumir los costos laborales de la Fase I.

Costo diario de los equipos a motor

Tú inviertes dinero al comprar, operar, reparar y reemplazar tus equipos a motor. Las empresas que no cobran a sus clientes los costos de los equipos a motor terminan pagando estos costos de su ganancia. Al calcular el precio del paquete de mantenimiento, el objetivo es determinar los costos derivados de los equipos a motor en un día de mantenimiento tipo. Nuevamente, los costos derivados de los equipos a motor son costos "directamente atribuibles" al servicio.

En el paisajismo, los costos derivados de los equipos a motor son costos asociados a herramientas, como cortadoras de césped, bordeadoras, desbrozadoras, sopladores de hojas, y así sucesivamente. Esta categoría sólo se utiliza para cubrir los gastos relacionados con las herramientas a motor. Las herramientas de mano y otras herramientas no-motorizadas se consideran en la sección de gastos generales y administrativos de la Fase III.

El primer paso es determinar el costo por hora para cada herramienta utilizada para el mantenimiento (CPH). Una vez determinados estos costos, puedes calcular el costo del uso de equipos a motor en un día de trabajo tipo. Si el uso de los equipos a motor varía, también deberían variar los costos de mantenimiento de ese contrato de mantenimiento. La Tabla 9 en la página siguiente muestra algunos costos por hora habituales de equipos a motor para poder hacer comparaciones.

Costo de los equipos a motor por hora

El primer objetivo es determinar el costo por hora (CPH) de cada equipo a motor que utilizarás en un trabajo. Para poder hacer esto deberás contar con la siguiente información:

El precio de compra de la herramienta. Esto incluye el precio de compra más los impuestos e intereses bancarios, en el caso de que éstos existan. Aunque estés calculando el costo de una herramienta usada, debes usar el precio de una nueva.

La "expectativa de vida" de la herramienta en horas. Un profesional de herramientas puede darte esta información. De lo contrario, calcula la vida útil de una herramienta eléctrica chica basándote en un uso de 2 o 3 horas diarias durante dos temporadas (2 hrs./día x 5 días/semana x 40 semanas x 2 temporadas = 800 horas, aproximadamente). Huston estima la vida útil de los automóviles y camiones livianos (de menos de una tonelada) en 8,320 horas de vida útil (sobre una base de cuatro años). Para los equipos a motor, como las cortadoras de césped de gran porte, utiliza este sistema para estimar su vida útil calculando 100 horas de vida por cada caballo de fuerza del esa herramienta. Las herramientas a motor de entre 50 y 100 caballos de fuerza llegan a su límite alrededor de las 5,000 horas de uso. Los equipos a motor de más de 100 caballos de fuerza, lo hacen a las 7,500 horas.

Costos de mantenimiento de por vida. Si ya has trabajado en este oficio mucho tiempo, usa tus costos actuales para estimar es costo de mantenimiento de por vida de una herramienta. En el caso de las herramientas a motor pequeñas con una vida útil de alrededor de dos años, es razonable usar el 50 por ciento del valor de compra para calcular su costo por hora. El costo de mantenimiento de los vehículos debe ser desglosado en ítems, incluyendo seguros, licencias, frenos, embrague, cambios de aceite, afinación y otros. Estima estos costos para cuatro años.

Cantidad de combustible que consume la herramienta. Huston describe varios métodos para determinar el consumo de combustible de los equipos a motor. El consumo de máquinas pequeñas puede ser determinado por la cantidad de tiempo que funciona con un galón de combustible. Consulta "Costo del combustible por hora", en la página siguiente, para obtener más información. El cálculo del consumo para máquinas grandes puede basarse en el tamaño del tanque y el número de cargas de combustible por mes; este punto no se explica aquí.

El valor de recupero, en caso de existir. El valor de recupero es la cantidad de dinero que puedes obtener a cambio de una herramienta, en el caso de venderla al terminar su vida útil. La mayor parte de las herramientas chicas, como las cortasetos o las bordeadoras, no tienen valor de recupero alguno.

Una vez recolectada la información necesaria, determina el costo por hora de cada herramienta de la siguiente manera: calcula el costo de compra por hora, el costo de mantenimiento por hora y el costo de combustible por hora, y suma los tres valores. Cada ítem se explica a continuación.

Costo de compra por hora: Resta el recupero al valor de compra y luego divide ese valor por la cantidad de horas de vida útiles. Por ejemplo, el costo de compra de un cortacéspedes de $1,200 se calcula así: $1,200 ÷ 800 (horas de vida útiles) = $1.50 por hora.

Costo de mantenimiento por hora: Divide el costo de mantenimiento de toda la vida útil por la cantidad de horas de vida útil. Por ejemplo, $600 ÷ 800 horas = $0.75 por hora.

Costo de combustible por hora: Para equipos pequeños, divide el precio promedio por galón por el tiempo que la herramienta funciona con esa cantidad de combustible. Por ejemplo: $3.50 ÷ 3.5 horas = $1.00 por hora. Ten en cuenta que la mezcla de combustible y aceite para motores de dos ciclos se considera un gasto extra, y por tanto, se incluye en la sección "Herramientas pequeñas y suministros" on page 204 en la Fase III.

CPH total: Suma los tres subtotales para obtener el costo total por hora de una herramienta. Siguiendo con el ejemplo previo: 1.50 + 0.75 + 1.00 = $3.25 por hora. Redondea al valor más cercano.

Una vez que calculado el CPH de una herramienta, puedes incorporar este costo a tus presupuestos basándote en la cantidad de tiempo que usarás esa herramienta en un trabajo específico, o al precio del paquete de mantenimiento de jardines que estamos haciendo aquí.

Costos comunes de los equipos a motor por hora

La tabla 9 detalla los costos de algunos equipos a motor por hora para poder compararlos. Si no tienes la intención de calcular el costo por hora de tus propios equipos a motor, utiliza los valores detallados en esta tabla; solo ten en cuenta que tus costos reales podrían variar si el valor de compra es diferente o si cambia el precio del combustible.

Costo del uso diario de herramientas

Para calcular el costo de uso diario de cada herramienta, determina el número promedio de horas que será usada en un día común y multiplícalo por el costo del uso de la herramienta por hora. Si eres el único propietario de la empresa, puedes basar tu cálculo en un cortasetos, un cortacéspedes, una bordeadora, una sopladora de hojas y una desbrozadora de 21". Ten en cuenta que los costos de camiones se detallan en la Fase III. Para comprender cómo se calcula el costo de uso diario de una cortadora de césped, considera el ejemplo de un operador-propietario que usa un promedio de 25 minutos de cortado de césped por cliente, y que visita ocho clientes por día. El uso diario de la cortadora de césped se calcula como sigue: 25 x 8 = 200 minutos o 3.5 horas por día. El costo diario se calcula de la siguiente manera: 3,5 horas x $3 la hora (basado en la Tabla 9) = $10.50. Este valor puede redondearse a $11.

Continuando con el mismo ejemplo, el operador-propietario también utiliza en promedio 10 minutos las siguientes herramientas: un cortasetos, una bordeadora, una desbrozadora y un soplador de hojas. El costo de uso diario de estas herramientas se calcula de la siguiente manera: 10 minutos x 4 herramientas x 8 clientes = 320 minutos, o 5.3 horas en total para todas las herramientas a motor

Tabla 9. Costo de los equipos por hora.

Mini-pickup	$ 4
Pickup de 1/2-tonelada	$ 6
Pickup de 3/4-tonelada	$ 7
Pickup de 1-tonelada	$ 8
Tráiler, 1 eje	$ 1
Tráiler, 2 ejes ($12/día)	$ 2
Cortacéspedes rotativo 21"	$ 3
Cortacéspedes rotativo 36"	$ 4
Cortacéspedes rotativo 48"	$ 5
Cortacéspedes rotativo 51"	$ 6
Cortacéspedes rotativo 60"	$ 7
Cortacéspedes rotativo 72"	$ 8
Motosierra	$ 5
Aireador	$ 8
Desbrozadora, pequeña	$ 6
Cortasetos	$ 3
Cortabordes	$ 3
Bordeadora	$ 3

Adaptado de Cómo Presupuestar Proyectos de jardinería y Riego (How to Price Landscape & Irrigation Projects), de J. R. Huston Enterprises, 2003.

pequeñas. El costo por día se calcula así: 5.3 horas x $3 por hora = $15.90 por día. Este valor puede redondearse a $16. En este ejemplo, el costo diario total de los equipos a motor se calcula de la siguiente manera: Cortadora $11 por día + herramientas a motor pequeñas $16 por día = $27 por día.

Otro ejemplo: Un equipo de dos personas trabaja un promedio de cinco horas por día con un cortacéspedes de 36" (5 horas x $4 por hora = $20) y un promedio de tres horas un cortacéspedes de 21" (3 horas x $3 por hora = $9). Luego, usan durante una total de cuatro horas el cortasetos, la bordeadora, la desbrozadora y el soplador de hojas (4 horas x $3 por hora= $12). El costo diario total de la cuadrilla en este ejemplo es de $41 por día.

A modo de comparación, Huston dice que el costo diario (8 horas) aproximado de los equipos a motor es de $48 en los equipos de mantenimiento de dos personas, y de $64 en los de tres personas.

Síntesis de la Fase I

Antes de avanzar a la Fase II, hagamos una síntesis del ejemplo de la cuadrilla de dos personas con el que hemos estado trabajando:

Horas productivas de mano de obra: 16
Honorario promedio de los miembros equipo: $10
Factor de horas extra: 10% x $10 = $1
Factor de riesgo: 10% x $11= $1.10
CAW abultado: $12
Total de horas productivas: 16 x $12 = $192

Cortadora de césped de 36": $4 x 5 horas = $20
Cortadora de césped de 21": $3 x 3 horas = $9
Bordeadora, etc.: $3 x 4 horas = $12
Total del costo de las herramientas a motor: $41

Vuelve a calcular las tarifas de tu contrato de mantenimiento si los costos varían. Nuevamente, los costos de mano de obra y los de los equipos a motor de la Fase I se relacionan directamente con la realización del trabajo, es decir, con el mantenimiento de jardines. Existen otros costos derivados tanto de la mano de obra como de los equipos a motor, así como costos vinculados con sostener un empresa, que serán desarrollados en las Fases II y III.

Fase II: Condiciones generales

Los costos de las condiciones generales son aquellos derivados del producto final o del servicio realizado, pero que no son directamente necesarios para su realización o ejecución. Un buen ejemplo de un costo de este tipo es el tiempo de traslado. El traslado de un sitio de trabajo a otro es una labor derivada del mantenimiento de jardines que no forma parte del servicio en sí. Los propietarios de empresas de paisajismo y jardinería tienden a pasar por alto los costos asociados a las condiciones generales.

Así como los costos de producción, los costos de las condiciones generales conforman cuatro categorías: materiales, mano de obra, equipamiento y costos de subcontrataciones. Nuevamente, el peso recae en la mano de obra y en el equipamiento. Huston detalla 29 costos de condiciones generales comunes, algunos de los cuales se aplican especialmente a la construcción de diferentes estructuras en jardines. Abajo se detallan algunos de los costos generales habituales en el mantenimiento de jardines.

Tiempo de carga y descarga

El tiempo de carga/descarga es el que se emplea para cargar y descargar los equipos del camión al comienzo y final de un día de trabajo y también a lo largo de él.

Al calcular los aranceles de un paquete de mantenimiento, el objetivo es calcular el costo del tiempo de carga/descarga para un día común de trabajo. Esto se hace estimando tu tiempo de carga/descarga (o el de tu cuadrilla) en una jornada de mantenimiento común y luego multiplicando este tiempo por el salario promedio total de los empleados. Como ésta es una labor estimada, el tiempo diario promedio de carga/descarga debe multiplicarse por el número de personas que componen la cuadrilla.

Por ejemplo, un operador-propietario sin empleados promedia 15 minutos de carga al comenzar el día de trabajo, 10 minutos de carga/descarga en cada uno de los ocho lugares de trabajo, y 15 minutos de descarga al finalizar cada día. El tiempo promedio de carga/descarga para este ejemplo se calcula de la siguiente manera: 15 + (10 x 8) + 15= 110 minutos. Este valor se multiplica por el salario promedio abultado de la cuadrilla (descripto en Fase I).

He aquí otro ejemplo: Un equipo de dos personas tarda en promedio 10 minutos para cargar el camión al comenzar el día de trabajo, 5 minutos de carga/descarga en cada sitio de trabajo, y 10 minutos al finalizar la jornada. El promedio de tiempo de carga/descarga para este ejemplo se calcula así: (2 x 10) + (2 x 5 x 8) + (2 x 10) = 120 minutos, o dos horas diarias. Este lapso de tiempo se multiplica por el salario promedio abultado de la cuadrilla para calcular el costo de carga/descarga. Para ejemplificar: 2 horas x $12 del CAW abultado (del ejemplo previo)= $24 costo laboral de carga/descarga para esta cuadrilla en un día de mantenimiento tipo.

Ten en cuenta que Huston incluye una categoría aparte denominada "tiempo de limpieza" que incluye el guardado de las herramientas y la limpieza del área de trabajo al finalizar el día. Aquí, este tiempo ha sido incluido en la categoría carga/descarga.

Tiempo de traslado

El tiempo de traslado es el tiempo invertido manejando ida y vuelta a tu hogar y de un sitio de trabajo a otro. Para establecer la tarifa del paquete de mantenimiento, necesitas estimar el costo del traslado para un día de mantenimiento tipo. Esto se realiza estimando tu tiempo de traslado para un día de mantenimiento tipo y multiplicando este tiempo por CAW abultado. Al tratarse de una estimación, el tiempo promedio de manejo diario debe multiplicarse por el número de personas que integran la cuadrilla.

Por ejemplo el tiempo promedio de manejo diario para una cuadrilla de dos es de 10 minutos a la primera locación, 10 minutos entre cada una de las ocho locaciones siguientes, y 10 minutos de regreso a casa. El cálculo del tiempo de traslado en este ejemplo es el siguiente: 10 + (10 x 8) + 10 = 100 minutos. El tiempo de traslado debe ser duplicado porque la cuadrilla está integrado por dos personas: 2 x 100 minutos = 200 minutos, o 3.5 horas aproximadamente. El cálculo del costo es: 3.5 horas x $12 CAW abultado = $42 de tiempo de traslado.

Tiempo de descanso

Si tienes empleados y les pagas su tiempo de descanso, debes tener este tiempo en consideración dentro del rubro condiciones generales. Por ejemplo, si das a dos empleados un periodo pago de 15 minutos de descanso por cada día de trabajo, debes considerar el costo surgido de estos 30 minutos de "trabajo". Para calcularlo, multiplica el tiempo total de la cuadrilla por el salario promedio abultado y obtendrás el costo total del tiempo de descanso. Por ejemplo: 30 minutos= 0.5 horas; 0.5 horas x $12 CAW abultado = $6 tiempo de descanso.

Administración de desechos (Mano de obra)

Si transportas desechos diariamente a un predio municipal de compostaje o estación de desechos, puedes incluir este costo en el precio de tu paquete de mantenimiento. Calcula el tiempo de ida y vuelta al predio, multiplica este tiempo por el número de empleados, y a continuación, multiplica el tiempo total por el salario promedio abultado de la cuadrilla. Por ejemplo: 1 hora ida y vuelta x 2 personas = 2 horas x $12 CAW abultado= $24 de costo del traslado de los desechos.

Administración de desechos (Equipamiento)

La categoría administración de desechos (equipamiento) es utilizada para calcular el gasto de equipamiento (básicamente el vehículo) generado por un viaje diario a un predio municipal de desechos. Por ejemplo, si utilizas una hora por día de trabajo manejando de ida y vuelta a este lugar, deberías considerar una hora por día de trabajo de uso del camión. Si el costo del camión es de $7 por hora (ver la tabla 9 en la página page 197), el costo de la administración de desechos (equipamiento) para un día común es de $7. Si tienes un tráiler enganchado al hacer el viaje, suma el costo del tráiler (p. ej., $7 el camión + $1 el tráiler de 1 eje= $8 de costo de administración de desechos (equipamiento).

Camión

El uso del camión se determina con la duración del día de trabajo, sin tomar en cuenta su tiempo de funcionamiento. Para el paquete de mantenimiento de jardines, multiplica el costo por hora del camión por el número de horas de un día típico de trabajo de mantenimiento (ver tabla 9). Por ejemplo $7 por hora x 8 horas = $56 costo del camión para un día tipo.

Tráiler

Si usas un tráiler, calcula el costo del mismo de la misma manera. Por ejemplo: $1 (ver la tabla 9) x 8 horas = $8.

Materiales

El costo de utilizar el predio de desechos, así como las pruebas de tierra son algunos ejemplos de ítems del rubro condiciones generales. El costo de las pruebas no debe transferirse al paquete de mantenimiento. Pero si realizas un viaje fijo diario al predio de desechos, incluye lo que te cobran por utilizarlo en la tarifa de transporte diario de desechos.

Síntesis de la Fase II

Una vez calculados los costos generales de la tarea y del material a utilizar, súmalos para obtener el total para la Fase II. Prosiguiendo con el ejemplo de la cuadrilla de dos personas:

Carga/descarga: 2 hrs. x $12 (CAW abultado)=$24
Tiempo de traslado: 3.5 horas x $12= $42
Tiempo de descanso: 0.5 horas x $12= $6
Administración de desechos (Mano de obra): 2 horas x $12= $24
Total de Condiciones generales–Mano de obra: $96

Administración de desechos (Equipamiento): 1 hora x (Camión $7 + Tráiler $1)= $8
Camión: 8 horas x $7= $56
Tráiler: 8 horas x $1= $8
Total de Condiciones generales–Equipamiento: $72

Fase III: Márgenes de comercialización y ganancia

En la Fase III, márgenes de comercialización y ganancia, se agregan a la información de costos reunida en las Fases I y II. Todos los costos calculados hasta este punto han sido costos directos, es decir, gastos que surgen de la realización de un trabajo específico. Los únicos costos que restan ser calculados son los impuestos de venta y las cargas de trabajo, que serán calculadas aquí, en Fase III. Una vez agregados los impuestos y cargas, el proceso de estimación está completo y comienza el proceso de oferta.

El proceso de oferta se inicia con el agregado de márgenes generales y administrativos. Este incremento, llamado en inglés G&A, es un costo indirecto, es decir un costo general del empresa no directamente relacionado con la realización del trabajo. Finalmente, se agrega un margen de ganancia y contingencia para obtener el precio final del día de mantenimiento tipo en jardines. Solo entonces es posible el cálculo preciso de la tarifa por hora de trabajo.

Impuestos a la venta

En la Fase III, se agregan en el presupuesto los impuestos a los ítems plausibles de sufrir esta carga. En la mayoría de los Estados, los materiales son el único ítem a los que se le agrega el impuesto. Si estuvieras preparando un presupuesto para un trabajo que involucra la compra de materiales, es en este apartado donde deberías incluir los impuestos de venta de los mismos. Al calcular la tarifa de un paquete de mantenimiento, asumimos que no hay materiales y por tanto no hay impuestos (Para obtener información general sobre impuestos, consulta la página page 233).

Cargas laborales

De tener empleados, tendrás gastos adicionales que derivados, como las cargas de seguridad social y el seguro de compensación (indemnización) por desempleo (FICA, FUTA, SUTA), el seguro médico (en caso de aplicarse), el seguro de responsabilidad civil, entre otros. Estos costos son denominados cargas laborales. Huston dedica un capítulo entero a explicar cómo calcular las cargas laborales; sin embargo para el paquete de mantenimiento sugiere que se calculen usando el 30 por ciento de las cargas laborales totales de un trabajo (los costos de producción más los costos de condiciones generales). En el ejemplo de la cuadrilla de dos personas, determinamos que el costo de tiempo productivo era de $192 y el de las condiciones generales de $96. Por lo tanto, el cálculo de las cargas laborales es el siguiente: 192 + 96= $288 totales de costo laboral x 30% = $86.40 de cargas laborales, redondeado a $87.

Costos directos totales (TDC en inglés)

Ahora podemos sumar los totales del trabajo, de las herramientas y de cargas laborales, así como los impuestos de venta (de existir alguno), para obtener el costo directo total (TDC, por sus siglas en inglés) para un día de mantenimiento tipo de jardines. Trabajo (Fases I y II) + equipamiento (Fases

I y II) + impuestos de venta (si se aplica)= TDC. Si incluyes un costo diario para la administración de desechos, debes sumarlo también. Siguiendo con nuestro ejemplo:

Subtotal de mano de obra $192 de Fase I + $96 de Fase II = $288
Subtotal de equipamiento: $41 de Fase I + $72 de Fase II = $113
Impuestos de venta: no se aplican
Cargas laborales: $87 (de Fase III)
Total de costos directos: $488

Gastos generales y administrativos

Los distintos sistemas de estimación pueden incluir diferentes gastos bajo la categoría de gastos generales. Por ejemplo, algunos sistemas de estimación incluyen algunos costos directos, como los costos generales, bajo la categoría de gastos generales. Huston usa el término *gastos generales para* referirse únicamente a los gastos generales y administrativos (G&A, por sus siglas en inglés). Estos son costos indirectos no asociados a un trabajo en particular. Estos son los costos ocultos de una empresa. Entre ellos se incluyen los gastos de la compra de equipos informáticos, publicidad, seguros, alquileres, suministros de oficina y herramientas pequeñas.

Hay distintos métodos para calcular los gastos generales. La mayoría empieza calculando el costo total de las mismas por año. Una vez hecho esto, una parte de este costo es asignado a cada trabajo, para que los gastos generales se recuperen lentamente a lo largo del año. Así como varían los métodos para el cálculo de los gastos generales, también lo hacen los métodos para asignarlos a un trabajo. Huston le dedica un capítulo entero de su libro a demostrar que, así como no hay modo correcto de asignar gastos generales a un trabajo, hay modos "matemáticamente incorrectos" de hacerlo.

Por este motivo, Huston recomienda usar el método de gastos generales por hora (OPH, por sus siglas en inglés). En el método de gastos generales por hora, el total de gastos generales por año se divide por la cantidad de horas de mano de obra facturables proyectadas para un año y así se determinan los gastos generales por hora de trabajo. Una vez conocido este valor, calcular los gastos generales a aplicar a un trabajo es simplemente cuestión de multiplicar el OPH por la cantidad de horas de mano de obra facturadas para un trabajo en particular (en nuestro caso, un día de mantenimiento tipo). Definiremos estos términos y explicaremos el método OPH más adelante.

El primer paso es determinar los gastos generales totales para los próximos 12 meses, sin importar el mes en curso. La estimación no está necesariamente vinculada al año fiscal. Si tienes registro de costos de recargo de años pasados, puedes utilizar esta información como punto de partida para descifrar tus gastos generales totales actuales. Si eres un propietario recién iniciado, puedes hacer la mismas estimaciones acerca de los costos de gastos generales que los negociantes bien establecidos con prudencia, solo que sin registros de costos del pasado.

Huston describe 28 categorías de costos de gastos generales. Sus explicaciones son detalladas; superan el alcance de esta guía y las necesidades de cubrir todo lo que él cubre. Proporcionaremos explicaciones simplificadas, adecuadas al negocio de un paisajista o jardinero con una empresa pequeña que trabaja en áreas residenciales. Consulta el texto de Huston para ampliar tu información.

La estimación de los gastos generales se realiza basándose en el valor justo de mercado, no necesariamente sobre los costos actuales. El valor justo de mercado se refiere al precio que se espera pagar por algo si tuvieras que comprarlo hoy. Esto implica que algunas estimaciones de gastos generales podrían estar por arriba o ser inferiores al costo actual. Los ítems a ser juzgados a valor justo de mercado serán detallados en las explicaciones de las categorías que siguen.

Si bien tu proyección total de gastos generales puede no ser 100% precisa, no debería diferir en más de un 10%. Ten en cuenta que es más importante incluir todos los costos de gastos generales que categorizarlos a todos con precisión. Las categorías son útiles como ayuda para no olvidar ningún costo. No importa en qué categoría incluyas un gasto sino que lo incluyas en la misma categoría cada año.

Categorías de Gastos generales G&A

Usa las siguientes categorías para determinar los costos por los próximos 12 meses. Para una descripción completa de cada categoría consulta el libro de James R. Huston.

1. Publicidad: En esta categoría entran los avisos clasificados, avisos en guías de teléfono, folletería, mails directos, publicidad en camiones, desarrollo y mantenimiento de tu sitio web.

2. Deudas nocivas: Si los clientes te adeudan dinero y no puedes cobrar, incluye estos montos en los costos de gastos generales. Limita el monto de deudas nocivas a medio punto (0.5%) de tus ventas anuales brutas.

3. Computadoras, software, discos duros externos, etc.: Si utilizas una computadora para llevar la contabilidad de tu empresa, escribir correspondencia, construir formularios comerciales, investigar en internet, así como otras tareas, incluye su costo y el del software específico para la administración de la empresa aquí. Generalmente, la vida útil de una computadora y su software es de tres años. Divide el costo total de cada ítem por tres para determinar el gasto general anual de este rubro.

Si utilizas tu computadora para actividades no relativas a lo comercial, basa el costo de gastos generales en el porcentaje de tiempo que la usas para la empresa. Por ejemplo, si tienes una computadora de $2,000 que solamente utilizas para administrar tu empresa el 30% del tiempo, el costo de gastos generales para tu ordenador es de $2,000 x 30% = $600. Distribuye este costo (depreciación) a lo largo de tres años. $600 ÷ 3 años = $200 por año. Para tener en cuenta o estimar el costo del software, incluye el costo de las actualizaciones o compras nuevas y distribúyelo en tres años.

4. Donaciones: Si tu negocio dona materiales o trabajo como gesto solidario, incluye dichos costos aquí. Limita este monto a un valor de entre $500 y $1,000.

5. Tiempo muerto: El tiempo muerto de trabajo se refiere al total del tiempo que pagas a los miembros de tu equipo a pesar de que no estén efectivamente trabajando en el jardín. Las causas potenciales de esto pueden ser el mal clima, asistir a reuniones, el trabajo no productivo, las circunstancias imprevistas (p. ej., la rotura de un camión). Ten en cuenta que el tiempo muerto de trabajo no incluye el tiempo utilizado para reparar equipos o trasladarse de un lugar a otro. El tiempo promedio utilizado en el tiempo muerto de trabajo es de hora a hora y media por semana por cada empleado contratado a tiempo completo.

Por ejemplo, si un año de trabajo es de 50 semanas y tienes empleados a tiempo completo, pagas 100 horas no productivas en 50 semanas x 1 hora por semana x 2 empleados. Tú también debes incluirte en el cálculo. Para calcular los gastos generales del tiempo muerto anual, multiplica el total de horas anuales de tiempo muerto por el salario promedio total de la cuadrilla. Por ejemplo 100 horas x $12/hora = $1,200 (El salario promedio total de la cuadrilla se explica en la página page 195).

6. Cargas laborales del tiempo muerto: Anteriormente calculamos el costo de las cargas laborales como el 30 por ciento del costo laboral. Procede de igual manera para calcular el total de cargas laborales del tiempo muerto. Por ejemplo $1,200 x 30% = $360

7. Cuotas y subscripciones: Las cuotas y subscripciones son aranceles y cargos de membrecía a asociaciones u organizaciones estatales, revistas profesionales, de la cámara de comercio y otros. Incluye el costo de estos ítems aquí.

8. Seguros: Usa esta categoría para incluir el seguro por el contenido de la oficina y también el seguro médico y odontológico de el/los dueños, las recepcionistas, contadores, supervisores y cualquier otra persona en la nómina cuya tarea no pueda incluirse en un presupuesto específico. A menos que estés incorporado, ningún otro seguro se incluye aquí.

9. Intereses y cargas bancarias: Algunos ejemplos de los intereses y cargas bancarios son los intereses de las compras con tarjetas de crédito, los cargos de mantenimiento de las tarjetas, los aranceles bancarios (multas/cargos por servicio incluidos) y los intereses acumulados sobre deudas a proveedores. Aquí no se incluyen los intereses sobre préstamos para adquirir equipos nuevos ni las hipotecas sobre propiedades. Huston provee un método alternativo para incluir gastos generales por intereses que puedes usar si tu empresa no tiene crédito.

10. Licencias y fianzas: En esta categoría se incluye el costo del permiso de la ciudad para tener un empresa, de ser necesario. Esta categoría no incluye los permisos para trabajos específicos (p. ej., la instalación de una válvula de riego). Los contratistas estatales pueden incluir su permiso y aranceles de fianza aquí.

11. Mantenimiento de la oficina: Usa esta categoría para incluir el precio de compra o de reparación del equipamiento de la oficina. No incluyas el costo de computadoras, teléfonos, pagers ni equipamiento. Incluye, por ejemplo archivadores, muebles de oficina, escáneres, calculadoras, plantas, elementos de decoración, entre otros. Aún si no tienes una oficina, considera incluir el valor de mercado de un escritorio y una silla de oficina, y posiblemente, un archivador.

Distribuye este costo por la cantidad de años que se supone que este equipamiento durará. Por ejemplo, si una silla cuesta $400, distribuye el costo en 10 años. Esto resulta en $40 por año. Ten en cuenta que si bien debes atenerte a las condiciones del IRS para deducir las cargas impositivas de tener una vivienda-oficina, no es necesario tener en cuenta estas limitaciones al hacer el cálculo del costo de los gastos generales

12. Suministros de oficina: Papel, lápices, cartuchos de tinta, gastos de impresión de logos y tarjetas de visita, sobres y gastos de correo. Todos estos son ejemplos de gastos generales que pueden incluirse en este rubro.

13. Aranceles profesionales: El arancel que se le paga a un contador público certificado o abogado, u otro tipo de profesionales que debas contratar.

14. Teléfonos celulares, pagers, radios de dos vías: Los gastos de adquirir teléfonos celulares, pagers y radios de dos vías usados comercialmente también son considerados gastos generales. Distribuye el costo de un teléfono celular en dos años; de una radio de dos vías en 10 años. Incluye todos los costos mensuales y cualquier costo de mantenimiento.

15. Alquiler (Oficina y depósito): Si alquilas un espacio de oficina y/o área de depósito, determina el gasto del alquiler por los próximos 12 meses. Si trabajas desde tu hogar, puedes incluir igual el valor real de tu oficina domiciliaria y espacio de almacenamiento. Por ejemplo, si almacenas herramientas en un rincón de tu garaje podrías incluir el costo que deberías pagar por alquilar un espacio de almacenamiento de igual tamaño. Si manejas las llamadas telefónicas con tus clientes y la contaduría de tu empresa desde un escritorio en un rincón de tu dormitorio, incluye el valor real de alquilar una oficina de igual tamaño. Se razonable en tus estimaciones. En otras palabras, no incluyas un costo de $500 mensuales si utilizas 30 pies cuadrados del rincón de tu dormitorio. No necesitas tener en cuenta los requerimientos que impone el IRS para mantener una oficina domiciliaria para determinar estos costos.

16. Salarios del personal de oficina: De tener una oficina, en esta categoría se incluiría el salario anual de los empleados que trabajan en la misma. Si cualquier empleado, como ser un supervisor de campo, pasa parte de su tiempo de trabajo en la oficina y parte en las distintas locaciones, incluye aquí solamente el salario relativo al tiempo que está en la oficina; el tiempo que transcurre en las locaciones debe ser incluido en los presupuestos, de ser posible.

17. Salarios de propietarios y socios de la empresa: Esta categoría incluye los salarios que tú o tú y un socio extraen del negocio. Si no tienes un salario definido, aun así deberías incluir el valor justo de mercado de un salario adecuado a la cantidad de trabajo que realizas al dirigir la empresa.

Este salario corresponde al trabajo que realizas para la empresa que no puede ser cobrado a través de un trabajo en particular; por ejemplo el trabajo de oficina, la contaduría de la empresa, contestar llamados de clientes, diseñar volantes, hacer estimaciones, facturar, buscar material de oficina, entrevistar empleados, pagar cuentas, entre otros. No incluyas aquí el tiempo que puede considerarse como tiempo muerto. Nota que el tiempo utilizado en la reparación de equipos ha sido incluido en costos de producción en la Fase I, no aquí.

Para establecer tu salario anual, estima el tiempo que invertirás el año entrante en tareas comerciales generales y multiplica esa cantidad por una tarifa por hora razonable. Esta tarifa no debe necesariamente coincidir con el valor de tu hora de trabajo de campo. Nota la importancia de establecer el valor justo de mercado de tu trabajo, ya que el hecho de que seas el propietario ¡no garantiza que haya fondos suficientes disponibles para pagarte! Necesitarás facturar suficientes trabajos para cubrir este y todos los otros gastos generales de tu empresa. Huston menciona que el salario combinado del propietario y todos los socios no debería superar el 12% de las ventas anuales brutas.

18. Cargas laborales del salario: Calcula las cargas laborales de los salarios del propietario y de los operarios de oficina multiplicando el valor total de dichos salarios por 30%. Este es el valor predeterminado que utilizamos para el paquete de mantenimiento de jardines.

19. Herramientas pequeñas y suministros: El costo de las herramientas de mano se considera un gasto general. Esta categoría también puede utilizarse para incluir el costo de suministros varios como, el adhesivo para PVC, cinta de jardín, lonas, amarres, garrafas de gas, mezcla de combustible/aceite para motores de dos tiempos y rollos de hilo para el cortabordes. El equipo de seguridad, como los guantes y protectores faciales, fueron incluidos debajo, en la categoría 24.

20: Impuestos (Impuesto al activo o de molino): El impuesto al activo es un impuesto al equipamiento y muebles de oficina recaudado por algunas ciudades o países. Algunos países recaudan dicho impuesto basándose en las ventas. No incluyas impuestos federales y estatales; estos no son considerados gastos generales.

21. Teléfonos: Esta categoría está referida a teléfonos de línea a diferencia de los teléfonos móviles. Incluye el precio de compra de los equipos, contestadores y faxes. Incluye los costos mensuales y las llamadas de larga distancia, el costo de reparación y la cuota mensual de la conexión a internet.

22. Capacitación y educación: Usa esta categoría para justificar el gasto en materiales de enseñanza o cursos para ti o sus empleados. Incluye el costo de libros, videos de entrenamiento, clases de perfeccionamiento, seminarios de un día y otros.

23. Viajes y entretenimiento: Si tienes gastos comerciales relacionados con viajes o entretenimiento, incluye estos gastos generales aquí. Incluye el costo del viatico a y de los cursos y clases, y cualquier atención comprada para los clientes o empleados, por ejemplo, de vacaciones.

24. Uniformes y equipo de seguridad: Incluye el costo de todas las prendas de uniforme (camisas, sombreros, etc.) tanto para ti como para tus empleados, así como también todos los costos asociados a su limpieza. Incluye también el costo de artículos estacionales, como ropa de lluvia. El equipo de seguridad, como los guantes, mascarillas, barbijos, protectores auditivos, máscaras y gafas protectoras también se incluyen en esta categoría.

25. Servicios: Asumiendo que no has rentado un lugar aparte para tu negocio, necesitarás basar tus gastos de servicios en tu consumo habitual de gas y electricidad de tu área de almacenamiento u oficina domiciliaria. Por ejemplo, si el consumo de electricidad promedia $150 por mes, determina qué parte de ese gasto puede ser atribuido al tiempo que pasas trabajando, o en el garaje. Si estimas que es el 10%, eso da un costo de $15 por mes o $180 anual de electricidad. El monto debe ser razonable. No incluyas el total del consumo doméstico como gasto general. Una estimación de costos generales exagerada puede hacer que tus presupuestos sean demasiado elevados.

26. Vehículos y gastos generales G&A: Usa esta categoría para los gastos que surjan del uso de vehículos comerciales por empleados de la empresa. Los camiones que recogen el personal no se incluyen aquí. Si los empleados usan su vehículo particular para tareas comerciales y los reintegras en base a las millas recorridas, incluye ese costo aquí.

27. Gastos del patio o jardín trasero: Esta categoría es utilizada para los gastos de mantenimiento y de materiales asociados al buen mantenimiento o mejora del patio o jardín donde tu equipo se reúne y guarda el equipamiento. Por ejemplo, los gastos asociados a la instalación de un cerco o sistema de irrigación se incluirían aquí. Incluye cualquier trabajo asociado realizado por los empleados durante su tiempo muerto.

Esta categoría también es usada para gastos asociados a mejoras del espacio de oficina por leasing; por ejemplo, pintarla o instalar una alfombra nueva. Aún si trabajas desde tu domicilio y operas a pequeña escala, puedes incluir los gastos referidos al patio o mejoras por leasing para tu negocio. Por ejemplo, si instalas un cobertizo para herramientas en el patio trasero, podrías incluir ese gasto aquí. Los gastos devenidos del patio deben ser distribuidos por el número de años que se espera que dure la mejora. Por ejemplo, si instalas una cerca anticiclónica para equipo eléctrico de gran porte, distribuirías el costo en 10 o 15 años.

28. Misceláneos: Huston recomienda usar esta categoría lo mínimo indispensable y aclara que hasta las empresas grandes mantienen los costos de esta categoría por debajo de los $500 o $1,000.

Gastos generales por hora (OPH en inglés)

Suma los valores de los gastos generales G&A de todas las categorías y obtendrás el valor total de gastos que necesitas recuperar en los próximos 12 meses. Una vez que conoces los gastos totales proyectas para el año entrante, el paso siguiente es calcular el valor del recargo por hora (OPH). Este recargo puede entonces aplicarse a tus presupuestos (en este caso, al paquete de mantenimiento) basándote en el número facturable de horas de trabajo de un contrato determinado.

Para calcular el del gasto general por hora (OPH), necesitas estimar la cantidad de horas de mano de obra facturables proyectadas. De acuerdo a Huston: "Las horas de mano de obra de campo facturables, son aquellas que pueden incluirse en un presupuesto y facturarse al cliente". Las horas de mano de obra facturables no incluyen el tiempo muerto, las horas invertidas en la reparación de equipamiento u otras horas que el cliente no abone. El tiempo de trabajo de las condiciones generales se incluye dentro de las horas de mano de obra de campo facturables, siempre que estos costos sean abonados por el cliente (p. ej., si facturas el tiempo de traslado en tus presupuestos, inclúyelo en la cantidad de horas de mano de obra de campo facturables proyectadas para el año).

Para calcular tus horas de mano de obra de campo facturables anuales, multiplica la cantidad de horas semanales por el número de semanas laborables en el año de trabajo. Por ejemplo, si tú y un empleado trabajan en mantenimiento unas 10 horas al día, 5 días a la semana, 10 meses al año, el cálculo de las horas anuales de mano de obra de campo facturables es: 20 horas/día x 5 días/semana x 43 semanas = 4,300 horas anuales de mano de obra facturables (el cálculo está basado en un promedio 4.33 semanas al mes).

Ahora, divide el valor total de los gastos generales anuales por el número proyectado de horas de mano de obra de campo facturables en un año (OPH). Por ejemplo, si estimaste que el total de gastos generales anuales de los próximos 12 meses será de $20,000, divide 20,000 por 4,300 y obtendrás un valor de gastos generales por hora de $4.65. Considera otro ejemplo: Si estimaste el costo de gastos generales anuales en $15,000, y dedicas solo parte del tiempo al mantenimiento de jardines, que suman un total de 1,200 horas por año, el valor de tus gastos generales por hora se calcula: 15,000 ÷ 1,200 = $12.50 OPH.

Punto Medio de Quiebre (BEP en inglés)

Nos llevó algún tiempo arribar al valor de los gastos generales por hora. Una vez determinado el valor OPH, puedes agregar su costo a todos tus presupuestos, basándote en la cantidad de horas de mano de obra facturadas para ese trabajo.

Nuestro objetivo el determinar qué recargo incluir en un día de mantenimiento de jardines tipo. Para calcular esto, multiplica el valor de los gastos generales por hora por el número de horas de mano de obra de campo facturables en un día común. Para calcular esto, multiplica el valor OPH por el número de horas facturables en un día común. Usando el ejemplo de un equipo de dos personas promediando 10 horas de trabajo diario, el cálculo es como sigue: $4.65 de gastos generales por hora x 20 horas de mano de obra en campo = $93. En este ejemplo, el valor de los gastos generales de un día de mantenimiento tipo es $93.

Ahora, suma este valor al costo directo total para obtener el Punto Medio de Quiebre (BEP). Los costos directos totales incluyen los totales del mano de obra, equipamiento, cargas de trabajo, e impuestos de venta. El Punto Medio de Quiebre es el total para todos los costos en un trabajo; en nuestro caso, el día de mantenimiento tipo. He aquí un resumen de nuestro ejemplo con un equipo de dos personas:

Ejemplo de Punto Medio de Quiebre

Fase I: Costos de Producción
Mano de obra: $192
Equipamiento: $41

Fase II: Condiciones Generales
Mano de obra: $96
Equipamiento: $72

Fase III: Márgenes de comercialización y ganancia
Impuestos de Venta: ninguno
Recarga laborales: $87
Subtotal: $488 (Total de costo directo o TDC)

Gastos generales G&A: $93
Subtotal: $581 (Punto Medio de Quiebre o BEP)

Margen de ganancia neto (NPM en inglés)

El paso siguiente en la Fase III es sumar el margen de ganancia neto (NPM) al Punto Medio de Quiebre. El monto del margen de ganancia neto es toda la ganancia (previo a intereses e impuestos); no incluye costos (el margen de ganancia bruto, por otro lado, incluye el monto de ganancia neto, más recargos y el factor de contingencia, de ser aplicable. El margen de ganancia bruto no se explica aquí).

El margen de ganancia neto por mantenimientos residenciales y comerciales comúnmente oscila entre el 10 y el 15 por ciento. El NPM por los servicios de instalación e irrigación residenciales comúnmente oscila entre el 15 y el 25 por ciento. Huston deja en claro que la ganancia neta aplicada a un trabajo debería variar de acuerdo a las circunstancias. Él sugiere que determinar un margen de ganancia neto apropiado para cada una de las cinco categorías dentro de un trabajo, para obtener el total y dividir por cinco arribando a un valor promedio.

Las cinco categorías son necesidad, tamaño, riesgo, mercado y negociabilidad. A modo ilustrativo, si necesitas mucho el trabajo, podrías usar un NPM en el extremo inferior del rango en la categoría necesidad, digamos 10 por ciento (necesidad). Huston recomienda usar un NPM más elevado para trabajos pequeños que para trabajos más grandes (tamaño). A los trabajos de menor riesgo, como ser la mayor parte de los trabajos de mantenimiento, podría asignárseles un NPM más bajo en la categoría de riesgo (riesgo). Sería apropiado utilizar un menor margen de ganancia en la categoría mercado, si el mismo es altamente competitivo (mercado). La capacidad de negociación aplica más a contrataciones en paisajismo. Adicione el porcentaje asignado a las cinco categorías, y divida por cinco. Por ejemplo:

Necesidad: 10%
Tamaño 12%
Riesgo: 14%
Mercado: 12%
Capacidad de Negociación: 15%
Total = 63% ÷ 5 = 12.6% NPM

Huston usa el 10 por ciento de margen de ganancia neto en el ejemplo de su paquete de mantenimiento. Dependiendo del mercado, podrías experimentar con mayores márgenes superiores a 10% y de hasta 15%.

Aplicación correcta de los márgenes de ganancia neta

Multiplicando el Punto Medio de Quiebre por el porcentaje margen de ganancia neto, no producirás un valor adecuado para el margen de ganancia neto. Deberás utilizar la siguiente fórmula: Para aplicar el margen de ganancia neto a un trabajo, divide el valor del Punto Medio de Quiebre por 1.0 menos el margen de ganancia neto. El porcentaje de margen de ganancia neto debe ser cambiado a un decimal para este cálculo (ej., 10% = 0.1). Nuevamente, la fórmula para aplicar el margen de ganancia neto de forma correcta es la siguiente:

$$\frac{\text{Punto Medio de Quiebre}}{1.0 - \text{margen neto de ganancia (decimal)}}$$

Para ejemplificar: El Punto Medio de Quiebre del ejemplo de la cuadrilla de dos personas es de $581. Para aplicar sobre éste el margen de ganancia neto de 10% correctamente, divide $581 por 0.9 (1.0- 0.1 = 0.9) para obtener $646. He aquí otro ejemplo: Para aplicar un margen de ganancia neto de 12.6 por ciento al Punto Medio de Quiebre de $581, divide $581 por 0.874 (1.0- 0.126 = 0.874) para obtener $665. Nota que Huston también recomienda un método distinto de agregar la ganancia a un presupuesto, basado en el número de horas de trabajo en campo del presupuesto. El método de ganancia por hora (PPH) no se explica aquí..

Factor de contingencia

El factor de contingencia es un valor subjetivo de ganancia neta que en ocasiones se agrega al presupuesto para minimizar el riesgo. Los contratistas utilizan en ocasiones el factor de contingencia en situaciones en que algunas variables son ignoradas. Un factor de contingencia también se aplica en ocasiones si el contratista deberá lidiar con diferencias de personalidades o condiciones adversas de trabajo. No es imprescindible agregar el factor de contingencia a los presupuestos, pero es una opción. No estamos utilizando el factor de contingencia para el paquete de mantenimiento.

Precio final

Suma los gastos generales G&A y la ganancia neta al costo directo total para saber el precio final del trabajo. En este caso, obtendremos el precio total por un día de mantenimiento de jardines tipo. Siguiendo con el ejemplo de la cuadrilla de dos personas:

Tarifa diaria del paquete de mantenimiento

Fase I: Costos de Producción
Mano de obra: $192
Equipamiento: $41

Fase II: Condiciones Generales
Mano de obra: $96
Equipamiento: $72

Fase III: Márgenes de comercialización y ganancia
Impuestos de venta: ninguno
Cargas Laborales: $87
Subtotal: $488 (Costos directos totales o TDC)

Gastos generales G&A: $93
Subtotal: $581 (Punto Medio de Quiebre o BEP)

Margen de Ganancia Neto al 10%: $581 ÷ (1.0 - 0.1)
    = 581 ÷ 0.9 = $646
Factor de Contingencia: ninguno

Precio Total: $646

La tarifa Acera-Tiempo

Esto es el punto hacia el que estábamos apuntando. Conocer el precio de un día de mantenimiento de jardines tipo nos permite calcular *la tarifa acera-tiempo*. Esta tarifa acera-tiempo es la tarifa por hora usada para presupuestos de mantenimiento residencial. El termino *acera-tiempo* significa el tiempo que transcurre en el sitio de trabajo; comienza a contar tan pronto como detienes el camión en la acera delante de la residencia.

Calcula la tarifa acera-tiempo dividiendo el precio total para un día de mantenimiento tipo por el número de horas productivas en el día. En la Fase I, calculamos 16 horas de trabajo productivo para el ejemplo de nuestro equipo de dos personas. Usando el valor diario de $646, la tarifa acera-tiempo para este ejemplo se calcula: $646 ÷ 16 = $40.38 por hora. Redondea a $40. Huston denomina esto la tarifa acera-tiempo-hombre. *La tarifa acera-tiempo de la cuadrilla* es la tarifa acera-tiempo multiplicada por la cantidad de personas que la conforman. En nuestro ejemplo de una cuadrilla de dos, la tarifa acera-tiempo se calcula: $40 x 2 = $80 por hora.

Cálculo de la tarifa mensual para cuentas de mantenimiento

El cálculo de una tarifa mensual para una cuenta de mantenimiento puede realizarse de una de dos maneras utilizando la tarifa acera-tiempo.

Método 1. Determina el precio por visita multiplicando el tiempo estimativo por visita por la tarifa acera-tiempo. A continuación, multiplica el precio por visita por la cantidad de visitas por mes para determinar la tarifa de trabajo mensual (el número de semanas por mes es de 4.33 en promedio). Usa la siguiente fórmula:

> Tiempo por visita (convertido a decimal) x tarifa acera-tiempo= precio por visita

> Precio por visita x 4.33 semanas= tarifa de trabajo mensual

Por ejemplo: si estimas que un equipo de dos personas realiza 45 minutos de mantenimiento por visita en una propiedad en particular, para calcular la tarifa por visita, convierte 45 minutos a un decimal (0.75) y multiplica este valor por la tarifa acera-tiempo de la cuadrilla de $80 (del ejemplo anterior): 0.75 x $80 = $60 por visita. Multiplica la tarifa por visita de $60 por 4.33 semanas para determinar la tarifa mensual de $260.

Método 2. Otra forma de calcular la tarifa mensual para una cuenta de mantenimiento es multiplicar el precio por visita por el número de semanas anuales en el contrato y luego dividir el resultado por el número de meses de contrato. Nuevamente:

> Tiempo por visita (convertido a decimal) x tarifa acera-tiempo

> Precio por visita x número de semanas en el contrato anual= precio por año contractual

> Precio por año contractual ÷ número de meses en año contractual= tarifa de trabajo mensual

Por ejemplo: Si trabajas por tu cuenta, y estimas que te va a tomar 45 minutos por visita realizar el mantenimiento de una propiedad en particular, calcula la tarifa por visita convirtiendo 45 minutos a decimal (0.75) y multiplicando este valor por una tarifa acera-tiempo de $40 (del ejemplo anterior): 0.75 x $40 = $30 por visita.

Ahora, asume que tienes un contrato anual de 52 semanas: 52 semanas x $30= $1560 por año contractual. Hay 12 meses de contrato, entonces $1560 ÷ 12 = $130 por mes. Esta es la tarifa de trabajo mensual. Nota que al utilizar la tarifa del paquete de mantenimiento, el costo de los materiales puede sumarse en base al tiempo y los materiales utilizados. Ten presente que los ejemplos son utilizados solo para demostrar cómo se calculan las tarifas.

Variables que afectan la curva tarifaria

Cambios en el tamaño de la cuadrilla, el tipo de equipamiento o el tiempo de traslado hacen necesario que se re calcule la tarifa acera-tiempo. Realizar el ajuste tarifario referido al equipo o el equipamiento es lineal; el referido al tiempo de traslado requiere de una breve explicación.

Si el tiempo de traslado decrece, la del tiempo de acera aumenta, asumiendo que no has variado el número total de horas de trabajo por día. Dicho de otra manera, si tú (o un equipo) pasan menos tiempo manejando, utilizan más tiempo trabajando, permitiendo así un objetivo de facturación diario con una tarifa acera-tiempo más baja. El objetivo de facturación diario es explicado en el apartado siguiente.

Por ejemplo, si el tiempo de traslado se redujera en una hora en nuestro ejemplo de un equipo de dos, cada miembro de la cuadrilla realizaría una hora adicional de trabajo productivo. Por tanto, en vez de dividir la tarifa diaria de $646 por 16 horas productivas, la dividiría por 18 horas: $646 ÷ 18 = $35.88, redondeado a $36 por hora—o $72 tarifa acera-tiempo de equipo (distinto de $78 cuando las horas productivas de trabajo eran 16).

Si el tiempo de traslado aumenta, el valor acera-tiempo decrece, asumiendo que aun estás trabajando el mismo total de horas por día. En este caso la tarifa acera-tiempo deberá ser aumentada porque el tiempo de acera con el que cuentas para lograr el objetivo de facturación diario es menor. Por ejemplo, si el tiempo de traslado aumenta en una hora para nuestro ejemplo de un equipo de dos personas, cada integrante realiza una hora menos de trabajo productivo. Por lo tanto, en lugar de dividir la tarifa diaria de $646 por 16 horas productivas, la dividiría por 14 horas productivas: $646 ÷ 14 = $46.14 por hora, o una tarifa de acera de equipo de $92.

Conservación de la rentabilidad

Calcula el tiempo que tú o tu equipo utilizan en trabajo productivo, uso de equipamiento, tiempo de carga/descarga y tiempo de traslado para chequear con exactitud la tarifa de tu paquete de mantenimiento de jardines. Estas medidas simples ayudan a garantizar que tu tarifa cubra los costos de la empresa, y proporcione ganancias adecuadas sin ser exageradas.

Esta información puede ser registrada en formularios personalizados o en una hoja de cálculo con una computadora portátil. Ten presente que tener por escrito la tarifa del paquete de mantenimiento de jardines no garantiza que tu negocio sea rentable; también debes completar suficientes trabajos por día para cubrir la tarifa diaria.

Tarifa diaria

Si recuerdas, la tarifa diaria es el precio total para un día genérico de trabajo de mantenimiento. Para ser rentable, el valor de lo facturable por día debe igualar o superar su tarifa diaria.

Para calcular lo facturable por día, fija la tarifa por visita, divide la tarifa mensual por la cantidad de visitas al mes (p. ej., para el mantenimiento semanal, divide por 4.33). Por ejemplo, si le facturas a un cliente $ 180 una vez al mes, la tarifa por visita se calcula como sigue: 180 ÷ 4.33 = $41.57. Nuevamente, para obtener el valor facturable diario, suma las tarifas por visita de todas las cuentas en los que trabajó en un día en particular.

Este método simple de evaluar la ganancia apunta a la importancia de establecer objetivos de facturación diarios, u objetivos, para ti y tu equipo. Un objetivo de facturación diario es el valor total de lo facturable que te esfuerzas por generar en un día dado. El alcanzar el objetivo diario de facturación asegura que habrá ganancia.

Tarifa por minuto

La tarifa por minuto también puede ser utilizada para medir la rentabilidad de forma inmediata. La tarifa por minuto es la tarifa diaria dividida el número de minutos acera-tiempo en un día (para calcular el número de minutos acera-tiempo de un día, multiplica el número de horas acera-tiempo por 60. Por ejemplo: 8 horas x 60 minutos = 480 minutos acera-tiempo diarios). Por ejemplo: $646 (tarifa diaria) ÷ 480 minutos acera-tiempo diarios = $1.35 tarifa por minuto. Puedes chequear la facturación de una cuenta por visita rápidamente multiplicando el tiempo de trabajo por la tarifa por minuto.

Por ejemplo, si un equipo promedia 30 minutos de trabajo por visita en un emplazamiento, la factura por visita para esa cuenta puede ser calculada como sigue: 30 minutos x 1.35 tarifa por minuto = $40.50. Si la facturación real es menor puedes reevaluar la cuenta, ajustando el precio adecuadamente. Huston escribe que es posible variar las tarifas de acera mientras continúe alcanzando su objetivo diario de facturación.

Materiales

Huston recomienda incrementar el valor de los materiales en un 25 por ciento y hasta un 40% o 50% por encima del precio de venta al por mayor (técnicamente, el precio que pagan los contratistas es llamado precio "por encima del precio por mayor", porque los minoristas ya han adquirido al mayoreo de los productores y fabricantes y remarcado los precios antes de venderles a los contratistas). El incremento de 40 a 50 por ciento del precio por mayor respecto del por menor que los clientes pagarían si compraran los materiales por sí mismos. Obviamente si pagas los materiales al precio por menor, los porcentajes no serán adecuados, y simplemente podrías cobrarle al cliente lo que abonó. Huston también destaca que es normal recargar lo abonado a subcontratistas de 10% a 25%. Nota que no es recomendable incluir el costo de materiales y subcontratistas en el cálculo del paquete de mantenimiento; calcula estos gastos de forma separada.

Observación final acerca del paquete de mantenimiento. Las tres fases involucradas en la determinación de las tarifas del paquete de mantenimiento de jardines conforman un sistema que puede utilizarse para presupuestar cualquier trabajo de jardinería. En este sentido, la aproximación por medio del paquete de mantenimiento puede servir a la vez como una introducción al proceso de estimar/presupuestar en general. Hay mucho más por aprender acerca de determinar el precio de un trabajo y del manejo de un negocio. Sin embargo, una vez que se ha comprendido cómo estimar y presupuestar, estas prácticas pueden ser usadas como base para un manejo exitoso de tu empresa a medida que crece.

CAPÍTULO 12

Contrato de mantenimiento

En este capítulo
- Contrato de mantenimiento
- Consideraciones adicionales del contrato
- Servicio de atención al cliente
- Pagos atrasados y el tribunal de reclamos menores

Los contratos legalmente vinculantes se establecen cuando ambas partes involucradas llegan a un acuerdo respecto de los servicios o productos que se ofrecen a cambio de un pago. Estos contratos pueden ser tanto verbales como escritos. Legalmente, los trabajos convencionales de un año de duración o menos, no requieren de un contrato por escrito.

El contrato escrito define los términos del servicio de mantenimiento del jardín que se acuerdan con el cliente. Su finalidad es proteger tanto la propiedad de los clientes como al dueño de la empresa de mantenimiento, detallando los servicios que el último se compromete a prestar, cuáles son los servicios opcionales, las licencias y responsabilidades de cada parte y los "términos, condiciones y costos".

Algunos propietarios de empresas de mantenimiento de jardines residenciales usan contratos escritos, otros no los usan y otros lo hacen, pero selectivamente. Algunos de los factores que influyen en la decisión de usar o no un contrato escrito son: el tamaño de la propiedad, la complejidad del mantenimiento que ésta necesita y el valor de la facturación mensual. En general, los clientes a los que provees mayormente un servicio de mantenimiento para el jardín de su hogar se manejan con contratos verbales. Sin embargo, un contrato escrito ayuda a evitar malentendidos y te ofrece una protección mayor. La práctica estándar, en los trabajos de mantenimiento para comercios o empresas, es firmar un contrato escrito.

Contrato tipo

El departamento de extensión de la Universidad de Florida IFAS produjo un artículo titulado *Considerations for Developing a Lawn and Landscape Maintenance Contract* (Consideraciones para desarrollar un contrato de mantenimiento para jardines y paisajes), publicada en internet en http://edis.ifas.ufl.edu/pdffiles/lh/lh03100.pdf. Aquí se reproduce parte de este artículo, con permiso de la universidad, con el objetivo de brindar un buen ejemplo de cómo debería ser un contrato detallado y apropiado tanto para mantenimientos en propiedades residenciales como comerciales. Si bien este contrato tipo es específico para el Estado de Florida, su aplicación es más amplia. El primer párrafo del artículo es una introducción, el contrato en sí sigue a continuación. Ten en cuenta que algunos de los lineamientos que se presentan en este contrato tipo pueden haber cambiado desde la publicación del artículo en el año 2001.

Consideraciones para desarrollar un contrato de mantenimiento para jardines y paisajes[1]

Por Sydney Park Brown y Michael J. Holsinger[2] *(Continúa en la página siguiente.)*

El siguiente ejemplo de contrato incluye prácticas de mantenimiento para jardines y paisajes que cumplen con las recomendaciones de la Universidad de Florida. Estas recomendaciones se basan en investigaciones confiables e información objetiva específica para el Estado de Florida y reflejan la filosofía conocida como Mantenimiento ambientalista de jardines (Environmental Landscape Management o ELM en inglés). El concepto del ELM integra el cuidado del medio ambiente al mantenimiento de jardines y paisajes. Algunos de los componentes importantes del ELM son la conservación de agua y energía, la utilización de fertilizantes y pesticidas y la reducción y reutilización de desechos vegetales. Este ejemplo de contrato sugiere algunos temas adicionales que deberías considerar a la hora de preparar o revisar cualquier contrato. Este contrato tipo fue desarrollado a modo de recurso educativo para los profesionales del cuidado de jardines y paisajes y para los usuarios de estos servicios. Sin embargo, las decisiones finales sobre qué incluir en el contrato de mantenimiento deben tomarse de acuerdo al criterio de cada profesional y a sus clientes. Esta publicación se distribuye con el entendimiento de que los autores no están involucrados en la prestación de asesoramiento jurídico y que la información del presente documento no debe ser considerada ni debe confiarse en ella como sustituto de un servicio jurídico profesional. Si necesitas asesoramiento legal o la opinión de un abogado, consulta con un profesional.

Contrato de mantenimiento tipo para jardines y paisajes

Parte I: Consideraciones del mantenimiento de jardines

A. Segado, cortado de bordes y desbrozado: El contratista contará el césped según sea necesario de acuerdo al crecimiento estacional. No deben cortarse más de 1/3 de las briznas de césped por siega. La siega se realizará con un cortacéspedes (de carrete, rotativo o con kit de mulching) o segadora. Las cuchillas del cortacéspedes se mantendrán siempre afiladas para proporcionar un corte de calidad. La altura de corte se decidirá en base al tipo y variedad de césped. El contratista dejará los recortes de la siega sobre el césped, siempre y cuando 36 horas después del segado no queden cúmulos visibles. En caso contrario, el contratista distribuirá los cúmulos grandes de recortes con un soplador mecánico o recolectándolos a mano. En el caso de que aparezcan brotes de enfermedades fúngicas, el contratista recogerá los recortes hasta que la enfermedad se vuelva indetectable.

El contratista cortará los bordes de la base de los árboles, de los canteros y de todas las construcciones, aceras, cercas, caminos, espacios para estacionamiento. Durante la temporada de crecimiento, cortará también los de todas las superficies con césped. El césped de alrededor de los rociadores de un sistema de riego se cortará o tratará con un herbicida no selectivo para que las briznas no interfieran ni bloqueen la salida del agua. Los árboles y arbustos aislados que crecen en jardines requieren que se esparza mulch a su alrededor (con un mínimo de 2 pies de diámetro) para evitar lesiones con el cortacéspedes o los hilos de otras herramientas y para reducir el vigor de la hierba que compite con ellos. El establecimiento (creación) y el mantenimiento de éstas áreas de mulch se cobrarán a cargo del cliente. El contratista barrerá todos los recortes de las aceras, caminos y calles inmediatamente después de cortar y/o bordear. El contratista no barrerá, soplará ni dispondrá de ninguna otra manera los recortes de la siega dentro de los desagües cloacales.

B. Fertilización: El contratista fertilizará de acuerdo a las especificaciones de mantenimiento adjuntas (no incluidas aquí). Los fertilizantes completos se utilizarán únicamente en forma granulada y tendrán entre un 30% y un 50% de nitrógeno de liberación lenta o controlada. La proporción de nitrógeno y potasio será de aproximadamente 1:1 o de 2:1 en el caso de fertilizantes completos (ejemplos: 15-5-15, 16-4-8, 15-0-15, 12-2-14, 14-3-14). Si bien la fertilización con nitrógeno puede basarse en la tasa de crecimiento deseada o en el tipo de césped cultivado, la fertilización con fósforo debe hacerse de acuerdo al análisis de una prueba de suelo y a las recomendaciones procedentes de la misma. El fertilizante también debería contener magnesio y otros micro-nutrientes (por ejemplo, manganeso, hierro, zinc, cobre, etc.). El hierro debe estar en forma de sulfato, sucralfato o quelatado. Los restos de fertilizante se barrerán fuera de los caminos, entradas y pasillos hacia el césped y los canteros. Después de fertilizar, el cliente debe hacerse cargo de regar 1/4 pulgada, como mínimo.

C. Control de Plagas: En cada visita de mantenimiento, el contratista realizará una inspección de cada zona del jardín para detectar problemas de plagas y aconsejar al cliente o persona a cargo qué hacer con ellas. Luego de confirmar que un problema específico requiere tratamiento, el contratista aplicará pesticidas según sea necesario, únicamente en los lugares afectados y, siempre que sea posible, utilizando el pesticida eficaz de menor toxicidad posible. Todas las aplicaciones de plaguicidas y fertilizantes se realizarán cuando la temperatura esté por debajo de los 90 °F y la cantidad de viento sea mínima. No se utilizará ningún tipo de pesticida sin la expresa autorización del cliente. Esto incluye las fórmulas tipo weed and feed. El contratista llevará un registro de las plagas identificadas y del/los tratamiento/s realizados para su control. Cualquier otro servicio adicional relacionado al control de plagas será considerado adicional a los costos básicos acordados en el contrato de mantenimiento. El contratista cobrará al cliente por visita, basándose en el costo de los materiales utilizados más la mano de obra. El precio final será acordado por el cliente y el contratista antes de que éste comience a prestar sus servicios. Las aplicaciones de plaguicidas se harán en conformidad con las normas y reglamentos que regulan el uso de estos productos en el Estado de Florida. El contratista avisará y notificará a quien corresponda (en el caso de corresponder) de las aplicaciones de plaguicidas. El técnico que aplique los productos de control de plagas contará con un número de licencia habilitante # _____.
Fecha de vencimiento _____.

D. Control de paja: (Véase Parte III: Servicios opcionales)

Parte II: Consideraciones de mantenimiento para las plantas de jardines y paisajes: Árboles, palmeras, arbustos y cubresuelos

A. Fertilización: Los arbustos ornamentales, árboles y plantas cubresuelos plantados hace menos de tres (3) años se fertilizarán entre 4 y 6 semanas después de la plantación y luego dos o tres veces por año durante los 3 años siguientes. En el sur de Florida. generalmente las dos aplicaciones anuales se programan para febrero y octubre; cerca de marzo y septiembre en el norte. En el verano puede hacerse una tercera aplicación. La tasa utilizada por aplicación será de 1 libra de nitrógeno por cada 1,000 pies cuadrados. [Brown y Holsinger incluyen aquí información acerca de la fertilización de palmeras. Para obtener lineamientos actuales sobre la fertilización de palmeras, consulta "Fertilización de palmeras" on page 90.] Los árboles y arbustos establecidos expuestos a la fertilización que se le hace al césped no necesitan fertilización adicional. El fertilizante aplicado en arbustos y árboles que crecen en canteros se distribuirá por toda la superficie del mismo. En terraplenes y pendientes propensas al escurrimiento, el fertilizante puede aplicarse por medio de perforaciones superficiales. Las deficiencias nutricionales se tratarán con aplicaciones complementarias del nutriente específico faltante, siguiendo las recomendaciones del departamento de Extensión cooperativa de la Universidad de Florida.

B. Control de plagas: El contratista utilizará prácticas de Administración integral de pestes (IPM, por sus siglas en inglés) para controlar insectos, enfermedades y malas hierbas alrededor de las plantas perennes cubresuelos, arbustos, enredaderas y árboles. Esto incluye el control frecuente y el tratamiento focalizado según sea necesario, utilizando los métodos menos tóxicos posibles. Todas las aplicaciones de plaguicidas y fertilizantes se realizarán cuando la temperatura esté por debajo de los 90 °F y la cantidad de viento sea mínima. Los jabones insecticidas serán siempre la primera opción, seguidos por los aceites hortícolas y los métodos de control biológico, como las fórmulas con Bacillus thuringiensis (Bt). Las malas hierbas que crezcan en canteros o en áreas con mulch se quitarán mayormente con métodos mecánicos o a mano. Luego de obtener la aprobación del cliente, se utilizarán herbicidas para combatir infestaciones importantes de malezas o malas hierbas.

C. Poda: La poda de arbustos se hará con tijeras de poda manuales con el fin de obtener una forma informal, buena cantidad de follaje y flores. Las palmeras se podarán una (1) vez al año con el objetivo de eliminar hojas marrones y cabezas de semillas. No se quitará ninguna hoja de palmera que esté verde. No se podará durante, ni inmediatamente después, de la etapa de crecimiento, las ramas se cortarán justo por detrás del cuello y no se aplicará pintura de poda. Los chupones que crezcan en la base de los árboles se eliminarán a mano. No se utilizarán herbicidas para este fin. El contratista es responsable de la eliminación de todo tipo de residuos y desechos vegetales. Se recomienda consultar a un arborista certificado por el ISA para el trabajo en árboles.

D. Mulching: Todas las áreas con mulch se repondrán una vez al año durante los meses de invierno (nov-feb). Los mulches "alternativos" (corteza de pino, agujas de pino, melaleuca, eucalipto, reciclado, etc.) serán tenidos en cuenta. El mulch debería mantenerse con una profundidad de 3 pulgadas. Todos los bordes de aceras, caminos y canteros se excavarán para ayudar a contener el mulch. El mulch adicional utilizado será facturado en $____ / yarda. No se colocará mulch contra los troncos de las plantas.

Parte III: Consideraciones para servicios opcionales

A. Flores anuales: Las plantas anuales existentes se reemplazarán ____ veces al año. Los canteros con plantas anuales se renovarán una vez al año en ____. Las plantas muertas o dañadas por las plagas debido a la negligencia del contratista se reemplazarán sin costo adicional para el cliente. La sustitución de plantas robadas, destruidas o dañadas se cobrarán al cliente a un valor de ____ por planta. Los canteros de plantas anuales y perennes deben fertilizarse mensualmente, a una tasa de $1/2$ libra de nitrógeno por cada 1,000 pies cuadrados cada 3-4 semanas. Un programa de fertilización opcional incluye el uso de un fertilizante de liberación lenta, como Osmocote o Nutricote incorporado al cantero al momento de la plantación y aplicado de ahí en más de acuerdo con las instrucciones del producto. El contratista será responsable del control de malezas y malas hierbas. El control de plagas se hará de acuerdo a los principios del IPM.

B. Sistemas de riego: El contratista inspeccionará y probará mensualmente los dispositivos que cortan el sistema cuando llueve y otros componentes y zonas del sistema de riego. Reconfigurará además el programa de riego de acuerdo a los cambios estacionales de la evapotranspiración. El contratista se hará cargo de los ajustes y reparaciones pequeñas, como limpiar un cabezal de riego o emisor, reemplazarlo, limpiar los filtros, arreglar pequeñas fugas y hacer ajustes menores al temporizador; el cliente se hará cargo del costo de todas las piezas de repuesto. Una vez al año, el contratista recalibrará cada zona para que cada aplicación sea de entre $1/2$ y $3/4$ pulgada de agua por riego. Durante el mantenimiento semanal, el contratista tomará nota e informará al cliente de cualquier síntoma de falta o exceso de riego, problemas de drenaje, etc. Si se acordó que el contratista es responsable de la programación del riego, los temporizadores se programarán para apagarse durante la estación de lluvias de verano y el sistema se activará manualmente según sea necesario. Las reparaciones o servicios al sistema que vayan más allá del alcance de las tareas mencionadas anteriormente serán cobradas al cliente a una tarifa horaria por trabajador, más el costo de las piezas y repuestos. El contratista notificará al cliente, o al responsable en nombre del cliente, de la naturaleza del problema antes de iniciar las reparaciones.

C. Eliminación y scalping de la paja: La eliminación de paja (una acumulación esponjosa de pastos, brotes, tallos y raíces, vivos y muertos) debe comenzar a tenerse en cuenta cuando su espesor supere la pulgada. El mejor momento para la eliminación de paja es entre marzo y agosto, cuando el césped crece rápidamente. La extracción de paja no está incluida en el contrato básico. El método recomendado para extraer la paja del césped Bermuda, San Agustín, Zoysiagrass y Centipede es utilizar una segadora vertical. El espacio entre cuchillas debe ser de 3" para el St. Agustín, 2-3" para el Centipede, y 1-2" para el Bermuda y el Zoysiagrass. El césped Bahiagrass puede rastrillarse con una herramienta a motor en lugar de una de corte vertical. El contratista eliminará todos los residuos resultantes. El césped restante será segado y regado con al menos 1/2 pulgada de agua. Una semana después, se aplicará entre 1/2 y 1 libra de nitrógeno soluble para alentar la recuperación del césped (p. ej., entre 1 y 3 libras de nitrato de amonio o entre 2.5 y 5 libras de sulfato de amonio por cada 1,000 pies cuadrados). Los fertilizantes deben regarse inmediatamente después de la aplicación para evitar que las plantas se quemen. La técnica de scalping (corte muy al ras) no es sustituto de la siega vertical y no se recomienda utilizarla para este fin.

D. Otros servicios disponibles: (Presupuestado por trabajo por el contratista).

- Instalación de un dispositivo de corte en caso de lluvia para sistemas de riego.

- Adiciones al jardín o paisaje, renovaciones y transplantes.

- El transplante de árboles existentes se hará durante los meses de enero y febrero en el caso de las especies latentes y entre abril y agosto en el caso de las palmeras.

- Reposición de plantas o del césped (no atribuibles a negligencia por parte del contratista).

- Mantenimiento de instalaciones acuáticas.

- Acarreo general.

- Modificaciones importantes al sistema de riego.

- Mantenimiento de plantas de interiores.

Parte IV: Consideraciones para seguros, licencias, permisos y responsabilidad

El contratista será responsable de las cargas sociales y de la cobertura de compensación de sus operadores y empleados de acuerdo a lo exigido por la ley, exigirá lo mismo de las personas a quienes subcontrate y presentará las pruebas de todo esto al cliente. El contratista también es responsable de obtener todas las licencias y/o permisos requeridos por la ley para la realización de ciertas actividades en la propiedad de sus clientes.

Situaciones que el contratista debe considerar como de su propia responsabilidad. 1. Cualquier daño producido al usar sus herramientas durante la ejecución del contrato. 2. No cumplir con las leyes que protegen a ciertas especies vegetales en peligro, como el mangle. 3. Daños a plantas debido a la aplicación inadecuada de prácticas hortícolas. 4. Colocación o adaptación inadecuada de piezas de repuesto del sistema de riego. 5.

Daños no intencionales a organismos benéficos debido a la aplicación de plaguicidas.

Situaciones que el contratista no debería considerar como de su responsabilidad. 1. Muerte o deterioro de plantas debido a una mala selección, colocación, plantación o mantenimiento previos al inicio de su contrato. 2. Daños causados por componentes del sistema de riego en mal estado, que ya estaban al momento del inicio del contrato. 3. Cables, alambres, componentes de los rociadores o líneas de riego que deberían estar enterrados porque así fueron dejados, pero que luego son encontrados sobre la superficie del césped. 4. Daños ocasionados por inundaciones, tormentas, vientos fuertes o bajas temperaturas. 5. Enfermedades o daños al césped o a las plantas causados por exceso o falta de riego debido a fallas en los componentes del sistema, o a restricciones al uso del agua impuestas por el Distrito de Gestión del Agua u otras autoridades civiles. Esto es válido siempre y cuando el contratista haya informado al cliente lo que sucedía. 6. Daños producidos a cualquier elemento oculto en el jardín que no haya estado claramente protegido o marcado. 7. Daños por actos de vandalismo.

Parte V: Descripción de la propiedad, Servicios prestados, Términos, condiciones y cargos (para su posible inclusión).

1. Los contratos son normalmente para el mantenimiento de una propiedad con un domicilio preciso y una descripción específica.

2. Duración del contrato. Un contrato puede ser válido durante solo uno o varios años con una fecha de comienzo y una de fin. Debería incluirse una cláusula para cancelaciones.

3. El costo de la cuota mensual del servicio debería estar bien especificada. Debería incluirse una fecha de término y el valor de los recargos por pagos atrasados. Si el contratista acuerda y presta al cliente un servicio eventual adicional, éste podría ser facturado por separado.

4. También se podrían incluir cláusulas para la renovación del contrato. El contrato debe estar firmado y fechado por ambas partes, y pueden llamarse a testigos o un notario.

El resto del artículo está a disposición en http://edis.ifas.ufl.edu/pdffiles/lh/lh03100.pdf. Información de Copyright se puede encontrar en el Apéndice E.

Consideraciones adicionales

Recomendamos que sigas el esquema de contrato tipo de la IFAS cuando hagas tus propios contratos. Tendrás que seleccionar los procedimientos de mantenimiento más adecuados para tu región y decidir qué servicios incluirás en tu tarifa mensual. A continuación encontrarás algunas consideraciones adicionales.

Cancelaciones. El contrato debería incluir términos de cancelación. Una póliza de cancelación típica establece que cualquiera de las dos partes tienen derecho a terminar el contrato con 30 días de pre-aviso por escrito. Si no existen términos de cancelación, el cliente es libre de rescindir el contrato en cualquier momento. Ten en cuenta que algunos clientes de zonas residenciales son reacios a firmar un contrato por escrito y se sienten más cómodos sabiendo que pueden cancelar el servicio en cualquier momento y por cualquier motivo.

Poda de inverno. En un contrato anual se puede establecer que los servicios de poda selectivo de limpieza general se reemplazarán por servicios de mantenimiento durante los meses de invierno. Este incentiva a los clientes a contratar el servicio durante todo el año, en lugar de interrumpirlo durante el invierno. Lo lógico es invertir en promedio en cada visita, la misma cantidad de tiempo en trabajos de poda que en cualquier otro servicio de mantenimiento. Las podas extensivas que no puedan terminarse en varias visitas, deberían o bien incluirse dentro del presupuesto inicial o por separado en base al tiempo y materiales utilizados.

Subcontrataciones. Si subcontratarás a otro contratista para realizar parte del servicio (p. ej., aireación del césped o aplicación de herbicidas), incluye estos detalles en el contrato. Si no tienes una licencia que te habilite a trabajar con herbicidas, informa al cliente verbalmente y por escrito que es posible que de vez en cuando deba contratar un servicio independiente de reducción de malas hierbas.

Tarifas de trabajos adicionales y materiales comunes. Si cobras una tarifa mayor por ciertos servicios, como la limpieza general, aireación del césped o reparaciones en el sistema de riego, incluye el valor por hora de estos servicios en el contrato. Si tienes una licencia para trabajar con herbicidas, incluye tu tarifa.

Algunos contratistas incluyen el reemplazo de ciertas piezas del sistema de riego en su paquete mensual. Si cobras aparte por repuestos, incluye el precio que ofreces, por ejemplo, para cabezales de pulverización y otras piezas de bajo costo. Incluye el precio de la fertilización del césped y de arbustos si quieres cobrar este servicio de manera adicional. Notifica al cliente por escrito de cualquier cambio en los precios de los trabajos adicionales y materiales comunes. Algunos clientes prefieren que les informes antes de realizar cualquier trabajo adicional, otros confiarán en tu criterio.

Políticas de información

Tu contrato debería incluir las políticas de tu empresa. Algunos ejemplos de políticas se incluyen aquí.

Día de servicio. Si no realizas tareas de mantenimiento algún día específico de la semana, infórmaselo al cliente. Acordar una política flexible para los días de visita es más conveniente para ti, pero un poco menos cómodo para los clientes, que en general prefieren acordar un día fijo a la semana.

Lluvia. El contrato debería incluir tu política respecto a los días de lluvia. Por ejemplo, "En caso de lluvias, la visita de mantenimiento se realizará el primer día laborable que siga sin lluvia".

Animales domésticos y juguetes. Toma medidas para mantener a las mascotas de tus clientes fuera de peligro. Informa siempre que apliques productos químicos y cierra siempre los portones de las cercas cada vez que entras y salgas del jardín trasero. Si el perro de la casa estará en el jardín mientras trabajes, ten el primer contacto con él estando el dueño presente. Asegúrate de que no sea agresivo, incluso durante la operación de herramientas a motor. Los clientes deberían acceder a mantener las zonas con césped libres de juguetes y desechos de las mascotas los días de mantenimiento. Informa al cliente que el valor de la cuota mensual no cambiará si te ves obligado a evitar una zona del jardín porque contiene desechos de mascotas.

Tiempo libre. Si el servicio que ofreces es anual, pero tienes la intención de tomarte dos semanas de vacaciones al año, incluye esto en el contrato. Algunos jardineros elijen tomarse sus dos semanas durante el invierno, cuando la cantidad de trabajo es menor. La cuota mensual se mantiene igual el mes en que se toman las vacaciones.

Revisa los puntos y políticas importantes del contrato con tus clientes. Sugiéreles leerlo en algún momento que les sea conveniente y que se comuniquen contigo si tienen cualquier pregunta. Algunos clientes objetan el uso de herbicidas y pesticidas en sus jardines. Acuerda con el cliente acerca del uso de estas sustancias antes de aplicarlas. Existen alternativas orgánicas para los fertilizantes granulares, herbicidas preemergentes y pesticidas que tienen diferentes grados de eficacia.

Instrucciones acerca del servicio al cliente

La habilidad de relacionarte de manera profesional con tus clientes es fundamental y su valor es un bien tangible para tu empresa. Ofrecer un servicio de atención de excelencia al cliente, con frecuencia da como resultado la lealtad del cliente y la recomendación de boca en boca. Algunos propietarios se ponen a la búsqueda de otros servicios simplemente porque no están satisfechos con el servicio de atención al cliente de la empresa que tienen actualmente.

El servicio de atención al cliente consiste en mantener una actitud respetuosa y atenta hacia los clientes. Esto se logra de algunas de las siguientes maneras:

- Contesta el teléfono siempre que te sea posible en lugar de dejar que el llamado pase al correo de voz. Los clientes nuevos suelen elegir las empresas que contestan el teléfono. Tus clientes también apreciarán poder contactarte para hacerte preguntas y pedidos.

- Devuelve las llamadas lo antes posible. A veces, hacerlo consistirá en el final de tu jornada de trabajo; otras veces las llamadas se pueden devolver durante el día. Esperar tan poco como 24 horas para devolver una llamada, a menudo puede hacer que pierdas un cliente nuevo. Los clientes que ya son tuyos son más comprensivos si te demoras un poco en contestarles.

- Devuelve todas las llamadas, inclusive si ya no puedes tomar más trabajos. Dile al cliente potencial cuándo estarás disponible o refiérelo a otro servicio de mantenimiento reconocido de la zona.

- Entrega tus presupuestos a tiempo. Si llegas tarde la primera vez causarás una mala primera impresión. Llama y vuelve a arreglar la cita si no llegas a tiempo a la reunión.

- Respeta la privacidad y la propiedad del cliente. No mires dentro a través de las ventanas, ni dentro de los botes de basura o garajes y no hagas preguntas personales. No cierres fuerte ni dañes las puertas ni pórticos. Cuida a las mascotas y asegúrate de que estén fuera de peligro. Avisa al cliente si por algún motivo necesitas que la mascota no esté en el jardín ese día en particular. Muchos clientes prefieren que sus animales no estén en el jardín ni antes ni inmediatamente después de la aplicación de fertilizantes o productos químicos.

- Muestra que eres atento al detalle. Puedes estar haciendo un buen trabajo en el jardín, pero si, por ejemplo, dejas malas hierbas en las grietas de las entradas para autos o desechos en los borde de las alfombrillas, esto menoscabará la satisfacción del cliente.

- Utiliza los errores como oportunidades para brindar un excelente servicio de atención al cliente. Por ejemplo, si un cliente señala que un rociador está dañado, sustitúyelo inmediatamente. O detecta y repara el daño antes de que el cliente lo haga. Lo que podría haber sido un motivo para que el cliente buscara otro servicio, se convierte en una oportunidad para aumentar su satisfacción contigo.

- No vendas tus servicios por menos de lo que valen ni regales tu tiempo de forma gratuita. Estos gestos pueden aumentar la satisfacción del cliente, pero reducen el valor de tus esfuerzos de mantener tu empresa a flote.

Pagos atrasados

La mayoría de los clientes pagan a tiempo sus cuotas de mantenimiento. Algunos tienden a pagar tarde, pero al final siempre pagan. Establecer un plazo de pago Net 10 para alentar el pago puntual es una buena idea. Net 10 significa que el pago vence a los 10 días a partir de la recepción de la factura. Si el pago no se hace dentro de ese plazo, deja un recordatorio de pago.

El cliente no paga

Una vez cada cierto tiempo, no muy frecuentemente, te encontrarás con un cliente que no paga. Con tacto y perseverancia, normalmente conseguirás que inclusive los clientes más evasivos paguen. Una estrategia inicial consiste en adoptar medidas para obtener el pago mientras continúas trabajando para el cliente. El recurrir demasiado rápidamente a enviar cartas que exijan el pago o amenazar con tomar acciones judiciales puede descartar cualquier posibilidad de volver a trabajar para esa persona. Esta actitud también puede provocar una respuesta negativa en el cliente y recibir el pago puede volverse más difícil de lo necesario. Por lo general, un trato diplomático es más eficaz.

Puede suceder que el cliente tenga quejas específicas acerca de tu trabajo. Discutirlas en persona

Comunicación con el cliente y comunicación por email

Mantener una clara comunicación con tus clientes te ayudará a evitar muchos problemas y a resolver otros. Si no estás seguro de qué piensa un cliente de tu servicio, habla con ellos. Aliéntalos a darte recomendaciones y a expresar sus preferencias a medida que avanzas con el trabajo. Una vez que los clientes saben que contigo se puede hablar, es menos probable que suspendan el servicio por problemas menores. Hacer una encuesta escrita es otra manera de obtener comentarios y hasta es más apropiado en el caso de algunos clientes.

El correo electrónico puede ser una forma muy conveniente para comunicarte con algunos clientes. Puedes utilizarlo para mantenerlos informados acerca del avance de un trabajo importante, para obtener su autorización para hacer trabajos o utilizar adicionales, para hacerles un resumen de trabajos puntuales completados y para reprogramar visitas siempre que sea necesario. Algunos clientes incluso prefieren recibir sus facturas por este medio. Puedes utilizar un grupo de correo electrónico para avisar a todos tus clientes las fechas de fertilización o aireación y para compartir con ellos los últimos cursos de capacitación que hayas realizado. La clave es la moderación. Recibir cantidades excesivas de mensajes puede resultar molesto. Ten en cuenta que enviar promociones por servicios que no te hayan solicitado puede considerarse spamming y deberías evitarlo. Si deseas enviar promociones por correo electrónico, obtén el consentimiento previo del cliente.

o llamando especialmente al cliente por teléfono te ayudará a determinar si son válidas y qué medidas puedes tomar para resolver el asunto. Si los reclamos no son justificados, y el cliente se niega a pagar, el siguiente paso es iniciar una acción legal.

Para empezar, se envía al cliente una carta de demanda que incluya el saldo adeudado, una intimación de pago, la fecha de vencimiento de la intimación y una notificación de que llevarás el asunto a la justicia si recibes el monto adeudado a la fecha indicada. Es importante reiterar todos los hechos por escrito para tener pruebas para demostrar más adelante, en tribunales, tus intentos de cobrar (Steingold, 2005). Envía la carta por correo certificado. Si el cliente sigue sin pagar después de recibir la carta, es tiempo de llevar el asunto al tribunal de reclamos menores.

El tribunal de reclamos menores

El tribunal de reclamos menores, a veces llamado el tribunal del condado, se encarga de los litigios entre particulares relativos a sumas pequeñas de dinero. Cada Estado establece sus propios límites de las cantidades superiores que se pueden resolver por medio de la corte de reclamos pequeños. En la mayoría de los casos, no es necesario llamar a abogados, cada una de partes se representa a sí misma.

Comunícate telefónicamente con el tribunal de reclamos menores o con un representante del tribunal superior a cargo de litigios civiles. La información de contacto se encuentra en la sección de la guía telefónica que tiene los números de las oficinas del gobierno del condado. Es probable que la corte te entregue una pequeña guía que describe cómo es el proceso legal y cuáles son los requisitos del demandante y el demandado. A continuación se describe el proceso general, es posible que el procedimiento varíe de región a región. Consulta las publicaciones informativas de tu condado.

En primer lugar, el demandante presenta su demanda ante el tribunal y paga por ello una tarifa poco costosa. A continuación, el demandante debe hacer arreglos para entregar al acusado un formulario que le notifica que está siendo demandado con la fecha y dirección en donde que debe comparecer ante el tribunal. Cada condado cuenta con procedimientos específicos de cómo se debe hacer la entrega de este formulario. Por ejemplo, en algunos condados se envía la notificación por correo certificado; en otros condados se recomienda que un tercero independiente sea quien lo entregue e informe a la otra parte que está siendo demandada.

El día designado por la corte, el juez emitirá su sentencia del caso. En algunas cortes, el caso se falla a favor del demandante si el demandado no se presenta. Lleva documentos y fotografías pertinentes como pruebas para tu caso. Si tienes algún testigo, haz que se presente en la corte. Dependiendo de la suma total del reclamo, es útil consultar a un libro especializado en reclamos menores, como La guía universal del tribunal de reclamos menores (*Everybody's Guide to Small Claims Court*), de Ralph Werner (Nolo).

CAPÍTULO 13

Obligaciones del empleador

En este capítulo
- Obligaciones federales
- Servicios de nómina y trabajadores temporarios
- Contratistas independientes

Este capítulo ofrece una descripción general de las obligaciones legales del empleador. Su objetivo es ser de ayuda para aquellos que estén pensando en contratar empleados. La cobertura de los temas seleccionados es parcial. Deberás consultar fuentes adicionales para garantizar el cumplimiento de todas las leyes federales y estatales. *The Employer's Legal Handbook* (El manual de obligaciones legales del empleador), escrito por el abogado Fred S. Steingold (Nolo) es uno de los libros específicos sobre el tema. Lo puedes conseguir en muchas bibliotecas públicas.

El sitio web de la Administración de la Pequeña Empresa, The Small Business Administration (SBA), también ofrece información acerca de cómo cumplir con las leyes laborales; busca "Employment and Labor Law" en el sitio de la SBA, o ve a http://www.sba.gov/content/employment-labor-law. La mayoría de las obligaciones presentadas en este capítulo tienen carácter federal. Cada Estado tiene también requisitos adicionales, de los que te puedes informar en las oficinas de trabajo del Estado.

Número de identificación patronal

Todo los empleadores necesitan un número de identificación patronal, o número de empleador (EIN en inglés), expedido por el IRS. El EIN es el número de identificación fiscal de una empresa; se utiliza para identificar legalmente a las personas. Si una empresa está registrada como de propietario único y no contrata empleados, puede que no necesite obtener un EIN, aunque solicitar uno probablemente sea una buena idea de todos modos. Por ejemplo, para realizar diferentes trámites, muchas veces se debe dar el número de identificación fiscal. Si cuentas con un EIN, te proteges mucho más de un posible robo de identidad que si usas tu número de Seguridad social. Ten en cuenta que se necesitará un nuevo EIN si se cambia la estructura legal de una empresa. Por ejemplo, si al abrirla se la registra como de propietario único, y luego se convierte en una sociedad, la empresa necesitará un nuevo EIN. Consulta las instrucciones del *Formulario SS-4* para obtener más detalles.

Para solicitar un EIN, necesitas el *Formulario SS-4* del IRS y sus instrucciones, *Instructions for Form SS-4*. Los formularios, instrucciones y otras publicaciones pueden descargarse del sitio web del IRS o solicitarse por teléfono llamando al 1-800-TAX-FORM (1-800 -829-3676). El Formulario SS-4 puede presentarse frente al IRS por internet, aunque también existen otros métodos. Las instrucciones también están disponibles en español. Ten en cuenta que los Estados expiden números EIN (identificaciones fiscales estatales) que son independientes y diferentes de los EIN federales.

Seguro de compensación al trabajador

En general, los empleadores están obligados a contratar un seguro de compensación para el trabajador. Este seguro cubre los gastos médicos y los salarios perdidos de los trabajadores que sufren accidentes en ejercicio de su tarea. En algunos casos, también ofrece beneficios en caso de que el trabajador se vea impedido de continuar ganándose la vida. Incluso si en tu región no es una obligación contratar un seguro de este tipo, lo más prudente para proteger tu empresa es hacerlo de todos modos.

Puedes contratar seguros de compensación al trabajador de empresas privadas o de fondos estatales. Algunos Estados exigen a las empresas contratar seguros de fondos estatales. En general, este tipo de seguros no cubren al propietario de la empresa, pero sí se puede contratar este servicio de modo adicional. Pregunta a tu agente de seguros si también necesitas cobertura de responsabilidad patronal, también llamada cobertura B.

Ponte en contacto con la oficina de compensación al trabajador de tu Estado, para obtener más información acerca de los requisitos de tu zona. Encontrarás el directorio de estas oficinas estatales en el sitio web de la Administración de la Pequeña Empresa (Small Business Administration). Para localizarlo, entra en http://www.sba.gov y busca "workers comp" con la barra de búsqueda.

Seguro de discapacidad

Si tus empleados trabajan en California, Hawai, Nueva Jersey, Nueva York, Puerto Rico o Rhode Island, tienes la obligación de contratar un seguro de discapacidad para tus empleados. Ponte en contacto con el organismo estatal encargado de este programa para obtener más información.

Leyes laborales

El Departamento de Trabajo de los Estados Unidos (The U.S. Department of Labor o DOL en inglés) se encarga de administrar y aplicar las leyes laborales federales, incluyendo la Ley de Normas Justas Laborales (Fair Labor Standards Act o FLSA), que establece las normas de salario mínimo, el pago de horas extras, el trabajo infantil y los registros contables que debe llevar el empleador. Consulta la sección *elaws* del sitio web del DOL para obtener más información acerca del cumplimiento de las leyes laborales federales (http://www.dol.gov/elaws/index.htm).

FirstStep Employment Law Advisor es un manual sobre leyes laborales, mantenimiento de registros, presentación de informes y requisitos de aviso, incluyendo los posters que se deben exhibir obligatoriamente en el sitio que se emplee como lugar de trabajo. A través de un cuestionario interactivo, *FirstStep* ayuda a determinar cuáles de los requisitos DOL se aplican a una determinada empresa. El sitio web *FirstStep* de DOL se encuentra en http://www.dol.gov/elaws/firststep.

Ten en cuenta que *FirstStep* no explica la totalidad de las leyes laborales establecidas por el DOL, sino únicamente las más importantes. Si no sabes cuáles son las leyes que se aplican a tu empresa, el DOL recomienda empezar a investigarlo usando *FirstStep*. El DOL también ofrece una guía sobre derecho laboral llamada Employment Law Guide en inglés. Esta guía brinda información más práctica; puedes encontrarla en http://www.dol.gov/elaws/elg. Si necesitas ayuda para navegar a través de las leyes y reglamentos del DOL, busca el asistente del DOL en http://www.dol.gov/compliance. O puedes llamar por teléfono al 1-866-4-USA-DOL (1-866-487-2365). Recuerda que las agencias estatales de empleo exigen que los empleadores cumplan con otras leyes adicionales.

Requisitos de la OSHA

La Administración de Seguridad y Salud Ocupacional (OSHA, en inglés) es una división del Departamento de Trabajo de los Estados Unidos que se encarga de regular la seguridad en el lugar de trabajo. En los Estados Unidos, los empleadores deben seguir los estándares de seguridad laboral establecidos por el acta Occupational Safety and Health Act de 1970 y cumplir con los requisitos de la OSHA, tanto a nivel estatal como federal. Los estándares estatales a veces pueden ser más estrictos que los federales.

Para obtener más información acerca de cómo cumplir con los requisitos de la OSHA, comunícate con el grupo de ayuda OSHA Compliance Guidance Group al 1-301-515-6796 o visita el sitio web de OSHA, http://www.osha.gov. La manera más sencilla de navegar este sitio es usando el índice A-Z de la página de inicio que se encuentra en la barra de búsqueda, arriba a la derecha. Busca "small business" (empresas pequeñas) en el índice y haz clic en el enlace. El link directo a la página acerca de pequeñas empresas es http://www.osha.gov/dcsp/

smallbusiness/index.html. Esta página incluye información acerca del programa de consulta online de la OSHA y el Asistente rápido de cumplimiento Compliance Assistance Quick Start. Aquí también puedes consultar el manual de la OSHA acerca de la pequeña empresa *Small Business Handbook*.

La página de servicios de paisajismo y horticultura de la OSHA Landscape and Horticultural Services contiene información importante acerca de la seguridad y el cumplimiento de sus normas; consulta "Seguridad y la OSHA" on page 36. Cartel de *Job Safety and Health: It's the Law* (Seguridad en el Trabajo y Salud: Es la Ley) de la OSHA es requerido para todos los empleadores. Busca "posters" en el índice A-Z. La oficina de publicación de la OSHA, OSHA Publications Office, ofrece información a pedido llamando al 1-202-693-1888. El número de teléfono general de la OSHA es el 1-800-321-OSHA. Ten en cuenta que tu Estado puede tener su propio sitio web OSHA.

Importante: En caso de que un empleado pierda la vida, o que tres o más empleados deban ser hospitalizados como resultado de un accidente ocurrido en el trabajo, debes informarlo dentro de las 8 horas por teléfono o en persona en la oficina de la OSHA más cercana al lugar del incidente. Puedes notificarlo a través del número central de la OSHA, el 1-800-321-OSHA (1-800-321-6742).

Requisitos de anuncios

El sitio web del Departamento de Trabajo proporciona una lista de carteles, o posters, que deben ser exhibidos en todo lugar de trabajo. Ten en cuenta que todas las empresas deben cumplir con estos requisitos. Para averiguar qué posters federales debes tener en exhibición en tu empresa, llama al DOL o utiliza el Asistente de posters *FirstStep Poster Advisor* en http://www.dol.gov/elaws/posters.htm. La mayoría de los carteles también están disponibles en español. Entre los posters federales que es requisito exhibir se encuentran:

- Employee Polygraph Protection Act (Acta de protección del polígrafo del empleado)

- FLSA/Federal Minimum Wage (Salario mínimo federal o FLSA)

- Equal Employment Opportunity Is The Law (Las oportunidades igualitarias de empleo son la ley)

- De seguridad y salud ocupacional: It's the Law (Es la ley)

Las agencias de empleo estatales tienen requisitos de aviso y de exhibición de posters adicionales. Por ejemplo, pueden exigirte que repartas a tus empleados folletos sobre los derechos de remuneración de los trabajadores y acoso sexual, entre otros temas. Y cuando despides o dejas ir a un empleado, es posible que sea requisito que entregues a la persona panfletos acerca de desempleo y seguros de discapacidad. En la oficina de trabajo estatal puedes averiguar todos los requisitos que los empleadores de ese Estado deben cumplir. El sitio web de la Administración de la pequeña empresa de los Estados Unidos, o The U.S. Small Business Administration, http://www.sba.gov, es un recurso muy útil para determinar requisitos para empleadores y para localizar agencias de empleo estatales. Si buscas "managing employees" (manejo de empleados) y "posters" en el sitio web de la SBA, el resultado de la búsqueda te mostrará una serie de artículos relacionados.

Legajo del empleado

Por ley, los empleadores están obligados a llevar un legajo con los expedientes de cada empleado. Para saber qué tipos de registros estás obligado a llevar por el acta de trabajo justo Fair Labor Standards Act (FLSA) y las leyes del DOL, consulta el tema anterior "Leyes laborales federales" y contesta los cuestionarios *FirstStep* del Departamento de Trabajo. El legajo de cada empleado también debería incluir la descripción de su trabajo, su número de seguridad social, su solicitud de empleo, el formulario W-4 del IRS, el formulario I-9 del USCIS, los registros de desempeño y asistencia, y otro tipo de informaciones relacionadas. Estos legajos deben ser confidenciales y deben guardarse en un lugar seguro y protegido. Para obtener más información acerca de cómo hacer y llevar un legajo de empleado, consulta libros especializados como el manual del empleador *The Employer's Legal Handbook* de Fred S. Steingold (Nolo).

Condiciones de elegibilidad de empleo

Todo empleador tiene la obligación de verificar que sus empleados están habilitados para trabajar legalmente en los Estados Unidos. Esta comprobación se realiza completando para cada nuevo empleado el Formulario I-9 del Servicio de Ciudadanía e Inmigración de Estados Unidos (USCIS) *Verificación de Elegibilidad de Empleo* (*Employment Eligibility Verification* en inglés). El I-9 debe completarse dentro de los tres días desde la contratación. Estos formularios deben conservarse por un período de tres años o hasta cumplido un año desde que el empleado dejó de trabajar allí. De estas opciones debe cumplirse la que sea posterior. El I-9 puede descargarse desde el sitio web del Servicio de Ciudadanía e Inmigración de Estados Unidos, http://www.uscis.gov. También está disponible en español en http://www.uscis.gov/portal/site/uscis-es. Busca "employment eligibility verification" (verificación de elegibilidad de empleo). Las instrucciones para completar el formulario I-9 se encuentran en el Formulario M-274 *Manual para Empleadores*, también disponible para descarga. El número de teléfono del USCIS es el 1-888-464-4218.

En E-Verify, puedes verificar instantáneamente la elegibilidad de empleo de cualquier persona dentro de los Estados Unidos. Según el USCIS, "E-Verify es un sistema basado en Internet que compara la información de un formulario I-9 con los datos del Departamento de Seguridad Nacional de los Estados Unidos, con los registros de la Administración del Seguro Social y confirma la elegibilidad de empleo de cualquier persona"*. Visita el sitio web de la OSCIS para registrarte en E-Verify. En algunos Estados (p. ej., en Arizona y Mississippi), es requisito que los empleadores utilicen E-Verify.

Informe de nuevo empleo

Los empleadores tienen la obligación de informar a una agencia estatal la contratación de todo nuevo empleado, incluyendo aquellos que se vuelve a contratar, dentro de los 20 días. En algunos Estados, esto también puede aplicarse a la contratación de contratistas independientes. Para encontrar el nombre y la información de contacto de la agencia estatal a cargo de este programa, visita la nueva página acerca de requisitos de contratación New Hire Reporting Requirements en el sitio web de la Administración de la pequeña empresa Small Business Administration: http://www.sba.gov/content/new-hire-reporting-your-state.

Formularios de impuestos y retenciones

La Publicación 15 (Circular E) del IRS, *Employer's Tax Guide* (Guía de contribución patronal) detalla todos los impuestos federales que los empleadores deben pagar. La Publicación 15-A *Employer's Supplemental Tax Guide* (Guía suplementaria de contribución patronal) también ofrece información acerca de los impuestos patronales. Estas publicaciones están disponibles en el sitio http://www.irs.gov o llamando al 1-800-TAX-FORM (1-800-829-3676). En la Publicación 15 encontrarás un resumen de las contribuciones patronales básicas a nivel federal.

También existen talleres o cursos dedicados al aprendizaje de los requisitos patronales fiscales, pero no son muy fáciles de encontrar. Vale la pena investigar el sitio web del IRS, el de la Administración de la pequeña empresa Small Business Administration (http://www.sba.gov) y el de SCORE (http://www.score.org). El número de teléfono de ayuda del IRS es el 1-800-829-1040. La Publicación 910 del IRS, *Guide to Free Tax Services* (Guía de Servicios tributarios gratuitos) incluye una lista de recursos educativos. Mantén los registros tributarios de los empleados durante por lo menos cuatro años. Algunos profesionales recomiendan abrir una cuenta de cheques aparte para las retenciones de impuesto de los empleados.

Es posible que debas pagar el impuesto estatal de seguro de desempleo y otros impuestos estatales. Comunícate con la agencia fiscal de tu Estado para obtener más información. En el sitio web de la Small Business Administration, en la página http://www.sba.gov/content/learn-about-your-state-and-local-tax-obligations, puedes encontrar los links a las agencias de cada Estado.

Publicación de avisos, entrevistas, contratación y finalización de contratos

Una vez que tienes un seguro de desempleo EIN, estás en cumplimiento con los requisitos de la OSHA y sabes cómo completar los requisitos fiscales relacionados con la contratación de empleados, aún resta entrevistar y contratar al personal, formarlo, dirigirlo, pagarle y, a veces, despedirlo. Existen muchas leyes que regulan el proceso de contratación y despido así como la relación patrón-empleado. Si bien eres completamente libre de contratar a quien desees, es ilegal discriminar a una persona por motivos de raza, color, religión, nacionalidad, sexo, edad, discapacidad o información genética. Hay leyes adicionales dedicadas a la lucha contra la discriminación. No está permitido realizar búsquedas extensivas de los antecedentes de una persona sin su previo consentimiento escrito. Al entrevistar a alguien, debes ser cuidadoso con el tipo de preguntas que haces. Es importante conocer y poder entender tanto ésta como varias otras leyes laborales que regulan la relación patrón-empleado antes de contratar a cualquier persona. El manual del empleador de Fred S. Steingold (Nolo) *The Employer's Legal Handbook* es uno de los libros específicos que explica los aspectos legales de esta relación.

Servicios de administración de nómina

Una alternativa más sencilla a hacer el trabajo tú mismo es contratar un servicio de administración de nómina que se encargue de realizar las deducciones estatales y federales correspondientes, calcular los montos de cada sueldo y generar los cheques para los empleados. Muchos de estos servicios también se encargan de depositar regularmente las retenciones para el IRS e informan la contratación de nuevos empleados a las agencias estatales pertinentes, en caso de que la ley así lo exija. Por un costo adicional, ciertas empresas obtienen el seguro de compensación para los trabajadores y competan los formularios W-2 y 1099-MISC en tu nombre. Puedes encontrar estos servicios de administración de nómina en la guía telefónica. Pide un presupuesto y asegúrate de entender bien qué servicios están incluidos y cuáles no. También existen programas de software y servicios basados en internet dedicados a esto.

Trabajadores temporarios

Una manera de evitar tener que hacer el proceso de contratación, pagar el seguro de compensación y encargarte de administrar la nómina es trabajando con una agencia de empleo temporal. A cambio de un pago, estas agencias se encargan de todos los aspectos legales de la contratación y el pago de empleados. Su negocio es cobrarte un precio por hora un poco superior a lo que cobra el empleado. Contratar empleados directamente es más barato, pero si quieres evitarte el papeleo o conseguir ayuda durante los primeros meses, este tipo de agencias pueden ser de utilidad. Ten en cuenta que aún cuando contratas a un trabajador temporario, las leyes que regulan la relación empleador-empleado siguen siendo igualmente válidas.

Contratistas independientes

Un contratista independiente realiza trabajos para empresas, pero sin ser su empleado. Dado que los contratistas independientes están considerados como trabajadores por cuenta propia, no es necesario deducir impuestos por ellos ni obtener un seguro de compensación en su nombre. Además, en la mayoría de los casos, tu empresa no será responsable de los actos negligentes cometidos por cuentapropistas.

Cuando contratas a un independiente por $600 o más en servicios o materiales en el lapso de un año, tienes la obligación de completar y enviar un formulario 1099-MISC al IRS y uno al contratista. Consulta la publicación del IRS *Instructions for 1099-MISC* (Instrucciones para el 1099-MISC) para obtener las cifras actuales y los detalles completos. Es importante que todo propietario de empresa presente este formulario, porque hacerlo es una evidencia de presunción de que las personas por las cuales se presenta el 1099 es de hecho un contratista independiente (Fujie, 2009).

Algunos Estados pueden tener obligaciones de presentación de informes adicionales para la contratación de contratistas independientes. Por ejemplo, en el Estado de California, todo empleador debe presentar en el departamento de desarrollo del empleo Employment Development Department

(EDD) un formulario DE 542 dentro de los 20 días de haber pagado o iniciado un contrato con un contratista independiente por $600, o más, por año. Este formulario ayuda a los organismos estatales y del condado a localizar a padres que no cumplen con sus obligaciones de manutención (Formulario 542 DE 2005).

¿Contratista independiente o empleado?

Debido a que contratar a un contratista independiente implica tener que hacer una cantidad mínima de papeleo y casi no tener obligaciones legales, muchos se tientan a clasificar a sus trabajadores como independientes, cuando en realidad deberían ser contratados como empleados. Sin embargo, el IRS penaliza severamente a las empresas que clasifican incorrectamente a sus empleados como contratistas independientes. Si declaras que la gente que trabaja contigo son contratistas independientes, y en realidad no lo son, el IRS puede obligarte a pagar el total de impuestos atrasados que considere pertinente, incluidas multas por vencimiento e intereses. Ten en cuenta que el IRS y ciertas agencias estatales investigan activamente éste área de la ley fiscal.

El IRS provee instrucciones para ayudar a los propietarios de empresas a hacer la distinción entre un contratista independiente y un empleado. La regla general indica que la clasificación de contratista independiente es aplicable si simplemente se contrala o dirige el resultado del trabajo, pero no cómo éste se ejecuta. Este "grado de control" es lo que se necesita considerar en cada situación. Por lo general, si una persona anuncia sus servicios públicamente, trabaja para diferentes personas simultáneamente, posee equipos de jardinería propios, establece su propio horario de trabajo, tiene su propia oficina o lugar de trabajo, determina cómo ejecutar el trabajo y no se le reembolsan gastos, se la puede considerar como un contratista independiente (Pakroo, 2004).

Por ejemplo, una limpiavidrios profesional contratada como contratista independiente, limpia las ventanas de pequeñas empresas locales. Esa persona decide cómo hacer el trabajo y establece sus propios precios. Además, tiene su propia licencia comercial, es dueña de sus instrumentos de trabajo y cumple con los requisitos legales de su rubro de comercio. Si esta limpiavidrios accidentalmente ocasiona daños a la propiedad de, por ejemplo, un restaurante en el que trabaja como contratista independiente, ella es considerada financieramente responsable de resarcirlos. Si fuera una empleada común del restaurante, no sería financieramente responsable de resarcir los daños.

Veamos otro ejemplo. Estás pensando en contratar a un amigo para ayudarte con el mantenimiento de algunos jardines porque él tiene su propia camioneta. Le prestarías tus herramientas, le indicarías las direcciones donde debe ir a trabajar, le describirías cómo deseas que realice el trabajo y acuerdan cuánto cobraría. Para ti, sería más seguro contratar a tu amigo como un empleado que como un contratista independiente, porque él no tiene su propia empresa y estaría realizando el trabajo de acuerdo a tus indicaciones. Si lo clasificas como contratista independiente y el IRS revoca esta clasificación, puedes ser considerado responsable de pagar los impuestos que tu amigo debería haber pagado y también las sanciones pecuniarias.

Por el contrario, probablemente sí puedas clasificar como un contratista independiente a un amigo que se encargará de hacer el mantenimiento básico de tus contratos durante una semana mientras tú no estás; siempre y cuando él ofrezca sus propios servicios de paisajismo, sea dueño de sus equipos y tenga sus propios contratos de mantenimiento. Para obtener información más detallada sobre cómo determinar si una persona debe clasificarse como empleado o como contratista independiente, consulta la Publicación 15-A del IRS, la guía para empleadores *Employer's Supplemental Tax Guide* o un libro especializado como, por ejemplo, Hiring Independent Contractors (Contratación de contratistas independientes), de Stephen Fishman (Nolo). Si tienes dudas sobre cuál es la clasificación correcta de un trabajador en particular, haz que un asesor fiscal profesional tome la decisión. Otra opción es completar el formulario SS-8 del IRS y el Instituto lo clasificará por ti.

CAPITULO 14

Contabilidad

En este capítulo
- Ingresos y gastos
- Cuentas bancarias
- Registros
- Libros contables y sistemas de contabilidad
- Libro de ingresos y libro de gastos
- Otros libros contables y el diario de registro de millas recorridas
- Software de contabilidad

El IRS exige que los propietarios de empresas lleven un registro de sus ingresos y gastos para poder así verificar si su declaración impositiva es exacta. Esta práctica de asentar transacciones comerciales se conoce como contabilidad. Desde un punto de vista práctico, ayuda a mantener la organización durante la preparación para el pago de impuestos, es decir, cuando se deben declarar ingresos y deducciones al IRS. Si tienes empleados, también es necesario llevar libros contables para documentar las retenciones salariales. Otra de las funciones de la contabilidad es proporcionar a un contador o software de contabilidad con información financiera exacta que pueda utilizarse para generar reportes de la situación financiera de una empresa. Ten en cuenta que la contabilidad abarca la teneduría de libros pero no se limita solo a esto.

El IRS establece ciertos lineamientos relativos a la contabilidad que toda empresa debe seguir. Este capítulo describe algunos de ellos y también ciertos conceptos fundamentales acerca de cómo llevar los libros de una empresa. También enseña a crear y usar un método de contabilidad manual de una sola entrada. Aún si se decide usar software de contabilidad, la simplicidad de un sistema de ingreso manual facilita el aprendizaje de los contenidos básicos.

Consultar a un contador especializado en empresas pequeñas, o a un contador público certificado (CPA), antes de elegir el método contable a utilizar puede ser útil. Estos profesionales ofrecen guías acerca de cómo crear libros contables, contestan preguntas relativas a la teneduría de los mismos y a las cuestiones impositivas que surgen inevitablemente. Muchos contadores públicos certificados se especializan en cuestiones impositivas de la pequeña empresa. Ten en cuenta que un contador experto, o un CPA, puede ser un socio de valor; todo propietario de una pequeña empresa debería considerar contratar uno. Para obtener más información, consulta "Asesores de impuestos" on page 247. Esta introducción a la contabilidad es una primera aproximación práctica a la misma; no pretende abarcar cada aspecto por completo. Se sugiere buscar información adicional de otras fuentes para asegurar el cumplimiento de todos los requisitos contables de una empresa. Tomar un curso de contabilidad para empresas pequeñas también puede ser de utilidad. Las siguientes publicaciones del IRS ofrecen información adicional:

- Publicación 583 *Starting a Business and Keeping Records* (Iniciación de una empresa y manejo de registros)

- Publicación 334 *Tax Guide for Small Business* (Guía impositiva para empresas pequeñas)

- Publicación 538 *Accounting Periods and Methods* (Períodos y sistemas contables)

- Publicación 535 *Business Expenses* (Gastos de la empresa)

- Publicación 463 *Travel, Entertainment, Gift, and Car Expenses* (Gastos para viajes, entretenimiento, regalos empresariales y vehículos)

- Publicación 587 *Business Use of Your Home* (Uso comercial del hogar)

- Publicación 946 *How to Depreciate Property* (Cómo depreciar propiedades)

Puedes solicitarle al IRS que te envíe sus formularios y publicaciones llamando al 1-800-TAX-FORM (1-800-829-3676), o puedes descargarlas de su sitio web, http://www.irs.gov. Ten cuenta que, en ocasiones, estas publicaciones pueden ser difíciles de leer. La bibliografía acerca de contabilidad, libros contables e impuestos para pequeñas empresas facilitan la comprensión de estos temas. Varios de estos libros se encuentran listados en el apéndice A.

Ingresos y gastos

El dinero que una empresa genera, en forma de dinero en efectivo, cheques o pagos con tarjeta de crédito, son sus ingresos. El IRS considera que las propiedades y los servicios prestados también deben ser considerados como tales. Por ejemplo, si se otorga una reducción en el alquiler a cambio del mantenimiento gratuito del jardín de esa propiedad, el precio de mercado del servicio que se ofrece en trueque se considera como un ingreso. El IRS presenta un listado de las formas menos comunes de ingresos en su Publicación 334, *Tax Guide for Small Business* (Guía impositiva para empresas pequeñas).

Los gastos de la empresa son los costos relacionados con el funcionamiento de la misma. Por ejemplo, los gastos de publicidad, impresión de tarjetas comerciales, equipamiento y herramientas, suministros de jardinería, etc., todos son considerados gastos comerciales. Estos gastos son deducibles. Esto significa que no se deben pagar impuestos sobre estos gastos. Por ejemplo, si compras un cortasetos por $250, podrás declarar el gasto como un gasto comercial; esto reducirá tu monto imponible en $250. Si necesitas adquirir un equipo de mantenimiento nuevo, cómpralo y guarda el formulario de amortización impositiva. En general, deberías evitar hacer compras únicamente para reducir la carga impositiva.

Existe algo de libertad para decidir qué califica como gasto comercial, pero finalmente el IRS debe estar de acuerdo con tu decisión. Básicamente, el gasto debe ser "habitual y necesario". De acuerdo con el IRS, un "gasto habitual" es aquel que se da habitualmente y que es aceptable en ese ramo de la industria o comercio. Un gasto necesario es aquel que es de utilidad y apropiado para tu actividad comercial. Un gasto no debe ser necesariamente indispensable para ser considerado necesario.

Los gastos de una empresa se dividen mayormente en dos categorías: gastos corrientes y gastos de capital. Los gastos corrientes son aquellos asociados con el manejo regular de una empresa; estos ítems se terminan de pagar generalmente dentro del año (p. ej., suministros, reparación de equipos y publicidad). Los gastos de capital son aquellos cuya vida útil superan el año (p. ej., herramientas y vehículos).

Ten en cuenta que el inventario no clasifica como gasto de la empresa; es un activo que se "paga" al ser vendido (Daily, 2005). En consecuencia, las compras de inventario hechas a fin de año no reducirán los ingresos imponibles del año. Por ejemplo, la compra de $400 en partes para un sistema de irrigación realizada en época de rendición de impuestos no reducirá la base imponible en $400 por tratarse de compras de inventario.

Exploraremos alguno de estos temas más adelante. Por el momento, solo necesitas comprender a grandes rasgos qué significan los términos *ingresos* y *gastos*. A continuación, abordaremos los tres aspectos esenciales de un sistema de contabilidad: la cuenta bancaria, los registros y los libros de contabilidad.

Cuentas bancarias

Las finanzas personales deben mantenerse separadas de las comerciales. Esto se logra abriendo una cuenta corriente independiente para uso de la empresa. En algunos estados cobrar un cheque comercial antes de depositarlo en una cuenta corriente comercial es ilegal (Kamoroff, 2005). Aunque legalmente no se exija tener una cuenta corriente separada, hacerlo es el primer paso lógico y acertado para la correcta organización de las finanzas de una empresa.

Otra forma de documentar ingresos y gastos es por medio de los resúmenes o extractos de cuenta bancarios. Si todos los ingresos se depositan en la cuenta de la empresa y ésta misma se utiliza para hacer el pago de todos los gastos, los resúmenes de cuenta pueden servir para verificar la exactitud de tus registros contables. Depositar ingresos particulares en la cuenta comercial crea confusión y se deben hacer esfuerzos extra para hacer el correcto seguimiento de las operaciones.

Depositar todos los ingresos de la empresa en una cuenta corriente comercial es un hábito muy saludable para las finanzas. Esto aplica a todo tipo de pago, en efectivo, cheques, órdenes de pago y transacciones con tarjetas de crédito. Obviamente, esconder ingresos es ilegal y puede derivar en consecuencias legales, como el pago de impuestos atrasados, multas y penalidades. El IRS es muy hábil para encontrar contradicciones en registros comerciales. Tiene autoridad para inspeccionar cualquier documento relativo a tus finanzas comerciales o personales, incluyendo (pero no limitado a) libros contables, recibos, facturas, extractos bancarios y resúmenes de tarjetas de crédito.

Al realizar un retiro de efectivo de tu cuenta comercial para uso personal, registra la operación en tu libro de gastos y en tu libreta de cheques como "extracción del propietario". Finalmente, realiza el balance de tu libreta de cheques cada mes para que tus registros sean exactos y estén bien actualizados.

Registros

Todo registro de ingresos y gastos comerciales debe ser guardado para poder explicar cualquier reclamo que pudiera surgir en tus deducciones impositivas. En caso de ser citado a una auditoría (explica en la página page 247), el IRS puede pedir ver los registros comerciales para verificar que la declaración de ingresos y gastos es correcta. Si no cuentas con recibos u otra documentación válida, es posible que no se te otorguen todas las deducciones que reclamas en tu pedido de reintegros. También debes conservar la documentación de préstamos comerciales y contribuciones financieras personales a la empresa.

A continuación, encontrarás algunos lineamientos acerca de cómo llevar el registro de ingresos y gastos. Para más información acerca de qué es adecuado incluir en estos registros, consulta la Publicación 583 del IRS, *Starting a Business and Keeping Records* (Iniciar una empresa y llevar registros contables) y la 463, *Travel, Entertainment, Gift, and Car Expenses* (Gastos para viajes, entretenimiento, regalos empresariales y vehículos).

Registro de ingresos

Conserva una copia de cada ingreso y factura. Las facturas deben incluir una descripción de los ítems o servicios prestados (p. ej., "Cuota de mantenimiento de Julio"), el monto total y la fecha. Los ítems sujetos a impuestos sobre la venta deben estar claramente señalados y el total del impuesto sobre la venta, incluido. Los impuestos sobre la venta se describen en la página page 233.

Si haces fotocopias de una factura diseñada por ti mismo, guarda una copia cada vez que emitas una. Los talonarios de facturas que tienen papel carbónico (NCR) realizan una copia de cada factura en el momento en que ésta se completa. Si cometes un error al completar una de estas facturas y no puedes usarla, escribe "anulada" y consérvala. Las omisiones en la secuencia numérica de facturación pueden generar un problema con el IRS.

Registro de gastos

Debes guardar los registros y comprobantes de todos los gastos de la empresa por los cuales solicites devolución impositiva. Los recibos y cheques cancelados sirven como registros de transacciones realizadas. Las facturas pagas también pueden usarse como comprobantes de ciertos gastos comerciales, como por ejemplo, los utilitarios. Algunos recibos están compuestos por un ticket impreso y un cupón de tarjeta de crédito. Abrocha ambos juntos para evitar confundirlos con transacciones separadas.

Al hacer cualquier gasto, se lo debe ingresar en el libro de gastos (explicado más adelante) junto con su recibo. Los gastos se registran en distintas categorías en el libro de gastos. Archiva los recibos de una misma categoría (p. ej., "gastos de oficina") en un mismo sobre o carpeta para encontrarlos fácilmente luego. Una vez que todos los recibos del año hayan sido clasificados y los impuestos hayan sido calculados, anota el año fiscal en cada sobre y archiva los sobres en un archivador junto con las deducciones impositivas y otros documentos comerciales. Para más información acerca de durante cuánto tiempo se deben conservar los documentos comerciales, consulta ""Cuánto tiempo de deben guardar los registros" on page 248.

Libros contables

Un libro contable consiste en hojas con filas y columnas que se usa para registrar, o "asentar" en la jerga de la contabilidad, los ingresos y gastos de una empresa. En librerías o tiendas que venden suministros de oficina pueden conseguirse versiones en papel. Los software de contabilidad incluyen este tipo de tablas de registro.

Los dos libros principales de la empresa pequeña son el de ingresos y el de gastos. Dependiendo del tamaño y de la naturaleza del negocio, se pueden necesitar libros adicionales. Una empresa puede llevar libros independientes para las deducciones salariales, el inventario, los activos fijos, los gastos menores, las cuentas a cobrar, cuentas a pagar, gastos de viajes, gastos de vehículos, entre otros. Estos libros puntuales proveen registros más detallados de la información comercial que se encuentra resumida en los libros de ingresos y de gastos. Las necesidades de cada empresa determinan qué libros usar. Por ejemplo, si una empresa tiene pocos gastos por viajes, no se necesitará un libro exclusivo para asentar dichos gastos.

En los próximos temas presentamos algunas de las opciones existentes al establecer un sistema contable. A continuación, encontrarás la explicación de cómo organizar y usar los libros de ingresos y gastos.

Año calendario vs. Año fiscal

Las deducciones impositivas se realizan por un período contable de doce meses consecutivos denominado año fiscal. El año fiscal que usan la mayoría de los negocios e individuos coincide con el año calendario: comienza el 1º de enero y termina el 31 de diciembre. Algunas corporaciones tienen la posibilidad de declarar ingresos y gastos de un año fiscal que no coincide con el año calendario. Si tienes una razón de peso, puedes solicitar usar un año fiscal completando el formulario 8716 del IRS *Election To Have a Tax Year Other Than a Required Tax Year*, en inglés. Para más información, consulta la publicación 538 del IRS, *Accounting Periods and Methods* (Períodos y sistemas contables).

Sistema de entrada simple vs. Sistema de entrada doble

Las empresas pueden elegir entre usar un sistema contable de entrada simple o uno de entrada doble. En un sistema de entrada simple, cada transacción se registra una sola vez, o como un ingreso o como un gasto. Estos sistemas se asemejan a los registros en una libreta de cheques y son fáciles de usar. Una de sus desventajas es que, a diferencia del de doble entrada, no cuenta con un sistema integrado para chequear errores al cargar los datos.

Con el sistema contable de doble entrada, cada operación se registra dos veces: como un debito en una cuenta y como un crédito en otra. Por ejemplo, si se compra una caja de 20 regadores, en un sistema de doble entrada, la transacción se registraría como un débito (incremento) en la cuenta de inventario y como un crédito (reducción) en la cuenta de pagos. Por lo complejo de este sistema,

> ## Modificación del sistema contable
> Si decides cambiar el sistema contable después de haber entregado la primera declaración de impuestos de la empresa, necesitarás la aprobación del IRS para hacerlo. La misma se obtiene completando el formulario 3115. Lee atentamente las instrucciones acerca de cómo completarlo, así como la Publicación 538 del IRS, Accounting Periods and Methods (Períodos y sistemas contables) para obtener información detallada al respecto. Este es otro ejemplo de una tarea relacionada con la contabilidad de la empresa para la que la ayuda de un contador resulta útil.

es necesario hacer un curso especial para comprender cómo utilizarlo correctamente. Una de sus ventajas es que obliga a verificar que no se hayan cometido errores matemáticos, ya que los valores de las cuentas de débito y crédito deben coincidir.

La mayor parte de las empresas grandes, y muchas de las pequeñas, utilizan sistemas contables de doble entrada. Algunas empresas pequeñas pueden manejarse con un sistema manual de entrada simple. Una empresa con pocos o sin empleados y con ingresos bajos es, en ocasiones, denominada "micro empresa". Algunas empresas de administración de jardines residenciales pueden describiese como micro empresas.

En un comienzo, lo más razonable adoptar un sistema que sea fácil de aprender. Con el tiempo, uno puede capacitarse y cambiar de sistema en caso de ser necesario (primero deberás requerir la aprobación del IRS; consulta "Modificación del método de contabilidad" en la página siguiente). La mayoría de los libros introductorios de contabilidad enfatizan lo adecuado del uso de un sistema manual de entrada simple para las empresas simples y pequeñas. Algunos software de contabilidad, como Quicken, usan un sistema de entrada simple. Quickbooks tiene la opción de usar un sistema de entrada simple o doble. Ingresar datos con un software es relativamente sencillo, porque el proceso de doble entrada está automatizado y ocurre sin que el usuario lo note.

Método de contado vs. Método de acumulación

Cada empresa también debe optar entre un método contable de contado y uno de acumulación. Estos métodos guardan relación con la fecha en que se ingresa la transacción al libro contable. Con el método de contado, el ingreso se registra al recibir el pago (p. ej., cuando los fondos están disponibles), y los gastos, al realizar un pago. Por ejemplo, si compras una herramienta con un crédito de la tienda donde la adquieres, el gasto no se registrará en tus libros hasta el día en se abone la factura.

Con el método de acumulación, los ingresos se registran al momento de la facturación al cliente, aún cuando no haya pagado todavía; y los gastos cuando al adquirir algún ítem, inclusive si todavía no se ha pagado. Por ejemplo, con el método de acumulación, si compras un equipo el 20 de febrero, pero no abonas la factura hasta el 10 de marzo, el gasto igualmente se registra el día 20 de febrero.

Cada uno de estos métodos tiene la capacidad de afectar los ingresos imponibles del año en curso. Por ejemplo, si se usa el método de acumulación y se facturan $400 a un cliente cerca de finalizar el año 2013, pero no se recibe el pago hasta el 2014, los impuestos sobre los $400 se deben pagar en el 2013. De estar utilizando el sistema de contado, no se pagarían hasta el 2014.

El sistema de contado es el más fácil de usar. Sin embargo, el IRS provee normas acerca de quién tiene permitido usarlo, y quién no. Estas normas son complejas, por lo que es aconsejable consultar a un contador antes de tomar la decisión. Para

Hoja tipo de libro de ingresos / Marzo							
				Ventas no imponibles			
Fecha	Período de venta	Ventas imponibles	Impuesto a la venta	Al por mayor	Servicios no imponibles	Otros	Ventas totales
1		$59.95	$5.25		$115.00		$180.20
2							
3	Marzo 2 - 3				$240.00		$240.00
4							
5							
6					$177.50		$177.50
...31	Marzo 27 - 31				$595.00		$595.00
Totales		$59.95	$5.25		$1127.50		$1192.70

obtener más detalles al respecto, consulta la publicación 538 del IRS, *Accounting Periods and Methods* (Períodos y sistemas contables). De acuerdo a Kamoroff, CPA y autor de *Small Time Operator* (Operadores pequeños), si las ventas brutas anuales de tu empresa son de $1 millón, o menos, puedes usar cualquiera de los dos métodos (2005). Algunos software de contabilidad se basan en el método de acumulación.

Abrir y comenzar a llevar un libro de ingresos

Todo ingreso (ganancia) generado por la empresa debe registrarse en un libro de ingresos. Los registros de ingresos sirven para solicitar devoluciones impositivas y para generar reportes financieros. Para abrir uno de estos libros, adquiere papel para libros de contabilidad que tenga siete columnas aproximadamente. Dependiendo de la empresa, pueden necesitarse más o menos columnas. Para mostrar cómo denominarlas y asentar ingresos, seguiremos el formato tipo de la página siguiente.

En la primera columna del libro tipo, Fecha, se registran las ventas del día. Ten en cuenta que los renglones de la hoja tipo están numerados de acuerdo al número de día. Sin embargo, una columna en blanco permite registrar las ventas diarias en más de un renglón. Por ejemplo, se pueden asignar tres renglones al 3 de marzo y en cada renglón se registra el pago de un cliente diferente.

La columna siguiente, *Período de venta*, se utiliza para registrar los ingresos en un período determinado de tiempo (p. ej., 27–31 de marzo). Si utilizas la columna Período de Ventas, no necesitas utilizar la columna Fecha. Los ingresos de un período comprenden más de una venta en particular. Esto es generalmente conveniente para empresas que realizan numerosas ventas por día, como un comercio de venta al público o una empresa de mantenimiento muy grande. Los negocios de mantenimiento pequeños suelen realizar muchas menos transacciones y por eso a menudo es posible, y más conveniente, registrar cada pago independientemente. Por ejemplo, en lugar de asentar un total de las ventas por $240, generadas "entre el 2 y 3 de marzo"(consulta la hoja tipo), podrías detallar cada venta por separado; por ejemplo, "2 de marzo- Limpieza para Watson: $100", "3 de marzo, Mantenimiento de abril- Smith: $140".

Impuestos a la venta

Como propietario de una empresa pequeña, corresponde cobrar al cliente los impuestos a las ventas de todo servicio o producto imponible y enviar lo recaudado a la autoridad estatal correspondiente. La legislación de impuestos a las ventas varía de estado a estado, e inclusive dentro del mismo estado. Generalmente, solo los objetos materiales están sujetos a este impuesto, pero algunos estados y municipios también cobran impuestos a la venta sobre servicios. Algunos estados no cobran impuestos a las ventas (aunque algunas ciudades y municipalidades dentro de estos estados sí los cobran). Contacta la agencia de recaudación de impuestos de tu estado o la oficina gubernamental de tu ciudad para averiguar acerca de éste y otros requerimientos contables de la región. Los contadores que trabajan para empresas pequeñas también poseen dicha información.

Recuerda, si se utiliza el método de contado, la fecha que se considera es la del día en que los fondos están a disposición. Con el método de acumulación, la fecha sería la del día en que se le entrega la factura al cliente, independientemente de cuándo la abone.

La columna *Ventas imponibles* se utiliza para aislar los ingresos susceptibles de tener impuestos de venta. Utilízala para ingresar todos los elementos imponibles de un mismo trabajo. Por ejemplo, cobras impuestos de venta en $40.00 de materiales, deberías ingresar $40.00 en esta columna. Luego, en la columna *Impuestos a las ventas* se asientan los montos que se pagan de este impuesto. Por ejemplo, si el total de ventas imponibles es $40.00, y el impuesto de venta es del 8.25 por ciento, el monto total que se abona de impuestos a las ventas sería $3.50. Este valor se ingresa en la columna Impuestos de venta. Asumiendo que detallas estos valores en tus facturas, puedes transferirlos directamente desde allí. Si realizas una entrada correspondiente a un período de ventas, estas columnas incluirían el total de las ventas imponibles y de impuestos a las ventas de todo el período.

Nota: Las columnas Ventas imponibles e Impuestos a las ventas solo se utilizan para ítems imponibles que has remarcado y revendido. Al comprar un artículo, ya estás pagando impuestos a las ventas. Si no lo remarcas al venderlo, no debe incluirse en estas columnas. En vez, el monto total de estos ítems puede incluirse en la categoría "otros", bajo ventas no imponibles.

Junto a la columna para los impuestos a las ventas, se encuentra la de *Ventas (servicios) no imponibles*. Estas consisten en aquellos ítems que figuran en tus facturas o recibos de venta que no están sujetos a impuestos. Generalmente, la mano de obra y la prestación de servicios no están sujetos a impuestos de venta. Sin embargo, algunos estados o municipalidades sí los consideran imponibles. Para obtener más información, consulta "Impuestos a las ventas" en la página siguiente.

En la hoja tipo, las ventas no imponibles se dividen en tres columnas: *Ventas al por mayor*, *Servicios no Imponibles* y *Otros*. Puedes agregar otras categorías de acuerdo a tus necesidades. Por ejemplo, podrías crear tres columnas debajo de la columna de servicios no imponibles: *Mantenimientos*, *Limpiezas* y *Reparación de sistemas de riego*. Estas sub categorías no serán de interés para el IRS, pero pueden serte de utilidad para analizar tu empresa. Si estos servicios son imponibles en tu área, incluye estas categorías bajo Ventas Imponibles.

En última instancia, el libro de ingresos debe adaptarse a las necesidades de tu negocio. Si alguna categoría no es pertinente para la realidad de tu empresa, no estás obligado a incluirla; si te facilita

Hoja tipo de libro de gastos / Marzo									
Fecha	Método de pago	Beneficiario	Total	Inventario	Nómina	Publicidad	Suministros	Misc.	No Deduc.
3-1	Visa	ACE Hard.	$42.50				$31.25		$11.25
3-1	Visa	CT Irrigation	$34.50					$34.50	
3-5	Ck.# 472	RB Nursery	$18.70				$18.70		
3-12	Ck.# 473	Daily Star	$28.40			$28.40			
Total de marzo			$124.10			$28.40	$49.95	$34.50	$11.25

incluir categorías adicionales, hazlo. Por ejemplo, podrías incluir una columna denominada *Tipo de pago* para registrar el número de cheque o si el pago fue en efectivo. La mayoría de los pagos se hacen con cheques, pero al IRS le agrada ver que reclamas que el pago se realice con efectivo y puede sospechar si no hay ninguno. Podrías incluir la información de la cuenta bancaria de cada cheque, esto facilita el seguimiento en caso de cheques rechazados.

Una vez asentados todos los ingresos del mes, anota los totales de cada columna al pie de la hoja del libro. Cada mes, comienza una hoja nueva del libro de ingresos. A final de año, suma los totales mensuales en otra hoja para obtener el total de ingresos del año.

Nota que tus ingresos totales podrían incluir reembolsos de clientes por materiales que tú has adquirido, pero finalmente, no pagarás impuestos sobre el monto pagado por estas compras. El costo de estos materiales es considerado un gasto comercial ("suministros") y, como tales, se deducen en el Formulario de impuestos C, explicado en el próximo capítulo.

Nota también que los ingresos provenientes de préstamos o tu contribución personal no se registran en el libro de ingresos.

Abrir y utilizar un libro de gastos

El libro de gastos funciona de manera similar a una libreta de cheques, ya que contiene un registro de los pagos realizados por una empresa. Difiere de la anterior en que el libro de gastos muestra todos los pagos realizados, no solo los hechos con cheques. Otra característica de este libro contable es que se agrupan en categorías. Categorizarlos permite el análisis de en qué se está gastando y ayuda en la preparación para la época de pago de impuestos, cuando se todos los gastos se categorizan para el IRS.

Al organizar tu libro de gastos, elige las categorías basándote en los gastos habituales de tu empresa. Por ejemplo, si gastas mucho en tarifas de la estación de trasbordo, puedes crear la categoría "Estación de trasbordo". Si bien muchas de las categorías del libro de gastos serán gastos comerciales, también pueden incluirse otras categorías, como "inventario" y "activos fijos". Por estas características, el libro de gastos puede considerarse un registro completo de todos los fondos pagados por una empresa.

Los que son propietarios únicos deben completar un formulario de impuestos Schedule C. Puedes ahorrar tiempo en la preparación de tu presentación de impuestos organizando tu libro de gastos de manera tal que incluya algunas de las categorías de gastos de la Schedule C. Otra buena idea es basar algunas de las categorías de gastos en tus

Software de contabilidad

Los software de contabilidad tienen ventajas y desventajas. Una de las desventajas es que como las funciones más complejas se ejecutan de forma automática, algunos usuarios ocasionalmente tienen dificultad para comprender de dónde resulta un valor o qué significa. Esto probablemente le ocurra a aquellos que carecen de nociones básicas de contabilidad. Otra de las desventajas es que lo afectan los todos los problemas que vienen con el uso de un computador: éste se degrada, el disco rígido puede romperse, puede sufrir el ataque de un virus, robo u otros males. Si estas observaciones te generan inquietud, recuerda que llevar un sistema de contabilidad a mano también es perfectamente aceptable. En el caso de algunas empresas es incluso más rápido e implica menor gasto de tiempo que utilizar un software.

Una de las ventajas del software de contabilidad es que pone sistemas contables más desarrollados a tu alcance. Hacer un informe financiero, tarea que puede llevar un tiempo considerable de hacerlo a mano, puede resolverse automáticamente y la complejidad de la contabilidad de doble entrada se desarrolla "detrás de escena". Para empresas que no son simplísimas, o sea que no se componen de una sola persona, las probabilidades que ofrece el software aumentan la exactitud de la contabilidad al mismo tiempo que proporcionan información financiera mucho más completa. Además, se simplifica el proceso de mantener actualizado el inventario; esto podría generar la motivación necesaria para dedicarte a la reventa de materiales. Si llevas un inventario, deberías considerar seriamente el uso de un software de contabilidad.

Algunos productos de contabilidad informática dedicados a empresas pequeñas que se encuentran disponibles son QuickBooks (Intuit, Inc., http://quickbooks.intuit.com), Peachtree (Sage Software, http://www.peachtree.com) y Microsoft Office Small Business Accounting (Microsoft, http://www.microsoft.com). El sitio de web http://www.taxsites.com incluye links a varios otros proveedores de software de contabilidad. El tiempo de aprendizaje de la mayoría de estos programas es relativamente corto. Algunos incluyen tutoriales para simplificar el proceso. Sin embargo, es necesario tener conocimientos básicos de contabilidad. Un contador puede ayudarte a instalar el software adecuado para tu empresa e iniciarte en el uso de un sistema contable a cambio de una tarifa.

---

categorías G&A de gastos generales (descriptas en la página page 202). Esto puede ayudarte a acelerar el cálculo de los costos generales.

Si estás usando el método de contado, la fecha que registres debe ser la del día en que realizaste el pago. Con el método de acumulación, la fecha de registro será la del día en que la transacción tuvo lugar, sin importar cuándo se abone la factura. En la columna *Forma de pago*, registra el tipo de pago y el número de cheque en caso de utilizar uno. Incluye la columna *Beneficiario* para destacar quién recibió el pago. También es útil incluir una columna denominada *Transacciones* para describir a qué se aplicó el gasto.

El monto de cada transacción se registra en por lo menos dos columnas: la columna *Total* y la columna de la categoría de gasto a la que el pago corresponde. Por ejemplo, en la hoja de libro de gastos tipo, la transacción del 3-12 por un valor de $28.40 aparece registrada en las columnas *Total* y *Publicidad*. Si el pago se debió a varios gastos, escribe el monto en la columna *Total* y divide el total entre las categorías a la que correspondan. Nota que es posible que tu libro de gastos cuente con más categorías de las que aparecen en la hoja tipo.

Las categorías permitidas para la declaración complementaria C (Schedule C en inglés) se describen en la publicación *Instructions for Schedule C* (Instrucciones para la declaración complementaria Schedule C) del IRS, que se descarga por separado del formulario de declaración complementaria C. También puedes encontrar descripciones de cada categoría en la sección "Categorías de gastos" on page 241. Estas descripciones te ayudarán a decidir en qué categoría incluir cada gasto. Usa tu sentido común para decidir dónde asentar cada uno. Un contador puede guiarte si no estás seguro de qué hacer. Categorizar un gasto en la columna equivocada no suele ser grave. Sin embargo debes conservar una organización coherente de año a año.

Al final de cada mes, suma los montos de cada columna, y escribe los totales en la próxima línea vacía. Traza una línea debajo de los totales del mes, y continúa registrando los gastos del mes siguiente en la misma hoja del libro; no necesitas empezar una nueva hoja del libro cada mes. A fin de año, suma los totales de cada mes en una nueva hoja del libro.

Otros libros contables

Dependiendo de la complejidad de tu empresa, necesitarás libros adicionales para registrar otros aspectos del mismo. Libros asignados al inventario, a la nómina de empleados, a gastos menores, activos fijos, gastos de los vehículos, cuentas de ingresos y cuentas de gastos son algunos de los ejemplos más comunes. Los libros especializados en describir detalladamente la contabilidad de la empresa pequeña explican mejor cómo llevar estos libros.

Dos de las publicaciones más conocidas son *Small Time Operator* (Operador pequeño), de Bernard Kamoroff y *Keeping The Books* (Llevando los libros), de Linda Pinson. Ambos se encuentran a disposición en muchas bibliotecas públicas y ambos incluyen hojas en blanco para fotocopiar. Estos, y otros libros similares, pueden enseñarte también cómo hacer tu propia declaración financiera, balances, declaraciones de ganancias, de pérdidas y de liquidez. Los software de contabilidad tienen la capacidad de realizar varios tipos de informes de forma completamente automática.

Libro de deudores

El libro de deudores contiene el registro de todos los pagos adeudados. La regla general es dejar una factura a cada cliente a final de mes y esperar recibir el pago dentro de un período acordado. Net 10, por ejemplo, significa que el pago se espera dentro de los 10 días de recibida la factura.

Una forma de organizar un libro de deudores es el registrar cada cliente en una página separada. Cuando entregas una factura, registras la entrada en el libro de deudores. Cada entrada debe incluir la información de contacto del cliente deudor en la parte superior y columnas adicionales para registrar las facturas emitidas y el historial de pagos.

Las columnas deben incluir fecha y número de la factura, monto y condiciones de vencimiento de la misma (p. ej., Net 10). Cuando recibes un pago de un cliente, usa una columna adicional para registrar la fecha en que lo recibiste, el monto recibido y la cantidad aún adeudada por el cliente. Este formato facilita la visualización de qué clientes han saldado sus deudas y cuáles adeudan pagos. Los software de contabilidad ingresan automáticamente una entrada en el libro de deudores cada vez que una factura es emitida o un pago es registrado.

Diario de millas recorridas

El IRS te brinda la opción de reclamar tus gastos reales por el uso comercial de vehículos o de utilizar la escala estándar de deducción de millas, que reintegra las millas recorridas comercialmente en base a una tarifa única. En el 2013, la tarifa estándar por milla fue de 56.5 centavos.

En tu primer año de trabajo, debes decidir cuál de los dos métodos usarás para hacer el reclamo de los gastos de vehículos relacionados con tu actividad comercial. Si al empezar a trabajar decides reclamar los gastos reales por medio de reintegros impositivos, no podrás usar la tarifa estándar para esos vehículos más tarde. Y si posees o alquilas más de cinco vehículos a la vez para uso comercial, tampoco podrás usar la tarifa de deducciones estándar.

Las ventajas de la tarifa estándar son que es más simple de usar y que se puede cambiar a reclamo de gastos reales más adelante. Estar atento a los gastos de vehículos durante el transcurso del primer año puede ser de utilidad para determinar cuál de los dos sistemas permite la mayor cantidad de deducción de impuestos. Un contador o liquidador de impuestos puede ayudarte a realizar la elección correcta para tu empresa.

El IRS requiere que registres las millas recorridas en un diario, sin importar qué método de deducción elijas. Este diario sirve de soporte para el reclamo de reintegro del uso comercial de un vehículo. Para documentar las millas recorridas comercialmente, registra la fecha en que se comenzó a usar el vehículo y la lectura inicial del odómetro en una libreta que guardarás en el vehículo. Cada vez que lo uses para trabajar, registra la fecha, el destino (p. ej., "Universidad estatal"), la cantidad de millas recorridas ese día y la razón del viaje p. ej., "Curso de control integral de plagas").

Al calcular una ruta de mantenimiento no se debe tener en cuenta las millas de ida y vuelta de tu hogar a la primera y última locación del día. El IRS considera estas millas como "gastos de desplazamiento no deducibles" (si los clientes se encuentran fuera del área metropolitana, pueden llegar a considerarse deducibles (la publicación 463 del IRS aporta más detalles al respecto). A fin del año, toma nota del número que indica el odómetro, el total de millas recorridas en el año y el total de millas recorridas en el año por motivos comerciales. Para obtener más información, consulta "Costos de autos y camiones" on page 242.

Consejo: Cuando llevas un vehículo a realizar un service de mantenimiento de rutina (p. ej., afinación o cambio de aceite), se acostumbra entregar un número de verificación que es completamente independiente de la lectura del odómetro. Los auditores del IRS a veces solicitan esta verificación, y no la del odómetro del vehículo, cuando se reclaman descuentos de gastos reales por uso de vehículo (Fujie, 2009).

CAPÍTULO 15

Impuestos

En este capítulo
- Impuestos federales
- La Declaración complementaria C (Schedule C)
- Deducciones del ministerio de interior
- El Programa SE (Schedule SE)
- El Formulario 1040-ES
- Asesores de impuestos
- Auditorías
- Beneficios impositivos de los planes de retiro

Los dueños de empresas deben archivar y pagar impuestos federales al IRS (Internal Revenue Sistem en inglés), la agencia del gobierno a cargo de recolectar los impuestos federales y hacer cumplir las leyes de rentas internas. El IRS se atiene a las leyes federales que regulan qué impuestos pagas y cuáles no. Además de los impuestos federales, quizás necesites pagar impuestos estatales y locales. Muchas ciudades basan los impuestos de negocios pequeños en los ingresos brutos y los cobran en el momento de renovar las licencias a las empresas. Puedes encontrar enlaces a los sitios web de la agencia de impuestos de tu Estado a través del sitio web de Administración de Pequeñas Empresas, www.sba.gov/content/learn-about-your-state-and-local-tax-obligations.

Este capítulo contempla algunas de las formas de pago de impuestos federales requeridas a los propietarios, y explica unas pocas maneras legales de maximizar sus deducciones. Las formas de impuesto aquí mencionadas pueden no ser las únicas que se deban pagar, la cobertura de los temas no es totalmente completa. Ten en cuenta que este capítulo no cubre los impuestos para negocios estructurados, como asociaciones, corporaciones o LLCs; el impuesto sobre la nómina y los impuestos a las ventas tampoco están cubiertos.

Si administras tus propios impuestos, necesitarás leer las publicaciones del IRS relevantes y sus instrucciones de cómo completar los formularios en cuestión. A continuación, incluimos algunas de las publicaciones del IRS donde puedes encontrar información más detallada acerca de impuestos.

- Publication 583 *Starting a Business and Keeping Records* (Iniciación de una empresa y llevar registros contables)

- Publication 334 *Tax Guide for Small Business* (Guía impositiva para empresas pequeñas)

- Publication 535 *Business Expenses* (Gastos de la empresa)

- Publication 463 *Travel, Entertainment, Gift, and Car Expenses* (Gastos para viajes, entretenimiento, regalos empresariales y vehículos)

- Publication 587 *Business Use of Your Home* (Uso comercial del hogar)

- Publication 946 *How to Depreciate Property* (Cómo depreciar propiedades)

- Publication 505 *Tax Withholding and Estimated Tax* (Retención de impuestos y estimación)

- Publication 4035 *Home-Based Business Tax Avoidance Schemes* (Plan de evasión legal de impuestos para empresas con base comercial en el hogar)

- Publication 560 *Retirement Plans for Small Business* (Planes de retiro para empresas pequeñas)

- Publication 590 *Individual Retirement Arrangements* (Disposiciones de retiro individuales)

Las publicaciones del IRS pueden descargarse del sitio web de la organización, www.irs.gov o pedirse llamando al 1-800-TAX-FORM (1-800-829-3676). Ten en cuenta que existen libros sobre la pequeña empresa que cubren muchos de los temas presentados en las publicaciones del IRS, pero en una forma más fácil de comprender. Algunos de estos libros notables son *Tax Savy for small Business* (Conocimiento de impuestos para pequeñas empresas), de Fred Daily (Nolo) y *Taxe$ For Dummie$* (Impuestos para dummies), por Eric Tyson, Margaret Munro y David Silverman. Las preguntas sobre cómo completar declaraciones de impuestos pueden ser hechas al IRS llamando al 1-800-829-1040.

Las leyes y reglamentos que regulan los impuestos son complejas y cambian regularmente, puedes gastar una gran cantidad de tiempo en mantenerte al tanto de estos cambios. Luego observaremos algunos de los beneficios de contratar un asesor de impuestos profesional. Gastar dinero en la preparación de los impuestos puede ayudar a asegurar que tu declaración se complete adecuadamente y, en consecuencia, ahorrar varias horas que de locontrario deberías pasar escrutando las publicaciones del IRS.

Aún si contratas un asesor profesional, necesitarás entender lo básico en materia impositiva de la pequeña empresa, porque así podrás proveerle información tanto acertada como organizada y obtener la mayor ventaja posible usando métodos de reducción de impuestos legales.

Impuestos federales

Los impuestos federales representan la mayor parte de la renta y trabajo. A través de una serie de formas del IRS, puedes evaluar sistemáticamente tus ganancias y gastos por el resto del año, así como calcular cuánto dinero le debes al IRS.

¿Quién debe archivar una declaración de impuestos?

De acuerdo con la publicación 334 del IRS, "Usted debe presentar la declaración de impuestos del 2012, si sus ingresos netos obtenidos por el trabajo por cuenta propia fueron de $400 o más. Si sus ingresos como trabajador por cuenta propia fueron menores a $400, pero cumple con alguno de los otros requisitos listados en el Formulario 1040, deberá presentar igualmente una declaración de impuestos".

El Formulario 1040

El Formulario 1040 ayuda a calcular el ingreso anual total, permite hacer deducciones y créditos de impuesto para reducir el peso de los mismos, y ayuda a calcular cuánto se le debe al IRS. El concepto es simple. Lo que hace que el proceso de deducción de impuestos sea tan complicado son la cantidad de deducciones, créditos y la gran cantidad de leyes impositivas. Si has declarado impuestos en el pasado, esta forma debería serte conocida. No examinaremos aquí los detalles del Formulario 1040.

Cuando trabajas para alguien más, calcular tus ingresos es ser tan simple como copiar tu información W-2 en lso casilleros apropiados del Formulario 1040. Pero, como trabajador independiente, debes determinar los ingresos de tu negocio usando una forma adicional, llamada Schedule C (Declaración complementaria C). Si trabajas en relación de dependencia y además tienes tu propio negocio, usa la información W-2 y el Schedule C cuando calcules tus impuestos federales al ingreso.

Declaración complementaria C (Schedule C)

La declaración complementaria C, Schedule C, o *Profit or loss from businnes* (Ganancias y pérdidas comerciales) es una forma adjunta al Formulario 1040 dedicada a los propietarios únicos. Estos deben presentar ambos formularios, el 1040 y la declaración complementaria Schedule C. Las pequeñas empresas con un propietario único que cumplen ciertos requisitos pueden usar una forma más simple llamada Schedule C-EZ en lugar de la C. La mayoría de los propietarios únicos presentan la C.

Ten en cuenta que las sociedades unipersonales de responsabilidad limitada (LLCs) también deben presentar el formulario Schedule C. Sin embargo, las que tienen más de un socio no deben hacerlo. Las empresas con este tipo de estructuras deben presentar el Formulario 1065 *U.S. Partnership Return of Income*, una declaración de impuestos puramente informativa (Daily, 2005). Los miembros individuales de una asociación o una LLCs de varios socios deben presentar además la declaración complementaria Schedule E *Supplemental Income and Loss* (Kamoroff, 2005). Todos los dueños de empresas deben presentar el Formulario 1040.

Importante: Las descripciones parciales de las categorías del Schedule C se presentan aquí para que te familiarices con su funcionamiento. Para completar un Schedule C, necesitarás las explicaciones e instrucciones completas, disponibles en la publicación del IRS *Instructions for Schedule C,* y que se descargan por separado (Cuando descargues formularios o instrucciones del sitio web del IRS, asegúrate de que sean los del año adecuado). Los profesionales especializados en impuestos y los empleados del IRS calificados también pueden responder dudas relacionadas al Schedule C.

Schedule C, Parte I: Ventas brutas, ganancias brutas, ingresos brutos

En la primera parte del Schedule C, se reportan los ingresos de la empresa. Si usas el método de contado, *gross receipts* o *sales* se refiere al ingreso total que has recibido durante el año. Si usas el método de acumulación, *gross receipts* o *sales* se refiere a las ventas totales que facturaste a los clientes por servicios completados durante el año.

Gross profit (ganancias brutas) se refiere a tus ventas anuales menos el costo de devoluciones, asignaciones y el costo de los bienes vendidos. Si no revendes materiales o productos, y no tienes devoluciones ni asignaciones, tu ganancia bruta va a ser igual que tus ventas brutas. Éstas últimas son tus ganancias antes de cualquier deducción. Excluyendo cualquier otro tipo de ingreso (descriptos en detalle en las instrucciones para el Schedule C), tus ganancias brutas son iguales a tus ingresos brutos.

Schedule C, Parte II: Gastos

La sección de gastos del Schedule C es donde deduces el costo de los gastos del negocio. Esta es una de las secciones que puedes aprovechar para reducir la cantidad de dinero que tendrás que pagar por impuestos. Ten en mente que el IRS solo envía solicitudes de auditoría cuando cree que se está pagando menos de lo que se debería. Equivocarse al reclamar los gastos de la empresa no provocará que el IRS inicie una indagación, pero hará que se paguen más impuestos de los que se deben. Ten en cuenta que los gastos que reclames necesitan estar bien documentados. Si te hacen una auditoría, el IRS puede revisar tus registros financieros. En la página page 247 se trata el tema de las auditorías.

Si mantuviste un libro mayor de gastos a través de todo el año, completar la sección de gastos puede ser tan simple como ingresar los gastos totales apropiadamente en cada categoría del formulario Schedule C. Si no mantuviste un libro de gastos, necesitarás tus recibos de gastos de todo el año y categorizarlos.

Categorías de gastos

El Schedule C tiene 20 categorías de gastos. Las descripciones parciales de las categorías son provistas aquí para demostrar como un pequeño negocio de administración de jardines puede categorizar sus gastos comunes. Consulta la publicación del IRS *Instructions for Schedule C* para leer las instrucciones completas. Si no estás seguro de cómo categorizar un gasto particular, o que categoría lo incluye, los contadores o asesores de impuestos pueden ser de ayuda. Ten en cuenta que las deducciones personales nunca se reclaman en el Schedule C.

Publicidad: Los esfuerzos de publicidad, fotocopias de volantes, tarjetas de días festivos para clientes, avisos en la guía telefónica e impresión de tarjetas del negocio son algunos de los gastos que pueden ser reclamados en esta categoría.

Costos de autos y camiones: Como es explicado en el capítulo Contabilidad, puedes deducir gastos relacionados al uso de tu vehículo reclamando tus gastos vehiculares actuales o usando la tasa de deducción de millas. Si reclamas tus gastos reales, está permitida la deducción de costos de registro, pagos de arrendamiento, alquiler del garaje, licencia, reparaciones, gasolina, aceite, ruedas, seguro, cuota de estacionamiento, peajes, etc. (Publicación 463).

Si usas tu vehículo para ambos usos, profesional y personal, debes determinar el porcentaje del kilometraje total en el año que has usado comercialmente y solo podrás reclamar ese porcentaje del gasto de tu vehículo. Por ejemplo, si condujiste 10,000 millas en un año, y 7,000 de ellas fueron trabajando, puedes reclamar el 70 por ciento de los costos del vehículo. Reclamar los gastos del vehículo reales también te permite depreciar el costo del vehículo mismo y se hace en una línea separada del Schedule C. Estos temas son explicados en detalle en la Publicación Numero 463 del IRS *Travel, Entertainment, Gift, and Car Expenses*. Si reclamas tus gastos vehiculares reales, quizás necesitarás archivar el Formulario 4562. Consulta la publicación del IRS *Instructions for Schedule C* para más información.

La tasa de deducción del millas es una alternativa simple para mantener un seguimiento de tus gastos vehiculares. Con este método, multiplicas el total de las millas que condujiste durante el año, que deberías anotar en un diario de millas, por el estándar de milla actual. En el 2013, fue de 56.5 centavos la milla. Esta tasa cambia anualmente; ocasionalmente cambia dos veces en un mismo año fiscal. Puedes encontrar el estándar actual en la publicación número 463 o a través de una búsqueda en el sitio web del IRS. Si usas la tasa estándar, los únicos gastos vehiculares adicionales que son deducibles son los peajes, intereses y los impuestos locales y estatales.

Si quieres usar la tasa estándar de millas, deberás elegir este método de deducción el año que empieces a usar tu vehículo para tu negocio. No puedes reclamar tus gastos vehiculares reales el primer año y después cambiar de método y usar la tasa estándar. Sin embargo, puedes reclamar la tasa estándar el primer año, y después cambiar a tus gastos reales los años siguientes. Por esta razón, y por ser bastante simple, es recomendable usar la tasa estándar el primer año.

Considera mantener un seguimiento de tus gastos vehiculares reales el primer año para determinar qué método te permite deducir la mayor cantidad de impuestos. Para más información, lee "Diario de millas recorridas" on page 236. Lee la publicación número 463 del IRS, *Travel, Entertainment, Gift, and Car Expenses*, para obtener instrucciones más completas. Nota: cuando reclames los gastos de u vehículo o camión, debes completar la Parte IV del Schedule C.

Trabajos contratados: Aquí se deduce el total anual pagado por servicios contratados. No uses esta categoría para salarios ni pagos a empleados. Existen otras excepciones, lee la publicación del *IRS Instructions for Schedule C*.

Depreciación y la sección 179: La propiedad empresarial que tiene una vida útil "sustancialmente más duradera que el año fiscal" es llamada gasto capital y debe ser reclamada en pequeñas cantidades durante varios años. Este método "esparcido" de deducción es llamado depreciación. La depreciación es un tema complejo y las leyes que la reglan cambian frecuentemente. Es tu decisión si quieres contratar un asesor de impuestos profesional para asegurar que esta tarea sea realizada correctamente. Un profesional va a necesitar saber el precio de cada objeto depreciable y la fecha en la que empezaste a usarlo para tu negocio. La depreciación se hace con el Formulario 4562 del IRS, *Depreciation and Amortization* (Depreciación y amortización).

La sección 179 del Código de Rentas Internas te permite deducir el costo total de varios gastos capitales en un sólo año fiscal (hasta $500.000 en el 2013). Esto significará una deducción mayor de

Gastos iniciales

Las gastos de las compras iniciales que se hacen antes de abrir una empresa se conocen como gastos iniciales. En el 2013, hasta $5000 de gastos que figurasen como gastos iniciales (de una empresa tipo start-up) se podían deducir de impuestos en el primer año de negocio. Las que excediesen los $5000 se debían amortizar por 15 años. Para reclamar por gastos de inicio, debes adjuntar una declaración sección 195 (Section 195 statement) a tu declaración de impuestos. La publicación IRS 535 Business Expenses tiene más información al respecto. Toma en cuenta que ciertos gastos de empresa, como compra de PC y equipo de fuerza, no se pueden deducir de impuestos aunque se compren antes de la apertura del negocio. Por esta y otras ideas, es una buena idea consultar con un profesional de impuestos para hacer estos reclamos.

gastos en ese año si has depreciado el objeto. Ten en cuenta que el equipo debe haber sido ubicado en el mismo año fiscal que en el que la deducción es hecha.

Tú decides depreciar los gastos capitales o deducirlos totalmente en un solo año bajo la sección 179. Cada método tiene sus beneficios, dependiendo de tus circunstancias financieras. Por ejemplo, si compras mucho equipo el primer año, pero tu ingreso es modesto, puede ser mejor depreciar algunos de los objetos para repartir los cortes a los impuestos durante varios años. Un contador o un preparador profesional de impuestos te puede ayudar con este tipo de decisiones. En general, los gastos capitales de más de $500 (por ejemplo una cortadora de césped) son depreciados, y los gastos capitales de menos de $500 (por ejemplo, herramientas eléctricas pequeñas) son reclamadas en la sección 179.

Las reglas especiales de deducción se aplican al equipamiento que no es utilizado estrictamente para el trabajo (por ejemplo, una computadora). Consulta "Deducción de suministros de oficina y equipamiento" on page 246 para más información. Ten en cuenta que algunos gastos empresariales realizados antes de iniciar una empresa se consideran gastos capitales y se manejados de distinta forma por distintos propósitos. Lee "Gastos iniciales" en esta página.

Programas de beneficios de empleados: Si tienes empleados, deberías deducir los costos como los seguros médicos de los empleados o los seguros de vida. Puedes deducir el costo de tu propio seguro médico en el Formulario 1040. Ten en cuenta que la deducción del seguro de salud para trabajadores por cuenta propia del Formulario 1040 puede permitirte deducir 100% de tus costos médicos y dentales, los de tu esposa y dependientes (Publicación 535).

Seguros (no médicos): Ésta categoría es utilizada para deducir los costos de tus seguros empresariales y los de responsabilidad civil general.

Interés: Usa esta categoría para deducir los intereses en las hipotecas del negocio y préstamos. Aquí también se pueden reclamar los intereses pagados con tarjeta de crédito para compras empresariales. Si recibes un Formulario 1098 (o similar) de la institución de créditos, ingresa los intereses en la línea 16a. Los otros intereses son ingresados en la línea 16b. La publicación número 535 explica los gastos de intereses de negocios en detalle.

Servicios legales y profesionales: Esta categoría se usa para deducir honorarios profesionales, como los de abogados, contadores y asesores de impuestos profesionales, invertidos en la empresa.

Gastos de oficina: Esta categoría se usa para los gastos de la oficina, como las libretas de facturación, los libros contables, sobres y papel.

Pensión y planes de partición de beneficios: Las contribuciones a una pensión, anualidad o algún otro plan para empleados se reclaman aquí.

Rentas o arrendamientos: En la línea 20a puedes reclamar el costo de la renta de equipo, como un soplador de hojas. También se puede deducir aquí el costo de la renta o préstamo de un vehículo. Se aplican diferentes reglas a los vehículos rentados o prestados por más de 30 días. En la línea 20b puedes reclamar el costo de renta o préstamo de propiedad, como espacios de trabajo o unidades de almacenamiento.

Reparaciones y mantenimiento: Aquí puedes colocar las reparaciones del equipo, como filtros de aire nuevos, bujías y cuchillas para el cortacéspedes. Si haces tus propias reparaciones, no deduzcas el valor de tu mano de obra. Ten en cuenta que las reparaciones que agregan valor o incrementan la vida útil de una parte del equipamiento son consideradas mejoras, y deben ser depreciadas o deducidas bajo la sección 179, descrita anteriormente.

Suministros: Esta es la categoría para suministros, como equipo de gas, mezcla para motores de dos tiempos, líneas o hilo de corte, lonas, arpilleras, cemento para PVC, etc. Generalmente, para que un objeto sea incluido en esta categoría, debe haber sido usado en el año fiscal en el cual será reclamado. También puedes usar esta categoría para deducir el costo de compras hechas para los clientes durante el año. Por ejemplo, si compraste varias plantas y una bolsa de tierra para un cliente, y éste te los reembolsó, el costo de estos materiales debería ir incluido aquí. Si no incluyes el costo de éstas compras aquí, terminarás pagando impuestos por ellas. Si mantienes un inventario, no incluyas objetos que vendiste que ya eran parte de él; estos son contabilizados bajo "costos de bienes vendidos" en la Parte I del Schedule C y no aquí.

Impuestos y licencias: Si tienes empleados, usarás esta categoría para deducir lo que pagas por su Seguridad Social, Obra Social, y los impuestos federales de desempleo. Estas deducciones deben ser reducidas acorde a las reglas establecidas en las instrucciones para el Schedule C. También puedes usar esta categoría para deducir algunos impuestos a las ventas, así como los honorarios de las licencias, como las cuotas de renovación de negocio y los honorarios de un control de plagas certificado. Por supuesto, no puedes reclamar los impuestos estatales o federales como un costo. Sin embargo, la mitad del impuesto "Trabajador por cuenta propia"(consulta la "Declaración complementaria Schedule SE" en la próxima página) puede ser deducido en el Formulario 1040.

Viajes, comidas y entrenamiento: El IRS examina estos gastos empresariales de cerca porque algunos dueños de pequeñas empresas categorizan sus gastos personales aquí. Como un jardinero paisajista, no deberías tener muchos gastos en esta categoría, y el IRS es consciente de esto. Por supuesto, si tienes gastos de viajes, comidas y entretenimiento relacionados a tu empresa, reclámalos, pero mantén registros para respaldarlos.

Utilidades: Si tienes costos de utilidades (por ejemplo: agua, gas, electricidad) asociados a una oficina rentada o un almacén de tu empresa, deberías deducir dichos costos aquí. Si declaras tener una oficina en tu hogar, no deduzcas utilidades aquí; reclámalas en el Formulario 8829 e ingrésalas en la línea 30 del Schedule C.

Salarios: Usa esta categoría para reclamar los salarios totales pagados a los empleados durante el año fiscal. Los salarios pagados a usted mismo no están incluidos.

Otros gastos: Esta categoría puede ser usada para reclamar gastos que no puede categorizar en algún otro sitio. Las deducciones para esta línea están detalladas en la Parte V de la declaración complementaria Schedule C. Por ejemplo, puedes deducir el costo de revistas especializadas o el de este libro bajo el encabezado "Publications" (publicaciones). Un contador o un asesor de impuestos profesional te puede ofrecer consejos sobre que gastos deben ser categorizados aquí y como nombrarlos. Si usas el método contable de acumulación, ésta categoría puede ser utilizada para reclamar deudas graves.

Deducciones de la oficina hogareña

La deducción de la oficina casera es una deducción especial que permite deducir una porción del interés de la hipoteca, seguros, depreciación (o renta), impuestos de bienes raíces, utilidades, pintura y reparaciones relacionadas con el uso empresarial del hogar. Muchos de estos gastos no podrían deducirse de ninguna otra forma. La deducción de la oficina hogareña se calcula en el Formulario 8829 del IRS, *Expenses for Business Use of Your Home* (Gastos del uso comercial del hogar) y la cantidad se ingresa en la línea 30 del Schedule C.

Las deducciones de oficina casera están basadas en el porcentaje de tu espacio de la casa utilizado exclusivamente para el negocio. Para ilustrarlo: Si la cuenta de electricidad de tu casa es de $1200 dólares al año, y usas 10% de tu casa exclusivamente para tu negocio, puedes reclamar 10% ($120). Los propietarios o inquilinos pueden reclamar una deducción de oficina casera si los requisitos de la mesa 10 son cumplidos.

De acuerdo a *Instructions for Form 8829* (Instrucciones del Formulario 8829), una oficina casera califica como principal lugar de trabajo de una empresa si los siguientes requisitos son cumplidos:

- Se usa exclusiva y regularmente para actividades administrativas del negocio.
- No existe otra locación fija donde se realicen las actividades administrativas de la empresa.

Las instrucciones para el Formulario 8829 dan unos ejemplos de actividades administrativas. Éstas son:

- Facturar clientes.
- Mantener libros y registros.
- Ordenar suministros.
- Concertar citas.
- Adelantar ordenes o escribir reportes.

Conclusión: Las reglas sugieren que si preparas un área de tu casa para ser utilizada exclusivamente para papeleo y tareas administrativas empresarias y usas dicha área regularmente, puedes reclamar la deducción de oficina casera. Si todavía tienes dudas, la publicación 587 *Business Use of Your Home* provee varios ejemplos que clarificaron el problema considerablemente.

También debes preparar tu oficina casera apropiadamente para calificar para la deducción de oficina casera—el IRS tiene reglas estrictas sobre dicho asunto. Por ejemplo, el espacio solo debe ser usado para el negocio; usos personales no están permitidos. Es una buena idea consultar a un profesional del impuesto para asegurar tu calificación para la deducción de oficina casera y aprender cómo preparar apropiadamente dicha oficina. Para más información, consulta la publicación del IRS *Instructions for Form 8829* o la Publicación 587 *Business Use of Your Home*.

Tabla 10. Requisitos para deducir impuestos por una oficina hogareña

---

Parte de la vivienda u hogar particular debe usarse comercialmente:

- Con exclusividad,
- Regularmente y
- Para ejercer tu profesión o administrar tu empresa,

Y la parte del hogar explotada con fines comerciales debe ser uno de los siguientes:

- Espacio principal de trabajo,
- Sitio donde te reúnes con clientes durante el ejercicio de tu trabajo o
- Una estructura indipendiente que utilizas en relación con tu oficio o empressa.

Adaptado de la Publicación del IRS 4035, Home-Based Business Tax Avoidance Schemes *(Esquemas para evitar impuestos por empresas con base en el hogar).*

Deducción de suministros de oficina y equipamiento

No necesitas cumplir los requerimientos de la deducción de oficina casera para deducir gastos relacionados con la oficina (por ejemplo, suministros oficinales, franqueo) o depreciar (o reclamar bajo la Sección 179) el costo de equipo de oficina diseñado para uso empresarial (por ejemplo, computadora, impresora, fax, muebles de oficina) (Steingold, 2005).

Ya que las computadoras son una parte integral de la gran mayoría de los negocios de hoy, quizás seas capaz de deducir un porcentaje del costo de una computadora aun si no es usada estrictamente para tu negocio. La deducción está basada en el porcentaje del tiempo que la computadora es usada para los negocios. Consulta a un contador para más información.

El Programa SE o Schedule SE

El Schedule SE es una adjunción a la forma 1040 que se usa para calcular el impuesto del autoempleo (SE por Self-Employment). Debes archivar el Schedule SE (el Schedule SE corto, si calificas) si tu negocio tiene más de $400 dólares de ganancias en un año, como se calcula en el Schedule SE. El impuesto al autoempleo va a la Seguridad social y médica. Cuando trabajas para alguien más, tu empleador dedujo estos impuestos de tu cheque y los emparejaron con dichas deducciones. En otras palabras, pagaste la mitad y tu empleador pagó la otra mitad. Cuando eres un trabajador independiente, debes pagar la cantidad entera tú mismo. Esto equivale a 15,3% (12,4% al seguro social y 2,9% al médico) de tus ganancias brutas por los primeros $113,700 y 2,9% de la cantidad superior a 113,700 como fue programa para el 2013. Como puedes ver, esta es una suma significante al peso de tus impuestos. Un pequeño consuelo es que puedes deducir una mitad de tu impuesto al autoempleo en la Forma 1040.

El Formulario 1040-ES

Cuando trabajas para alguien más, tu empleador retira los impuestos de tu cheque y los deposita en el IRS con una base regular. Como propietario de empresa, se requiere que hagas pagos de impuestos estimativos durante el año si esperas deber $1000, o más, en impuestos federales ese año (para 2013).

El Formulario 1040-ES *Estimated Tax for Individuals* (Impuestos estimados para individuos) incluye instrucciones y una página de estimación de impuestos para ayudar a calcular la cantidad de pago. También incluye los comprobantes que es necesario llenar y enviar a el IRS con tus pagos impositivos estimados. Los pagos pueden también ser hechos con una tarjeta de crédito por teléfono, por retiro de fondos electrónicos, u online a través del Sistema de pago de impuestos electrónico (EFTPS; www.eftps.gov). Los pagos deben ser efectuados cuatro veces al año, explicando por qué son llamados a veces "cuatrimestrales". Las fechas límite de los pagos son aproximadamente el 15 de abril, 15 de junio, 15 de septiembre y el 15 de enero. El 15 de abril es el primer pago y el último es el 15 de enero. Consulta el Formulario 1040-ES para verificar la fecha límite exacta.

Tus pagos de impuestos estimados deben ser un mínimo del 90% de los impuestos del año corriente (consulta el formulario 1040-ES para ver las excepciones). Si lo que pagas en forma de pagos de impuestos estimados resulta ser menor que el 90% de lo que finalmente resulta ser el total de impuestos del año, deberás pagar el extra de impuestos más una multa. La multa se calcula utilizando el formulario 2210 *Underpayment of Estimated Tax by Individuals, Estates, and Trusts*, o dejando que el IRS calcule la multa por ti, que es una opción recomendable. El formulario 2210 también permite pedir una excepción de pago.

Una forma de evitar el riesgo de multas es basar tus estimaciones de pago de impuestos en el 100% del previo año fiscal. (consulta el formulario 1040-ES para ver las excepciones). Por ejemplo, si has pagado $8000 en impuestos el año anterior, te puedes evitar el riesgo de multas haciendo 4 pagos estimados de impuestos de $2000 cada uno. Pagando el 100% del año anterior, no puedes ser multado por haber pagado de menos, aunque el total de este año sea mayor que el del año pasado. Puedes usar este método incluso si tu negocio no estabas en el negocio el año anterior (Kamoroff, 2005).

Un profesional especialista en impuestos puede calcular tu pago estimado para el año entrante y proveerte vouchers de pago. Si pagas impuestos de más, se te devolverá el excedente.

Asesores de impuestos

Se necesita de mucho tiempo y esfuerzo para estar al día en el complejo y siempre cambiante mundo de las leyes y requerimientos impositivos. Con el objeto de aligerar la carga de trabajo, algunas pequeñas empresas contratan a un profesional en impuestos para qué se encargue de esto. Un asesor profesional de impuestos te puede ayudar a reclamar todas las deducciones que te correspondan y te asegura que se ha hecho en la forma correcta. Este último punto es particularmente importante porque el IRS audita más frecuentemente las pequeñas empresas al empleado en relación de dependencia.

Las cuatro categorías de estos profesionales son: preparador de impuestos, agente enrolado (EA por sus siglas en inglés), contadores públicos certificados (CPAs) y abogados de impuestos. Los abogados de impuestos son los más caros y no preparan los impuestos de pequeñas empresas de servicio. De los otros tres tipos restantes, los CPAs tienen el mejor entrenamiento y calidad de educación. Algunos preparadores y EAs tienen conocimientos suficientes para manejar los impuestos de pequeñas empresas. Los impuestos de las pequeñas empresas son rutina para los CPAs.

Muchos cobran $100 por hora, algunos cobran más. La preparación de impuestos para una empresa simple y pequeña costar menos de $200. Esto es razonable, considerando la importancia que tiene la preparación de impuestos. Busca un CPA recomendado por algún pariente o amigo, o consigue uno a través de la guía telefónica. Cuando contactes un profesional de impuestos, pregúntale sobre los precios y tarifas relativos a sus servicios ¿Qué experiencia tiene esta persona trabajando con pequeñas empresas? ¿Está dispuesto a responder preguntas por email o por teléfono? ¿Cuánto de su trabajo es realizado por asistentes?¿Está disponible para representarte en caso de una auditoría?

Una vez que selecciones al profesional pregúntale que procedimientos se deberían seguir, como ser completar cuestionarios o enviar por email archivos pdf con los informes creados por tu software de contabilidad. Una vez que aprendas tu sistema asesor de impuestos, la preparación de impuestos puede ser un simple procedimiento de fin de año que te requiera un tiempo mínimo. En general, ahorrará tiempo de preparación si tu provees la información requerida en la declaración complementaria C. Esto incluye la categorización de los gastos de tu negocio y provee un total para cada categoría de expensas.

Software para la preparación de impuestos

Un software para la preparación de impuestos simplifica el llenado de los formularios de impuestos del Estado a través de cuestionarios e instrucciones que recorren el formulario paso por paso. Algunas empresas de software ofrecen servicio en la Web para la preparación de impuestos, algunas veces gratis. Varios de estos pueden servir para completar los requerimientos de una pequeña empresa. Asegúrate de ver que el software soporta la declaración complementaria C y los otros IRS que debas archivar. La empresa debería ser un proveedor IRS e-file autorizado. Una búsqueda en la Web de "preparación de impuestos federales"("free federal and state return preparation"), te revelará qué empresas proveen este servicio.

Auditorías

Una auditoría es un procedimiento que hace el IRS para investigar tu negocio y la precisión de tu sistema de impuestos. La mayoría de estas, involucran un área específica de tu declaración de impuestos de la que el IRS desea ver los documentos que la corroboran. Los dueños de pequeñas empresas tienen una mayor chance de ser auditados que un trabajador promedio en relación de dependencia. Por eso se nos permite más discreción cuando reclamamos por ganancia y deducciones. Así, el IRS solo audita del 3 al 5 por ciento de todos los propietarios (Kamoroff, 2005). Ser seleccionado para una auditoría no significa necesariamente

Cuánto tiempo de deben guardar los registros

En general, la declaración de impuestos así como los registros que las componen, factures, recibos y otras partes de la declaración hasta que termine el período de limitaciones. El período de limitaciones es el período que tienes para reclamar devoluciones de impuestos o el periodo que requiera el IRS para auditar la declaración. La publicación del IRS Publication 583, *Starting a Business and Keeping Records* (Iniciación de una empresa y manejo de registros) te informa acerca del periodo de limitaciones para un número de circunstancias tipo.

En general, si contribuiste demás, el período de limitaciones es de tres (3) años; y si estás por debajo del 25% de tu entrada bruto el período es de seis (6) años. En caso de declaración fraudulenta o no declaración el período es ilimitado. Es prudente entonces mantener las declaraciones de impuestos indefinidamente y guardar todos los registros por al menos seis (6) años desde que se archiva la declaración o en forma indefinida en el caso de archivar una declaración fraudulenta (Fishman, 2005). Consulta la publicación del IRS Publication 583, *Starting a Business and Keeping Records* para obtener más detalles.

---

que uno haya cometido un error o que uno va a ser acusado de deshonestidad. Sin embargo, en la mayoría de las auditorías, el que paga los impuestos termina entregando más dinero.

El IRS utiliza varios métodos para seleccionar a quién auditar. En uno de estos métodos, un programa de computadora llamado DIF (Discriminant Inventory Function system en inglés) le da a cada declaración de impuestos un score numérico, posicionándolo como con una ganancias potencialmente no reportadas. Aquellas con los más altos scores se les presentan al personal del IRS en la pantalla, quienes seleccionan alguna para ser auditada.

Las discrepancias entre los reportes de ganancias y el formulario 1099 completado, pueden devenir en una auditoría. Incluso pequeños errores en la declaración pueden generar una auditoría. Esta es otra razón para contratar a un profesional de los impuestos. Los profesionales tienen una tendencia menor a cometer errores simples cuando realizan este trabajo.

Las auditorías pueden tener lugar en una oficina del IRS (office audit), en tu negocio (field audit) o por correo (correspondence audit). La notificación te informará que documentación desean ver los agentes del IRS. No estás obligado a discutir áreas que no estén mencionadas en la carta de la auditoría.

Puedes elegir que un profesional de impuestos (EA, CPA o abogado) te represente en la auditoría y es probablemente una buena idea hacerlo. Algunos profesionales sugieren que es aceptable representarse a uno mismo en una auditoría (más en una auditoría en el IRS que en una en el negocio) si has llevado un buen registro y no hay nada que ocultar (Daily, 2005). Toma en cuenta que puedes solicitar representación en el medio de una auditoría. Esta es una opción para tener en cuenta si uno se siente confundido durante una auditoría en la que uno se representa a sí mismo.

En este caso el IRS deberá detener su inquisitoria hasta que tengas tu representación. Buenos registros son el mejor recurso en una auditoría. Mantén toda la documentación pertinente de impuestos y gastos: pólizas de seguro, libros de registro de millas, boletas, cheques cancelados, tickets, boletas de banco y antiguas declaraciones de impuestos, para nombrar algunas. Si tiene que ver con impuestos, mantenlo por al menos 3 años, 6 años para estar más seguro.

Este es el tiempo durante el cual el IRS usualmente te audita, salvo alguna excepción. Mira en la barra para encontrar detalles sobre cuánto tiempo se deben guardar declaraciones de impuestos y registros. Si el IRS te pide que le envíes información, envía una copia de esta misma y mantén la original contigo.

Además de auditorías, el IRS envía frecuentemente mensajes sobre cosas como errores matemáticos, cantidad de pagos cortos, multas o incluso una firma faltante en una declaración de impuestos. *Taxe$ For Dummie$* por Eric Tyson, Margaret Munro y David Silverman tiene varios capítulos sobre los mensajes y auditorías del IRS. Incluye cartas de ejemplo de respuesta y estrategias para tratar con el IRS. *Tax Savvy for Small Business* por el abogado de impuestos Frederick Dailey incluye varios capítulos de cómo manejarse en las auditorías. Ambos libros están disponibles en bibliotecas públicas.

Beneficios impositivos de los planes de retiro

Los planes de retiro le dan a los dueños de pequeños negocios y sus empleados un medio para invertir dinero fuera del circuito de los impuestos para la jubilación o retiro. Las contribuciones para los fondos de retiro son deducibles impuestos y las inversiones son libres de impuestos hasta que comiences a gastarlos. Cuando comienzas a retirar dinero de tu plan de retiro, pagas impuestos sobre las contribuciones y ganancias originales.

Asumiendo que tu entrada es menor después de tu jubilación que ahora el dinero tendrá menos carga de impuestos cuando lo retires. Aunque la tasa impositiva sea mayor cuando estés jubilado que ahora mismo, lo más probable es que igualmente obtengas una ganancia debido al efecto de recomposición (Tyson y Silverman, 1997). A diferencia de otras inversiones, el dinero no puede ser retirado de los fondos de retiro antes de haber cumplido la edad de 59 $1/2$ sin incurrir en multas, aunque existen algunas excepciones.

Además de que las contribuciones disciplinadas a un plan de retiro pueden resultar en una cómoda jubilación, también pueden ayudarte a reducir tus impuestos. Haciendo contribuciones a tu plan de retiro puedes ahorrar cientos y hasta miles dólares por año. Por ejemplo, si la cantidad de impuestos es del orden del 30% de tu ganancia, una contribución de $2000 a tu jubilación, te puede hacer ahorrar $600 en impuestos ese año. Obviamente, este es un ejemplo simplificado y no es extrapolable, pero el punto es que un plan de retiro te da la oportunidad de hacer grandes deducciones de impuestos.

Los dueños de pequeñas empresas tienen la opción de invertir en varios planes de retiro, que incluyen planes para empleados (SEP), plan de incentivos para empleados (SIMPLE), planes calificados como los planes 401(k) y planes Keogh, y arreglos individuales de retiro (IRAs).

Los planes comúnmente se diferencian en sus límites de contribución anual, reglas correspondientes a empleados y reglas para la extracción del dinero. Por ejemplo, el límite anual de un IRA en 2013 es de $5500 ($6500 si ya tienes 50 años para fin de este año). Puedes solicitar un IRA incluso si tienes empleados a cargo. Tiene una multa del 10% para extracciones de dinero tempranas.

El Roth IRA es diferente de la mayoría de los planes de retiro en que las contribuciones no son deducibles de impuestos. Sin embargo el dinero en un Roth IRA se revaloriza libre de impuestos y las *extracciones* no reciben cargas impositivas si se hacen a partir de los 59 $1/2$ años de edad. Los IRA se detallan en la Publicación 590 del IRS, *Individual Retirement Arrangements* (Arreglos para planes de retiro individuales).

Otros planes de retiro tienen límites significativamente mayores. Por ejemplo, en el 2013, SEP IRAs permiten contribuciones de hasta el 25% de la ganancia neta anual de un empleado, mientras no exceda $51.000. SEPs, SIMPLE y otros planes calificados se explican en detalle en la publicación del IRS 560, *Retirement Plans for Small Business*. Está garantizado que leer sobre reglamentos de planes de retiro no es para nada entretenido, pero es posible ahorrar gastos de impuestos y una consulta profesional puede proveerte una guía para esto.

El plazo límite para la contribución anual para IRAs y Roth IRAs is el 15 de Abril el día de vencimiento de tu declaración de impuestos.(En general, el plazo límite para la contribución anual coincide con el día de vencimiento de la declaración de impuestos en los planes no IRAs también, incluyendo cualquier extensión válida. En otras palabras, las contribuciones para tu plan de retiro para 2013 pueden ser hechas durante 2013 y hasta abril del 2014, en tanto no exceda el límite de contribución de tu plan. Esto te da algunos meses extra para ganar dinero para contribuir con tu plan y este es otro camino para reducir tus impuestos cuando ya pasó el año fiscal.

Adicionalmente a elegir un plan, vas a necesitar decidir en que vas a invertir. Acciones, bonos, CDs y fondos mutuos son algunas de tus opciones. Una vez que tienes tu plan de retiro, no es difícil cambiar las inversiones. Sin embargo, cambiar el plan en si mismo si puede traer algunas complicaciones. Un consultor profesional te puede ayudar a elegir un plan de retiro y las inversiones que se acerquen a tu criterio. Esta en tu propio interés elegir un asesor que te provea información objetiva y guía. Usualmente, esto significa pagar a un consultor con un precio fijo por hora y no a comisión sobre las inversiones (Daily, 2005). Tu contador te puede recomendar a alguien.

Utiliza la prudencia y el sentido común en la arena de las finanzas y las inversiones. Conoce el paradero de tu dinero, como controlarlo, como acceder a este si fuera necesario y que riesgos implica. Finalmente, consulta con tu asesor financiero antes de extraer dinero de tu plan de retiro.

Parte IV
Apéndices

Apéndice A: Recursos

Existen muchos buenos recursos sobre jardinería y empresas pequeñas. Aquí presentamos una lista parcial de publicaciones comerciales y asociaciones de comercio. Las bibliotecas públicas posiblemente cuenten también con recursos en español. Ten en cuenta que puedes traducir cualquier sitio web del inglés al español usando el Traductor de Google. Ve a translate.google.com, ingresa la dirección del sitio web y selecciona el idioma que desees.

Publicaciones del IRS

En las páginas page 227 y page 239 se listan algunas publicaciones gratuitas del IRS. Se pueden solicitar también por teléfono al 1-800-829-3676. Además, están disponibles en el sitio web del IRS, en http://www.irs.gov. El sitio ofrece una serie de formularios y publicaciones en español. El IRS cuenta con personal capacitado para ofrecer asistencia telefónica a hispanoparlantes.

Foros de paisajismo

Algunos de los muchos foros que existen en internet son: LawnSite.com, LawnCafe.com, GroundTradesXchange.com, LawnForums.com, Lawnserviceforum.com y iVillage GardenWeb (http://forums.gardenweb.com/forums/).

Publicaciones comerciales

"Landscape Management" ("Administración de paisajes"), http://www.landscapemanagement.net. Teléfono: 1-800-736-3665; busca "Turfgrass Trends" ("Tendencias del césped"), su diario de investigación práctica, en http://www.turfgrasstrends.com.

"Turf" ("Césped"), publicado por Moose River Media, es una revista para el contratista profesional de paisajismo y jardinería. El sitio web es http://www.turfmagazine.com. Teléfono 802-748-8908.

"Grounds Maintenance" ("Mantenimiento de Jardines") es una revista para jardineros y paisajistas profesionales. Ofrece métodos prácticos para el control de plagas, información acerca de equipos, riego y más: http://grounds-mag.com.

"Lawn & Landscape Magazine" ("Revista de césped y jardines"). Suscríbete online y obtén también acceso a su sitio web: http://www.lawnandlandscape.com.

El Instituto del césped (Lawn Institute), http://www.lawninstitute.com, ofrece consejos para el cuidado del césped. Teléfonos: 1-800-405-8873 o 847-705-9898.

Asociaciones profesionales

PLANET, la red de profesionales de la jardinería y el paisajismo, es una asociación importante de la industria verde. Surgió en el 2005, en el momento en que la Asociación de contratistas de paisajismo de los Estados Unidos, Associated Landscape Contractors of America (ALCA), unió sus fuerzas con la asociación de cuidadores del césped profesionales de Estados Unidos, la Professional Lawn Care Association of America (PLCAA). El sitio web de PLANET es http://www.landcarenetwork.org. También puedes llamar por teléfono al 703-736-9666 o al 1-800-395-2522.

La sociedad de profesionales Professional Grounds Management Society (PGMS) es una organización sin fines de lucro que ofrece a sus miembros desarrollo en habilidades de gestión de espacios verdes. Esta organización se concentra en las necesidades de los profesionales responsables de la administración y cuidado de espacios verdes importantes, como los de los colegios, distritos escolares y otros. Teléfono: 1-800-609-PGMS; http://www.pgms.org.

La sociedad internacional de arboricultura de los Estados Unidos, International Society of Arboriculture, ofrece información acerca del procedimiento para convertirte en un arborista o contratista de árboles certificado. Teléfono: 1-888-472-8733; http://www.isa-arbor.com.

La asociación de cuidado de los árboles Tree Care Industry Association (anteriormente, la National Arborist Association). La TCIA desarrolla programas de educación y cuidado de la seguridad, de estandarización de prácticas para el cuidado de árboles e información acerca de cómo administrar empresas de de arboricultura en cualquier parte del mundo. La TCIA desarrolló las normas de poda ANSI A300 y los estándares de fertilización vigentes; http://www.tcia.org. Teléfono: 603-314-5380; 1-800-733-2622.

Asociación de mantenimiento de paisajes y jardines American Landscape Maintenance Association. Fundada en 1988. http://www.almanow.com.

Asociación de paisajismo American Nursery & Landscape Association (ANLA). Teléfono: 202-789-2900; http://www.anla.org.

Sociedad de horticultura American Horticultural Society. Teléfonos: 703-768-5700 o 1-800-777-7931; http://www.ahs.org.

La asociación de riego Irrigation Association. 6540 Arlington Blvd. Falls Church, VA 22042-6638. Teléfono: 703-536-7080.

La asociación de aguas American Water Works Association: http://www.awwa.org. Ofrece lineamientos sobre conservación del agua.

La asociación de trabajadores independientes National Association for the Self Employed (NASE). Esta organización sin fines de lucro ofrece a sus miembros seguros de salud y otros paquetes de seguros a precios razonables. Teléfono:1-800-232-6273; http://www.nase.org.

La administración de la pequeña empresa Small Business Administration (SBA). La SBA tiene socios como SCORE, el centro de desarrollo empresarial de la pequeña empresa, Small Business Development Center, y el de mujeres empresarias, Women's Business Center. Encontrarás la información de la oficina regional en la guía telefónica, bajo el título: United States Government Offices (Oficinas gubernamentales de los Estados Unidos), o en internet en http://www.sba.gov.

Varios

Inglés para Jardinería (Inglés en el Trabajo), de Stacey Kimmerman, es un CD de audio que enseña las palabras y frases más comúnmente utilizadas en jardinería. Está actualmente fuera de impresión, pero todavía se consiguen copias en Amazon.com.

Don Shor, el dueño de Redwood Barn Nursery, ofrece muchos artículos informativos de horticultura en su sitio web, http://www.redwoodbarn.com.

El sitio web de J. R. Huston Enterprises, Inc. vende libros, CDs y software de estimación. Además, ofrece información y entrenamiento a cargo de James Huston; http://www.jrhuston.biz.

Los tutoriales de riego de Jess Stryker contienen una gran cantidad de información gratuira sobre riego; http://www.irrigationtutorials.com.

El manual de Oregon, Blount Saw Chain, Guide Bar and Drive Sprocket Maintenance and Safety Manual puede descargarse de http://www.oregonproducts.com/pro/pdf/maintenance_manual/ms_manual.

El UC IPM Online tiene un sitio web excelente acerca de control integrado de plagas; http://www.ipm.ucdavis.edu.

Apéndice B: Formularios

En las dos páginas siguientes encontrarás dos formularios para fotocopiar.

Hoja de facturación: La hoja de facturación se encuentra en inglés, ya que se la dará a los clientes. "Statement" significa hoja de facturación. "Date" significa la fecha. "Maintenance" se refiere al mes de mantenimiento que acaba de finalizar. Esta hoja de facturación tipo puede personalizarse con un sello de goma o agregándole un membrete. Pueden fotocopiarse dos facturas en una hoja de de 8.5" x 11". En el caso de tener un contrato de mantenimiento que se factura mensualmente, marca el mes vencido correspondiente. Utilice las dos líneas en blanco para registrar el nombre del cliente y la dirección de la calle. Llene una copia de la factura para tu propio registro cada vez que entregues una. Alternativamente, utiliza un talonario con papel carbónico. Ten en cuenta que es ilegal dejar facturas en los buzones de correo. Mejor déjalas asomando bajo la alfombrilla de entrada o en en algún otro lugar donde el cliente la encuentre fácilmente.

Hoja de contacto: Para registrar la información de contacto cuando un cliente hace su primer llamada. Fotocópiala a más del 100 por ciento para rellenar una hoja de 8.5" x 11".

STATEMENT

Date _____

_____

_____

Maintenance: Jan Feb Mar Apr May Jun Jul Aug Sep Oct Nov Dec

Total:		

Nombre	Teléfono	Dirección	Fecha	Notas	Pres.	Pagado

Apéndice C: Hoja de tarifas del paquete de mantenimiento

Haz fotocopias de esta hoja para adaptar y recalcular la tarifa de tu paquete de mantenimiento siempre que lo necesites. Los valores estimativos de los costos por hora de los equipos están incluidos en la tabla 9 de la página page 197. Para obtener más información acerca de cómo determinar tu tarifa mensual de tu contrato de mantenimiento tipo y aprender cómo mantener una empresa rentable, consulta la página page 208. Consulta las primeras líneas del capítulo 11, que comienza en la página page 191 para obtener las instrucciones completas.

Fase I: Costos de producción

Fase I: Mano de obra

Salario promedio de la cuadrilla o CAW: (Total de horas trabajadas pagas dividido por la cantidad de miembros del equipo): $_____

Factor de horas extra: _____ (En porcentaje). Cambia el número a decimal y multiplica por el valor CAW: $_____

Factor de riesgo: _____ (En porcentaje). Cambia el número a decimal y multiplica por el valor CAW: $_____

Costo promedio abultado de la cuadrilla (CAW abultado; esto equivale al factor CAW + horas extras + factor de riesgo): $_____

Total de costo de mano de obra: Horas de mano de obra (horas invertidas trabajando en jardines y pasiajes) x CAW abultado = $_____

Fase I: Equipamiento

Añade o quita equipos y herramientas de acuerdo al uso diario de tu empresa.

Cortacéspedes de 21" $_____/hr. x _____ horas = $_____

Cortacéspedes de 36" $_____/hr. x _____ horas = $_____

Desbrozadora, bordeadora, soplador de hojas, etc. $_____/hr. x _____ horas (por todas las herramientas) = $_____

Total de equipamiento de producción = $_____

Fase II: Condiciones generales

Fase II: Mano de obra

Tiempo de carga/descarga por día _____ horas x _____ miembros en la cuadrilla = _____ x CAW abultado= $_____ costo de tiempo de carga/descarga por día.

Tiempo de traslado por día _____ horas x _____ miembros en la cuadrilla = _____ x CAW abultado = $_____ costo de tiempo de traslado por día.

Tiempo de descanso por día _____ horas x _____ miembros en la cuadrilla = _____ x CAW abultado = $_____ costo de tiempo de descanso por día.

Desecho de residuos (mano de obra) tiempo por día _____ horas x _____ miembros en la cuadrilla = _____ x CAW abultado = $_____ costo de desecho de residuos (mano de obra) por día.

Total de mano de obra de las Condiciones generales: carga/descarga + tiempo de trasporte + tiempo de descanso + desecho de residuos [mano de obra]) = $_____

Fase II: Equipamiento

Desecho de residuos (camión + tráiler) $_____/hr. (combinado) x _____ horas = $_____

Costos del camión = $_____/hr. x _____ horas de la jornada laboral = $_____

Costos del tráiler = $_____/hr. x _____ horas de la jornada laboral = $_____

Materiales, en caso de ser pertinente (p. ej., costo diario promedio de la estación de residuos) = $_____

Total de Condiciones generales Equipos: (Desecho de residuos + camión + tráiler + materiales) = $_____

Fase III: Márgenes y sobrecargas

Total de mano de obra: (Total de mano de obra del trabajo productivo + mano de obra de las condiciones generales) = $_____

Carga de trabajo: total de mano de obra x 30% = $_____

Total de Equipamiento: (Total de equipamiento de producción + total de equipamiento de las condiciones generales) = $_____

Costos directos totales o TDC: (Total de mano de obra + cargas de la mano de obra + total de equipamiento) = $_____

Gastos generales G&A

Gastos generales por año (Ver ""Gastos generales G&A" on page 259): $_____

Proyección de la cantidad de horas de mano de obra facturables para el próximo año (usa la cantidad promedio de horas de trabajo semanales x semanas de trabajo al año [asume que hay 4,33 semanas/mes]): _____

Gastos generales por hora (OPH; Gastos generales anuales dividido por proyección de horas de trabajo anuales) = $_____ *(Continúa en la página siguiente.)*

Gastos generales genéricos por día = OPH x horas de mano de obra de campo de un día tipo = $_____

Punto Medio de Quiebre o BEP: (Sumar los gastos generales de un día tipo a los costos directos totales para obtener el BEP) = $_____

Margen de beneficio neto (NPM) porcentaje (consultar página page 206): _____

Sumar el NPM: (BEP dividido por 1.0 - NPM [como decimal]; consultar página page 207) = _____

Precio final del día tipo: $_____

Tarifa acera-tiempo

La tarifa acera-tiempo es el precio final dividido por las horas de trabajo productivo de un día tipo. La tarifa acera-tiempo es tu tarifa de mantenimiento por hora.

Tarifa acera-tiempo: $_____/hr.

Tarifa acera-tiempo de la cuadrilla: (Tarifa acera-tiempo x cantidad de personas en la cuadrilla) $_____/hr.

Apéndice D: Equivalencias y tablas de conversión

Medidas y equivalencias (EE.UU.)

3 cucharadas pequeñas de té = 1 cucharada sopera

2 cucharadas soperas = 1 onza de líquido (fl oz)

16 cucharadas soperas = 1 taza

1 taza = 8 onzas de líquido (fl oz)

2 tazas = 1 pinta* (pt)

2 pintas = 1 cuarto (qt)

4 cuartos = 1 galón (gal)

*Pinta del Reino Unido = 20 onzas de líquido.

Factores de conversión del sistema de medidas de EE.UU. al sistema SI (Sistema Internacional).*

SÍMBOLO	CUÁNDO SABES LAS/LOS	MULTIPLICA POR	PARA AVERIGUAR	SÍMBOLO
in	pulgadas	25.4	milímetros	mm
ft	pies	0.305	metros	m
yd	yardas	0.914	metros	m
mi	millas	1.61	kilómetros	km
in^2	pulgadas cuadradas	645.2	milímetros cuadrados	mm^2
ft^2	pies cuadrados	0.093	metros cuadrados	m^2
yd^2	yardas cuadradas	0.836	metros cuadrados	m^2
ac	acres	0.405	hectáreas	ha
fl oz	onzas de líquido	29.57	mililitros	mL
gal	galones	3.785	litros	L
ft^3	pies cúbicos	0.028	metros cúbicos	m^3
yd^3	yardas cúbicas	0.765	metros cúbicos	m^3
oz	onzas	28.35	gramos	g
lb	libras	0.454	kilos	kg
T	toneladas (2000 lb)	0.907	toneladas métricas	Mg ("t")
°F	Fahrenheit	(F-32)/1.8	Celsius	°C

*Estos factores de conversión son aproximados y adecuados para medir la mayoría de los materiales de jardinería.

Apéndice E: Extensión del Copyright del IFAS

A continuación están las notas al pie y la información de copyright del artículo del departamento de Extensión IFAS de la Universidad de Florida *Considerations for Developing a Lawn and Landscape Maintenance Contract*, escrito por Sydney Park Brown y Michael Holsinger, incluido en el capítulo Contrato de mantenimiento tipo.

Notas al pie. 1. Este documento es SS-ENH-09 y sustituye a la Fact Sheet OHC-10, una serie del Departamento de Horticultura Ambiental, Florida Cooperative Extension Service, Institute of Food and Agricultural Sciences, de la Universidad de Florida. Publicado por primera vez en: Mayo de 1994. Revisado: Enero de 1995. Revisado: Febrero de 2001. Visita el sitio web de EDIS; http://edis.ifas.ufl.edu. 2. Sydney Park Brown, agente de extensión, Environmental Horticulture, Hillsborough County; Michael J. Holsinger, agente de extensión, Environmental Horticulture, Sarasota County, Cooperative Extension Service, Institute of Food and Agricultural Sciences, University of Florida, Gainesville FL 32611. El uso de marcas comerciales en esta publicación es únicamente con el fin de proporcionar información específica. El UF/IFAS no garantiza que los productos mencionados, ni las referencias a los mismos hechas en esta publicación, signifiquen que los aprobamos excluyentemente de los otros productos de composición adecuada. El instituto Institute of Food and Agricultural Sciences (IFAS) es una Equal Opportunity Institution, autorizada para ofrecer investigación, educación informativa y otros servicios únicamente a individuos e instituciones que se manejen sin ningún tipo de discriminación por motivos de raza, credo, color, religión, edad, discapacidad, sexo, orientación sexual, estado civil, nacionalidad, opinión política o afiliación. Para obtener más información acerca de cómo obtener otras publicaciones de extensión, comunícate con el servicio de extensión cooperativa de tu condado. U.S. Department of Agriculture, Cooperative Extension Service, University of Florida, IFAS, Florida A. & M. University Cooperative Extension Program y Boards of County Commissioners Cooperating. Larry Arrington, Decano.

Información de Copyright. Este copyright de este documento pertenece a la Universidad de Florida, Institute of Food and Agricultural Sciences (UF/IFAS), para los habitantes del Estado de Florida. UF/IFAS retiene todos los derechos bajo todas las convenciones, pero permite la reproducción libre y gratuita por cualquier agente y oficina del Servicio de Extensión Cooperativa y al pueblo del Estado de Florida. Se otorga permiso para utilizar estos materiales en su totalidad o parcialmente, con fines educativos, siempre que todos los derechos sean dados al UF/IFAS, citando la publicación, su fuente y fecha de publicación.

www.ingramcontent.com/pod-product-compliance
Lightning Source LLC
Chambersburg PA
CBHW080727230426
43665CB00020B/2640